제4차 표준보육과정을 반영한 5판

보육학개론

정옥분 · 권민균 · 김경은 · 김미진 · 노성향 · 박연정 · 손화희 · 엄세진
윤정진 · 이경희 · 임정하 · 장수연 · 정순화 · 최형성 · 황현주 공저

Introduction to Child Care and Education

학지사

5판 머리말

2005년 「영유아보육법」이 개정된 이래 우리나라 보육정책은 국가의 책임을 강조하는 방향으로 지속적으로 확대되어 왔다. 제3차 중장기보육 기본계획(2018~2022)에서는 '영유아의 행복한 성장을 위해 함께하는 사회'라는 비전하에 보육 · 양육에 대한 사회적 책임 강화를 실현하기 위해, 4개 중점 분야로 보육의 공공성 강화, 보육체계 개편, 보육서비스의 품질 향상, 부모 양육지원 확대 등을 제시하였으며 이를 실현하기 위해 제도적 개선 및 지원이 이루어져 왔다.

보육의 공공성을 강화하기 위해서는 국공립어린이집과 직장어린이집을 지속적으로 확충하고, 보육교직원의 직무교육 강화를 통해 공공보육의 질을 높이고자 노력해 왔다. 그리고 2020년 3월 보육지원체계 개편을 통해 보육시간을 모든 영유아에게 적용하는 '기본보육시간'과 추가적 돌봄이 필요한 영유아에게 적용하는 '연장보육시간'으로 구분하였고, 각 프로그램에 맞는 인력과 비용지원이 이루어질 수 있도록 개선하였으며, 이와 더불어 2019년 개정 누리과정, 2020년 제4차 어린이집 표준보육과정 개정을 통해 영유아중심, 놀이중심 보육과정이 실현될 수 있도록 보육과정의 운영 방향 및 구성을 개편하였다. 또한 보육서비스 품질 향상을 위해 보육교사의 전문성 강화, 보육교사의 처우 개선 및 업무부담 완화 등 교사지원을 확대하였으며, 아동학대, 어린이집 부실급식, 통학차량 안전사고 발생 예방을 위한 안전한 보육환경 조성에 대한 사회적 요구가 증가함에 따라 어린이집 평가제를 통한 지속적인 질 관리를 위해 노력하고 있다. 마지막으로, 부모 양육지원 확대를 위해 지역사회 중심 양육이 구축될 수 있도록 육아종합지원센터를 추가 확충하고, 시간제 보육 제공기관도 확대하고 있다.

최근 개정된 국가 수준의 교육과정에서 제시한 바와 같이 지속적으로 '모두를 위한 교육'을 실행하기 위해서 동일한 교육과정만 제공하는 것이 아니라 현재 이원화되어 있는 교육부(유치원)와 보건복지부(어린이집)의 행정체계를 조속히 일원화해서 모든 영유아가 포용적이고 공평한 교육서비스를 제공받을 수 있도록 지원체계를 마련해야 할 것이다.

2019년 이후 짧은 기간이지만, 보육에 대한 사회적 요구가 높아지고, 보육 · 양육에 대한 국가책임이 강화됨에 따라 보육정책에 많은 변화가 있어 이를 반영하기 위해 5판을 출간하게 되었다. 5판 개정에서는 4판의 체제를 그대로 유지하면서, 개정된 제4차 어린이집 표준보육과정에 대한 내용을 이해하기 쉽게 정리하였으며, 실제 교수 · 학습방법 및 편성 · 운영지침에 따라 다양한 특성을 지닌 모든 영유아에게 포용적이고 공평한 양질의 보육과정을 제공할 수 있도록 통합보육과정에 대한 내용을 추가하였다. 그 외 나머지 장들에서도 2019년 이후 진행된 보육정책의 변화와 관련된 내용이나 통계자료를 새롭게 보완하였다.

2008년 초반부터 현재까지 지속적으로 개정이 이루어진 것처럼 앞으로도 『보육학개론』은 보육정책 및 제도와 보육현장의 요구들을 잘 반영하여 최신의 보육관련 전문지식을 제공할 수 있도록 노력할 것이다. 이번에 개정한 5판은 보육관련 전공자들의 전공교재나 어린이집 종사자들의 지침서로 널리 활용되기를 기대하며, 부족한 부분에 대해서는 추후 보완해 나가고자 한다. 끝으로 이번 5판이 나오기까지 편집업무를 꼼꼼히 챙겨주신 편집부 백소현 차장님의 노고에 진심으로 감사를 드린다.

2022년 6월
저자 일동

4판 머리말

보육에 대한 체계적인 이해와 전문적인 지식을 제공하기 위한 목적으로 2008년 『보육학개론』이 처음 출간된 후 10여 년이 지났다. 그간 보육에 대한 사회적 요구에 발맞추어 보육관련 법령이나 정책, 행정에서 많은 변화가 있었으며, 이에 따라 보육관련 최신정보를 제공하기 위해 2012년 개정판을 출간하였고, 2016년에 3판을 출간하였다.

제2차 중장기 보육기본계획 아이행복플랜에 이어 수립된 제3차 중장기 보육기본계획(2018~2022년)에서는 보육의 공공성 강화를 강조하고 있다. 이에 따라 맞벌이 가구의 어린이집 이용시간을 보장하기 위해 휴일·야간의 시간연장보육을 강화하고 맞춤형 보육을 도입하여 실시하고 있다. 또한 부모의 요구가 많은 국공립어린이집과 직장어린이집을 확충하고, 민간·가정어린이집이 국공립 수준의 서비스를 제공할 수 있도록 공공형 어린이집 제도를 마련하는 등 보육의 공공성을 강화하고 있다. 나아가 보육의 질을 향상시키기 위해 2017년부터 어린이집 평가인증을 현장중심의 평가 및 등급제 방식으로 개편하였고, 기존의 평가인증제도를 개선한 제3차 어린이집 평가인증 통합지표를 개발하여 적용하고 있다. 이처럼 급변하는 보육현장이나 정책의 변화를 반영하기 위해 개정작업의 필요성을 느껴 4판을 출간하게 되었다.

4판에서는 3판까지 별도의 장으로 분리되어 있던 '제6장 어린이집의 유형' 일부 내용을 '제3장 보육제도와 정책'과 통합하여 하나의 장으로 구성하였으며, 나머지 장들은 기존의 체제를 그대로 유지하면서 2016년 이후 진행된 보육정책의 변화와 관련된 내용 및 통계자료를 최신의 것으로 보완하였다. 우리 사회가 당면한 지속적인 저출산 문제는 자녀양육을 더 이상 개인 혹은 가정의 일로 미루어둘 수 없게 하였으며, 이에 대한 해법으로 보육에 대한 국가적·사회적 책임이 더욱 강조되고 보육정책이나 법령에서의 변화가 지속적으로 이루어지고 있다. 앞으로도 『보육학개론』은 보육정책과 제도 변화를 예의주시하며 가장 최신의 내용을 담고자 힘쓸 것이다.

이 책이 보육관련 전공자들의 전공 교재나 지침서로서 널리 활용되기를 기대하며, 부족한 부분에 대해서는 독자 여러분의 아낌없는 조언을 통해 보완해 나가고자 한다. 끝으로 이번 4판이 나오기까지 많은 도움을 주신 학지사 김진환 사장님과 편집부 여러분의 노고에 진심으로 감사를 드린다.

2019년 1월

저자 일동

3판 머리말

보육에 대한 종합적이고 전문적인 이해와 지식을 제공하여 양질의 보육전문가를 양성하기 위한 목적으로 2008년 보육학개론이 첫 출간되었다. 이후 사회적 요구에 발맞추어 빠르게 변화되는 법령 및 보육관련 행정에서의 최신 내용을 담아내기 위해 4년 뒤인 2012년에 개정판을 출판하였다.

이후 2012년 5세 누리과정이 도입되어, 2013년부터 3~5세 누리과정으로 확대 운영되었으며, 2014년부터는 영유아보육법 개정에 따라 보육교직원의 자격 강화와 양성교육과정 및 보수교육이 강화되었다. 또한 2015년 인천 모 어린이집 아동학대 사건으로 아동학대 방지 등 영유아의 안전과 어린이집의 보안을 위해 폐쇄회로 텔레비전의 의무설치가 시행되었다. 그리고 2016년에는 영유아보육법 시행규칙 개정을 통해 보육교사의 인성과 자질을 향상시키기 위해 양성교육과정의 강화와 실습 기준이 강화될 예정이다. 이처럼 보육의 다변화를 반영하기 위해 개정작업이 필요해 제3판을 출간하게 되었다.

제3판의 개정은 제3장 우리나라 보육제도와 정책, 제6장 어린이집의 유형, 제10장 보육교직원, 제13장 보육평가의 내용을 중심으로 이루어졌고, 나머지 내용은 2012년부터 2016년까지 진행된 보육정책의 변화와 관련된 내용 및 통계자료를 보완하였다. 제3장 우리나라 보육제도와 정책에서는 영유아보육법과 영유아보육법 시행령, 영유아보육법 시행규칙의 개정내용과 아이행복플랜(2013~2017)과 관계된 내용을, 제6장 어린이집의 유형에서는 보육정책의 변화에 따른 어린이집 유형의 변화된 내용을, 제10장 보육교직원에서는 보육교사의 윤리강령, 보육교직원의 관리 및 교육과 관련된 내용을, 제13장 보육평가에서는 어린이집 평가인증 운영체계와 평가인증지표의 개정된 내용을 추가하였다. 또한 보육시설을 어린이집으로, 보육시설종사자를 보육교직원으로, 시설장을 원장으로 전체 변경하였다.

"한 아이를 키우려면 온 마을이 필요하다"라는 말처럼 오늘날 자녀양육의 문제는 더 이상 개인 혹은 가정의 일이 아니다. 특히 급속한 저출산 · 고령화 문제를 해결하기 위한 해법으로 보육에 대한 국가적 · 사회적 책임이 더욱 강조되면서 보육계 안팎으로도 다양한 변화가 계속해서 일어나고 있다. 앞으로도 보육학개론은 보육의 정책과 제도 변화를 예의주시하며 가장 최신의 내용을 담고자 힘쓸 것이다.

제3판이 보육관련 전공자들의 전공 교재이자 지침서로서 앞으로도 널리 활용되기를 기대하며, 부족한 부분에 대해서는 여러분들의 아낌없는 조언을 통해 보완하고자 한다. 그리고 제3판이 나오기까지 많은 도움을 주신 학지사 김진환 사장님과 편집부 여러분의 노고에 진심으로 감사를 드린다.

2016년 2월
저자 일동

2판 머리말

『보육학개론』이 출간된 지 4년 만에 개정판이 나오게 되었다. 그간 정부 차원에서는 영유아보육의 질을 향상시키고 우리 사회의 심각한 저출산 문제를 타개하기 위해 보육 분야에 많은 관심과 지원을 해왔다. 영유아 학대나 급식과 관련된 문제를 개선하기 위해 기존의 평가인증제도를 개정·보완하고, 만 5세 유아로 하여금 양질의 교육과 보육서비스를 받을 수 있도록 하고, 초등학교와의 연계를 강화하고, 비용지원을 모든 계층으로 확대하는 누리과정을 도입하는 등 보육 관련 법령과 제도의 개정이 지속적으로 이루어지고 있다. 따라서 2008년 출간된 『보육학개론』의 내용은 상당 부분 개정이 필요하게 되었다.

개정판의 구성은 초판과 크게 달라지지 않았으며, 전반적으로 보육정책의 변화와 관련된 내용 및 통계 자료를 수정하였다. 그중에서 제3장 우리나라의 보육제도와 정책, 제10장 보육교직원, 제11장 보육시설 운영관리, 그리고 제13장 보육평가를 중심으로 관련 법령 및 제도의 개정된 부분을 상당 부분 수정·보완하였다. 제3장 우리나라의 보육제도와 정책에서는 영유아보육법과 영유아보육법 시행령, 영유아보육법 시행규칙의 개정 내용과 제2차 저출산·고령사회기본계획(2011~2015)과 관련 내용을, 제10장 보육교직원에서는 보육교직원의 배치기준 및 후생복지와 관련된 내용을, 제11장 보육시설 운영관리에서는 보육통합정보시스템과 관련된 내용을, 제13장 보육평가에서는 보육시설 평가인증 운영체계와 평가인증지표의 개정된 내용을 추가하였다.

앞으로도 보육의 질적 향상과 저출산 문제를 해결하기 위해 보육에 대한 사회전반적인 관심은 더욱더 높아질 것이며, 이에 따라 현행 보육제도를 보다 높은 차원으로 발전시키기 위한 노력도 지속적으로 이루어질 것이다. 따라서 『보육학개론』의 내용은 지속적으로 개정이 이루어져야 할 것이다.

더욱더 알찬 개정판이 나오기 위해 보육에 관심을 가진 여러분들의 아낌없는 조언과 지도를 기대한다. 그리고 개정판이 나오기까지 많은 도움을 주신 학지사 김진환 사장님과 편집부 여러분의 노고에 진심으로 감사를 드린다.

2012년 8월

저자 일동

1판 머리말

1991년「영유아보육법」이 제정된 이래 국가적 차원에서 많은 보육정책이 수립되었으며, 이에 따라 우리나라의 보육시설은 양적 · 질적 차원에서 상당한 발전이 있었다. 여성취업률의 지속적인 증가와 심각한 저출산 현상은 보육에 대한 관심을 더욱 촉진시키고 있으며, 정부에서는 보건복지가족부 산하에 저출산고령사회본부를 설립하고 막대한 지원을 하고 있다.

그러나 이제는 정부의 지원을 통해 급증한 보육시설이 양적으로 증가한 만큼 이에 상응하는 질적인 측면의 변화가 동시에 수반되었는가에 대해 생각해보아야 할 시점이다. 이러한 노력의 일환으로 2004년 전면적인「영유아보육법」의 개정이 이루어지면서 평가인증제가 시행되고 있기는 하나 대중매체를 통해 보도되고 있는 어린이집에서의 영유아에 대한 학대나 급식과 관련된 문제들은 아직도 우리나라의 보육시설이 질적인 면에서는 요원하다는 생각을 갖게 한다. 그리고 보육행정이 한 부처에서 일관성 있게 이루어지는 것이 아니라 보육 관련 부처가 보건복지부에서 여성가족부로 다시 보건복지가족부로 이전되면서 보육에 대한 일관성 있는 정책의 추진이 어렵게 되고 있다.

출생 초기의 부모나 양육자와의 관계가 이후의 발달에 미치는 영향을 고려해 볼 때에 영유아보육과 관련된 정책입안이나 실행과정이 단순히 취업여성의 자녀양육 문제를 해결해주고 출산율을 높이기 위한 가시적인 측면이 아니라 진정으로 사회적인 약자인 영유아의 권리를 얼마나 보호해주고 있으며 전인적인 발달을 도모하기 위해 얼마나 도움이 되고 있는지에 대해 생각해보아야 한다. 그러므로 이 책은 영유아의 전인적인 발달에 관심을 가진 보육시설종사자나 이와 관련된 전공 분야의 대학생들에게 포괄적 보육에 대한 시각을 높이는 데 초점을 두고 집필하였다.

이 책의 집필진은 전인적 아동발달에 공감하는 아동학 전공자를 중심으로 구성되어 있으며, 1990년부터 매월 사회정서발달연구세미나를 개최해왔는데, 세미나를 모태로 현재 사회정서발달연구소가 설립되었으며, 이를 중심으로 아동의 인지발달뿐만 아니라 사회정서발달을 도모하기 위한 여러 가지 연구와 프로그램을 시행하고 있다. 또한 2002년 개원한 고려대학교 의료원 안암병원 어린이집을 위시하여 구로병원 어린이집과 안산병원 어린이집을 개원하게 됨으로써 아동의 사회정서발달에 초점을 둔 보육경험을 제공하기 위한 보육지침서가 필요하다고 생각하게 되었다.

이러한 취지를 기본으로 하여 이 책은 총 15장으로 구성되어 있다. 제1장에서 제3장까지는 보육의 본질, 영유아보육과 교육사상, 우리나라의 보육제도와 정책에 대해 살펴보았고, 제4장과 제5장에서는 영유아기의 발달특성과 보육경험이 발달에 어떠한 영향을 미치는가에 대해 살펴보았다. 그리고 제6장에서 제14장까지는 보육시설의 유형, 보육과정, 보육 프로그램, 보육환경, 보육시설 종사자, 보육시설 운영관리, 건강 · 영양 · 안전관리, 보육평가, 부모교육과 지역사회 협력 등과 같이 보육실제와 관련된 부분에 대해 살펴보았고, 마지막 제15장에서는 앞으로의 보육의 과제와 전망에 대해 살펴보았다. 이 가운데 보육 실제와 관련된 부분은 어린이집 원장으로 재직하거나 관련 업무에 종사하는 집필진으로 구성되어 있어 보육현장에 대한 실제적인 정보를 제공하고자 노력하였다.

우리는 이 책이 영유아의 전인적 발달을 도모하는 데 관심을 가진 보육시설 종사자와 학생들에게 보육전반에 대한 이해를 돕기 위한 지침서로 널리 활용될 수 있기를 기대한다. 그리고 이 책이 나오기까지 많은 도움을 주신 학지사 김진환 사장님과 편집부 여러분의 노고에 감사를 드린다.

2008년 6월
저자 일동

차례

제8장 보육환경 223

제9장 보육교직원 259

제1장 보육의 본질

빈민아동을 구제하기 위한 목적으로 처음 시행되었던 우리나라의 보육사업은 사회적 여건의 변화에 따라 점차 양적인 확충과 더불어 질적인 차원에서도 교육의 개념까지를 포함하는 넓은 의미의 보육으로 발전해왔다. 그러나 보육사업의 양적·질적 확충이 건강하게 자라기 위한 아동의 권리 보장보다는 여성취업률의 증가와 지속적인 저출산 현상과 같은 사회적인 여건에 의해 주도적으로 이루어졌다는 사실은 문제점으로 지적될 수 있다.

이러한 문제점을 인식하기 시작하면서 보육의 목표는 점차 아동중심적인 것으로 변화하고 있다. 교사주도적 보육에서 벗어나 영유아 중심, 놀이 중심 보육을 표방하는 '제4차 어린이집 표준보육과정'도 이러한 변화의 일환으로 볼 수 있다. 그러나 아직도 우리나라의 제반 보육여건은 보육에 대한 철학이나 이념의 정립이 제대로 이루어지지 않은 실정이며, 이로 인해 제기되는 문제점 또한 적지 않다.

이 장에서는 보육의 이념 정립과 더불어 앞으로 우리나라 보육의 방향을 제시하기 위한 기초 작업으로 먼저 보육의 개념, 필요성과 목표를 살펴보고, 나아가 보육학의 학문적 위치와 한국형 보육모델 정립에서 고려할 점에 대해 논의해 보고자 한다.

1. 보육의 개념

우리나라의 「영유아보육법」은 영유아의 심신을 보호하고 건전하게 교육하여 건강한 사회 구성원으로 육성함과 아울러 보호자의 경제적 · 사회적 활동이 원활하게 이루어지도록 함으로써 영유아 및 가정의 복지 증진에 이바지함을 목적으로 제정된 것이다. 이처럼 영유아를 보호하고 교육하는 것을 의미하는 보육의 개념은 사회 변화에 따라 초기에는 보호의 측면이 강조되었으나 점차 양육 및 교육적인 기능 모두를 포함하는 보다 폭넓은 의미로 확대되어 왔다.

우리나라 최초의 보육활동은 1921년 태화기독교사회관(사진 참조)에서 빈민가정의 자녀를 맡아서 돌보아준 것에서 출발한다고 볼 수 있다. 그러므로 초기의 보육은 빈민구제사업의 일환으로 부모가 맡긴 자녀를 보호한다는 탁아(託兒)의 의미가 강한 것이었다. 당시의 사회적인 상황에 비추어볼 때 여성취업은 생계유지를 위한 불가피한 수단이었으므로 보육은 생계유지의 수단으로 직업을 가지고 있는 저소득층 취업여성의 자녀를 맡아서 돌보아주는 것이 주된 목표였으며, 이를 반영하듯 1952년의 후생시설요강에서는 보육시설을 탁아소로 명명하였다. 해방과 한국전쟁을 거치면서 장기간 보호를 필요로 하는 아동이 증가함에 따라 1961년 제정된 「아동복리법」에서는 탁아소 대신 탁아시설이라는 명칭을 사용하였다. 그리고 「아동복리법」 제9항에서 탁아시설의 목적을 보호자가 근로 또는 질병으로 인하여 양육해야 할 아동을 보호할 능력이 없을 경우에 보호자의 위탁을 받아 그 아동을 입소시켜 보호하는 것이라고 규정하였다. 이처럼 「아동복리법」에서는 탁아소 대신 탁아시설이라는 명칭을 사용하였으나 이 또한 규모의 차이만 있을 뿐 위탁할 곳이 마땅하지 않은 아동을 일정 기간 맡아서 돌보아준다는 탁아의 의미를 크게 벗어나지 못하는 것이었다. 이처럼 초기의 어린이집은 저소득층 자녀를 맡아서 돌보아주는 기관이라는 인식이 지배적이었으며, 정부 차원에서도 빈곤계층의 아동만을 보육의 대상으로 제한하는 선별주의적 정책에 초점을 맞추었다.

1982년 「유아교육진흥법」이 제정되면서 탁아라는 용어 대신 보육이라는 용어가 사용되기 시작하였으며, 이를 계기로 보육과 교육은 뚜렷하게 구분되어 보육의 대상인 3세 이전의 영아에게는 보호하고 돌보아주는 것이 강조된 반면, 3세 이후의 유아에게는 가르치고 교육을 하는 것이 강조되었다.

이후 사회변화로 인해 전통적인 역할분담에 변화가 생겼으며, 그 대표적인 요인은 여성취업률의 증가와 가족형태의 변화라고 볼 수 있다. 우리나라의 전통적인 자녀양육 관행으로는 부모, 특히 어머니가 자녀를 양육하는 것이 가장 바람직하다는 인식이 강하게 자리 잡고 있었다. 그러나 교육수준의 향상이나 경제적인 가치를 중시하는 사회적인 분위기, 가사노동의 자동화 등과 같은 여러 요인은 전통적으로 자녀양육과 가사노동의 역할을 담당하던 여성들로 하여금 직업에 더 많은 가치를 두게 만들었다. 이와 동시에 진행된 가족형태의 핵가족화, 소가족화는 자녀양육자 부재라는 문제를 초래하였다. 이러한 과정에서 정부 차원에서는 여성 노동력을 확보하기 위해 전통적인 탁아의 개념을 능가하는 어린이집을 필요로 하게 되었다. 1991년 「영유아보육법」이 제정되면서 보육(educare)은 보호와 돌봄(care)을 강조한 탁아의 개념에서 한 걸음 나아가 전인적인 발달을 도모하기 위한 교육(education)의 개념을 포함하는 활동으로 발전하였다. 이를 반영하여 우리나라의 「영유아보육법」에서는 보육을 "영유아를 건강하고 안전하게 보호·양육하고 영유아의 발달특성에 맞는 교육을 제공하는 어린이집 및 가정양육 지원에 관한 사회복지서비스를 말한다"라고 규정하고 있다.

현재 우리나라의 저출산 문제는 심각한 수준이며, 출산을 장려하기 위해 정부 차원에서는 전통적인 보육의 개념에 교육의 차원을 보다 강화시키고 보육의 대상도 특별한 계층으로 제한하지 않는 보편주의적 관점을 채택하게 되었다. 아울러 보육이 영유아의 전인발달을 도모하기 위해 주변의 생태학적 환경까지 고려해야 한다는 포괄적 보육에 대한 논의가 활발하게 이루어지고 있다. 즉, 아동에게 안전한 환경을 제공하고 최소한의 허가기준을 충족시켜 주는 종전의 보호적 보육이나 발달을 위해 안전과 조직화된 환경을 고려한 발달적 보육에서 나아가 기본적으로 아동의 발달에 필요한 교육, 건강, 영양, 안전 등의 요소를 포함시킴과 동시에 발달과 밀접하게 상호관련 되어있는 부모와 가정 그리고 지역사회에 대한 서비스를 포함하는 포괄적 보육으로 발전해나가야 한다는 것이다(이혜숙, 2001).

이러한 관점을 종합해 보면 보육은 영유아를 건강하고 안전하게 보호하고 발달에 적절한 교육을 제공함으로써 부모의 양육을 지원하고 가족의 기능을 보완함으로써 영유아의 전인발달을 도모하기 위한 사회복지활동으로 정의할 수 있다.

2. 보육의 필요성

영유아의 전인발달을 도모하는 데 있어서 초기경험의 중요성이 강조되면서 보육의 필요성은 증대되고 있다. 또한 사회변화에 따른 여성취업률의 증가와 가족형태의 변화, 가족기능의 약화는 보육의 필요성을 더욱더 부각시키는 요인으로 작용하고 있다.

1) 초기경험의 중요성

인간발달에서 초기경험의 중요성이 강조되면서 영유아를 대상으로 하는 보육활동은 무엇보다도 영유아의 발달적 욕구를 충족시키고 전인발달에 도움을 줄 수 있다는 측면에서 그 필요성이 부각되고 있다. 보호가 중심이었던 보육에서 교육의 기능이 보완되고 강조됨으로써 보육경험은 빈곤계층뿐 아니라 모든 계층 영유아의 발달에 지대한 영향을 미치는 것으로 인식되고 있다. 이에 따라 정부 차원에서도 모든 영유아를 위한 학교준비도에 관심을 가지고 점차 글자와 셈하기를 익히는 것과 같은 교육적 활동을 강조하게 되었다. 또한 맞벌이 가족과 외동아 출산이 점차 증가함에 따라 보육경험은 사회적 상호작용 경험을 제공해 줌으로써 영유아의 사회정서발달뿐 아니라 인지발달에도 긍정적인 영향을 미치는 것으로 인식되고 있다.

이러한 인식을 바탕으로 우리나라의 「영유아보육법 시행규칙」에는 “보육과정의 목적은 영유아의 전인적인 성장과 발달을 돕고 민주시민으로서의 자질을 길러 영유아가 심신이 건강하고 조화로운 사회 구성원으로 자랄 수 있도록 하는 데 있다”고 명시하고 있다. 영유아의 전인적 성장과 발달을 돕기 위해 보육과정을 표준보육과정과 누리과정으로 구분하여, 표준보육과정은 기본생활, 신체운동, 사회관계, 의사소통, 자연탐구, 예술경험의 여섯 영역으로, 누리과정은 신체운동 · 건강, 의사소통, 사회관계, 예술경험, 자연탐구의 5개 영역으로 구성하여 운영하고 있다. 표준보육과정과 누리과정에는 공통적으로 신체, 정서, 인지, 사회 등 전인발달과 바른 인성을 함양하기 위해 영유아가 갖추어야 할 지식, 태도, 기술 등이 포함되어 있다.

이러한 노력에도 불구하고 우리나라에서 보육의 질적 문제가 지속적으로 제기되는 이유는 바로 아동의 발달을 최우선으로 고려하기보다는 국가의 요구나 성인중심의 보육정책에 보다 무게를 두고 있기 때문이다. 이는 아동 권리에 대한 낮은 인식 수준과도 관련이 있다.

2) 여성취업률의 증가와 가족형태의 변화

전통적으로 자녀양육의 일차적인 책임은 부모, 그중에서도 어머니에게 있었다. 그러나 여성취업률의 증가와 핵가족화, 소가족화 등 가족형태의 변화는 자녀양육자 부재현상을 초래하였으며, 보육의 필요성을 증가시키는 중요한 요인으로 작용하게 되었다.

보육이 지금까지 질적·양적 측면에서 확대되어 온 것은 여성취업과 그 맥을 같이 하고 있다. 미국에서도 여성취업을 촉진시키고 아동에게 긍정적인 활동을 제공하기 위해 1828년 보스턴 유아학교(Boston Infant School)가 설립된 이래 다양한 형태의 어린이집이 설립되기 시작하였다. 1970년대에 이르러서는 여성운동의 영향으로 여성들이 경제활동을 위해 일터로 나가는 것이 보편적인 사회현상으로 받아들여지면서 보육경험도 모든 계층의 영유아에게 도움이 되는 것으로 인식되기 시작하였다. 우리나라에서 1991년 「영유아보육법」이 제정된 것도 이러한 시대적 배경에 근거하고 있다.

특히 최근 국가적 차원의 관심을 불러일으키고 있는 저출산율로 인해 보육의 필요성은 더욱더 강조되고 있다. 결혼율의 급격한 감소와 결혼을 해도 자신의 직업적 성취를 고려하여 자녀출산을 연기하거나 아예 출산을 하지 않음으로 인해 나타나는 저출산 문제는 심각한 수준이다. 2022년 통계청에서 발표한 우리나라의 출생·사망통계에 따르면, 2021년 출생아는 26만 500명으로, 2020년(27만 2,300명)보다 감소했으며, 여성 한 명이 가임기간(15~49세) 동안 출생하는 출생아 수(합계출산율)도 0.81명으로 나타났다(〈그림 1-1〉 참조). 이처럼 낮은 출산율은 현재의 인구를 유지하는 데 필요한 최소한의 합계출산율이 2.1명이라는 사실에 비추어볼 때 현재의 출산율이 그대로 유지될 경우 2050년경에는 우리나라 인구가 4천만 명 이하로 감소할 수 있으며, 이는 생산성이나 노인부양에서 심각한 문제를 초래할 수 있다.

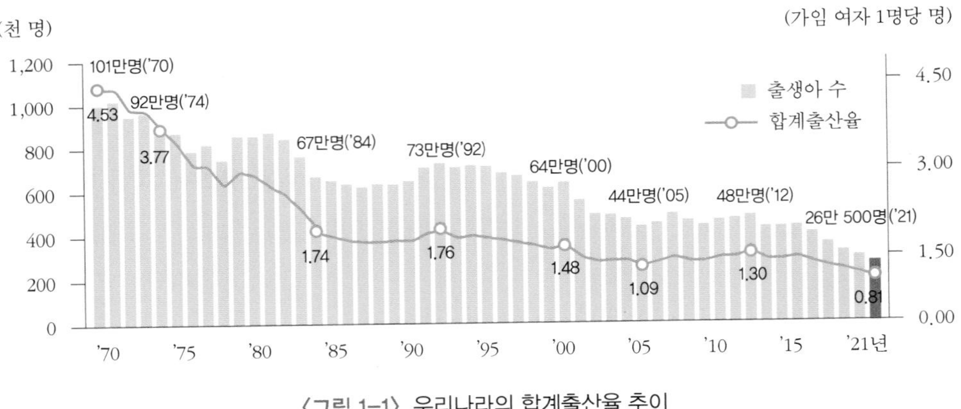

〈그림 1-1〉 우리나라의 합계출산율 추이

출처: 통계청(2022). 2021년 출생 · 사망통계.

3) 가족기능의 약화

현대사회의 급격한 사회변화는 단순히 가족형태를 변화시키는 것에서 나아가 가족기능에도 많은 영향을 미치고 있다. 특히 가족이 수행해야 할 자녀양육이라는 기능을 약화시키는 요인으로 작용하고 있다. 가족해체로 인한 한부모 가정이나 빈곤 가정의 아동, 장애아동의 경우 부모역할 부재나 불충분한 소득, 제한적인 신체조건 등으로 인해 건강하고 안전한 환경에서 양육 받을 권리를 제대로 누리지 못하는 발달적 위험요인을 내포하고 있다.

우리나라의 다양한 가족형태 가운데 한부모 가족이 차지하는 비율은 전체 가구의 7.1%에 달하는 것으로 나타났다(통계청, 2020). 따라서 한부모 가족이 경험하는 상실감이나 불안감을 극복하고 가족기능을 회복하는 데 도움을 줄 수 있는 정책적 지원은 필수적이다. 한부모 가족의 구성원으로서 아동이 보육이나 교육과정 등에서 차별을 받지 않도록 2016년과 2017년에 걸쳐 「한부모가족지원법」이 개정된 바 있으나 여전히 많은 한부모 가족이 지원 대상에서 제외되어 있고, 정책의 실효성에도 문제가 제기되는 경우가 많다. 따라서 한부모 가족이 제대로 가족으로서의 기능을 다하고 그 구성원들이 차별 받지 않도록 제도나 지원방안이 마련되어야 할 것이다.

또한 2020년 우리나라 장애 영유아(0~5세) 수는 9,729명으로 나타났으며, 전체 영유아 가운데 장애영유아가 차지하는 비율은 연도별로 점차 증가하는 것으로 나타났다(〈그림 1-2〉 참조). 그러나 장애가 있어도 등록을 하지 않는 영유아가 25%에 달한

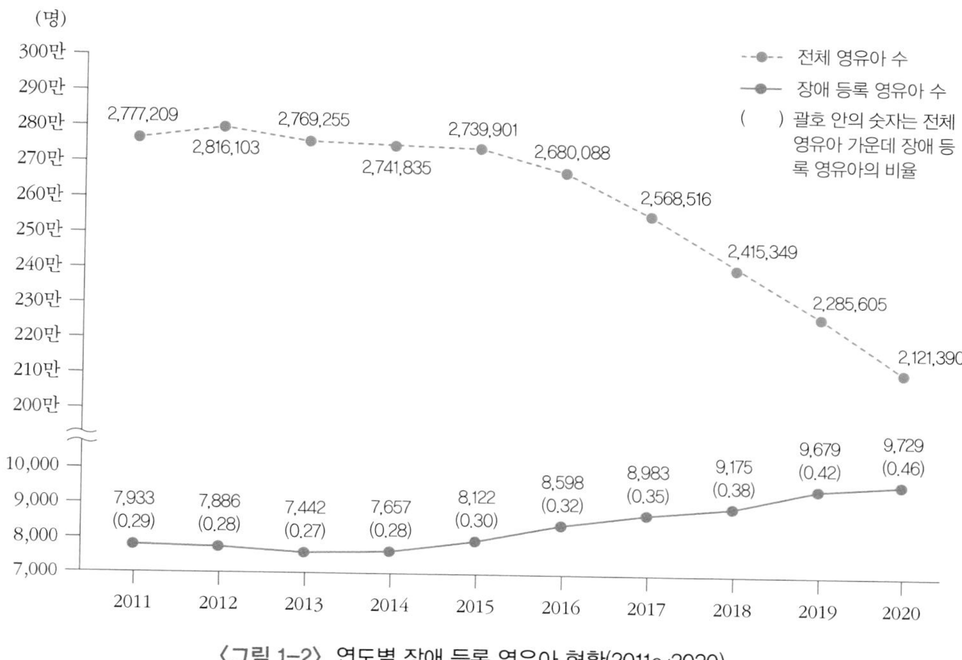

〈그림 1-2〉 연도별 장애 등록 영유아 현황(2011~2020)

출처: 박창현, 김근진, 김경희, 정유나(2021). 장애아동 관련 실태조사 및 종합적 지원체계 구축방안 연구. 육아정책연구소.

다는 점을 감안할 때 실제 장애 영유아 수는 이보다 많을 것으로 추정된다. 그럼에도 불구하고 현재 유치원 특수교사 법정 정원 확보율은 79.3%에 불과하며 어린이집 특수교사 확보율은 집계조차 되지 않고 있는 실정이다. 게다가 이들에 대한 통합지원 체계의 부족으로 양육자들은 장애 영유아를 키우기 위한 정보들을 여전히 지인들에게 의존하며, 관계 부처 간 분절적 정책 추진, 기관 · 공급자 중심의 서비스 제공 등으로 인해 수요자의 정책 체감이 높지 않다(박창현, 김근진, 김경희, 정유나, 2021).

따라서 현대사회의 보육서비스는 단순히 영유아의 발달적 욕구를 충족시키고 취업여성의 자녀양육을 지원하는 것에서 나아가 아동의 성장환경으로 중요한 가족이 제대로 기능할 수 있도록 가족의 기능을 보완하고 지지해 줄 수 있는 서비스를 포함해야 한다. 아동이나 가족, 지역사회의 특성에 따라 현장학습이나 견학, 보건 · 위생, 가족 간 심리적 갈등문제 상담 및 해결방안 제공, 아동학대예방서비스 등 이들 아동의 사회문화적 박탈을 보상해 줄 수 있는 다양한 형태의 포괄적 보육프로그램이 제공되어야 할 것이다. 이는 바로 포용적 복지국가 실현을 위한 국가 복지정책의 중요한 영역 가운데 하나가 보육사업임을 말해 주는 것이기도 하다.

3. 보육의 목표

보육의 목표는 다음과 같이 정리해 볼 수 있다. 발달에서 초기경험의 중요성에 비추어 볼 때 영유아의 전인발달을 지원하는 것은 보육의 우선적인 목표이다. 이와 더불어 우리나라 초기의 보육활동이 취업여성의 자녀양육 문제를 지원하고 빈민구제 사업의 일환으로 이루어진 만큼 부모의 양육 지원과 사회복지의 실현이라는 거시적인 목표도 보육의 중요한 목표이다.

1) 영유아의 발달 지원

Segal과 그 동료들(Segal, Bardige, Woika, & Leinfelder, 2006)은 보육의 중요한 목표는 첫째, 안전과 건강을 위해 적절한 학습 환경을 보장하고, 둘째, 신체 · 인지발달을 촉진시키며, 셋째, 사회정서발달을 촉진시키고, 넷째, 가족을 지원하는 것이라고 하였다. 이처럼 보육의 일차적 목표는 어디까지나 영유아의 발달을 지원하는 것이다.

영유아기는 발달의 여러 영역에서 중요한 시기로 인식되고 있다. 삶에 도움이 되는 중요한 기술들의 기초가 형성되는 영유아기에서의 조기개입이 성인기의 성공적인 삶을 위해 효과적임을 실증적으로 뒷받침해 준 대표적인 연구가 바로 '페리 학령전 프로젝트(Perry Preschool Project)'이다. 페리 프로젝트에 대한 종단연구결과(Heckman, 2006; Heckman & Mosso, 2014; Heckman, Pinto, & Savelyev, 2013; Schweinhart & Weikart, 1981; Schweinhart, Barnes, & Weikart, 2003; Schweinhart et al., 2005)는 영유아기에서의 조기개입의 긍정적 효과에 대해 많은 것을 시사해 주고 있다. 이러한 조기개입의 효과는 바로 영유아기에서의 교육과 보살핌의 중요성을 말해 주는 것이며, 영유아를 대상으로 교육과 보살핌을 제공하는 활동이 바로 보육이다.

이러한 맥락에서 보육을 통해 발달에 도움을 줄 수 있도록 '발달에 적절한 개입(Developmentally Appropriate Practice: DAP)' 전략이 제시되었다. 발달에 적절한 개입이란 발달단계를 기초로 교과과정을 구성하는 것으로, 이는 교수방법이나 환경구성, 보육행동, 교사-유아 상호작용, 교구 전반을 포함한다. 미국유아교육협회(National Association for the Education of Young Children: NAEYC)에서는 아동의 발달적 욕구를 효율적으로 충족시켜주기 위해 보육을 어떻게 실시할 것인가에 대해 세 가지 기준을 제시하였다. 첫째, 보육활동이 아동의 연령에 적절하고, 둘째, 개별적인 아동의 특성을 고려하며, 셋째, 종교나 언어, 가치관과 같은 문화적으로 적절해야 한다는 것이다(사진 참조). 이후 이러한 원칙은 더욱 발전하여 발달에 적절한 개입이 이루어지기 위해서는 교사들이 영유아발달에 대해 전반적으로 이해하고, 이러한 지식을 언제, 어떻게 가르치며, 가르친 것을 어떻게 평가하며, 영유아의 개인차를 고려하여 교육과정을 어떻게 적용해 나갈 것인지를 알아야 한다고 하였다.

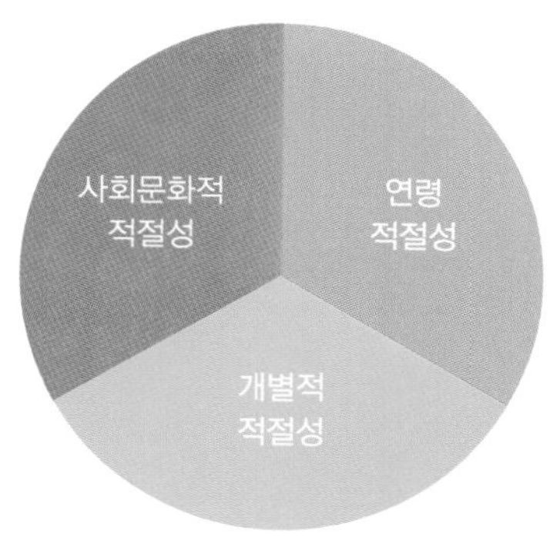

사진 설명 발달에 적절한 개입(DAP)의 3가지 구성요소

영유아의 연속적 경험과 연령 간 발달적 연계를 지원하기 위해 우리나라에서는 보육과정을 0~2세 대상 표준보육과정과 3~5세 대상 누리과정으로 연령별로 구분하여 시행하고 있다. 보건복지부장관은 표준보육과정을 개발·보급해야 하며 보육과정에는 영유아의 신체·정서·언어·사회성 및 인지발달을 도모할 수 있는 내용이 포함되어야 한다는 「영유아보육법」의 규정에 따라 2007년부터 2세 미만 보육과정, 2세 보육과정, 3~5세 보육과정이 보육현장에 적용되어 왔다. 2008년 「제1차 어린이집 표준보육과정」이 시행된 이래 2020년까지 총 3차례 개정된 표준보육과정의 구성방향은 영유아의 발달특성과 개인차를 고려하여 연령 및 수준별로 구성한다는 것이다. 또한 영유아의 발달을 효율적으로 지원하기 위해 어린이집과 유치원에서 이원화로 운영되던 표준보육과정과 유치원 교육과정을 통합한 누리과정은 2011년 5세 누리과정의 도입에 이어 2013년부터 3, 4세까지 누리과정을 확대·시행함으로써 3~5세 유아들이 공통의 교육·보육과정을 받게 되었다.

이러한 지원 노력에도 불구하고 우리나라 보육에서 지속적으로 제기되는 문제는 아동의 발달을 최우선으로 고려하기보다는 국가나 성인의 요구를 우선적으로 고려하고 있다는 점이다. 보육선진국들에서는 아동을 보호와 교육의 대상으로서만이 아니라 아동을 주체적으로 프로그램 운영과 결정에 적극적으로 참여시킴으로써 아동의 발달을 지원하고 있다. 이러한 점을 감안하여 2020년 9월부터 시행되고 있는 영유아중심·놀이중심의 「제4차 어린이집 표준보육과정」에서는 보육활동이 누구보다도 영유아를 중심으로 이루어져야하며, 영유아의 전인발달을 도와야한다는 것을 강조하고 있다.

2) 부모의 양육 지원

우리나라에서 어린이집의 확대는 여성취업으로 인해 발생하는 부모의 자녀양육 문제를 지원하기 위한 목표가 우선적이었다. 여성취업률의 증가에 따른 자녀양육자 부재현상을 해결하기 위해 1991년 「영유아보육법」이 제정되고 이에 따라 보육시설은 양적으로 확충되었다. 그러나 부모의 양육을 지원하기 위해서는 단순히 보육시설의 양적 확충뿐 아니라 부모가 안심하고 자녀양육을 맡길 수 있는 양질의 어린이집과 아울러 부모들의 개인적인 보육 욕구를 감안하여 취업활동을 지원해 줄 수 있는 다양한 형태의 보육서비스를 필요로 한다. 이러한 지원이 제대로 이루어지지 못할 경우 이는 취업 중단이나 저출산 문제와 직결된다.

아직도 우리나라는 어린 자녀를 양육하는 데 있어 어린이집보다는 가정에서 어머니가 양육하는 것을 선호한다. 이러한 이유로 인해 자녀가 3~4세가 되고 둘째 자녀를 출산하게 될 경우 여성이 노동시장에서 퇴장하는 비율은 급격하게 상승한다. 우리나라 기혼여성의 취업률은 다른 선진국에서는 찾아볼 수 없는, 자녀출산 및 양육기를 중심으로 취업률이 급감하는 M자형 곡선을 보인다(〈그림 1-3〉 참조).

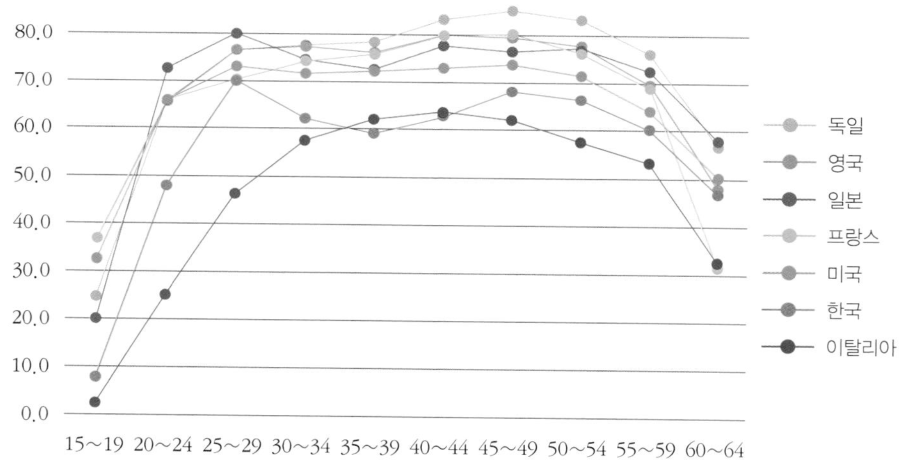

〈그림 1-3〉 15~64세 여성 연령대별 고용률 변화

출처: 한국경제연구원(2019). 15~64세 여성 연령대별 고용률 변화(2018). OECD Stat. https://m.newspim.com/news/view/20191020000101에서 인출

현재 우리나라의 출산율은 세계에서 가장 낮은 수준이다. 세계에서 가장 낮았던 프랑스의 출산율이 다시 상승하기 시작한 것도 자녀를 안심하고 맡길 수 있는 어린이집에 대한 지원 확대가 가장 큰 영향을 미친 것으로 볼 수 있다. 문제의 심각성을 인식하여 정부에서도 출산율을 증가시키기 위해 무상보육이나 기타 보육지원 등을 통해 막대한 예산을 투입하고 있다. 또한 「제3차 저출산 · 고령사회 기본계획(2016~2020)」에서는 지금까지 현상적으로 드러난 보육 중심 대책만으로는 출산율 제고에 한계가 있다는 인식하에 여성에게 집중된 출산과 양육의 책임을 국가-사회-남성분담의 계기를 마련하였다. 나아가 「제4차 저출산 · 고령사회 기본계획(2021~2025)」에서도 국공립 어린이집이나 유치원의 확충 등 돌봄 인프라는 확대되었으나 고용 친화적이지 못한 시스템이나 돌봄 서비스의 질에 대한 신뢰 부족 등 일-가정 양립이 어려운 환경이 혼인율과 출산율 저하로 귀결된다는 인식하에 아동돌봄의 사회적 책임을 강화한 것도 부모의 자녀양육을 지원하기 위한 노력의 일환으로 볼 수 있다.

그러나 무엇보다도 보육경험이 부모역할을 충분히 보완해 줄 수 있도록 양질의 보육서비스가 제공되어야 한다. 영아기의 중요한 부모역할로는 양육자의 역할, 기본적 신뢰감과 자율감의 발달, 다양한 감각자극의 제공 등을 들 수 있으며, 유아기의 중요한 부모역할로는 보호자의 역할, 훈육자의 역할, 충분한 언어적 상호작용 및 학습기회와 지적 자극의 제공자로서의 역할 등을 들 수 있다(정옥분, 정순화, 2019). 이에 근거하여 보육과정이 부모 부재의 영향을 최소화하도록 영유아기의 부모역할을 대신해 주고 보완해 주는 데 초점을 맞추어야 한다.

부모의 양육을 지원하는 데 있어 보육의 가장 우선적인 과제는 부모가 신뢰할 수 있는 양질의 어린이집을 확충하고 제3자의 도움을 받지 않고도 일과 가정생활 양립이 가능하도록 다양한 보육서비스를 제공하는 것이다. 아울러 부모 역할을 대신해 주는 인적 자원인 교사의 역할이 무엇보다도 중요한 만큼 교사의 자질을 향상시키기 위한 재교육과 동시에 처우개선, 보육환경 개선을 위한 노력도 병행해서 이루어져야 할 것이다.

3) 사회복지의 실현

우리나라 보육활동의 출발점은 어디까지나 빈곤가정의 자녀양육 문제를 도와

주고자 했던 선별적 사회복지의 형태로 시작되었다고 볼 수 있다. 그러나 "아동과 그 부모 또는 후견인의 인종, 피부색, 성별, 언어, 종교, 정치적 견해, 국가적 · 민족적 · 사회적 출신, 재산, 장애, 출생 또는 기타 신분에 무관하게 법적으로 차별받지 않을 권리를 보장해야 한다"는 「유엔아동권리협약」 제2조의 내용은 현대사회에서 보육은 보다 보편적 사회복지를 실현하는 형태로 발전해나가야 함을 말해 준다. 빈곤아동뿐 아니라 가족해체나 가족기능의 약화로 인해 안전한 환경에서 양육 받을 권리를 누리지 못하는 아동이나 장애아동 등을 대상으로 가족의 기능을 보완하고 지지해줌으로써 모든 아동의 차별받지 않을 권리를 보장해 주는 보편적 사회복지의 실현이라는 목표가 강조되어야 한다.

우리나라의 「어린이헌장」에는 모든 아동은 건강하게 자랄 권리가 있음을 명시하고 있으나 이러한 권리가 모든 아동에게 보장되고 있는 것은 아니다. 이는 특히 가정환경이 열악한 저소득층 아동에게는 더욱더 그러하다. 이러한 맥락에서 미국의 존슨행정부는 1965년 '빈곤과의 전쟁'이라는 정책의 중요한 부분으로 저소득층 자녀에게 교육과 건강서비스를 제공하기 위해 헤드스타트 프로그램을 실시하였다. 교육을 변화시키기 위해서는 영유아 교육이 그 시작점이 되어야 한다는 취지에서 출발한 오바마 행정부의 '0~5세 계획(Zero-to-Five Plan)'(사진 참조)도 이들 연구결과에 기초를 두고 있으며, 우리나라에서 실시하고 있는 드림스타트 사업(사진 참조)도 이러한 맥락에서 이해할 수 있다.

사진 설명 몬테소리 교구를 가지고 아이들과 함께 활동하고 있는 오바마 대통령

영유아의 전인발달과 부모의 양육 지원, 사회복지의 실현이라는 보육의 목표를 균형 있게 달성하기 위해서는 포괄적 보육서비스를 제공하는 것이 필요하다.

포괄적 보육프로그램 모형에서는 아동의 최적의 성장과 발달을 위해 프로그램의 대상이 아동과 그들 부모, 가족, 지역사회까지 확대된다. 아동의 신체, 인지, 사회정서 발달을 위한 보호프로그램(보건, 안전, 영양)이나 교육프로그램(인지, 언어, 정서)뿐만 아니라 아동과 부모

사진 설명 취약계층 아동을 위한 맞춤형 지원서비스인 드림스타트 사업

의 복지욕구를 충족시킬 수 있는 보상프로그램(과외활동, 정서적 지원, 정보와 의뢰), 지역사회교류(정보와 의뢰, 지역사회교류)까지를 포괄한다(김진이, 2000). 보육서비스에 대한 욕구가 높은 가정에 대해서는 보상적 차원의 보육서비스나 지역교류서비스를 제공함으로써 보육사업의 대상자별로 차별적이면서 동시에 필요한 경우 포괄적인 접근의 보육서비스가 이루어질 필요가 있다.

4. 보육학의 학문적 위치

다양한 보육의 목표를 달성하기 위해서 보육활동에는 다양한 학문적 지식이 접목될 수밖에 없다. 여러 학문적 배경을 필요로 한다는 점에서 보육학은 학제적인 특성이 있다. 보육학은 아동학, 유아교육학, 아동복지학, 가족복지학, 사회복지학, 영양학, 간호학 등의 여러 학문 분야와 밀접한 관련을 갖는 학제적인 학문이다(〈그림 1-4〉 참조). 따라서 보육교사도 이들 여러 학문 분야의 전공자로 구성되어 있다.

보육학은 여러 학문 분야와 밀접한 관련을 가지고 있으나 이들 학문 분야와는 차별화되는 여러 특성을 지니고 있기도 하다. 보육학은 취업으로 인해 자녀를 돌보지 못하는 부모의 욕구와 저출산 문제를 해결하고자 하는 정부의 욕구 그리고 전인발달이라는 아동의 욕구 모두를 충족시키는 것을 그 목표로 하고 있다. 이러한 측면

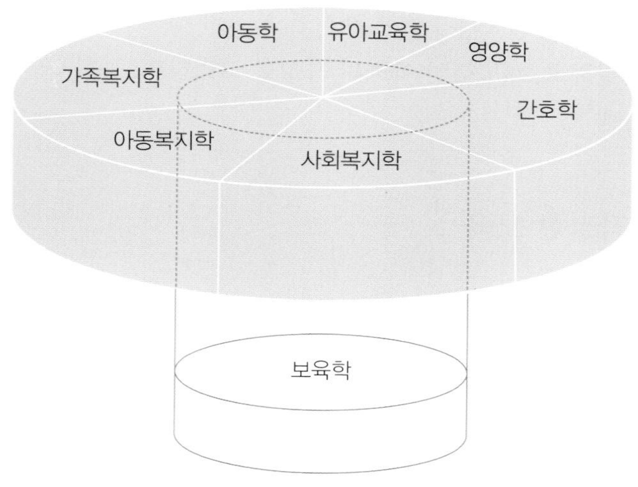

〈그림 1-4〉 보육학의 학문적 위치

에서 보육학은 가족의 복지를 우선적으로 고려하는 가족복지학이나 아동의 발달과 복지를 우선시하는 아동복지학과는 차별화된다. 또한 보육학은 모든 아동을 대상으로 한다는 점에서 특정 계층의 복지에 보다 초점을 맞추고 있는 사회복지학과는 차이가 있으며, 대상의 연령이나 주요 활동에서 유아교육학과도 차이가 있다. 보육학은 최근에는 그 대상이 초등학교 학생으로까지 확대되고 있으나 영유아를 주 대상으로 하며, 주요 활동은 이들을 돌보는 것이다. 반면 유아교육은 유아를 주 대상으로 하며, 주요 활동은 이들을 교육하는 것이다. 또한 보육학은 아동발달에 대한 전반적인 지식을 보육현장에 접목시킴과 동시에 이들에 대한 교육활동이 이루어진다는 점에서 아동학과도 차별화된다.

보육학은 여러 학문 분야와 관련이 있는 학제적인 분야이면서 동시에 현장에 적용시키는 실천성을 강조하는 학문이다. 여러 학문 분야에서 축적된 연구결과를 효율적으로 보육현장에 접목시킴으로써 부모와 아동, 정부 차원의 욕구를 충족시켜야 하는 것이 보육학의 목표이다.

5. 보육모형 설정에서 고려할 점

보육의 질적 수준을 향상시키기 위해서는 수준 높은 보육프로그램이나 시설의 확보 등 여러 요인들이 구비되어야 하지만 미국유아교육협회(NAEYC)에서 발달에 적합한 최적의 환경을 조성하기 위해 제시한 보육의 세 가지 기준은 보육활동이 아동의 연령에 적절하고, 개별적인 아동의 특성을 고려하며, 문화적인 특성을 고려해야 한다는 것이다.

1) 연령에 적절한 보육

우리나라에서는 연령에 적절한 보육서비스를 제공하기 위해 보육과정을 0~2세 대상의 표준보육과정과 3~5세 대상의 누리과정으로 구분하여 연령별 보육목표와 이를 실현하기 위한 보육내용을 제시하고 있다. 그러나 부모와 처음 분리되어 어린이집 생활을 하는 영아를 대상으로 하는 보육이나 영유아보육에 치중되어 상대적으로 관심을 받지 못하는 초등학생을 위한 방과 후 보육은 앞으로 보완이 필요한 부분이다.

현재 어린이집의 영아보육프로그램은 건강, 안전, 영양, 교육을 목표로 이루어지고 있으며, 그에 따른 보육내용이나 일과운영은 주로 기본생활습관 형성과 인지발달, 신체발달을 중심으로 구성되어 있다. 영아의 경우 동일한 연령대라 하더라도 발달수준, 특히 생리적 욕구에서 많은 차이를 보이므로 월령별로 보다 세분화된 보육과정이 요구된다. 특히 생후 1년 이내 영아의 경우 세분화된 보육서비스의 제공 못지않게 부모의 양육을 지원하기 위해 현행 육아휴직제도의 혜택을 확대시키기 위한 정책적 노력도 필요하다. 또한 현행 표준보육과정의 사회관계 영역에 안정적인 애착형성하기가 포함되어 있으나 애착형성 부분은 어린 영아를 대상으로 하는 보육에서 보다 강조되어야 할 내용이다.

애착관계가 어린 영유아의 발달에 어떠한 영향을 미치는지에 대해 가장 깊이 있는 설명을 해 준 것은 애착이론이다. 애착이론의 관점에서 건강한 발달의 핵심은 영유아가 한 명 이상의 성인과 강한 애정적인 유대감을 형성하는 것이다. 영아는 어머니 이외에도 여러 사람과 애착관계를 형성할 수 있으며, 따라서 어린이집 교사가 애착의 대상이 될 수도 있다. 어린이집에서 낮 시간의 대부분을 보내고 있는 영아들에게 있어 보육교사와의 건강한 상호작용은 양육자와의 상호작용만큼이나 영아의 건강한 발달에 핵심적 요소인 만큼 영아보육과정에서 간과하지 말아야 할 부분이다. 애착대상이 누구인가의 문제보다도 그 대상이 지나치게 자주 바뀌거나 일관성 있는 상호작용이 결여될 경우 문제를 유발할 수 있기 때문이다(Bretherton, 2000).

이스라엘 키부츠(kibbutz)[1]의 공동양육시설에 대한 연구결과는 현재의 어린이집과 가장 유사한 맥락에서 영아와 양육자 간 애착관계가 이후의 발달에 미치는 영향을 설명할 수 있다. 공동양육시설의 보모들은 아이들을 돌보기는 하였으나 아이들과 친밀한 관계를 형성하지 못하였으며, 그 결과 아이들은 친근한 사회적 · 정서적 상호작용에서 문제를 보이는 것으로 나타났다. 특히 낮 시간대(아침 7시~오후 4시)에만 키부츠 보육센터에서 생활하는 아이들은 부모와 보모에 대한 애착의 질에서 상당히 안정적인 것으로 나타난 반면, 교사가 자주 바뀌고 충분한 돌봄이 이루어지지

1) 키부츠는 현재의 이스라엘을 세우기 오래전에 팔레스타인으로 이주한 초기 유럽 이민자들이 만든 생활공동체로서 이들은 가족 간의 친밀한 유대감보다는 전체 집단과의 관계가 더 중요하다고 생각하여 평등한 생활공동체를 결성하였다.

Van IJzendoorn

못하는 밤 시간대까지 보육센터에서 생활하는 아이들의 경우 애착유형에서 양가유형을 보이는 것으로 나타났다(Sagi, Aviezer, Mayseless, Donnell, & Joels, 1991; Van IJzendoorn, Sagi, & Lambermon, 1992).

이러한 사실은 어린 영아보육에서 주요 애착대상인 보육교사가 자주 바뀌는 문제와 비일관적인 형태로 이루어지는 보육활동에 장시간 노출시키는 문제를 지적하고 있는 것이다. 그러므로 이러한 영아기의 발달특성을 고려하여 치료놀이의 원리와 활동을 영아보육과정에 접목시키는 등 영아와 보육교사 간 상호작용을 촉진시킴으로써 애착형성에 도움을 줄 수 있는 차별화된 영아보육모형이 필요하다(김윤경, 2004).

또한 지금까지의 보육정책이 영유아 보육에 치중해 온 만큼 초등학생을 대상으로 한 방과 후 보육프로그램이나 정책도 보완이 필요하다. 1995년 세계화추진위원회는 여성의 사회참여 확대를 위한 10대 정책과제를 제시하였으며, 이 중 단기과제의 하나인 '방과 후 아동지도제도'를 도입한 것은 여성의 사회참여에 따른 자녀양육 문제에 대한 사회적 책임을 제시하였다는 점에서 높이 평가할 수 있다. 이를 계기로 방과 후 프로그램은 널리 확대되기 시작하였다.

가족해체로 인한 한부모 가족의 증가나 핵가족화 등의 사회변화에 따라 자기보호 아동은 점차 증가하고 있으며 이에 따라 방과 후 보육 수요는 점차 증가하고 있다. 지금까지의 방과 후 아동보육은 수업을 끝마친 후 부모를 만날 때까지 돌보아 줄 성인이 없는 아동을 위하여 비영리적으로 제공되는 보육서비스로서, 특히 보호의 측면이 강조되었다. 그러나 이러한 현실을 감안해 볼 때 방과 후 보육은 단순히 자기보호 아동을 위한 보호서비스 차원을 넘어 아동이 즐겁고 행복한 생활을 할 수 있도록 아동의 권리를 무엇보다 우선시하고 아동의 발달적 욕구에 부응하는 교육적 프로그램이어야 한다. 또한 학교교육의 연장이 아니라 가정교육의 연장으로, 가정교육을 보충하고 지원하는 프로그램이면서 나아가 소외되기 쉬운 아동에게 이웃과의 교류활동과 지역사회 주민의 자원봉사와 참여활동을 통해 공동체적 삶의 가치를 터득할 수 있도록 지원하는 프로그램이어야 한다(곽은복, 2005).

2) 개별적 특성을 고려한 보육

「영유아보육법」이 제정된 이래 우리나라의 일반 보육은 양적 · 질적으로 급격한 성장을 이루었다. 그러나 일반 아동을 위한 발달적 교육프로그램이나 보호프로그램만으로 욕구가 충족되기 어려운 장애아동이나 취약계층아동 등 특수한 욕구를 가진 아동에 대한 보육서비스는 여전히 부족한 실정이며 보육프로그램의 질적 수준도 문제점으로 인식되고 있다. 우리나라가 경제선진국에서 나아가 보육선진국 반열에 오르기 위해서는 어느 아동도 그 아동이 처한 특수한 상황 때문에 소외되지 않도록 아동의 개별적 특성을 고려한 다양한 보육서비스를 제공하는 것이 필요하다.

장애아 보육의 경우 최소한으로 제한된 환경에서 일반 유아들과 함께 교육을 받는 통합보육의 긍정적 효과는 널리 인정되고 있다. 이에 기초하여 우리나라에서도 통합교육이 널리 이루어지고 있으나 일부 통합 학급의 경우 단순히 물리적 · 시간적 통합에만 그치고 있어 통합의 진정한 의미를 상실하고 있는 실정이다. 이에 따라 장애아 보육서비스의 공급 확대뿐 아니라 질적으로 수준 높은 장애아 통합보육서비스를 제공하는 것이 필요하다. 이를 위해서는 보육서비스가 단순한 보호와 교육을 넘어 가족과 지역사회 등을 포괄하는 포괄적 복지서비스의 형태로 제공되어야 한다(최보가, 전귀연, 김수영, 정정희, 2005).

또한 양질의 보육서비스를 제공하기 위해서는 무엇보다도 먼저 장애아 전문 어린이집과 통합 어린이집의 확충을 통해 장애아동을 위한 보육인프라를 구축하고, 특수교사의 인력 확충과 보육교사의 전문성을 향상시키는 것이 필요하다. 아울러 장애아동 · 가족을 대상으로 다양한 서비스 제공체계를 구축하고 중증뿐 아니라 경증 장애아동을 대상으로 양질의 돌봄 · 양육 서비스를 지원하는 등 돌봄 서비스를 강화함으로써 부모의 양육부담을 경감시키기 위한 노력도 필요하다(박창현 외, 2021).

농어촌 영유아 대상으로도 특별 프로그램이나 환경 결손의 영향을 최소화할 수 있는 특성화된 보육서비스를 제공하는 것이 필요하다. 농어촌 어린이집은 도시지역에 비해 혼합연령 반 구성비율이 높고 조손 가정, 다문화 가정, 한부모 가정 비율이 높다. 게다가 교사의 학력 수준도 도시지역에 비해 낮고 인력부족으로 교사채용에도 어려움을 겪는 등 취약성을 갖는 것으로 나타났다. 그러므로 보조교사 활용이나 인근 어린이집과의 협력, 특별활동 강사의 공동 활용 등을 통해 혼합연령 반 운영의 내실화를 기하고, 농어촌 교사의 처우개선을 통해 교사 수급문제를 완화시키며, 시간 연장 돌봄서비스 확충과 부모교육 및 체험활동을 강화함으로써 조손 가정이나 맞벌이 가정을 지원하는 등 지역 특성에 맞는 보육서비스를 제공하는 것이 필요하다(김은설, 2016).

그 외에도 부모의 보육욕구 조사결과, 우리나라 부모들은 가족 특성과 무관하게 신체, 인지, 사회정서발달을 위한 교육을 강조하는 미국유아교육학회(NAEYC)의 발달적 교육프로그램과 건강습관, 휴양, 건강진단, 예방 접종, 안전지도를 강조하는 일본 보육소의 보호(양호)프로그램을 선호하는 것으로 나타났다. 이는 부모들의 교육열이나 아동의 안전을 중시하는 태도를 반영하는 것으로 볼 수 있다. 반면, 맞벌이, 저소득층, 결손가정에서는 보건서비스와 영양서비스를 특히 필요로 하며, 저소득층 가정은 정서적 지원, 정보 및 의뢰서비스의 세부 프로그램에 대한 필요도가 높은 것으로 나타났다(김진이, 2000). 이처럼 가족의 특성에 따라 보육욕구에서 차별성이 나타나는 만큼 아동의 특성을 고려한 효율적인 보육프로그램이 제공되어야 할 것이다.

3) 사회문화적 특성을 고려한 보육

연령에 적절하고 아동의 특성을 고려해야 한다는 범문화적인 기준과는 달리 문화적 특성을 고려해야 한다는 점은 적절한 보육모형을 설정하는 데 있어 중요한 시사점을 제시해 주고 있다. 사회문화적 특성과 관련된 가장 대표적인 문제는 자녀양육을 누가 담당하는 것이 바람직한지에 대한 인식의 문제이다.

자녀양육을 부모가 담당하는 것이 바람직한 것인지 혹은 어린이집에서 담당하는 것이 바람직한 것인지에 대한 인식은 논란의 여지가 있으나, 여기에는 분명 문화적 차이가 존재한다. 전통적으로 우리 문화에서는 자녀양육의 역할을 어머니가 담당하는 것이 보다 바람직한 것으로 인식되어 왔다. Chao(1994)는 중국계 미국인과 유럽계 미국인에 대한 비교 연구를 통해 중국계 미국인들은 유럽계 미국인보다 어린이집이 아니라 부모나 기타 가족원이 자녀를 키워야 한다는 사실을 강조하며, 부모에 의한 자녀양육이나 훈육을 보다 강조한다고 하였다. 이러한 연구결과는 자녀양육에서의 문화적 차이를 보여 주는 것으로 우리나라의 경우도 이와 유사하다.

우리나라는 어린 자녀를 양육하는 데 있어 어린이집보다는 가정에서 어머니가 양육하는 것을 선호하며, 부모가 양육하는 것이 불가능할 경우 어린이집에 보내기보다는 조부모 양육을 선호한다. 이로 인해 손자녀를 돌보기 위해 할머니는 자녀세대가 생활하는 도시로 떠나고 시골에 혼자 남은 할아버지들을 지칭하는 '기러기 할아버지'는 세계 어느 곳에서도 볼 수 없는 자녀양육에 대한 우리 문화의 독특한 단면을 보여 주는 것이다.

최근 사회적 물의를 일으켰던 어린이집에서의 아동학대사건은 시설양육에 대한 불신감을 더욱더 조장하는 요인으로 작용하고 있다. 그러므로 단순히 어린이집의 양적 확충이 아니라 부모가 안심하고 자녀를 맡길 수 있는, 즉 어머니 역할을 대신해 줄 수 있는 양질의 어린이집 확충이 우선적으로 고려되어야 할 요인이다. 하나의 직업으로서 영유아를 돌보는 것이 아니라 가족과 같이 진정으로 아이들을 애정의 눈으로 볼 수 있는 보육철학을 가진 교사들을 양성하는 것이 급선무라고 볼 수 있다.

또한 일반적인 사회적 통념은 여성취업률이 증가하면 출산율은 떨어진다는 것이다. 그러나 서구의 여러 국가들에서는 여성취업률이 증가하면서 출산율 하락세가 멈춰지거나 오히려 증가하는 경향을 보이고 있는데, 이러한 현상도 바로 사회문화적 특성을 반영하는 것이다. 많은 국가들에서 출산율이 하락하면서 기혼여성의 출산과 육아를 국가가 적극적으로 지원하기 위해 어린이집의 양적 · 질적 확충에 많

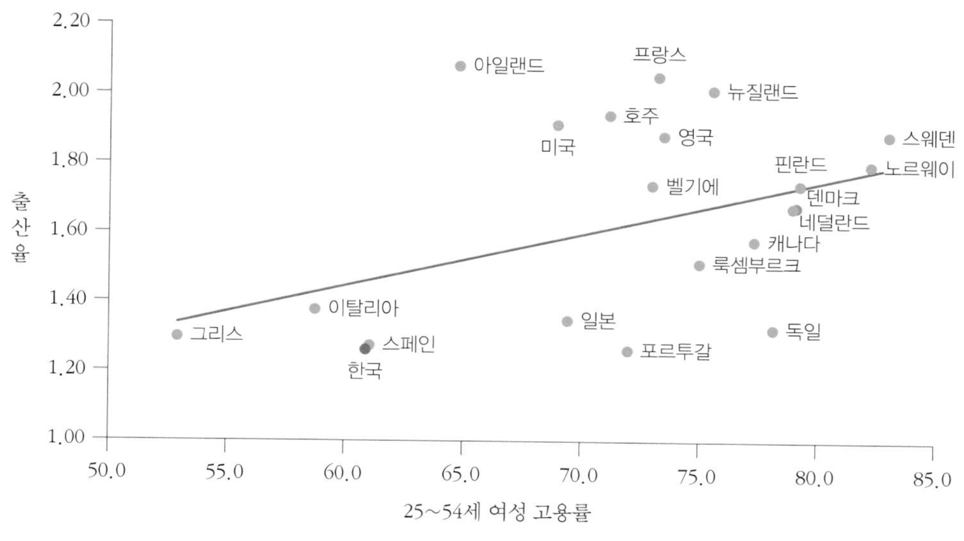

〈그림 1-5〉 주요 국가들의 여성 고용률과 출산율 관계(2012)

출처: 한국노동연구원(2014). 월간노동리뷰, 9월호, 75-77.

은 관심을 보였다. 보육에 대한 국가적 개입을 통해 출산율을 향상시키는 데 실효성을 거둔 국가가 있는 반면, 우리나라를 위시한 여러 나라에서는 그다지 실효성을 거두지 못한 것으로 나타났다(〈그림 1-5〉 참조). 출산율을 높이는 데 실패한 여러 나라는 공통적으로 자녀양육에서 사회적 책임보다는 가족원의 책임을 일차적으로 강조하고 있고, 나아가 육아가 여성의 일이라는 사고가 지배적인 문화적 특성을 가지고 있다. 따라서 육아가 여성의 전유물이라는 사고에서 탈피하지 않는 한 어린이집의 확충을 통해 출산율을 높이는 데는 한계가 있다.

앞으로 보육모형 설정에서 고려해야 할 점은 부모와 분리되어 처음으로 어린이집 생활을 하는 영아를 위한 보육서비스나 초등학생을 대상으로 하는 방과 후 보육서비스를 확충함으로써 모든 아동에게 발달단계에 따라 적절한 보육서비스를 제공하는 것이다. 또한 단순히 양적 확충보다도 사회문화적인 특성과 동시에 아동의 개별적 특성을 고려하여 모든 아동의 차별받지 않을 권리를 보장해 줄 수 있는 보육서비스를 제공해 주는 것이다. 그리고 이러한 노력은 무엇보다도 아동의 발달을 우선적으로 고려한 것이어야 할 것이다. 교사주도적 보육에서 벗어나 영유아 중심, 놀이 및 일상생활 중심을 기본 방향으로 제시하고 있는 「제4차 어린이집 표준보육과정」은 이러한 의미에서 보육선진국으로 나가기 위한 밑거름이 될 것이다.

제2장 영유아보육과 교육사상

영유아보육은 영유아의 신체적 · 정서적 · 사회적 · 인지적 성장을 지원하는 과정이다. 이러한 지원을 최적화하기 위해서 보육과정에서 교육은 매우 중요한 요소이다. 영유아보육은 각 시대의 주된 교육사상이나 교육자 또는 부모의 교육신념에 따라 영향을 받으며 변화하고 발달해왔기 때문이다. 즉, 영유아교육 사상은 이상적인 보육의 방향을 설정할 때 그 근간이 되어 왔다. 따라서 영유아보육을 이해하기 위해서는 영유아교육의 역사적 배경과 대표적 교육이념이나 교육방식을 알아볼 필요가 있다.

영유아의 특성에 대한 이해나 영유아보육에 대한 관심이 현재의 수준에 이르게 되기까지는 역사적으로 여러 철학자와 교육자 및 연구자의 노력이 있었다. 어떤 사상가들은 정치적 또는 철학적 측면에서 사회문제를 해결하고자 영유아보육에 관심을 가졌다. 어떤 실천가들은 가난하고 열악한 환경의 영유아들을 직접 보살피면서 영유아보육에 대한 견해를 피력하였다. 이들 영유아보육에 대한 과거 여러 인물의 사상을 살펴보고 이해한다면 현재 영유아보육 사상의 근원을 알 수 있을 것이다. 나아가 이를 바탕으로 현대의 영유아보육을 발전시킬 수 있는 사고를 개발하는 데 도움이 될 것이다.

따라서 이 장에서는 영유아보육과 관련된 교육사상을 크게 두 부분으로 나누어 살펴볼 것이다. 전반부에서는 영유아보육과 관련된 서양의 교육사상을 다룰 것이다. 즉, 고대 그리스와 로마시대에서 시작하여 중세, 근대를 거쳐 20세기 이후인 현대의 영유아교육 사상 및 주요 사상가의 견해를 설명할 것이다. 후반부에서는 영유아보육과 관련된 우리나라의 교육사상을 살펴볼 것이다. 우리나라 전통 사회의 학문과 종교뿐만 아니라 사람들의 가치관, 교육방식 등에 포괄적인 영향을 미친 불교와 유교 및 도교의 영유아교육 사상을 살펴본 후 근대 아동교육가인 소파 방정환의 사상을 소개할 것이다.

1. 서양의 영유아보육과 교육사상

영유아보육과 교육에 대한 관심은 수천 년 전부터 시작되었다. 플라톤과 아리스토텔레스 같은 고대 그리스의 철학자들은 아동의 성격 형성에는 적절한 보살핌과 교육이 중요하다는 점을 일찍부터 주장하였다. 이러한 주장은 암흑기인 중세시대에 주춤하였으나, 르네상스시대를 지나 근대에 들어서서 다시 주목받기 시작하였다. 근대에 들어서는 영유아교육 사상 외에 실천을 겸비했던 코메니우스나 페스탈로치, 프뢰벨 등과 같은 뛰어난 교육자들이 등장하였다. 20세기에 들어서는 여러 대학에서 아동학 연구가 과학적이고 체계적으로 진행되었으며 영유아교육기관이 급증하고 다양한 영유아교육 프로그램도 개발되었다. 여기서는 각 시대마다 영유아에 대한 인식은 어떠했으며 영유아교육 사상 및 실천에 공헌한 인물은 누가 있는지 살펴보고자 한다.

Plato
(B.C. 429~347)

1) 고대의 영유아관과 교육사상

그리스의 철학자 플라톤은 영유아교육에 있어서 놀이 및 음악과 체육을 강조하였다. 놀이에서 유아 각자의 개성이 나타나므로 부모나 교사는 이를 잘 관찰하여 각 유아의 개성에 맞게 지도해야 한다고 주장했다. 또한 플라톤은 유아들에게 음악과 체육교육을 장려해야 한다고 하였다. 음악은 정신을 수양하도록 도와주고 체육은 신체적 건강을 지키는 데 필수적이라고 보았기 때문이다. 이러한 사고는 아리스토텔레스의 교육철학에도 계승되어 나타난다.

Aristoteles
(B.C. 384~322)

아리스토텔레스도 유아기에는 놀이가 중요하다고 강조했으며 이 시기에 신체적 단련이 필요함을 주장했다. 놀이를 인간의 본성에 가장 적합한 운동으로 보았고, 특히 5세까지는 강제적인 학습이 아닌 자연스러운 놀이를 통해 유아의 본성에 따라 성장할 수 있는 환경을 제공해야 한다고 하였다(송준식, 사재명, 2006).

플라톤이나 아리스토텔레스와 같은 그리스의 철학자들이 아동기 교육의 중요성을 강조했지만, 같은 시기에 오늘날에는 생각조차 할 수 없는 일들이 벌어지기도 하였다. 건강하지 않거나 불법적으로 태어나거나 혹은 단지 부모가 원하지 않는다는 이유로 영아들을 살해하기도 하였다(Breiner, 1990). 또한 이 시기 사람들은 아동을 심하게 처벌하거나 성적으로 착취하는 일이 잘못된 일이라고 생각하지 않았다. 예를 들어, 로마 사람들은 집안일을 시킨다거나 하는 여러 가지 목적으로 아동을 사거나 팔았다(Mounteer, 1987). 즉, 고대의 몇몇 철학자들이 아동기의 중요성을 강조했지만, 대부분의 아동들이 제대로 보살핌을 받은 것은 아니었다.

2) 중세 및 르네상스 시대의 영유아관과 교육사상

플라톤이나 아리스토텔레스의 아동에 대한 견해는 로마제국이 붕괴되기 시작한 5세기에서 13세기까지 그 종적을 감추게 된다. 중세시대의 영유아에 대한 인식은 현재와 매우 달랐다. 로마제국이 몰락하면서 혼란이 지속되고 사람들은 하루하루의 생존을 걱정하며 살아갔다. 교육체계도 무너졌으며 교회에서 종교와 관련된 일을 할 극소수의 아동들에게만 단순한 읽기교육이나 쓰기교육을 제공하는 정도였다(Sommerville, 1982). 이 시기는 특히 영유아를 양육하는 데 전혀 관심이 없었다. 영아가 인간이라는 인식이 부족해 심하게 울거나 장애가 있거나 혹은 여아라는 이유로 영아를 살해하는 일도 여전히 행해졌다. 3~4세가 되어 걷고 말할 수 있을 때가 되어서야 비로소 인간으로 취급되었지만, 여전히 아동이라기보다는 성인의 축소판으로 간주되었다. 따라서 아동에게 성인과 같은 행동을 하도록 요구하였고, 그에 따르지 못할 경우 매질이나 감금 같은 처벌이 뒤따랐다. 즉, 이 시기는 아동들에게는 매우 고달프고 힘든 시대였다. 5~6세가 되면 아동은 성인과 같은 방식으로 옷을 입고 성인과 같이 일하고 술을 마셨다(Maxim, 1997). 문화적 전통을 전달하는 통로였던 학교나 공식적 교육은 사실상 유럽에서 거의 찾아볼 수 없었다.

14세기 초 르네상스가 시작되면서 고대 그리스와 로마시대의 예술, 문학, 철학에 다시 관심이 모아졌다. 따라서 아동의 복지에 대한 관심도 중세에 비해 높아졌다. 예를 들어, 이탈리아 플로렌스에서는 일종의 기아보호소가 세워져 미아나 병든 아동 또는 부모가 원하지 않는 아동을 돌보았다. 이 시설은 점차 서부 유럽 전역으로 퍼졌다. 이 기아보호소 형태의 시설은 영유아를 돌보고 보호할 책임이 사회에 있다는 사고가 등장했음을 반영하는 것으로, 아동복지 측면에서 큰 의의가 있다고 할 수 있다(Trexler, 1973).

3) 근대의 영유아관과 교육사상

근대에 접어들면서 점차적으로 암흑기를 벗어나기 위한 노력이 종교, 정치, 경제 등 각 분야에서 나타나기 시작하였다. 14세기 이후 사회가 점차 계몽되면서 아동에 대한 인식도 변하기 시작하였다. 유럽에서는 교회의 수도원을 중심으로 아동을 위한 교육이 시작되었다. 15세기에는 수도원 외에서도 기본적인 읽기나 쓰기, 산수 등을 가르치기 시작하는 등 교육이 점차 중요시되었다. 16세기 독일에서 루터는 종교적 구제를 받는 수단으로 모든 아동에게 공교육을 실시해야 한다고 주장했다. 유럽 내 다른 나라의 사회적·정치적 개혁자들도 아동교육이 사회적 불평등을 극복하는 수단이 될 수 있다고 보고 적극 권장했다.

Martin Luther
(1483~1546)

John Calvin
(1509~1564)

한편, 청교도인 칼뱅은 아동이 원죄를 가지고 태어나므로 적절한 지도와 가르침이 없는 한 나쁘게 성장한다고 주장했다. 칼뱅은 학습할 수 있는 가능성은 어린 시기부터 있으므로 부모들이 영유아를 적절히 교육시켜야 한다고 보았다. 칼뱅과 같은 청교도들은 아동이 자기통제능력을 발달시켜야 하며 이를 위해 교육, 특히 읽기교육이 중요하다고 강조했다. 이들은 아동 전용의 책(사진 참조)을 직접 만들기도 하였다. 18세기 산업혁명으로 유럽과 미국에서 값싼 노동력을 선호하는 경제적 논리에 따라 많은 아동들이 공장에서 혹사당했다. 아동들은 공장에서 하루 16시간 이상 혹사당하며 제대로 먹지도 쉬지도 못하는 생활을 하는 경우가 허다했다. 이러한 아동에 대한 착취는 이후 사회개혁가들에 의해 결국 법으로 금지되었다(Essa, 2003; Maxim, 1997; Moran & Vinovskis, 1985; Pollock, 1987).

A TOKEN FOR CHILDREN.

The Second Part.

EXAMP. VIII.

Of a Child that was very serious at four Years old, with an Account of his comfortable Death when he was twelve Years and three Weeks old.

1. John Sudlow was born of religious Parents in the County of Middlesex, whose great Care was to instill spiritual Principles into him as soon as he was capable of Understanding of them:

사진 설명 17세기 청교도 성직자가 집필한 아동도서

17세기에서 19세기는 아동의 타고난 본성이 악하다는 사고가 여전히 지배적이었으므로 사람들은 아동을 엄격히 훈육시켜야 한다고 생각했다. 일부 아동은 어린 나이에 기술을 배우기 위해 도제 신분으로 집을 떠났고 일부 아동은 집이나 학교에서 교육을 받았다. 가정이나 학교에서는 좋은 인성, 순종, 정직, 근면함을 강조하면서 아동들을 엄격히 훈육하였다. 하지만 이 시기에도 아동의 타고난 본성을 선한 것으로 보고 타고난 잠재능력을 발휘할 수 있는 교육 프로그램을 개발하고자 힘을 쓴 교육사상가와 실천가들도 찾아볼 수 있다. 이들은 현대의 영유아보육 및 교육 프로그램 개발의 초석을 마련했다고 볼 수 있다. 다음은 근대 영유아보육 및 교육에 크게 기여한 인물과 그 사상을 소개한 것이다.

(1) 코메니우스

가톨릭 교회의 주교였던 코메니우스는 학교에서 아동들을 가르치면서 교재도 직접 집필했다. 특히 최초의 아동용 그림책인 『세계도회(Orbis Pictus)』를 저술한 것으로 알려져 있다. 코메니우스는 인간이 신의 형상을 가지고 선하게 태어난다고 생각했다. 그는 아동을 잘 관찰하여 배울 준비가 되었을 때 교육을 시작해야 한다고 보았다. 교육은 감각을 이용할 때 효과적이라고 보았으며 가르칠 때 모든 감각을 이용하는 감각교육을 강조했다. 예를 들어, 그림과 단어를 이용해 아동들에게 사물의 이름이나 개념을 가르쳤으며, 사물의 실체나 그림 없이 단순히 이름만을 가르쳐서는 안 된다고 주장했다.

John Amos Comenius (1592~1670)

코메니우스는 교육의 중요성을 강조하였다. 특히 교육이 아동들에게 긍정적인 경험이 되어야 한다고 주장했다. 300여 년이 지난 지금까지도 영유아교육에 반영되고 있는 코메니우스의 견해를 정리하면 다음과 같다(Morrison, 2004). ① 인간의 정신이 훼손되기 전에 일찍 교육을 시작한다면, ② 교육을 받아들일 마음의 준비가 되

사진 설명 『세계도회(Orbis Pictus)』

었을 때 시작한다면, ③ 일반적인 내용에서 시작하여 점차 구체적인 내용으로 교육한다면, ④ 쉬운 내용에서 시작하여 점차 어려운 내용을 다룬다면, ⑤ 너무 많은 과목으로 아동들에게 과중한 짐을 지우지 않는다면, ⑥ 각 사례마다 천천히 진행한다면, ⑦ 연령에 따라 적절한 방법으로 교육을 한다면, ⑧ 모든 것을 감각매개로 가르친다면, ⑨ 가르친 것을 지속적으로 사용하게 한다면, ⑩ 모든 것을 동일한 방법에 따라 가르친다면, 교육과정이 보다 쉽고 효과적일 것이다.

(2) 로크

영국의 철학자 존 로크는 모든 인간이 법 앞에 평등하다고 주장했다. 로크에 따르면 모든 아동은 평등하게 태어난다. 또한 아동은 태어날 때 그 정신이 백지와 같이 아무것도 없는 상태, 즉 '타불라 라사(tabula rasa)'로 태어난다고 주장했다. 백지상태로 태어난 후 경험과 학습을 통해서 지식이 생기게 된다는 것이다. 그는 아동은 태어날 때 선하게 혹은 악하게 태어나는 것이 아니라 출생 후 선하게 혹은 악하게 키워지는 것이라고 보았다. 이는 아동 개인의 발달이 후천적인 환경의 영향에 따라 달라진다는 것을 의미한다. 또한 로크는 발달 초기에 학습을 시작하는 것이 중요하다고 보았다. 부모는 어린 아동을 가르치고 훈육하다가 아동이 성장함에 따라서 점차적으로 부모의 권위주의적 태도를 완화해야 한다고 보았다. 로크는 부모들에게 아동을 양육하는 최선의 방법에 대해 조언하기도 하였다(Vasta, Haith, & Miller, 1999).

John Locke
(1632~1704)

(3) 루소

프랑스의 철학가이자 작가인 루소는 영유아교육 분야에도 큰 영향을 미쳤다. 그는 당시 프랑스 사회의 타락에 대해 비판하면서 인간이 선한 본성에 따라 발달하는 것을 사회가 방해한다고 주장했다. 즉, 위계 구조에 따라 소수의 사람들만이 부유하고 힘이 있는 사회는 대중을 비참하게 만드는데, 이는 인간 본연의 상태가 아니라는 것이다. 루소는 저서 『에밀(Emile)』에서 자유를 존중하는 정치적 견해와 급진적 교육철학을 논하였다(Maxim, 1997). 아동들은 순수하고 선하게 태어나므로 사회의 악으로부터 보호를 받는다면 타고난 선을 펼쳐 도덕적 인간으로 성장할 수 있다는 것이다. 교육은 타고난 선을 반영하는 방향으로 자발적 학습을 통해 이루어져야 한다고 보았다. 루소는 아동중심의 교육이 결국 도덕적이고 선한 성인을 만든다고 주장했다.

Jean-Jacques Rousseau
(1712~1778)

루소는 자연적인 것은 무엇이든 유익하다고 보았다. 아동이 자연을 가까이함으로써 타고난 감각을 개발하고 인성을 형성하게 된다는 것이다. 그는 아동을 위한 좋은 교육은 사회가 만든 인위적인 지식을 주입하는 것이 아니라 자연을 접하며 구체적 경험을 통해 자발적 학습이 일어나게 도움을 주는 것이라고 주장했다. 현대 영유아교육에서 아동 스스로 자신의 관심사를 조절하는 교육환경, 구체적이고 실질적 자료를 사용하는 학습, 무엇을 할지 스스로 선택이 가능한 자유놀이 시간, 각 발달단계와 관련된 특성에 대한 관심, 아동 스스로 행동을 조절하도록 북돋우는 갈등해결 접근방식은 모두 루소의 영향을 받은 것이다(Maxim, 1997). 즉, 어린 아동들이 보호받고 양육되어야 할 독특한 특성이 있다는 견해와 성인이 영유아의 발달을 최적화할 환경을 제공해야 한다는 루소의 견해는 오늘날까지 이어지고 있다고 하겠다.

사진 설명 루소의 저서『에밀』

(4) 페스탈로치

페스탈로치는 스위스의 교육자로 자신의 교육적 이상과 실천에 대한 저서도 여러 권 집필했을 뿐만 아니라 유럽의 여러 학교에서 자신의 교육적 이상을 실천하기 위해 힘썼다. 또한 자녀에게 어머니가 가장 좋은 교사라고 생각하여 어머니들을 위한 자녀교육 지침서인 『게르트루트는 자녀를 어떻게 가르쳤는가(How Gertrude

Johann Heinrich Pestalozzi (1746~1827)

Teaches Her Children)』를 집필하기도 하였다.

페스탈로치는 루소의 영향을 많이 받았다. 먼저 루소의 자연주의 철학에 큰 감명을 받아 1774년 농장을 구입하여 'Neuhol'이라는 학교를 열었다. 이 학교에서 가정생활, 직업교육, 읽기교육과 쓰기교육을 통합하고자 시도했다. 또한 루소가 아동의 본성을 선하게 본 것처럼 페스탈로치도 교육이 아동의 본성에 따라 이루어져야 한다는 신념을 가지고 있었다. 인간의 본성과 교육이 서로 조화를 이루어야 한다는 것이다. 페스탈로치는 자신의 외아들을 루소의 저서『에밀』에 있는 방식으로 키우고자 시도하였다. 하지만 자신의 아들이 12세가 되어서도 읽거나 쓰지 못하는 것을 보고 초기의 교육철학을 수정하게 되었다. 페스탈로치는 자신의 아들을 대상으로 한 교육경험을 바탕으로 영유아기의 교육과정을 아동 주도적인 것에만 의존할 수는 없다는 교훈을 얻게 되었다. 예를 들어, 어떤 아동들은 스스로 읽기를 터득하는 반면, 어떤 아동들은 읽기 위한 분위기를 조성해 주어야 학습하게 된다는 것이다(Morrison, 2004).

사진 설명 페스탈로치가 집필한 Leonard and Getrude

어린 아동을 위한 페스탈로치의 교육방법에서는 구체적 경험과 관찰을 강조한다. 페스탈로치는 감각을 통한 느낌이나 경험을 바탕으로 교육을 실시할 때 아동들이 타고난 잠재능력을 발휘할 수 있다고 보았다. 예를 들어, 물체를 이용하는 수업에서 아동들이 물체의 수, 느낌 등을 직접 경험하면 물체에 대해 더 잘 학습할 수 있다고 믿었다(Morrison, 2004). 페스탈로치가 개발한 영유아교육방법은 실제 오늘날까지도 사용되고 있다. 아동의 개인차를 인정하고 중요하게 다루는 것이나 기계적 암송보다 아동 스스로의 활동이 학습의 기본이라고 본 것은 그 예가 된다. 페스탈로치는 학령 전 영유아를 교육시킨 초기 인물 중 한 사람으로 영유

사진 설명 아이들을 가르치는 페스탈로치

아교육을 위해 헌신적이고 열정적으로 노력한 교육자로 평가된다(Essa, 2003). 페스탈로치는 그의 교육철학이 루소의 철학을 바탕으로 하였지만 단지 관념적 원칙이나 사고에서 그친 것이 아니라 실제 생활과 접목시켰다는 점에서 철학자이자 실천가라는 평을 받고 있다.

(5) 프뢰벨

'유치원의 아버지'로 불리는 프뢰벨은 독일의 교육자로 영유아를 위한 교육체계를 개발하는 데 일생을 헌신했다. 프뢰벨은 어린 아동들의 성장과 발달은 식물이 씨앗 상태에서 점차 뿌리를 내리고 줄기가 생겨서 마침내 꽃을 피우는 것과 같이 자연적이고 점차적으로 진행된다고 주장했다. 그래서 자신이 만든 학교를 독일어로 '아이들의 정원'이라는 의미를 가진 '킨더가르텐(kindergarten)'이라고 불렀다. 부모나 교사를 정원을 가꾸는 사람에 비유하여 어린 아동들이 자연적으로 성장해가는 과정을 존중하면서 애정을 가지고 보살피는 사람들이라고 보았다.

Friedrich Wilhelm Froebel
(1782~1852)

프뢰벨은 페스탈로치의 학교를 방문해 그 교수방법에 감명을 받은 후, 자신의 교육철학을 실천하고자 학교를 열었다. 뿐만 아니라 교사가 아동을 보살피고 양육하는 데 필요한 체계적인 교육과정을 개발하였다. 당시 사람들은 놀이를 쓸데없는 시간낭비로 보았으나, 프뢰벨은 어린 아동의 발달에서 놀이의 가치를 높게 평가하였다. 프뢰벨은 놀이를 단순히 성인기의 과업을 준비하는 과정이 아니라 아동이 자신의 본성과 우주자연 간의 조화를 획득하는 자연적 학습이라고 생각하였다. 하지만 아동 혼자의 생각만으로 행하는 비구조적 놀이로 인해 학습이 부진하게 되거나 잘못될 가능성이 있다고 주장했다. 따라서 교사가 아동을 창의적인 사람으로, 사회에 공헌할 수 있는 사람으로 지도하고 이끌 책임이 있다고 보았다.

프뢰벨은 프로그램화된 교육과정과 구체적 교육자료를 개발했다. 대표적 교구 중 하나인 블록도 이때부터 나타나기 시작한 것이다. 프뢰벨의 프로그램은 놀이와 감각적 인지를 중심으로 구성되어 있다. 프뢰벨의 유치원에서는 미술활동, 게임, 손가락 놀이, 노래, 블록, 이야기, 공예와 같은 것을 사용하였다(Essa, 2003). 프뢰벨이 개발한 프로그램에서 기본이 되는 교과과정으로 은물, 작업, 어머니놀이를 들 수 있다(Maxim, 1997; Morrison, 2004). '은물(Gift)'은 아동이 교사의 감독과 지도 아래 탐구

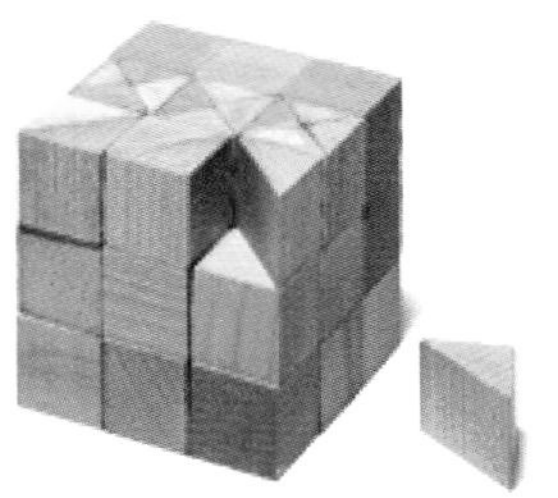
사진 설명 은물

하는 물체를 말한다. 아동들은 은물을 이용해 색깔, 모양, 수 개념, 측정, 비교, 대조 등을 배우게 된다. 프뢰벨은 아동들로 하여금 은물을 관찰하게 하고 각각의 유사함과 차이를 인식하도록 하였다. 첫 번째 단계의 은물은 유아를 위한 것으로 여섯 가지 색의 공에 같은 색깔의 실이 달려 있는 것이고, 두 번째 은물은 나무로 된 공, 정육면체, 원통이다. 이런 식으로 1단계에서 10단계까지의 각각 다른 재질이나 모양, 색을 이용한 은물이 있다. 프뢰벨은 모든 교육의 출발점이 수학이라고 생각하였으므로 은물을 통해 기본적으로 수학을 경험하도록 고안하였다. 처음에는 아동들이 자유롭게 은물을 탐색하도록 하고 이어서 교사의 지도를 통해 정해진 방식으로 아동들이 은물을 조작하도록 만든다. '작업(Occupations)'은 공예활동을 말한다. 예를 들어, 종이에 구멍을 내어 장식 만들기, 가위질하기, 종이접기, 그리기, 종이 엮기, 진흙으로 만들기, 실 꿰기와 같은 활동이 포함된다. 이런 활동들은 아동들이 다양한 물질을 창조하고 탐구할 수 있는 은물놀이를 확장하여 개발되었다. 은물은 원래 형태로 돌아가 다시 시작할 수 있지만, 작업으로 인해 한 번 변화한 것은 다시 원상태로 돌아갈 수 없다는 차이점이 있다. 끝으로 '어머니놀이(Mother Plays)'는 어린 영유아를 대상으로 한 단순한 노래, 시, 게임을 말한다. 어머니놀이는 어머니나 교사가 어린 아동들을 대상으로 사용할 수 있는 상호작용적인 활동이다. 이처럼 놀이를 통해 어린 아동들을 가르치는 방식은 교사들로부터 호평을 받았다.

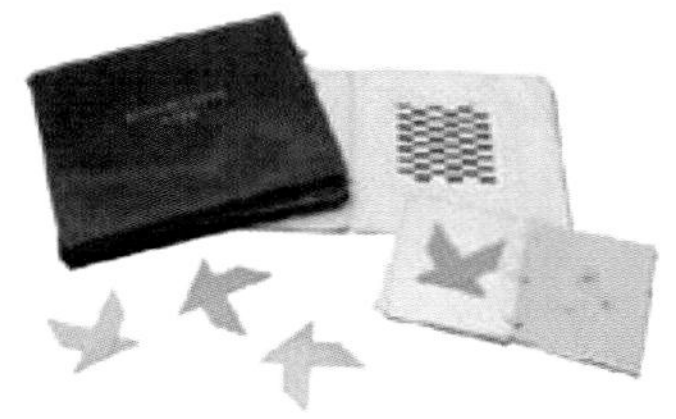
사진 설명 작업

사진 설명 놀이

프뢰벨은 부모든 교사든 교육자의 역할은 아동의 타고난 능력이 자연적으로 펼쳐지는 것을 잘 관찰하고, 배울 준비가 되었을 때 아동들이 배울 수 있는 활동을 제공해 주는 것이라고 생각했다. 또한 교육은 아동의 타고난 발달과 조화를 이루고 각 연령대의 아동의 특성을 고려해 실시되어야 한다고 보았다. 프뢰벨의 교육적 사고 및 실천은 학습, 교과과정, 방법론, 교수자 훈련 분야에 큰 공헌을 하였다. 프뢰벨은 영유아교육을 위해 계획된 체계적 프로그램을 개발한 최초의 교육자로 평가받는다.

(6) 오웬

영국의 교육사상가인 오웬은 환경주의자였다. 아동이 자라는 환경이 아동의 신념이나 행동, 성취에 영향을 미친다고 믿었다. 오웬은 유토피아를 꿈꾸며 환경과 아동양육을 조절하고 통제함으로써 완벽한 사회를 만들 수 있다고 생각했다. 즉, 아동양육과 교육에 있어 환경결정론적 견해를 가지고 인간행동을 결정하는 주도적 원동력을 환경으로 보았다. 오웬은 좋은 성격은 발달 초기인 영유아기에 형성되기 시작하는데 이때 환경의 영향을 받는다고 주장했다. 따라서 인간이 공동체 내에서 다른 사람들과 더불어 행복하게 살아가기 위해 유아기부터 합리적인 성격을 형성하도록 교육해야 한다고 강조했다.

Robert Owen
(1771~1858)

오웬은 환경적 영향력에 대한 자신의 생각을 실천하기 위해 1816년 뉴 래너크(New Lanark)에 '성격형성학원'을 개설했다. 이 학원의 목표로 이상적인 행복 건설, 합리적으로 생각하고 행동하는 심신이 완성된 아동 육성, 영국 국민교육사상의 실천, 아동들에게 의식주에 관한 쾌적한 생활 보장 등이 포함되었다(송준식, 사재명, 2006). 여기서는 부모들이 일하는 동안 18개월에서 10세 사이의 아동 100여 명의 보육을 담당하였다. 이를 계기로 1818년 영국 최초의 유아학교가 설립되었다. 1824년 오웬은 유토피아에 대한 자신의 생각을 실현하고자 뉴 하모니(New Harmony)라는 마을을 구입해서 공동체적 삶을 시도하기도 하였다. 여기에는 100여 명의 유아가 다니는 보육센터도 포함되었다.

사진 설명 뉴 래너크의 학교에서 춤추고 있는 아동들

유토피아를 꿈꾸던 뉴 하모니의 마을에서 자신이 구상한 바를 성공적으로 이루지는 못했지만 오웬은 영국의 모든 유아학교에 큰 영향을 미쳤다. 오웬의 공적은 다음과 같이 정리할 수 있다(Morrison, 2004). 첫째, 오웬이 설립한 유아학교는 프뢰벨의 유치원보다 25년 정도 앞서 설립되었다. 둘째, 오웬의 사고와 실천방법은 교육자들에게 영유아교육의 중요성을 일깨웠고, 교육과 사회 발전의 관계에 관심을 갖

게 만들었다. 셋째, 격동하는 사회 내 가정생활의 변화 속에서 유아의 바람직한 성격 형성을 위해 적절한 환경을 제공하고자 노력하였다.

4) 현대의 영유아관과 교육사상

20세기가 되면서 영유아기에 대한 인식이 새로워지고 영유아교육이 활기를 띠었으며 사회적 필요에 따라 영유아교육시설도 급증하게 되었다. 즉, 영유아기나 아동기는 성인기와는 다른 시기로 개인의 발달에 매우 중요한 시기라는 주장이 받아들여지게 된다. 프로이트 같은 심리학자는 개인의 인성발달에 초기의 경험이 매우 중요하다고 강조했다. 또한 제2차 세계 대전으로 많은 노동력이 필요하게 되었으므로 여성들이 일을 할 때 어린 아동을 돌보아주는 영유아교육시설이 급증하게 되었다(Essa, 2003). 듀이와 같은 진보적 교육자는 교육을 일찍 시작하여 아동들에게 민주적 사고를 불어넣음으로써 사회적 불평등을 없애야 한다고 주장했고, 몬테소리나 힐은 영유아를 위한 교육 프로그램 및 교구 개발에 큰 공헌을 하였다. 그 밖에 20세기 여러 대학에서 아동학 연구가 과학적이고 체계적으로 진행되었으며, 영유아교육 프로그램이 개발되었다. 다음은 20세기 이후 현대 영유아교육에 크게 공헌한 듀이, 몬테소리 및 힐의 사상과 업적을 소개한 것이다.

(1) 듀이

John Dewey
(1859~1952)

존 듀이는 미국의 교육개혁가이자 철학자, 심리학자로 20세기 초 미국 교육과정의 방향을 재정립한 사람이라고 할 수 있다. 진보주의로 불리는 듀이의 이론에서는 교과목 자체보다는 아동과 아동의 관심사를 중요시하였다. 듀이는 '아동중심의 교육과정, 아동중심학교'를 표방하였다. 1880년대에서 1930년대에 걸쳐 듀이의 '진보적 교육(progressive education)'이 미국 전역으로 퍼져나갔다. 듀이는 학교에서 획일적이고 융통성이 없는 교육을 하기보다 아동들의 개인적 · 문화적 차이를 존중하는 방식으로 교육해야 한다고 주장했다. 듀이는 아동들 간의 협동을 장려하는 민주적 방식을 중시하였으므로 놀이와 과제를 통한 학습을 장려했다. 따라서 기본적으로 교과과정이 아동의 관심사를 바탕으로 구성되어야 한다고 보았지만, 아동들의 관심사와 전통적 교과목을 통합할 기회를 제공하는 것은 교사들의 책임이라고 주장했다. 즉, 교사들이 교과목을 통합하고 주제별 단위를 활용하여 아동들의 문제해결 활동과 비판적 사고를 북돋아주어야 한다는 것이다.

듀이의 진보적 교육철학에 따르면 학교는 아동들을 모호한 미래에 대비하도록 준비시키는 것이 아니라 현실에 적응하도록 준비시키는 역할을 해야 한다. 이는 "교육은 미래를 위해 준비하는 것이 아니라 현재 삶의 과정이다"라고 한 듀이의 말에 잘 나타나 있다. 듀이의 사고를 바탕으로 아동들은 신체적 활동, 지적 활동, 사회적 상호작용을 하였다. 신체적 활동에는 달리기, 뛰기뿐 아니라 재료를 능동적으로 사용하는 활동이 포함되었다. 아동은 이 단계에서 도구와 물질을 사용하는 방법을 익혔다. 지적 활동은 문제해결, 새로운 사물의 발견, 과제진행과 같은 것으로 구성되었다. 이 단계에서 아동들의 지적 관심사를 증진시키기 위해 질문과 탐구의 기회를 제공해야 한다고 하였다. 또한 민주적 학습운영을 통해 아동들의 사회적 상호작용이 촉진된다고 보았다(Morrison, 2004).

아동교육에 지대한 영향을 미친 듀이의 견해를 정리하면 다음과 같다(Santrock, 2004). 첫째, 당시 아동을 수동적 학습자로 보고 가만히 앉아서 교사의 가르침을 들어야 한다고 보던 견해와 달리 듀이는 아동들이 실천하고 행하면서 가장 잘 배울 수 있다고 주장했다. 다시 말해, 아동을 능동적 학습자로 보았다. 둘째, 교육은 특정 학문적 주제에 국한된 것이 아니라 아동이 모든 환경에 적응할 수 있는 능력을 길러주는 데 초점을 두어야 한다고 보았다. 즉, 아동들이 문제를 어떻게 해결해야 하는지에 대한 방식을 배워야 한다는 것이다. 셋째, 19세기 말 당시 양질의 교육은 부유한 계층의 남아들을 중심으로 실시되었으나, 듀이는 모든 아동이 교육을 받을 권리가 있다고 주장했다. 성별이나 사회적 계층에 관계없이 모든 아동들에게 양질의 교육을 실시해야 한다고 하였다.

Maria Montessori
(1870~1952)

(2) 몬테소리

마리아 몬테소리는 이탈리아에서 어린 아동들을 보살피고 교육시키기 위한 새로운 체계를 만들었다. 이탈리아 최초로 여성 의사가 된 몬테소리는 정신지체아동을 관찰한 후, 의학적 처치보다는 체계적 교육으로 이 아동들이 나아질 수 있다고 확신하게 되었다. 몬테소리는 특수아동들을 관찰하여 각 아동의 필요에 따른, 활동을 바탕으로 한 아동중심 프로그램을 만들었다. 이때 개발한 교육방법으로 특수아동들이 일반 학교의 입학시험을 통과할 수 있었다. 이후 로마 시는 몬테소리에게 가난한 사람들을 위한 아동 탁아시설을 맡아줄 것을 부탁하여 몬테소리는 자신의 교육방법을 일반아동을 대상으로 실시할 기회를 갖게 되었다. 몬테소리는 처음 개발한 교육 프로그램을 수정하여 일반아동들을 위한 교육 프로그램을 만들었다. 1907년 3세에서 7세 아동을 위한 '어린이의 집(Casa dei Bambini)'을 열어 자신이 개발한 교육 프로그램을 실시하였다.

몬테소리는 기본적으로 어린 아동들이 배우는 방식은 성인이 학습하는 방식과는 다르다고 보았다. 또한 어린 아동들이 생후 첫 몇 년간 빠른 속도로 학습하는 능력에 깊은 감명을 받았다. 몬테소리는 이러한 능력을 스펀지가 물을 흡수하는 것에 비유하며 '흡수정신(absorbent mind)'이라고 칭하였다. 즉, 어린 아동들은 주변의 사물이나 경험을 그대로 흡수하여 받아들인다는 것이다. 몬테소리는 모든 아동들에게 기본적으로 타고난 지적 구조가 있으며 성장하면서 점차 그 지적 구조가 개발된다고 보았다. 따라서 개인차는 환경적 경험의 차이라고 보았다(Essa, 2003). 몬테소리는 아동들이 특정 학습을 가장 잘 흡수하는 시기를 '민감기(sensitive periods)'라고 불렀다. 아동들은 성장하면서 여러 민감기를 거치는데 각 시기마다 보다 쉽게 배울 수 있는 특정 기술이나 행동이 있다는 것이다. 따라서 몬테소리는 일상적인 자기관리 기술을 익히고 실질적 생활경험을 배우는 시기, 교구를 이용해 시각 · 청각 · 미각 등의 감각을 발달시키는 감각교육시기, 문자 등을 익히는 학문적 교육시기로 나누어 각 시기에 맞는 활동과 교재를 만들었다(Maxim, 1997).

사진 설명 어린이의 집(Casa dei Bambini)

몬테소리의 학교에서는 아동들이 기술을 습득하도록 돕는 학습활동을 개발하여 활용했다. 예를 들어, 감각 구별과 관련된 활동에는 크기, 모양, 소리, 색, 냄새 등의 차원에 따라 분류하거나 맞추는 활동이 포함되었다. 읽기, 쓰기, 산수능력을 가르치기 위해서는 보다 높은 수준의 재료

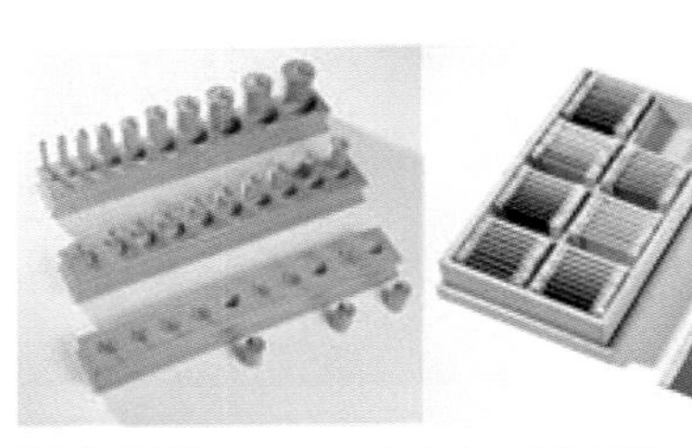

사진 설명 몬테소리의 감각 교육을 위한 재료 예시

나 활동이 활용되었다. 이와 같은 몬테소리의 교수방법 및 아동존중철학은 오늘날까지도 영유아교육에 큰 영향을 미치고 있다.

(3) 힐

힐은 미국 유아교육의 틀을 만드는 데 영향을 미친 유치원 운동의 선구자이다. 힐은 듀이의 철학을 영유아를 대상으로 한 유치원 프로그램에 적용하였다. 힐은 영유아에게 '발달적으로 적합한' 진보적 유치원의 개념을 개발해 현대 미국 유치원에서 사용되는 교수법의 토대를 만들었다. 힐은 듀이의 철학을 바탕으로 아동발달의 법칙을 활용한 프로그램도 개발하였다. 또한 전문가를 대상으로 한 학술대회나 유치원 원장 및 학부모를 대상으로 한 모임에서 영유아교육을 주제로 적극적인 발표활동을 하였다. 발표 주제에는 영유아기 놀이의 교육적 가치, 활동의 원인, 감각과 운동 형태에 따른 개별적 훈련 등이 포함되었다. 이후 자유놀이, 창의성, 사회적 생활 등에 대한 힐의 생각은 실제 교육현장에서 활용되었다.

Patty Smith Hill
(1868~1946)

힐은 프뢰벨식 유치원의 교구들이 크기가 작고 내구성이 떨어짐을 지적하면서 이러한 교구들은 근육이 아직 미성숙한 상태인 어린 아동들에게 적합하지 않다고 주장하였다. 힐은 프뢰벨식의 작은 교구를 크기가 큰 나무블록, 큰 장난감, 미끄럼틀, 그네 등과 같이 대근육 운동 및 발달을 도와주고 보다 자유로운 놀이를 이끌어낼 수 있는 장비들로 대체해나갔다. 이러한 '패티 스미스 힐'식 블록은 아동들이 쉽게 이용할 수 있을 정도로 크기가 컸고 마침내 매우 인기 있는 재료가 되었다. 아동들은 항아리와 냄비, 장난감용 돈, 트럭, 자동차, 보트, 기차, 눈과 손의 협응을 위한 게임 등을 가지고 놀았다. 또한 교사주도인 프뢰벨 방식에서 아동들이 자유롭게 자신을 표현할 수 있는 활동(예: 그리기, 창작극 등)으로 대체해 나갔다. 힐의 진보주의적 유치원은 이후 1970년대 기술중심 교육과정이 확산되기 전까지 지속적으로 발전하였다(Beatty, 1995).

사진 설명 힐이 유치원 교육에 사용한 큰 장난감의 예

2. 우리나라의 영유아보육과 교육사상

불교와 유교 및 도교는 우리나라 전통사회에서 사람들의 가치관과 교육방식에 큰 영향을 미친 종교이자 학문체계라고 할 수 있다. 고구려 소수림왕 2년(372년)에 공식적인 과정을 통해 불교가 수입되었고 유교의 교육기관인 태학이 설립되었다(김종의, 2000). 또한 고구려 고분벽화인 〈신선도〉 등을 보면 도교 또한 상당히 일찍부터 우리 전통사회에 영향을 미치기 시작했다는 것을 알 수 있다. 따라서 여기서는 불교와 유교 및 도교를 중심으로 전통사회의 영유아보육과 교육관을 살펴보고자 한다. 안경식(2005)에 따르면 우리나라 전통사회의 아동교육사상은 다음과 같은 공통점이 있다. 첫째, 아동을 우주적 · 신적 존재로 보고 아동 자체를 완성된 하나의 인간으로 인정한다. 둘째, 태교와 조기교육을 매우 중요시한다. 셋째, 영유아교육에 있어 부모의 역할, 특히 어머니의 역할을 중시하고 가정을 중요한 교육적 공간으로 본다. 넷째, 보육과 교육방법에 있어 정성이 필요하다는 점을 강조한다. 이처럼 공통점도 존재하지만 각 사상 고유의 영유아관과 교육사상도 간과할 수 없다. 따라서 전통사회의 불교, 유교, 도교의 영유아관 및 교육사상을 각각 소개할 것이다. 그러고 나서 우리나라 근대사회 아동운동의 선구자인 소파 방정환의 교육사상에 대해 살펴보기로 한다.

1) 불교의 영유아관과 교육사상

사진 설명 상원사 문수동자상

불교에서 아동은 우주관과 진리관을 가지고 있는 독자적인 존재이다. 주체적 인격체라는 점에서 성인과 동일하다고 할 수 있다. 인간의 삶에 대한 10단계설에서 아동을 가리키는 표현으로 포대기에 누워 있는 갓난아이를 말하는 '영아(嬰兒)'와 소꿉놀이를 하는 시기의 '동자(童子)'를 들 수 있다. 그 밖에 아동을 지칭하는 단어로 영해(嬰孩), 초생(初生) 등이 사용되었다. 불교적 관점에서 아동은 그 마음이 세속에 물들지 않고 잡념이나 편견이 없이 순수한 존재이다(박선영, 1983). 영아의 마음과 행동이 부처의 것과 같다고 보는 견해도 찾아볼 수 있다. 『대일경(大日經)』에 제시된 해탈[1]로 나아가는 여덟 가지 마음에서 마지막 제8단계를 '영동심(嬰童心)'의 단계라고 하였다. 이는 영아의 마음과 같이 생사의 흐름 가운데서도 모든 두려움을 벗어난 가장 순수한 마음 상태를 말한다. 나아가 전통사회의 불교에서 아동을 이상적 인간상으로, 신앙의 대상으로 본 경우도 찾아볼 수 있다. 삼국시대 이래 문수신앙이 성행하여 문수동자상(사진 참조)을 섬긴 것이나 고려시대 금강동자를 대상으로 기도하는 의식은 그 예가 된다(안경식, 2005).

사진 설명 수월관음(水月觀音)이 선재동자에게 보리의 가르침을 일러주는 불화

하지만 불교에서 아동에게 배움이 필요하지 않다고 본 것은 아니다. 일례로『화엄경(華嚴經)』의 '입법계품(入法界品)'의 주인공인 선재동자(善財童子)는 진리에 대한 열망이 가득 찬 인물로 보살[2]의 행동과 도리를 터득하기 위해 불교의 도리를 잘 아는, 덕이 높은 승려를 끊임없이 찾아다닌다. 불교적 관점에서 아동은 고정불변의 실체가 아니라 배움을 통해 변화하는 존재라고 할 수 있다(안경식, 2005). 불교에서는 현상의 결과보다 그 원인을 중시하는데, 이는 아동교육에도 적용되었다. 우선 출생 전 단계인 임신과 출산과정, 태내에서의 부모교육을 중시하였다. 출생 후에는 아동을 보육함에 있어서 부모는 아동을 깊이 사랑하고 제어하며 가르쳐 악을 멀리하고 선을 행하도록 교육시킬 의무가 있다고 보았다(권은주, 1998). 그 밖에 〈부모은중경〉[3]에 나타난 열 가지 은혜를 통해 보육을 위한 부모의 역할을 역으로 추론해볼 수 있다. '쓴 것은 삼키시고 단 것은 뱉어서 자식을 먹이시던 은혜, 진자리 마른자리 가

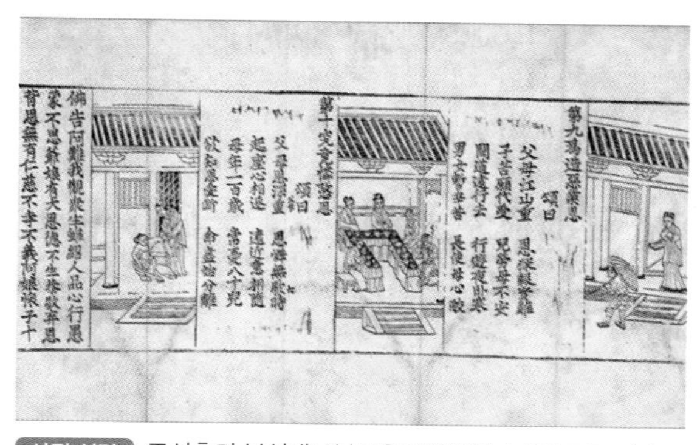
사진 설명 조선후기 불설대보부모은중경(佛說大報父母恩重經)

1) 번뇌와 속박에서 벗어나서 속세간의 근심이 없는 편안한 마음에 이름을 뜻한다.
2) 불도를 닦아 보리(수행자가 최종적으로 도달할 수 있는 참다운 지혜 또는 깨달음의 경지를 일컫는 말)를 구하고 뭇 중생을 교화하여 부처에 다음 가는 지위에 있는 성인을 이른다.
3) 조선조에 이르러 한글풀이인 언해본과 함께 그림풀이인 변상도가 전국 사찰에 목판, 석판, 도판 등으로 많이 제작된 것으로, 전통 사회에서 자녀의 태교 및 유아교육에 대한 어머니의 역할을 제시한 것이다.

려 뉘시는 은혜, 젖을 먹여 길러주신 은혜, 손발이 다 닳도록 깨끗하게 씻어주시던 은혜' 등은 부모가 아동을 보육하는 데 수행해야 하는 기본적 행동이었음을 알 수 있다.

2) 유교의 영유아관과 교육사상

유교는 공자에 의해 창시된 이래 맹자와 순자 등을 거치며 기초가 닦인 사상체계이다. 유교에서는 이상적 인간을 성인(聖人)으로 정해 놓고 이에 도달하기 위해 지식을 습득하고 습득한 바를 생활에 실천하는 것을 중시한다. 유교의 인성론(人性論)에 따르면 인간은 하늘이 부여한 신령스런 성품을 가지고 태어나지만 보통의 경우 각 개인의 욕심으로 말미암아 그 본성을 잃게 된다. 따라서 교육의 목표는 사람의 욕심을 제거하고 하늘이 부여한 성품을 보존하여 성인군자가 되도록 하는 것이다. 송(宋)대와 명(明)대에 번성한 유학의 한 계통인 성리학(性理學)은 우주의 본체와 인성(人性)을 논한 철학으로 우리나라 조선시대의 사상에 많은 영향을 미쳤다.

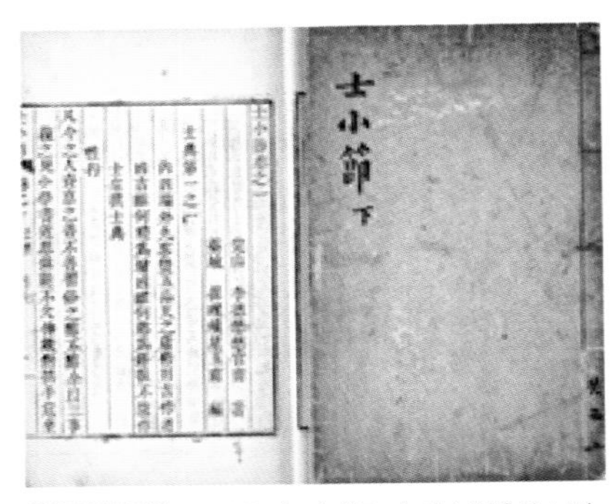

사진 설명 조선후기 이덕무가 저술한 『사소절』

사진 설명 김홍도의 〈서당도〉

조선시대에 널리 사용된 교훈서로는 『내훈(內訓)』 『사소절(士小節)』 『규범선영(閨範選英)』 등을 들 수 있다. 이러한 책에 나타난 3세에서 10세 사이 유아를 위한 교육내용은 다음과 같다(신양재, 1995). 먼저, 3세가 되면 올바른 식사습관 및 행동예절을 가르쳤다. 대답방식이나 의복습관 등에 있어서는 일찍부터 남녀를 구분하여 교육하였다. 남녀 공통으로 6세부터는 수와 방위 개념, 8세부터는 날짜와 육갑 헤아리는 법 등을 가르쳤다. 7세부터는 남녀의 행동에 차이가 있음을 가르쳤고, 여아에게 『효경(孝經)』과 『논어(論語)』를 읽도록 하였다. 8세가 되면 어른과 아이는 구분이 있음을 가르쳤다. 이러한 학습은 가정에서 이루어졌고 책이 아닌 행동으로 습관화시키는 교육이었다. 8세와 9세에는 겸손한 자세, 양보하는 미덕, 탐욕부리지 않는 자세를 가르쳤으며, 10세가 되면 여아에게는 순종하는 태도, 제사일, 옷감 짜기, 의복 만들기 등을 익히게 하였다. 남아의 경우, 이때부터 가정 밖에서 교육을 받도록 하였다.

전통 유교사회의 아동교육내용은 크게 일상생활의 행동거지에 대한 교육과 인간관계교육으로 나누어 볼 수 있다(정옥분, 2015). 전자는 바른 몸가짐을 익히도록 하는 교육과 바른 옷차림을 위한 교육, 기본 식사예절 및 음식에 대한 올바른 습관 형성을 위한 교육, 말과 행동이 일치되도록 언어를 신중히 사용하게 하는 교육이 주가 되었다. 후자에는 부모를 섬기고 스승을 공경하는 교육뿐 아니라 친구 사귀는 법, 타인에 대한 배려 등 대인관계에 대한 교육이 포함되었다. 그 밖에 조선시대 전통문헌에서는 구체적인 교수방법도 찾아볼 수 있다. 조선시대 아동교육의 주요 교재였던『사소절』을 분석한 안경식(2005)은 아동에게 글을 가르칠 때 다음과 같은 교수방법이 권장되었음을 지적하였다. 첫째, 글공부를 시킬 때 아동의 능력을 고려해 그 분량을 조절한다. 둘째, 성품에 따른 교육을 하되 지나친 엄격함은 금한다. 셋째, 글을 가르칠 때 아동기의 특성을 고려해 복잡하고 번거로운 설명보다는 간략한 해설을 위주로 한다. 넷째, 부모나 교육자는 아동에게 글을 가르칠 때 인내하고 위엄과 사랑으로 대한다.

3) 도교의 영유아관과 교육사상

도교는 유교 및 불교와 함께 동양사상의 중심을 이룬다. 안경식(2005)은 도교의 영유아관과 보육방법을 다음과 같이 정리하였다. 도교적 관점에서 인간은 천지 우주와 밀접히 관련이 있는 자연적 존재이다.『노자(老子)』에 '영아(嬰兒)' 또는 '적자(赤子)'[4]로 표기되어 있는 아동은 도와 자연의 상징이다. 도교에서는 영아를 몸과 마음이 도에 따라 움직이는 존재라고 본다. 배가 고프면 울고 졸리면 그저 잠을 잘 뿐이지 성인과 같은 의도가 없다. 의도가 없으므로 마음에 흠이 없고 자연에 가까운 도에 충실한 존재라는 것이다. 특히 영아는 자연의 원리를 가장 잘 체득한 사람으로 이상적 인간형으로까지 언급되기도 한다.

노자

4) 금방 낳은 아이의 색이 붉다고 해서 '적자'라고 불렀다. 영아는 아직 세상의 선악, 시비에 물들지 않은 무심의 존재, 무욕의 존재라고 보았다.

양아십법(養兒十法)

일. 등을 따뜻하게 할 것.
이. 배를 따뜻하게 할 것.
삼. 발을 따뜻하게 할 것.
사. 머리를 서늘하게 할 것.
오. 가슴을 서늘하게 할 것.
육. 나쁜 것을 보이지 말 것.
칠. 비장과 위장을 언제나 따뜻하게 할 것.
팔. 울음을 그치기 전에는 젖을 주지 말 것.
구. 경솔하게 경분(輕粉)과 주사(朱砂)를 먹이지 말 것.
십. 너무 자주 씻기지 말 것.

노자는 생명이자 자연인 몸을 중시하였다. 따라서 자연의 이치대로 천하를 다스리고 몸과 마음을 잘 기르는 '양생(養生)'[5]을 강조했다. 양생을 중시한 점은 도교의 영향을 받은 우리나라의 전통 저서들에서도 찾아볼 수 있다. 『동의보감(東醫寶鑑)』[6]에 나타난 양태법(養胎法)이나 양아십법(養兒十法), 『임원경제지(林園經濟志)』[7]의 '구사육영(求嗣育嬰)'[8] 등에는 양생을 위한 임신 중 태교나 출산관리법, 유모선택법, 아동양육법 등이 제시되어 있다. 도교에서 교육의 목표는 한 마디로 양생이라고 할 수 있다. 아동은 이미 자연적 특성을 가지고 있는 존재로 도에 따라 살아가고 있으므로 아동이 가지고 있는 본성과 특성에 따라 가르쳐야 한다. 어려서부터 기교와 지식으로써 가르치는 것은 아동의 본성을 해치는 것이므로 교사는 자연의 이치에 따라 아동을 가르쳐야 한다고 보았다.

4) 근대 소파 방정환의 영유아관과 교육사상

소파 방정환 (1899~1932)

소파 방정환은 우리나라 아동운동, 아동문학의 선구자로 알려져 있다. 소파는 잡지 『어린이』를 포함한 아동출판운동, 동요보급 및 동화구연 등의 예술문화운동, 색동회와 소년운동협회 등의 소년단체조직을 통해 아동의 올바른 성장과 발달을 위해 힘썼다. 소파는 태아부터 하나의 인간으로 존중하는 동학적 아동관의 영향을 받았다. 당시 사회적 풍조였던 연령에 따른 인격적 차별대우를 불평등한 것으로 보았

---

5) 몸과 마음을 건강하게 해서 오래 살기를 꾀한다는 뜻이다.
6) 조선 중기 허준이 1596년 선조의 명을 받아 편찬한 의학지식을 총망라한 의학 백과전서이다.
7) 영조 때 서유구가 지은 책으로 임원, 즉 향촌에서 생활하는 데 필요한 온갖 지식을 총 정리한 것이다.
8) 『임원경제지』 중 의학적 지식을 정리한 '보양지' 가운데 자식을 낳고 영아를 키우는 방법과 관련된 부분이다.

다. 소파는 아동의 고유한 세계를 인정하고 그 세계에 잠재된 가능성을 높이 평가하였다. 또한 이 선천적 가능성을 발현시키기 위해 아동들이 커나가는 환경의 역할도 중시하였다. 즉, 아동의 올바른 성장을 도와주는 환경은 제공하고 성장을 저해하는 환경은 제거해야 한다고 주장했다. 좋은 환경이 제공되고 나쁜 환경이 제거되면 아동이 내적 성장력을 잘 발휘할 수 있다는 것이다.

사진 설명 잡지『어린이』

다음은 소파의 아동관과 아동교육관에 대해 간략히 정리한 것이다(안경식, 1999, 2005; 이윤미, 2003). 먼저, 소파는 아동을 선한 존재로 보았다. 어린이의 자태를 자연의 자태, 하늘의 그림자로 보고, 어린이의 본래 마음이 평화롭고 자유로운 하늘나라의 마음과 같다고 묘사하였다. 다음으로, 아동을 부모의 예속물이 아닌, 하나의 인격체로 인정했다. 소파에 따르면 아동교육은 아동이 자율적으로 살아갈 수 있도록 도와주는 것이다. 입신출세를 위하거나 성인의 기준에 따른 것은 잘못된 교육이라고 비판했다. 교육의 목적이나 내용, 방법 등이 아동을 중심으로 설정되어야 하며 이를 통해 아동이 실제 생활에서 주체적으로 살아갈 안목과 능력을 키울 수 있어야 한다고 주장했다. 교육이란 아동들이 가지고 있는 독자적인 성장 가능성을 펼칠 수 있도록 도와주는 과정이 되어야 한다고 본 것이다.

소파가 중시한 교수방법을 간략히 소개하면 다음과 같다. 첫 번째는 흥미의 원리이다. 그는 예술교육이든, 지식교육이든, 도덕교육이든 모두 다 흥미 있게 가르쳐야 한다고 보았다. 아동들이 재미있게 노는 동안 저절로 깨끗하고 착한 마음이 길러질 수 있도록 교육해야 한다는 것이다. 두 번째는 표현의 원리이다. 이는 아동이 스스로의 생각이나 현실을 꾸밈없이 느낀 대로 표현하게 해야 한다는 것이다. 즉, 소파는 어린이 세계의 독특함과 가치를 인정했으며 자신의 세계를 표현하는 것이 성장을 위해 중요하다고 보았다. 또한 동화나 동요, 미술 등의 활동이 이러한 자기표현을 증진시키므로 교육에서 적극 활용되어야 한다고 보았다.

제3장 보육제도와 정책

우리나라 보육사업은 근대화 이후 빈민아동을 위한 구제사업의 일환으로 시작되었고, 1921년 태화기독교 사회관에서 보육 프로그램을 개설하여 1950년대까지 임시구호적인 성격의 프로그램을 운영하였다. 1961년 「아동복리법」이 제정되면서 보육시설에 대한 설치근거가 마련되었고, 1968년 「아동복리법 시행령」이 공포되면서 빈곤층 아동을 대상으로 한 민간보육시설이 설치되어 '어린이집'이라 칭하였으며, 보건복지부에서 일부 어린이집에 시설보조금과 인건비 등을 지원하기 시작하였다. 취업모의 증가로 빈곤층 아동뿐 아니라 일반가정의 아동이 보육시설에 입소하는 비율이 증가하게 되자 1978년 보건복지부는 탁아시설 운영개선방안을 발표하여 어린이집 입소대상을 일반아동으로 확대하고 수익자 부담 원칙을 제시하게 되었다.

1982년 「유아교육진흥법」이 공포되면서 어린이집, 농번기 탁아소, 새마을 협동유아원, 유아원이 모두 '새마을 유아원'으로 통합되어 운영되었으나 저소득층의 보육수요를 충족시키지 못한다는 문제점이 지적되면서 1988년 저소득층 밀집지역에 '88시립탁아원'이 개원되어 영세민을 위한 보육사업을 추진하였다. 이시기까지의 보육사업은 다양한 부서(문교부, 내무부, 보사부)에 의해 운영되었다. 그러나 영유아보육의 문제를 해결하기 위해서는 다원화되어 있던 보육 관련부서를 단일화하고 단일화된 법을 만드는 것이 중요하다고 생각하여 1991년 「영유아보육법」이 제정되었다.

1991년 이후 보육 사업은 보건사회부, 보건복지부(보건사회부 명칭 변경), 여성부, 여성가족부(여성부 명칭변경), 보건복지가족부, 보건복지부(보건복지가족부 명칭변경)로 담당부서의 변화가 있었다. 보건복지부가 담당했던 보육사업은 2004년 주관부서가 여성부로 변경되면서 보육정책에는 큰 변화가 일어나, 「영유아보육법」 개정, 보육예산 증가, 보육의 공공성 확대, 보육시설[1] 평가인증제도 정착, 그리고 기본보조금 제도 도입 등의 다양한 정책이 시행되었고, 2008년 보건복지부로 보육업무가 이관되면서 보육에 대한 국가의 지원은 더욱 확대되었다. 2013년 유아 누리과정 도입, 무상보육이 실시되었고, 2015년 모든 어린이집에 CCTV가 설치 의무화되었으며 2016년 맞춤형보육이 도입되었다. 2017년부터 현장중심의 평가 및 등급제 방식으로 평가인증제도가 개편되었고, 어린이집 운영방식을 부모와의 상호작용이 높은 개방형 체계로 전환하는 열린 어린이집 환경 조성이 확산되었다. 2022년 현재 실시되고 있는 보육정책은 전 계층 가정양육수당, 무상보육, 맞춤형보육서비스, 시간제보육확대, 시간연장형 보육확대, 육아종합지원센터 확대 등이 있다.

이 장에서는 우리나라 보육사업의 역사와 보육제도의 변화를 자세히 살펴보고 보육정책의 추이와 어린이집의 유형을 살펴보고자 한다.

1. 우리나라의 보육제도[2]

우리나라의 보육사업은 1991년 이전의 보육제도와 「영유아보육법」에 의한 보육시설 운영(1991~2003), 여성가족부 주도에 의한 보육중장기 기본계획 수립 및 평가인증 도입 시기(2004~2007), 보건복지부 주도에 의한 국가책임 도입 시기(2008~2012), 사회가 함께 키우는 보육의 공공성 강화 시기(2013~현재)로 나누어 설명할 수 있다.

1) 어린이집은 1991년부터 2011년까지는 보육시설로 명명되었으나 2011년 12월 8일 일부 개정되어 시행된 「영유아보육법 시행규칙」 제4조 제1항에 의하여 어린이집으로 명명되기 시작했다. 이에 본 장에서도 2011년까지는 보육시설, 보육시설종사자, 보육시설의 장으로 기록하고 2012년부터 "보육시설"은 "어린이집"으로 "보육시설종사자"를 "보육교직원"으로 하며, "보육시설의 장"을 "어린이집 원장"으로 기록한다.

2) 보건복지부 홈페이지, 중앙육아종합지원센터 홈페이지 자료를 바탕으로 재정리하였다.

1) 1991년 이전의 보육제도

전통사회에서 영유아의 양육은 전적으로 가족의 책임이었다. 효(孝)에 대한 전통적인 이념과 더불어 자녀양육에 대한 책임은 부모 특히 어머니의 몫으로 생각되었다. 그러나 근대화가 시작되면서 빈민아동을 위한 구제사업의 일환으로 1921년 서울의 태화기독교사회관에서 탁아 프로그램을 개설한 것이 우리나라 탁아사업의 시작이었다.

광복 이후 1960년까지는 6.25전쟁을 전후한 정치적 · 사회적 혼란기로서 정부가 보육사업에 대한 뚜렷한 방침을 세우지 못한 시기였고, 당시 대량으로 발생한 전쟁고아나 기아, 미아 등 요보호아동에 대한 각종 수용보호시설이 주로 외국의 원조에 의하여 여러 곳에 설치되었으나 이 시기의 탁아사업은 예방적 기능보다는 사후처리적이고 구호적인 복지정책이었다.

탁아에 대한 법적 근거는 1961년 「아동복리법」이 제정 · 공포되면서 시작되었고, 1962년 10월에 공포된 아동복리시설 기준령에는 아동복지시설의 설치기준, 종사자 배치기준, 탁아시간, 보호내용, 보호자와의 연결 등이 구체적으로 규정되어 있고, 아동복리 증진과 보장을 위한 내용이 명시되어 있다. 1968년에는 「아동복지법 시행령」 제12조 제9항에 근거하여 "미인가 탁아시설의 임시조치령"이 공포됨으로써 민간이 주도하는 탁아시설이 증가하였고, 민간이 주도하는 시설의 명칭을 어린이집으로 부르게 되었다. 1968년 202개소의 시설에 25,443명의 아동이, 1976년에는 607개소의 탁아소에 41,767명의 아동이 보육대상이었지만 보육내용이 저급한 수준이어서 여러 가지 폐단이 생기게 되었다. 이에 따라 정부는 보육시설의 질적 향상을 제고하기 위한 조치로 1977년 사회복지 사업법 시행규칙 제6조 제2항을 개정하여, 탁아시설의 법인전환에 많은 편의를 제공하고 모든 시설의 법인화를 장려함과 동시에 1968년 공포한 "미인가 탁아시설 임시조치령"을 폐기하였다. 이 시행규칙에 의하면 그동안 질적 수준이 낮은 상태로 운영되던 탁아사업을 신규로 허가해 주지 않을 뿐 아니라 임시조치령에 의해 설치되었던 탁아시설도 법인체로 변경해야 했다. 그리고 탁아소를 어린이집으로 부르도록 하였다. 그러나 이 조치는 사유재산을 법인으로 귀속시켜야 한다는 점에서 오히려 보육시설이 수적으로 크게 줄어드는 결과를 초래하여 후에 유아교육 진흥계획 협의 시 보건사회부가 주도력을 발휘하지 못하게 만든 배경이 되었다.

한편, 보건사회부(현재의 보건복지부)는 경제개발 정책의 지속적인 추진으로 보육수요가 지속적으로 늘어남에 따라 1978년 4월 "탁아시설 운영개선안"을 마련하여 탁아시설을 도시빈곤 계층의 아동과 농어촌 아동뿐 아니라 일반 아동에게도 개방하고 보육료를 받을 수 있도록 하였다. 이에 따라 극빈 저소득층이 아닌 중산층의 아동도 어린이집을 이용할 수 있게 되어, 보육시설은 "제2의 유치원" 또는 "종일반 유치원"과 유사하게 운영되게 되었다. 이 시기 어린이집을 다니는 어린이의 연령을 참고해 보면 3세 미만은 전체의 1.1%이고 5세 이상이 76%를 차지하여 원래의 탁아의 기능에서 상당히 벗어나고 있음을 볼 수 있다. 1981년 새마을 유아원으로 통합되기 전 어린이집의 종류별 현황을 보면 전체 시설 수 657개소 중 법인 251개소, 임시인가(개인) 324개소, 위탁운영 26개소, 공립 3개소로 나타났는데, 이는 정부가 아동복리법에 의해 아동의 복지를 고려하는 데 적극적이지 못했음을 보여 주는 것이다. 더불어 이 시기는 구호적 보육형태에서 복지적 보육형태로 전환되는 시점으로 간주되기도 한다. 1980년 12월 정부는 법적인 근거 없이 새마을 협동 유아원을 시, 군, 구마다 1개소씩 총 218개소를 시범적으로 운영하였다. 새마을 사업의 하나로 시작된 새마을 협동 유아원은 도시 영세민과 농어촌 부모들의 일손을 덜어주고, 아동의 복리증진과 건강한 성장을 도모하기 위해 설치되었다.

제5공화국이 출범하면서 유아교육이 크게 강조되어 어린이집 대신에 새로운 유아교육체제를 모색하게 되었다. 1982년에는 그동안 탁아사업을 주도하였던 보건사회부를 제외한 내무부(현재의 행정안전부), 문교부(현재의 교육부), 국무총리 행정조정실의 주도하에 「아동복지법 시행령」을 개정하여 보육시설의 설치근거를 삭제하고 내무부가 주관부서가 되어 1982년 3월 '유아교육진흥 계획'이 수립되었다. 이 법에 의해 문교부가 주관하는 유치원과 내무부가 주관하는 새마을 유아원에 대한 법적 근거가 마련된 것이다. 「유아교육진흥법」의 제정으로 보육사업은 큰 변화를 겪게 되는데, 이 법은 정규교육기관에서의 유아교육에 초점을 두었기 때문에 그동안 운영되어 오던 보육시설은 법적 근거를 잃게 된 것이다.

그 결과 기존의 보건사회부에서 관장하던 709개소의 어린이집, 농촌진흥청에서 관장하던 382개소의 농번기 탁아소, 1980년 12월부터 내무부에서 설치 · 관장하던 263개소의 새마을 협동 유아원 및 38개소의 민간 유아원 등 1,392개소의 보육관련 시설이 '새마을 유아원'으로 통합되었다. 1982년 2월 「아동복리법」은 「아동복지법」으로 개정되면서 탁아에 관한 규정이 없어지고, 1982년 12월 제정된 「유아교육진흥법」에 탁아에 관련된 법이 만들어졌다. 이에 따라 탁아에 관련된 주무부서도 보건사회부에서 내무부로 이관되었다. 그러나 내무부가 모든 것을 주관하는 것이 아니라 새마을 유아원에 대한 설치 · 운영 및 지역유아교육정책 조정위원회 운영과 같은 행정지도는 내무부에서, 영유아들에 대한 급식 및 보건 · 의료지원은 보건사회부에서, 새마을 유아원에 대한 장학지도, 재정지원, 교사양성, 교재 · 교구개발 보급은 문교부에서 맡도록 하였다.

새마을 유아원은 하루종일 유아를 보육하는 시설로서 유아교육 기회의 확대, 유아복지의 향상, 유아교육기관의 탁아적 · 교육적 기능의 보완과 강화, 유아교육의 질적 향상과 지역사회 계발을 설립취지로 하여 도시 빈민지역과 영세민 자녀와 맞벌이 자녀를 우선 취원시키는 것을 운영방침으로 하였다. 새마을 유아원의 계속적인 양적 확대에도 불구하고 늘어나는 보육수요를 충족시키기에는 시설이 크게 부족하였고, 설치목적이 맞벌이부부 자녀를 보호하고 저소득층 자녀를 교육하며 종일제로 운영하도록 되어 있었으나, 실제 운영에 있어서 대부분의 시설이 종일제가 아닌 반일제로 운영되었으며, 그 보육내용도 기존의 유치원과 유사하여 저소득층 맞벌이 근로자의 보육부담을 덜어주는 데에는 한계가 있었다. 이에 노동부는 1987년 12월 「남녀고용평등법」을 제정 · 공포하여 공단지역을 중심으로 근로자 자녀를 위해 21개소의 시범탁아소, 즉 직장탁아제를 도입하게 되었다.

이 시기 새마을 유아원은 운영상의 문제점이 지적되기 시작하였는데, 대부분의 시설에서 3세 이하 영아의 보육을 꺼려하였고, 대부분 종일반도 오후 4시까지만 운영하였으며, 3세 이하 영아 1인당 교사1명, 3~5세 유아 40인당 교사 1명으로 교사 대 아동수가 비현실적이었고, 대부분 도시주택가에 위치하고 있어 저소득 취업여성이 이용하기에 적절하지 못했다는 비난을 받았다. 1982년 1,871개소였던 새마을 유아원이 1988년 2,394개소로 증가하였지만 정부가 운영비 지원을 100%에서 80%, 60%, 40%로 점차 줄여가자 비싼 보육료로 인하여 저소득층보다는 중산층이 주로 이용하게 되었으며, 실제로 보육시설이라기보다는 유치원의 기능을 수행하였다.

제6공화국이 들어서면서 1988년 서울시에서는 영세민의 생활안정을 돕는다는 목적하에 저소득 밀집지역 31개 지역에 저소득 탁아소를 신설하고 그 명칭을 88시립탁아소로 하여 140개소의 88시립탁아소를 설치 · 운영하였다. 88탁아소는 0~5세 영유아를 대상으로 오전 7시 30분부터 오후 7시 30분까지 12시간 운영을 기본으로 하였고 1세 이하의 영아를 돌보게 하였으며 교사인건비와 건물유지비를 시에서 부담하였고 저렴한 탁아비를 받게 하였다. 이 조치로 인해 기존의 비영리 민간 탁아소가 운영에 어려움을 겪게 되자, 지역사회탁아소연합회(한국보육교사회의 전신)는 정부의 행정에 대해 이의를 제기하였다. 그러자 보건사회부는 1988년「아동복지법 시행령」을 개정(1989년 9월 공포)하여 1982년 삭제된 탁아시설의 설치 · 운영 근거를 부활하여 88시립탁아소의 법적 근거를 마련하게 되었다.

1990년 1월 9일 동법 시행규칙을 위한 세부지침인 "탁아시설의 설치 · 운영 규정"을 마련하여 본격적으로 보육사업에 참여하게 되었다. 그러나「아동복지법 시행령」은 시설설치의 주체가 법인으로 한정되었고 보육사업의 관장 부서가 보건사회부, 내무부, 문교부, 노동부 등으로 다원화되어 있어 예산의 중복 투자, 시설과 종사자 기준의 상이함과 같은 많은 제약요인이 있었다. 이에 날로 급증하는 보육수요에 적극적으로 대처하고 체계적으로 효율적인 보육사업의 추진을 위하여 보육관련 법령의 통합과 주관부서의 일원화 등 보육정책의 변화가 필요하다는 인식이 보편화되기 시작하였다.

이런 과정에서 독립법안이 아닌「아동복지법 시행령」내에서 탁아사업을 다루는 것은 탁아정책을 책임지기에 부적절하다는 여성단체연합회, 지역탁아소연합회 등 여러 단체의 의견을 수렴하여 1990년 12월 정기국회에서「영유아보육법」이 통과됨으로써 체계적이고 본격적인 영유아 보육사업의 근거가 마련되었다.「영유아보육법」에 의해 보육사업의 담당부서가 보건복지부로 일원화되고 탁아의 기능이 아닌 보호와 교육이 합쳐진 보육의 기능이 강조되었고 그동안「아동복지법」에서는 제외되었던 민간보육시설에 대한 법적 근거가 마련되었으며, 교사자격 등이 강화되었다.

2) 영유아보육법에 의한 보육시설 운영(1991~2003)

「영유아보육법」이 1991년 1월 제정 · 공포되어「아동복지법」(보건복지부),「유아교육진흥법」(내무부, 교육부),「남녀고용평등법」(노동부)으로 분산 · 다원화되어 있던 보육관련 시설이 통합 · 일원화되었고, 1991년 8월「영유아보육법 시행령」및「영유아보육법 시행규칙」이 제정됨으로써 보육정책은 새로운 발전과 도약의 계기를 마련하게 되었다. 그동안「유아교육진흥법」에 의해 내무부 산하에서 운영되어오던 새마을 유아원은 1993년까지「교육법」에 의한 유치원이나「영유아보육법」에 의한 보육시설로 전환할 수 있도록 하여 유치원과 보육시설의 이원화체계를 확립하게 되었다.

「영유아보육법」이 지향하는 보육정책의 기본이념은 전통적인 아동의 가정양육 원칙과 자유민주주의 이념에 따라 보육대상을 보호자가 보호하기 어려운 영아 및 유아(보육위원회 의결을 거쳐 12세까지 연장 가능)로 한정하여 불필요한 국가 개입을 최소화하고 교육법에 의한 유아교육제도와의 구분을 명확히 하였다. 또한, '보호'인가 '교육'인가에 대해 그동안 계속되어 온 논란에 종지부를 찍고 보호와 교육을 통합한 '보육'이라는 진일보된 개념으로 전환하였다. 이러한 기본이념에 따라 보육의 내용도 아동에 대한 교육, 영양, 건강, 안전 등 보호와 교육뿐만 아니라 부모에 대한 서비스와 지역사회와의 교류까지 포괄하는 종합적인 서비스를 제공하도록 하였다. 다음으로 국가와 지방자치단체는 부모와 함께 영유아를 건전하게 보육할 책임을 지도록 명시하였다. 이에 따라 보육에 관한 기획 · 조사 등 필요한 사항을 심의하기 위한 중앙보육위원회를 보건복지부에 두고 지방에는 시 · 도 및 시 · 군 · 구에 지방보육위원회를 두도록 하였다. 또한 보육에 대한 정보제공 및 상담을 위하여 시 · 군 · 구에 보육정보센터를 의무적으로 설치 · 운영토록 하였으며, 저소득층 자녀의 보육비용은 정부가 부담토록 함으로써 보육문제에 대한 국가와 지방자치단체의 책임을 강화하였다. 동시에 전통적인 사회복지정책의 기본이념에 따라 부담능력이 있는 계층의 자녀는 보호자가 보육비용을 부담하도록 하여 아동에 대한 부모의 책임도 명시함으로써 결국 영유아 보육문제는 국민 모두에게 책임을 지도록 하였다. 마지막으로 「아동복지법」상 사회복지법인 등 비영리법인만이 설치할 수 있도록 되어 있던 보육시설 설치요건을 완화하여 개인, 기업, 단체까지도 일정한 요건을 갖추면 보육사업에 참여할 수 있도록 함으로써 보육수요에 비하여 부족한 보육시설의 활성화를 도모하였다.

이후 보건복지부에서는 10차례의 법령개정과 보육시설 확충계획을 통하여 늘어나는 보육수요에 대응하고 보육서비스의 질적 향상을 위해 지속적인 노력을 해왔으며, 2004년 1월 29일 「영유아보육법」의 전면 개정안이 공포됨으로써 보육서비스의 다양화와 질적 수준 향상 그리고 보육에 대한 공적 책임을 강화함으로써 보육사업이 더욱 발전할 수 있는 계기를 마련하였다.

3) 여성가족부 주도에 의한 보육중장기 기본계획 수립 및 평가인증 도입 시기(2004~2007)

정부조직법 개정으로 2004년 6월 12일부터 영유아 보육업무가 보건복지부에서 여성부로 이관되었고 여성부는 2005년 6월 여성가족부로 이름이 변경되었지만 2007년까지 보육업무를 주관하였다. 2004년 1월 29일 「영유아보육법」의 개정(시행 2005. 1. 30.)은 보육서비스의 질적 수준 향상과 보육의 공공성 강화 등을 통해 보육사업이 획기적으로 발전할 수 있는 계기를 마련하였다. 2004년 전면 개정된 「영유아보육법」에는 보편주의 보육이념의 도입, 아동 무차별의 원칙과 아동이익 최우선의 원칙 이념이 명시되고 정부의 보육비 지원 근거, 보육행정력 강화(각급보육정책위원회 설치 및 부모참여, 평가인증도입, 서비스규제 강화 등)와 보육의 전문성 강화를 위한 조항들(보육교사 및 시설장의 국가 자격화, 표준보육과정개발 근거 등)이 포함되었다. 이는 OECD가 제안한 공공성과 보편성 제고 정책에 부합하는 정책 방향이라고 볼 수 있다(이옥, 2004). 1991년 「영유아보육법」의 제정 이후 만들어진 보육시설은 주관부서인 보건복지부에 의해 13년 동안 운영되다가 2004년부터 여성부에 의한 보육행정이 시작되었다. 여성부는 그동안 운영되어 온 보육에 대한 운영실태를 파악하기 위해 2004년 전국보육실태조사를 실시하였고, 보육실태조사 결과를 바탕으로 여러 가지 개선방안을 제시하였다. 보육실태조사 결과를 살펴보면, 2004년까지 보육시설은 보육시설을 설치하길 원하는 사람이 시설을 설치한 뒤 시설설치를 신고하는 형식이었는데, 이로 인해 보육시설의 수요와 공급이 균형을 맞추지 못해, 여러 가지 문제가 발생하였다. 이뿐만 아니라 유아를 대상으로 하는 유치원교사는 대학을 졸업한 이후 국가자격증이 주어지지만, 보육교사는 국가자격증이 없는 상태였다. 이에 2005년 12월 「영유아보육법」과 동법 시행규칙을 일부 개정하여 보육교사와 보육시설 시설장에게 국가자격증제가 도입되었고, 보육시설을 설치할 때 사전상담제를 실시하여 보육시설 설치를 신고제에서 인가제로 수정하였다.

보육실태조사 결과, 어린이집에 영아의 재원율이 낮게 나타나 이에 대한 보완책으로 0세아를 교사 1인이 5명 보육하였던 교사 대 영아비율을 교사 1인이 3명의 0세아를 보육하는 비율로 조정하였고, 보육시설의 물리적 공간 또한 영아들에게 보다 쾌적한 환경을 제공하기 위해 영유아 1인당 어린이집의 면적을 4.29m^{2}로 넓히는 등의 내용을 골자로 하는 「영유아보육법」을 개정하였다. 「영유아보육법」의 개정으로 영유아를 위한 환경을 개선하면서 보육시설에는 기본보조금 지원을 시작하게 되었다.

보육시설의 질적 수준 개선을 위해 다양한 지원제도를 마련하면서 동시에 보육의 질적 수준을 향상시키기 위해서 평가인증제도를 2005년 시범운영하였고 2006년부터 1차 평가인증이 시행되어 평가인증제도에 대한 기틀을 마련하였다. 이외에도 여성가족부는 보육의 질을 향상시키기 위해 육아정책을 연구하는 전문 연구기관인 육아정책개발센터(현 육아정책연구소)를 2006년 개소하였다.

보육실태조사 결과, 유치원은 유치원교육과정에 의해 일과가 진행되지만 어린이집은 표준화된 교육과정이 부재하다는 사실을 깨달아, 2006년 11월 「영유아보육법 시행규칙」 개정을 통해 국가수준의 표준화된 보육과정인 표준보육과정을 개발하고 보급하였다. 표준보육과정은 영유아가 건강하고 안전하며 바르게 생활하는 데 필요한 내용과 신체, 언어 · 인지, 사회 · 정서 등 전인적 발달을 위해서 영유아가 갖춰야 할 지식, 기술, 태도를 제시하여 영유아가 조화로운 사회구성원으로 성장할 수 있도록 구성된 표준화된 교육과정으로 2007년부터 보육시설에서 실시된 이후 보육환경의 질을 높였다는 평가를 받고 있다. 이 시기는 제1차 중장기보육 기본계획(새싹플랜)에 의해 보육정책이 실행된 시기로 여성의 사회진출 증가에 대응한 보육서비스 공급에 중점을 두고 정책을 수립한 시기이다.

4) 보건복지부 주도에 의한 국가책임 도입 시기(2008~2012)

2008년부터 보육은 보건복지가족부로 이관되었는데, 보건복지가족부는 2010년 보건복지부로 명칭이 변경되었다. 보육의 공공성이 더욱 더 강조된 이 시기는 보육정책의 대상을 어린이집에 다니는 영유아로 제한하는 것이 아니라 모든 영유아로 확대하여 어린이집 · 유치원 · 종일제돌봄서비스를 이용하지 않는 취학전 만 84개월 미만의 영유아 중 가정에서 영유아를 양육하는 부모에게 가정양육수당을 지급하였다.

어린이집에 대한 지원은 어린이집을 이용하는 부모의 보육료수혜 체감도가 낮아, 어린이집에 대한 지원을 개별가정으로 전환하여 부모가 보육료를 결제하고, 정부는 이 보육료를 지원하는 형식으로 지원방식을 변경하였다. 0세부터 2세까지의 영아에 대한 무상보육을 2012년부터 실시하였고, 어린이집 표준보육과정과 유치원

교육과정을 하나로 통합한 누리과정을 개발하여 2012년 만 5세를 대상으로 누리과정을 적용하였다.

5) 사회가 함께 키우는 보육의 공공성 강화 시기(2013~현재)

만 5세를 대상으로 2012년 실시한 누리과정을 2013년부터는 3세와 4세까지 확대하여 2013년부터 어린이집에 다니는 유아(3~5세) 모두가 누리과정에 의해 무상보육을 받게 되면서, 2013년 모든 연령(0~5세)의 보육료 · 양육수당 지원이 실시되었다. 시간선택제 근로자 등의 어린이집 이용 편의제고를 위해 시간제보육을 도입(2014)하여 지속적으로 확대하고 있고, 어린이집 입소대기 전산시스템 도입 후 전국에 확대 적용하여 부모 편의 증진과 투명한 대기자 관리 기반을 마련(2014)하였다. 2015년 모든 어린이집에 CCTV 설치를 의무화하였고, 임신 · 출산 · 육아 관련 웹사이트를 통합한 '아이사랑' 포털(2015)을 구축하였다. 맞벌이 가구의 어린이집 이용시간을 보장하기 위해 휴일 · 야간의 시간연장 보육을 강화하였고(2016), 맞춤형 보육을 도입(2016)하여 실시하였다. 어린이집 유형 중 대다수를 차지하는 민간 · 가정어린이집이 국공립 수준의 서비스를 제공할 수 있도록 공공형어린이집 제도를 마련하여 국공립어린이집 수준의 운영을 하고 있다. 동시에 국공립어린이집 확충을 위해 다양한 방안을 제시하고 있는데, 2018년부터는 기존 시설 매입이나 장기임차 방식 등을 활용하고 있으며 공동주택 관리동 2층이나 공공업무시설 5층까지 국공립어린이집 설치를 허용하고 있다. 그리고 2019년부터는 신규 500세대 이상 공동주택 내에는 국공립어린이집 설치를 의무화하고 있다. 어린이집 운영과 보육서비스 제공에 대한 표준적인 기준을 제시하고 보육의 품질을 향상하기 위해 2019년부터 어린이집 평가인증을 어린이집 평가제로 변경하여 모든 어린이집을 주기적으로 평가하고 있다. 2020년부터 정부는 보육지원체계를 개편해 어린이집 12시간(07:30~19:30) 운영 원칙은 유지하면서, 어린이집 보육시간을 2개의 시간으로 구분해 운영하고 있다. 어린이집 운영시간을 모든 영유아에게 적용되는 기본보육시간(오후 4시까지)과 기본보육시간 이후 돌봄공백이 우려되는 영유아에게 적용되는 연장보육시간(오후 4시~7시 30분)으로 구분해서 운영하고 연장보육시간에 안정적인 보육이 제공되도록 전담교사를 배치해서 운영하고 연장보육료를 지원하고 있다.

2. 우리나라의 보육정책

「영유아보육법」 제11조[3](보육계획의 수립 및 시행)와 「영유아보육법 시행령」 제19조(5년 단위의 보육계획 수립)에 의해 우리나라는 보육중장기 기본계획을 수립하여 실행하고 있다. 우리나라의 보육중장기 계획은 제1차 중장기보육계획(새싹플랜), 제1차 중장기보육계획 보완 · 수정인 아이사랑플랜, 제2차 중장기보육계획(아이행복플랜), 제3차 중장기보육계획 순으로 변화되어 왔다.

1) 새싹플랜(2006~2008): 제1차 중장기 보육계획

여성가족부에서 2006년 7월에 발표한 '제1차 중장기보육계획'은 "함께 키우는 건강한 아동"을 비전으로 하여 2010년까지 향후 5년간 보육의 공공성 강화와 보육서비스의 질 향상을 목표로 추진되어야 할 정책과제들을 제시하고 있다. 새싹플랜은 맞벌이 가구의 증가와 핵가족화로 인하여 가정의 자녀양육 기능이 약화되어 정부와 지역사회의 지원이 필요하고, 영아를 둔 여성이 자녀양육과 경제활동을 병행할 수 있도록 지원이 요구되고 있다는 점에 주목하여 수립되었다. 보육의 공공성 강화와 양질의 보육서비스 제공을 정책목표로 하여 다섯 가지의 주요 정책과제를 제시하고 있다. 5개 영역의 정책과제는 공보육 기반조성, 부모의 육아부담 경감, 다양한 보육서비스의 제공, 아동중심의 보육환경 조성, 보육서비스 관리체계 강화이다. 새싹플랜에 의해 진행된 사업은 기본보조금제도, 취업부모 지원제도, 다양한 보육서비스 제공 등이 있다.

2) 아이사랑플랜(2009~2012): 제1차 중장기 보육계획 수정 · 보완

우리나라의 첫 번째 중장기 보육계획이었던 새싹플랜이 2006년 수립되었으나, 이명박 정부 수립 이후 새정부의 국정철학 및 보육정책 환경변화를 반영하기 위하

3) 보건복지부 장관은 중앙보육정책위원회의 심의를 거쳐 어린이집수급계획 등을 포함한 보육계획을 수립 · 시행하여야 한다.

여 이를 수정 · 보완한 '아이사랑플랜'이 마련되었다. '아이사랑플랜'은 「영유아보육법」 제11조 및 「영유아보육법 시행령」 제19조에 근거하고 있다. 「영유아보육법」상 보육기본 계획은 5년마다, 시행계획을 매년 수립하게 되어 있어 2009년 시행계획을 함께 마련하였다.

'아이사랑플랜'은 참여정부의 공보육에서 진일보한 '국가책임보육'으로의 발전을 꾀하기 위하여 '능동적 복지'를 구현하기 위해 보육에 대한 국가책임을 강화하고 수요자중심 보육정책으로 개편되었다.

'아이사랑플랜'은 '아이와 부모가 행복한 세상'이라는 비전을 가지고 '영유아중심' '국가책임제보육' '신뢰구축'이라는 3대추진 방향 및 부모의 비용부담완화, 수요자 맞춤지원, 보육시설질제고 및 균형배치, 보육인력 전문성제고, 전달체계 효율화, 보육사업지원 체계 구축 등 6대 추진과제를 포함하고 있다.

3) 아이행복플랜(2013~2017): 제2차 중장기 보육계획

아이사랑플랜(제1차 계획 보완 · 수정 2009~2012)에 이어 아이행복플랜(제2차 중장기 보육계획)이 2013년부터 2017년까지 수립되어 시행되었다.

아이행복플랜은 '아이는 행복하고 부모는 안심할 수 있는 세상'을 비전으로 아이의 건강한 성장과 발달에 최우선, 보육에 대한 국가의 책임 실현, 참여와 신뢰의 보육 생태계 조성을 전략으로 하고 있다. 아이의 건강한 성장 발달에 최우선은 모든 아이에게 양질의 교육과 돌봄서비스를 제공하여 가능한 최적의 출발선(The Best Possible Start) 기회를 부여하는 것으로 정책 관심과 지원 대상을 시설 이용(어린이집, 유치원) 영유아 중심에서 모든 영유아까지 확대하여 정책을 추진하는 것을 의미한다. 보육에 대한 국가책임 실현은 일-가정 양립, 가계 부담 완화, 미래 인적자원 투자 등을 위해 보육에 대한 국가 책임제를 실현하겠다는 것을 의미하여 보육 · 양육에 대한 선별적 지원을 보편적 지원으로 확대하고 국가의 보육 · 양육 지원의 틀을 확립하며 양적 확대가 서비스 질(quality) 향상으로 이어지도록 보육교직원 처우를 높이고, 시설 · 재정 · 시스템 전반의 지원과 관리를 강화하겠다는 것이다. 참여와 신뢰의 보육생태계 조성은 보육정책의 형성 · 집행 과정에서 부모, 어린이집, 학계 및 전문가의 의견을 수렴하여 상호 소통과 공감대(partnership)를 형성하고 부모와 지역 사회의 참여 · 어린이집 정보 공개 등으로 수요자 · 공급자 · 정부 간 신뢰와 협력의 보육생태계를 조성하는 것을 의미한다. 아이행복플랜의 6대 추진 과제는 부모의 보육 · 양육 부담 경감, 수요자 맞춤형 보육 · 양육지원, 공공성 확대와 품질 관리 강화, 양질의 안심보육 여건 조성, 신뢰가 있고 투명한 보육 생태계 구축, 보육 서비스 재정 및 전달체계 개선 등을 포함하고 있다.

4) 제3차 중장기 보육기본계획(2018~2022): 영유아의 행복한 성장을 위해 함께하는 사회

2018년부터 5개년 계획으로 시행되는 제3차 중장기 보육계획은 "영유아의 행복

〈비전 및 정책과제 체계도〉

비전	영유아의 행복한 성장을 위해 함께하는 사회	
목표 및 전략	**보육의 공공성 강화** 1. 국공립 이용률 40%로 확대 2. 국공립 운영의 공공성 강화 3. 직장어린이집 활성화 4. 어린이집 운영의 건전성 제고	**보육 체계 개편** 1. 어린이집 이용 및 지원체계 개선 2. 표준보육비용 산정 및 적정 보육료 지원 3. 보육과정 개편
	보육서비스 품질향상 1. 보육교사 전문성 강화 2. 보육교사 적정 처우 보장 3. 영유아 보육환경 개선 4. 상시적 품질관리 강화	**부모 양육지원 확대** 1. 부모의 양육역량 강화 지원 2. 시간제 보육 서비스 확대 3. 취약보육 지원 개선
실행 기반	• 지원기관 기능 개편 • 민 · 관 협업 확대 • 전산시스템 개편	

〈그림 3-1〉 제3차 중장기보육 기본계획 비전 및 정책과제

출처: 보건복지부 사전정보공표. https://www.mohw.go.kr/react/gm/sgm0704vw.jsp?PAR_MENU_ID=13&MENU_ID=13040801&page=1&CONT_SEQ=358238&PAR_CONT_SEQ=356091

한 성장을 위해 함께하는 사회"를 비전으로 하고 있다. 비전을 달성하기 위해 보육의 공공성 강화, 효과적 보육서비스 제공을 위한 보육체계 개편, 보육서비스의 품질 향상, 부모 양육지원 확대를 목표로 하고 있다.

보육의 공공성 강화는 국공립 어린이집 확대와 운영의 공공성 강화, 직장어린이집 활성화, 어린이집 운영의 건전성 제고를 전략으로 하고 있고, 보육체계 개편은 부모가 어린이집 이용시간을 스스로 선택할 수 있도록 보육지원 체계 개선, 영유아의 연령과 발달 수준에 맞는 표준보육과정 개정 추진, 적정 보육서비스 제공이 이뤄지도록 표준보육비용 계측과 이에 따른 적정 보육료 지원을 전략으로 하고 있다.

보육서비스 품질 향상은 보육교사 전문성 강화와 보육교사의 적정 처우 보장, 교사 1인당 영유아 수 개선, 어린이집 시설 기준 강화, 상시적 품질관리 강화를 전략으로 하고 있고, 부모 양육 지원 확대는 부모의 양육역량강화, 시간제보육과 취약보육 접근성 제고, 어린이집 관리 및 지원을 위한 전산시스템 개편 추진을 전략으로 하고 있다.

3. 우리나라 어린이집의 유형

우리나라 어린이집의 유형은 크게 설립 및 운영주체, 보육시간, 보육대상에 따라 구분할 수 있다.

1) 설립 및 운영 주체에 따른 유형

어린이집의 설치와 운영은 국가와 민간이 모두 할 수 있으며, 설립 및 운영 주체에 따라 국공립어린이집, 사회복지법인어린이집, 법인 · 단체 등 어린이집, 민간어린이집, 가정어린이집, 직장어린이집, 협동어린이집으로 구분할 수 있다. 각 어린이집의 특징은 〈표 3-1〉에 제시되어 있다.

(1) 국공립어린이집

국가나 지방자치단체가 설치 · 운영(위탁운영 포함)하는 어린이집(직장어린이집 제외)으로 상시 영유아 11인 이상을 보육할 수 있는 시설을 말한다. 국공립어린이집은 국가나 지방자치단체가 인가절차 없이 직접 설립하되, 어린이집 수급계획 등을 포함한 보육계획을 사전에 수립하여야 한다. 국공립어린이집은 저소득층 밀집지역 및 농어촌지역 등 취약지역,「건축법」에 따른 공동주택 중 대통령령으로 정하는 일정세대 이상의 공동주택을 건설하는 주택단지 지역,「산업입지 및 개발에 관한 법률」 제2조 제8호에 따른 산업단지 지역에 우선적으로 설치하는 등 지역별로 균형 있게 배치한다. 2019년부터 지방자치단체는「주택법」 제2조 제3호에 따른 신규 500세대 이상 공동주택에 국공립어린이집을 운영해야 하는 의무 설치지역에 대한 기준이 생겼다.

(2) 사회복지법인어린이집, 법인 · 단체 등 어린이집

사회복지법인어린이집은 사회복지사업법에 의한 사회복지법인이 설치 및 운영하는 어린이집이며, 법인 · 단체 등 어린이집은 각종 법인(사회복지법인을 제외한 비영리법인)이나 단체 등이 설치 및 운영하는 어린이집으로 상시 영유아 21명 이상을 보육하여야 한다. 사회복지법인 어린이집과 법인 · 단체 등 어린이집은 지역 보육수요와 어린이집의 공급현황 등을 감안하여 지역별로 균형 있게 배치되도록 해야 한다.

(3) 민간어린이집

민간어린이집은 국공립, 사회복지법인 및 법인 · 단체 등, 직장, 가정, 협동어린이집이 아닌 어린이집을 의미하며, 상시 영유아 21인 이상을 보육하여야 한다. 민간어린이집은 지역 보육수요와 어린이집의 공급현황 등을 감안하여 지역별로 균형 있게 배치되도록 하여야 한다.

(4) 가정어린이집

가정어린이집은 개인이 가정 또는 그에 준하는 곳에 설치 · 운영하는 어린이집을 의미하며 상시 영유아 5인 이상 20인 이하를 보육할 수 있는 어린이집을 말한다. 가정어린이집은 지역 보육수요와 어린이집의 공급현황 등을 감안하여 지역별로 균형 있게 배치되도록 한다.

(5) 직장어린이집

직장어린이집은 기혼 취업여성의 자녀양육과 관련하여 사업주가 사업장의 근로자를 위하여 설치 · 운영하는 어린이집(국가 또는 지방자치단체의 장이 소속 공무원 및 근로계약을 체결한 자를 위하여 설치 · 운영하는 어린이집 포함)을 의미한다. 상시 여성근로자 300인 이상 또는 근로자 500인 이상을 고용하고 있는 사업장은 시장 · 군수의 인가를 받아 직장어린이집을 설치하여야 한다. 의무사업장의 사업주가 직장어린이집을 단독으로 설치하기 어려운 경우에는 사업주 공동으로 직장어린이집을 설치 · 운영하거나 지역의 어린이집과 위탁계약을 체결할 수 있다. 사업주는 사업장 근로자의 자녀가 우선적으로 직장어린이집을 이용할 수 있도록 운영해야 한다.

(6) 협동어린이집

협동어린이집은 보호자 또는 보호자와 보육교직원 11인 이상이 조합을 결성하여 설치 · 운영하는 어린이집을 의미하며, 상시 영유아 11인 이상을 보육할 수 있는 어린이집을 말한다. 협동어린이집은 보육아동을 둔 보호자 또는 보호자와 보육교직원 11인 이상이 상호 출자하여 공동으로 어린이집을 설치 · 운영할 것을 약정함으로써 그 효력이 발생한다. 설치 절차는 시설 소재지의 관할 시장 · 군수 또는 구청장에게 사전에 인가를 신청하여야 한다.

〈표 3-1〉 설립주체에 따른 어린이집

구분	정의	규모	배치 기준
국공립어린이집	국가나 지방자치단체가 설립. 지역주민 자녀를 보육영유아 정원의 50% 이상 보육	상시 영유아 11인 이상을 보육	저소득층 밀집지역, 농어촌 지역 등 취약지구에 우선적으로 설치
법인어린이집	사회복지법에 의한 사회복지법인이 설립하여 운영하는 시설과 개인단체가 설립하여 운영하는 비영리시설	상시 영유아 21인 이상을 보육	지역 보육수요와 보육시설의 공급현황 등을 감안하여 지역별로 균형있게 배치

민간어린이집	사회복지법인이 아닌 비영리법인, 비영리단체 또는 개인이 설치 · 운영하는 시설	상시 영유아 21인 이상을 보육	지역 보육수요와 보육시설의 공급현황 등을 감안하여 지역별로 균형있게 배치
가정어린이집	개인이 가정 또는 이에 준하는 곳에 설치 및 운영하는 시설	영유아 5인 이상 20인 이하를 보육	관할 거주지의 시장이나 군수 또는 구청장에게 사전에 신고하여, 인가에 의해 설치
직장어린이집	사업주가 사업장의 근로자를 위해 설치 및 운영하는 시설	상시 영유아 5인 이상을 보육	보육영유아 정원의 1/3 이상이 사업장 근로자의 자녀
협동어린이집	보호자 15명 이상이 조합을 결성해 설치 · 운영하는 시설	상시 영유아 11인 이상을 보육	보육영유아를 둔 보호자 15인 이상이 상호 출자하여 공동으로 보육시설을 설치 · 운영할 것을 약정함으로써 효력 발생

출처: 보건복지부(2022a). 2022년도 보육사업 안내.

2) 보육시간에 따른 유형

보육시간에 따른 유형에는 기본보육, 연장보육, 시간제보육, 방과후보육, 24시간 보육이 있다.

(1) 기본보육

기본보육은 월요일부터 금요일, 오전 7시 30분부터 오후 4시까지의 보육을 의미하고 표준보육과정이나 누리과정으로 운영된다.

(2) 연장보육

연장보육은 기본보육시간 이후 오후 4시부터 저녁 7시 30분까지의 보육을 의미한다. 영유아 개별적인 필요에 따라서 제공되는 서비스로, 맞벌이가정, 다자녀가정 등 장시간 보육이 필요한 영유아는 연장보육을 신청하여 연장보육 전담교사가 담당해서 놀이와 쉼을 제공한다.

(3) 시간제보육

시간제보육이란 가정양육시에도 지정된 제공기관에서 시간단위로 보육서비스를 이용하는 것이다. 시간제보육의 제공기관은 시 · 군 · 구로부터 시간제보육 제공기관으로 지정받은 어린이집, 육아종합지원센터 등이며, 관리기관은 시 · 도 육아종합지원센터가 된다.

시간제보육은 보육료 또는 유아학비를 지원받지 않고, 가정양육가구가 긴급 · 일시적으로 어린이집이 필요한 경우 필요한 만큼 시간당 비용을 지불하고 이용하는 서비스이다.

(4) 방과후보육

방과후보육은 맞벌이 부모 가정의 초등학교에 다니는 아동(만 12세 이하)을 돌보아주는 것이다. 방과후보육서비스 제공은 4시간 이상(~19:30까지)으로 하며, 보호 및 숙제지도, 학습 보완지도, 인성지도, 취미와 특기지도 등이 이루어지게 된다.

초등학생을 대상으로 하는 방과후보육은 영유아보육의 연계선상에서 초등학생 저학년을 우선 대상으로 하는 것으로, 어린이집 총 정원의 20%를 초과할 수 없다. 장애아 방과후보육의 경우에는 총 정원의 50%를 초과할 수 없다.

(5) 24시간보육

24시간어린이집은 부모의 야간경제활동, 한부모 또는 조손가정 등의 사유로 불가피하게 주간보육(07:30~19:30)과 야간보육(19:30~익일 07:30)을 모두 이용하는 보육 형태이다. 시 · 도지사는 지역 내 야간 및 24시간 보육서비스 수요를 감안하여 정부지원시설 및 직장어린이집을 대상으로 극히 제한적으로 지정할 수 있다. 야간 및 24시간 보육아동의 교사 대 아동 비율은 1:5가 원칙이나 장애아 및 0세아는 보육교직원의 업무량을 고려하여 일부 달리 적용할 수 있다. 새벽근무 보육교사는 원장과 협의하에 1일 8시간 근무를 원칙으로 시간연장 보육교사와 교대근무를 실시할 수 있다. 보호자 준수사항으로는 보육아동의 부모(보호자)는 최소한 주 3회 이상 아동과 전화 또는 방문 등의 방식으로 아동과 접촉하여야 한다. 또한 최소한 주 1회 이상 아동을 가정에 데려가 보호하여야 하며, 부모(보호자)가 상시적으로 어린이집과 연락체계를 유지하여야 한다. 만약 보육아동의 부모(보호자)가 1개월 이상 아동의 보호 의무를 수행하지 않거나, 연락이 안 되는 경우 시 · 군 · 구청장이 아동복지법에 의거하여 보호조치를 취할 수 있다.

휴일어린이집은 일요일 및 공휴일 7시 30분부터 19시 30분까지 보육서비스를 제공한다. 휴일보육의 교사 대 아동 비율은 1:5를 원칙으로 하고, 장애아 및 0세아는 보육교직원의 업무량을 고려하여 일부 달리 적용할 수 있으며, 유아로만 편성된 경우 1:7까지 조정할 수 있다.

3) 보육대상에 따른 유형

보육대상에 따른 보육형태에는 영아전담보육, 장애아전문보육, 장애아통합보육 등이 있다.

(1) 영아전담보육

영아전담어린이집은 2004년 이전 영아전담어린이집으로 지정받았거나 국고보조금으로 영아전담 신축비를 지원받은 어린이집(민간지정, 국공립 및 사회복지법인)으로, 3세 미만의 영아만을 20인 이상 보육하는 어린이집이다. 영아전담어린이집은 보육정원을 기준으로 가능한 한 2세 미만반(24개월 미만 영아)이 2세반(24개월 이상~36개월 미만)보다 많게 되도록 편성해야 하며, 2세 이상 반만으로 보육정원 책정을 할 수 없다(지정 취소 사항). 또한 영아를 전담하여 보육해야 하나 예외적으로 시설 정원범위 내 40%까지 유아를 보육할 수 있다. 영아전담어린이집에서 유아를 보육하는 경우에는 영아반을 우선 편성하여야 하며, 유아보육인원이 9명 미만으로서 시장 · 군수 · 구청장이 지역내 수급상황(인근지역 여유 정원이 없는 경우 등), 학부모의 요구(형제 등 동반입소) 등 불가피한 사유가 있다고 인정하여 승인한 경우에 예외적으로 2세반과 유아반 혼합보육이 가능하다(이 경우, 교사 대 아동 비율은 2세반 기준으로 적용하고 누리과정을 적용해야 함).

(2) 장애아전문보육

장애아전문어린이집은 「장애아동복지지원법」 제32조에 따라 요건을 갖추고, 상시 12명 이상의 장애아(단, 미취학장애아 9명 이상 포함)를 보육하는 어린이집으로, 시장 · 군수 · 구청장이 장애아전담어린이집으로 지정한다. 장애아의 연령, 장애의 종류 및 정도를 함께 고려하여 반을 편성 · 운영하고, 12세까지 입소 가능하다. 교사

대 아동의 비율은 1:3이며, 3인을 초과할 때마다 1인씩 증원(교사 3인 중 1명은 특수교사로 배치해야 함)해야 한다. 국가와 지방자치단체는 장애영유아를 위한 어린이집 확보를 통해 장애아동이 어린이집을 이용할 수 있는 기회를 활성화하는 데 노력하여야 한다.

(3) 장애아통합보육

장애아통합어린이집은 정원의 20% 이내에서 장애아종일반을 편성 및 운영하거나, 장애아종일반을 별도로 편성하지 않은 채 미취학 장애아를 3명 이상 통합보육하고 있는 어린이집(종일반 기준)을 말한다. 장애아통합어린이집은 장애아와 비장애아를 통합하여 보육하되 교사는 장애전담교사, 일반 보육교사 각각 1인씩 배치해야 한다. 특수교사, 장애영유아를 위한 보육교사 등의 자격을 갖추지 않은 보육교사가 장애아반을 전담하고자 하는 경우, 반드시 장애아보육 직무교육과정을 이수하여야 하며, 부득이한 경우 6개월 이내에 보수교육과정 이수를 전제로 지원할 수 있다.

제4장 영유아기의 발달특성

보육현장에서는 보육의 대상이 되는 영유아들의 발달특성을 제대로 이해하는 것이 매우 중요한 과제이다. 이 발달특성을 이해함으로써 이에 적합한 보육교사로서의 역할을 잘 수행할 수 있을 것이다.

출생 후 2세까지의 시기를 영아기라고 한다. 영아기는 인간발달의 여러 영역에서 급속한 성장이 이루어지는 시기이다. 영아기 초기에는 거의 의존적인 상태이지만 점차 운동능력발달, 인지발달, 언어발달, 사회정서발달이 급격히 이루어진다. 또한 양육자와의 상호관계를 통해 기본적인 신뢰감과 애착을 형성하며 이로써 앞으로의 인간상호관계의 기초를 형성하게 된다. 영아의 사회적 관계의 발달은 최초의 애착 형성에서부터 시작되며 애착은 사회적 관계에서뿐만 아니라 인지적 기능과도 관련이 있다. 이와 동시에 이 시기는 자율성을 형성하는 시기로 자신이 타인과 분리된 개체임을 인식하고 자신의 능력을 과시하고자 끊임없이 노력한다.

2세 이후부터 초등학교 입학 이전인 6세까지의 시기를 유아기라고 한다. 유아기의 성장 속도는 영아기에 비해 다소 완만한 현상을 보이기는 하지만, 꾸준한 성장발달이 이루어지는 시기이다. 유아기에는 눈과 손의 협응과 소근육의 통제가 급격히 발달하여 손의 사용이 점점 더 정교해지며, 인지적 성장과 언어발달이 빠른 속도로 이루어져 언어에 대한 계속적인 탐구와 실험을 하는 시기로서 영아기에 비해 의사소통이 보다 효율적으로 이루어진다. 또한 이 시기에는 상상력이 풍부해져서 또래와 함께 실제 생활을 상징화하는 가상놀이를 즐겨 하며, 이를 통해 사회적 상호작용과 다른 사람의 입장을 이해할 수 있게 된다. 또한 성에 대한 관심이 증가하며 성별에 따른 놀이 형태의 차이를 보이는 등 성역할발달도 이루어지는 시기이다.

이 장에서는 영유아기의 발달특성을 영아기와 유아기 두 단계로 나누어 각 단계의 신체발달, 인지발달, 언어발달, 사회정서발달 등에 관해 살펴보고자 한다.

1. 영아기의 발달특성

출처: 윤이엄마유튜브.

출생 후 24개월까지를 영아기라고 하며, 그중에서도 출생 후 첫 1개월을 신생아기라고 한다. 이 기간에 무력한 존재인 영아는 하나의 독립된 개체로서 성장할 준비를 하게 되며, 특히 신생아기는 비록 짧은 기간이지만 태내환경과는 상이한 새로운 환경에 적응해야 한다는 점에서 중요한 의미를 갖는다.

영아기는 발달의 여러 영역에서 급속한 성장이 이루어지는 시기이다. 뛰어다닐 수 있을 만큼 빠른 속도로 신체발달이 이루어지고, 다른 사람과 의사소통이 가능할 만큼 언어능력도 확대된다. 이후의 사회성발달을 위해 부모와 애착을 형성하는 것이 필요하며, 인지발달을 촉진시키기 위해 여러 감각 자극이 필요한 시기이다. 이와 동시에 어머니와 분리된 하나의 개체임을 깨닫고, 자신의 개인적 능력을 과시하고자 끊임없이 노력하는 시기이다.

1) 신체발달

영아기의 신체적 성장은 놀랄 만큼 빠른 속도로 이루어진다. 아기를 신생아기 때 한 번 보고 나서 몇 개월 후에 다시 보게 된다면, 이 아기가 과연 그때 그 아기가 맞는지 의아할 정도로 아기가 달라져 있는 것을 발견하게 된다. 신장과 체중의 급격한 성장 외에도 골격과 근육, 중추신경계 등의 신체 내부적 발달도 급속도로 이루어진다.

(1) 신체적 특징

생후 첫 1년간의 특징은 빠른 신체적 성장이라 할 수 있다. 건강한 영아의 경우 신장은 1년 동안 1.5배, 체중은 3배 정도 증가한다. 두 돌 무렵이 되면 신장은 성인 키의 절반 가량이 되고 체중은 출생 시 체중의 4배가 된다.

신생아는 머리크기가 신체에서 차지하는 비율이 $\frac{1}{4}$이나 되기 때문에 얼핏 보면 머리만 있는 것처럼 보인다. 출생 시 머리크기는 신장의 $\frac{1}{4}$을 차지하지만, 첫 2년간 신체의 다른 부분이 성장해서 두 돌 무렵에는 신체의 $\frac{1}{5}$이 되고, 성인이 되면 $\frac{1}{8}$이 된다(〈그림 4-1〉 참조). 출생 시에 신체에 비해 머리가 큰 것은 두미(cephalocadual) 발달의 원칙 때문이다.

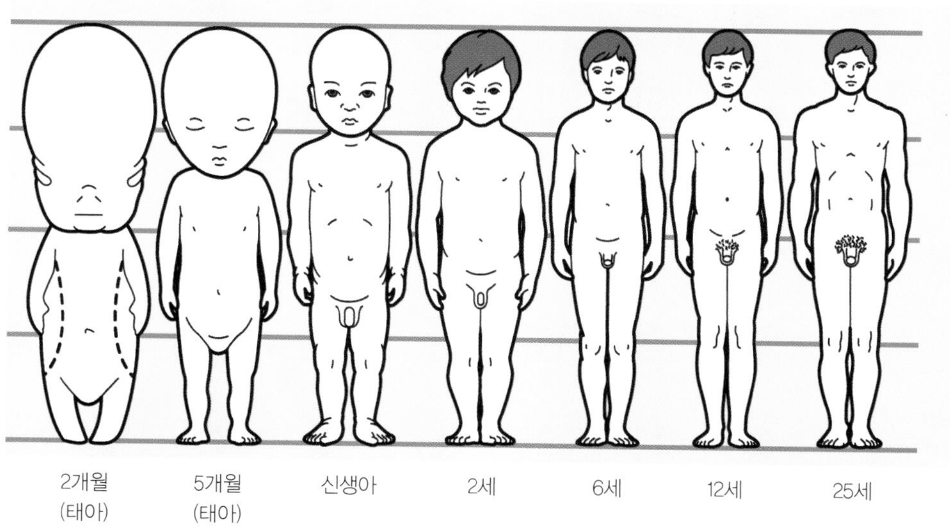

〈그림 4-1〉 신체비율의 변화

출처: Muzi, M. J. (2000). *Child development*. NJ: Prentice-Hall.

또한 근원(proximodistal)발달의 원칙에 의해서 몸통이 먼저 성장하고 그다음 팔다리 그리고 손발의 순서로 발달이 이루어진다. 따라서 신체비율로 볼 때, 신생아의 신체에서 가장 작은 비율을 차지하는 부위는 머리와 신체 중심부로부터 가장 멀리 떨어져 있는 부위, 즉 발이다. 성인이 되면 발의 크기는 출생 시의 5배 정도가 된다.

(2) 운동기능의 발달

운동기능에는 팔, 다리, 몸통과 같은 대근육을 사용하는 대근육 운동과 손의 움직임과 같이 몸의 소근육을 사용하는 소근육 운동이 있다.

① 대근육 운동

영아기의 가장 주목할 만한 대근육 운동기능은 고개도 못 가눌 정도로 전적으로 의존적이던 상태에서 뒤집기, 기기, 서기, 걷기, 달리기 등을 할 수 있는 기동성 있는 인물로 영아를 바꿔놓는 것이다. 출생 시 신생아는 고개도 못 가누지만 생후 1개월이면 엎드린 자세에서 고개를 들 수 있다. 2개월경에는 가슴을 들 수 있으며, 3~4개월경에는 뒤집기를 할 수 있다(사진 참조). 7개월경에는 혼자 앉을 수 있고(사진 참조), 10개월경에는 길 수 있으며(사진 참조), 12~14개월경에는

사진 설명 7개월경에는 혼자 앉을 수 있다.

사진 설명 영아가 기기를 시도하고 있다.

사진 설명 영아가 뒤집기를 시도하고 있다.

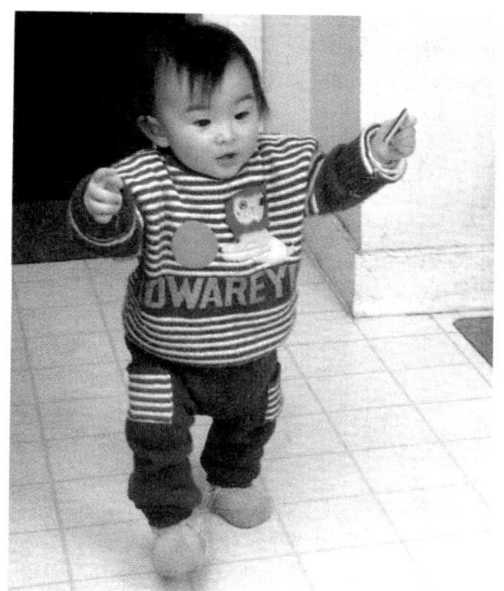

사진 설명 첫 걸음마를 하는 영아

사진 설명 18개월경에는 계단을 오를 수 있다.

혼자 설 수 있다. 12개월경에는 붙잡고 걸을 수 있으며, 15개월경에는 혼자 걸을 수 있다(사진 참조). 18개월경에는 계단을 오를 수 있고(사진 참조) 자전거를 탈 수 있다. 18~24개월경에는 달리기, 뒤로 걷기, 공차기, 공 던지기, 뜀뛰기 등을 할 수 있다.

② 소근육 운동

소근육 운동기능은 근원발달의 원칙에 의해 팔과 손 그리고 손가락의 순으로 발달한다. 출생 시의 신생아에게는 잡기반사 능력이 있지만, 그것을 통제하는 능력은 없다. 마찬가지로 신생아도 매달려 있는 물체를 보면서 손과 발을 움직여 보지만 그 물체를 잡지는 못한다. 6개월이 되어야 매달려 있는 물체를 팔을 뻗어 잡을 수 있다(Bower, 1979). 8~9개월경에는 자기 앞으로 던져준 물체를 잡으려고 해보지만 놓치고,

사진 설명 4개월이 되면 영아는 제법 정확하게 물체를 향해 팔을 뻗을 수 있다.

사진 설명 소근육을 이용해서 영아가 음식을 집어먹고 있다.

첫돌이 지나서야 제대로 잡을 수 있다(von Hofsten, 1983). 실이나 동전 같은 작은 물체를 집기 위해 처음에 영아는 손 전체, 특히 손바닥을 사용한다. 그러다가 10개월이 지나면서 엄지와 집게손가락을 사용해서 작은 물체를 집을 수 있게 된다. 이 무렵에 영아는 잔디밭에 기어다니는 벌레나 양탄자의 보푸라기처럼 눈에 보이는 작은 물체는 무엇이든지 집어올리면서 즐거워한다.

(3) 감각과 지각의 발달

인간은 환경을 탐색하는 데 다른 어떤 감각기관보다 시각에 더 의존한다. 즉, 감각 정보의 80%가 시각을 통해서 들어온다. 그럼에도 불구하고 시각은 영아의 감각능력 중 가장 늦게 발달한다. 출생 시 시각조절에 필요한 뇌회로가 충분히 발달해 있지 않아 신생아의 시력은 매우 약한 편이다. 출생 후 몇 개월 동안 심한 근시현상을 보이지만, 첫돌 무렵에는 시력이 1.0에 가까워져서 정상 시력을 갖게 된다(Aslin & Lathrop, 2008; Banks & Salapatek, 1983; Cavallini et al., 2002; Corrow et al., 2012; Dobson & Teller, 1978).

영아가 몸을 움직일 수 있게 되면 그만큼 위험에 처할 가능성도 커진다. 그중에서도 특히 높은 데서 아래로 떨어지는 위험이 가장 크다. 생후 6개월경에 발달하는 것으로 보이는 깊이지각은 영아가 가구에 부딪치거나 침대나 계단에서 굴러떨어지는 것을 막는 데 도움이 된다. 만약 영아가 깊이를 지각할 수 없다면 그들의 생존은 크게 위협을 받을 것이다.

Eleanor Gibson

Gibson과 Walk(1960)가 고안한 시각벼랑(visual cliff) 실험에서 6개월 된 영아는 깊이지각을 할 수 있는 것으로 나타났다. 〈그림 4-2〉에서 보듯이 얕은 쪽은 유리 바로 아래 테이블보를 깔고 깊은 쪽은 바닥에 테이블보를 깔아 놓음으로써 시각적으로 깊게 보이게 만들었다. 그러나 얕은 쪽이든 깊은 쪽이든 두꺼운 유리를 올려 놓았기 때문에 영아가 안전하게 기어갈 수 있게 되어 있다. 영아를 얕은 쪽에 놓고, 어머니는 건너편 깊은 쪽에 서서 엄마에게 오라고 영아를 손짓해 부른다. 그러나 영아는 유리가 깔려 있는 것을 만져보고도 두려워하면서 건너가려 하지 않았다. 즉, 얕은 쪽으로 되돌아가거나 깊은 쪽과 얕은 쪽의 경계선에서 울기만 하였다.

우리 주위의 환경으로부터 상당수의 정보가 소리를 통해서만 들어오기 때문에

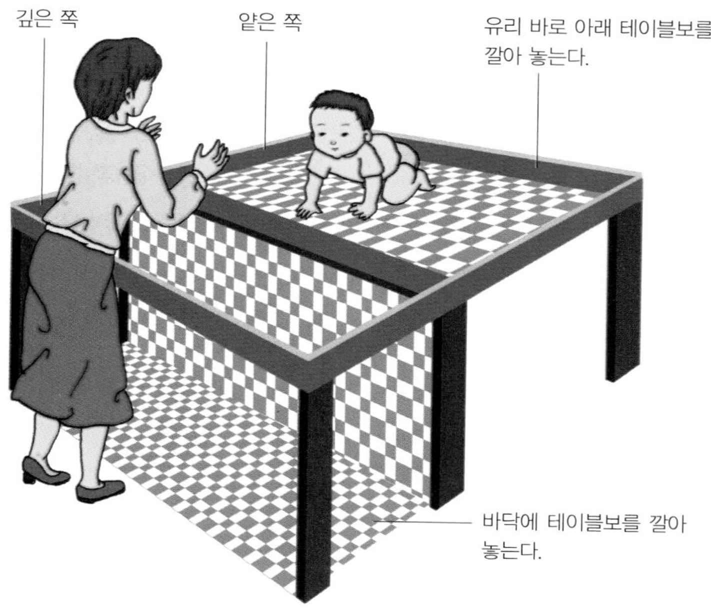

〈그림 4-2〉 시각벼랑 실험

청각은 매우 중요한 감각이다. 소리가 나는 근원을 찾으려는 반응처럼 영아의 듣는 능력은 보는 능력과 동시에 발달하며, 양자를 협응시키려는 반응을 보인다. 또한 듣는 능력에 문제가 있으면 이는 이후의 언어발달에도 영향을 미치게 된다.

출생 후 1개월경에는 '바'음과 '파'음 같은 음소의 구별이 가능하며(Aslin, Pisoni, & Jusczyk, 1983; Miller & Eimas, 1995), 2개월경에는 서로 다른 목소리에 다르게 반응하고 같은 사람이 내는 다른 음색의 목소리를 구분할 수 있다. 4~6개월이 되면 소리가 나는 방향을 정확하게 알아볼 수 있으며, 낯익은 목소리를 구별할 수 있고, 음악을 들으면 좋아한다(Berk, 1996; Clarke-Stewart et al., 1985). 그리고 4개월경의 영아는 자신의 이름과 발음이 비슷한 다른 이름을 구별할 수 있다.

소리에 대한 민감도는 소리의 높낮이에 따라 다르다. 6개월경의 영아는 낮은 소리나 중간 소리보다 높은 소리를 더 잘 듣는 것으로 보인다(Marie & Trainor, 2012). 성인들이 영아에게 말할 때 높은 소리로 말하는 이유가 이 때문인지 모른다.

영아는 여러 가지 다양한 냄새를 식별할 수 있다(Doty & Shah, 2008). 여러 가지 냄새를 묻힌 면봉을 영아의 코에 갖다 대고서 영아의 얼굴표정과 신체의 움직임으로 영아의 반응을 알아본 연구(Crook, 1987; Pomares, Schirrer, & Abadie, 2002; Steiner,

1979)에서, 영아는 바나나 냄새나 딸기 냄새에는 기분 좋은 표정을 짓고, 생선 냄새는 약간 싫어하며, 썩은 달걀 냄새에는 고개를 돌리거나 얼굴을 찡그리는 반응을 보였다. 더 놀라운 사실은 모유 수유를 하는 영아가 어머니가 가까이 왔다는 것을 엄마의 젖냄새를 통해서 안다는 것이다(MacFarlane, 1977). 심지어 신생아의 경우도 모유를 먹는 경우 엄마 젖냄새를 알아보는 것으로 보인다. 한 연구(MacFarlane, 1977)에서 생후 6일된 신생아에게 엄마 젖냄새를 묻힌 수건과 한 번도 사용하지 않은 깨끗한 수건을 양쪽에서 제시했더니 신생아는 엄마 젖냄새가 나는 쪽으로 고개를 돌렸다(사진 참조).

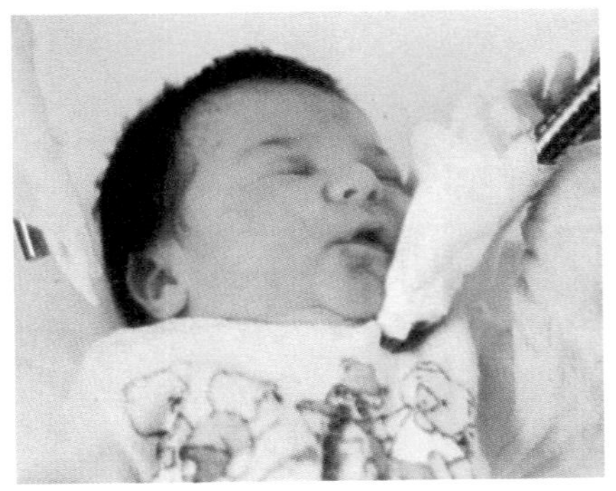

사진 설명 첫돌상 앞에 앉은 아기

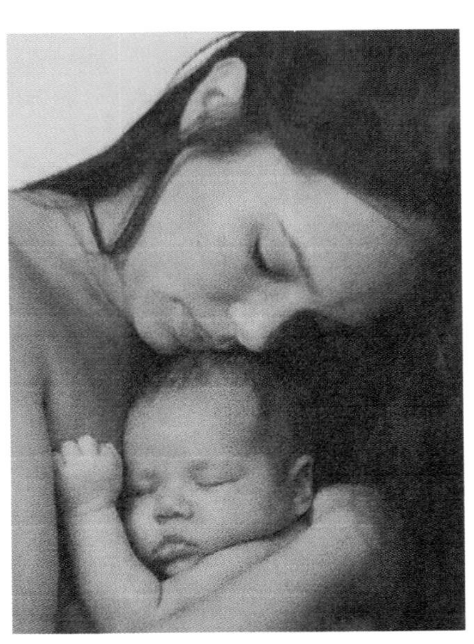

신생아도 단맛, 신맛, 쓴맛, 짠맛을 구별하고 (Mennella & Bobowski, 2015; Rosenstein & Oster, 1988), 2~3개월경에는 특정한 맛에 대한 기호가 생길 정도로 발달되어, 특정한 맛에 대한 거부현상도 보인다. 4개월이 되면 신생아기 때에는 싫어하던 짠맛을 좋아하기 시작하는데(Doty & Shah, 2008; Harris, Thomas, & Booth, 1990), 이것은 아마도 이유식(고형음식)에 대한 준비를 하는 것인지도 모른다(Beauchamp, Cowart, Mennella, & Marsh, 1994).

영아기 말이 되면 미각은 매우 예민하게 된다. 소아과 의사들은 영아에게 다양한 음식을 제공할 것을 추천하는데, 이것은 영양적인 측면에서뿐만 아니라 영아기에 음식에 대한 선호가 급격히 발달하기 때문이다. 따라서 영아기 이후에는 새로운 음식을 잘 먹으려 하지 않는다(Berger, 1991).

우리 전통사회에서는 삼칠일 된 아기에게는 미역국을, 백일에는 밥과 국을 그리고 첫돌에는 떡과 과일의 맛을 보여 줌으로써 영아의 미각 발달을 도와주었다(사진 참조).

촉각은 영아가 성인과 관계를 형성하는 데 매우 중

요한 역할을 한다. 아기를 쓰다듬어주거나 아기의 가슴에 가만히 손을 올려놓으면 우는 아기를 달랠 수 있고, 등을 토닥토닥 두드려주면 아기를 재울 수 있다(사진 참조).

영아는 온도변화에 대해서도 민감한 반응을 보이는데, 체온보다 높은 온도보다는 낮은 온도에 더 민감하다. 방안 온도가 갑자기 떨어지거나 영아의 옷을 갈아입히기 위해 옷을 다 벗겨 놓으면 울면서 불편함을 호소하거나 체온을 유지하기 위해 몸을 활발하게 움직인다(Humphrey, 1978).

출생 시에 통각도 이미 발달되어 있다(Ganzewinkel et al., 2014; Rodkey & Pillai Riddell, 2013). 신생아기나 영아기에 남자아이의 포경수술을 할 경우 진통제가 초래할 위험 때문에 또는 신생아는 통증을 느끼지 못한다는 생각으로 마취제를 사용하지 않고 수술을 하는데, 이때 영아의 심장박동수와 혈압이 증가하고, 영아는 통증 때문에 높은 소리로 운다(Gunnar, Malone, & Fisch, 1987; Taddio, 2008; Williamson, 1997).

2) 인지발달

영아기의 인지발달을 설명하기 위해 제시되는 한 가지 접근법은 Piaget의 인지발달이론이다. Piaget에 의하면 영아기의 인지발달은 주변 환경에 대한 이해에서 출발하는데, 인지발달을 위해서는 주어진 자극에 대해 주의를 집중하고, 이를 수용하는 것이 선행되어야 한다고 한다. 즉, 주변 환경에 대한 정보를 얻기 위해서는 감각운동을 통한 지각 경험이 바탕이 되어야 한다고 한다.

(1) 감각운동기의 사고

Piaget(1960)는 인지발달 단계에서 영아기를 감각운동기라고 명명하였다. 감각운동기에 영아의 세상에 대한 인식은 감각기관과 운동기능을 통해 이해하는 것에 국한된다. 영아기의 사고는 언어나 추상적 개념을 내포하지 않는다. 영아가 이해하고, 기억하는 것은 자신이 직접 보고, 듣고, 느끼고, 행동하는 것에 의존한다. 즉, 감각기관을 통해 받아들인 정보가 인지발달의 중요한 내용이 된다는 것이다.

Jean Piaget

Piaget는 감각운동기를 6개의 하위 단계로 나누었는데 그 단계는 다음과 같다.

① 반사운동기(Reflex Activity: 출생~1개월)

영아는 세상에 대한 지식을 습득하는 일차적 자원으로서 빨기, 잡기, 큰 소리에 반응하기와 같은 반사적 행동에 의존한다. 영아는 다양한 반사능력을 가지고 이 세상에 태어나며, 이를 통해 외부세계를 이해하게 된다. 이들 중 가장 우세한 반사는 빨기반사인데, 영아는 입에 닿는 것은 무엇이든지 빨려고 한다(사진 참조).

② 일차 순환반응기(Primary Circular Reactions: 1~4개월)

영아의 관심은 외부의 대상보다는 자신의 신체에 있기 때문에 '일차' 순환반응이라 불린다. '순환반응'이라는 용어는 빨기, 잡기와 같은 감각운동의 반복을 의미한다. 즉, 유아가 우연한 행동을 통해 재미있는 결과를 초래하게 되면 계속해서 그 행동을 반복해서 하는 것을 말한다. 예를 들어, 영아가 손가락을 빠는 것이 아주 재미있는 일이라고 생각하게 되면, 손가락을 자꾸만 입속에 넣으려고 한다(사진 참조).

③ 이차 순환반응기(Secondary Circular Reactions: 4~8개월)

이 하위 단계의 주요 특징은 영아가 자신의 외부에 있는 사건과 대상에 열중한다는 점이다. 그래서 '이차' 순환반응이라 불린다. 일차 순환반응과 이차 순환반응 간의 주된 차이점은 행동의 초점에 있다. 일차 순환반응기 동안 영아는 자신의 신체와 신체 주변에 있는 대상과 사건에 관심을 갖는다. 그러나 이차 순환반응기에는 영아의 관심이 자신의 신체 외부에 있는 대상과 사건에 있다. 즉, 일차 순환반응은 영아의 여러 신체부분들이 서로 협응하는 것을 말하고, 이차 순환반응은 영아가 그 자신이 아닌 외부에서 흥미로운 사건들을 발견하고, 이를 다시 반복하려고 할 때 일어난다.

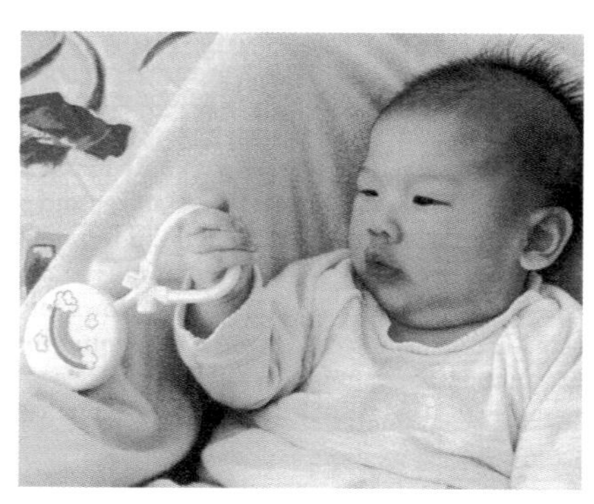

보기-잡기와 같은 도식의 발달은 주변 환경에 흥미를 갖는 결과를 만들어 내게 된다. 우연히 수행한 어떤 행동이 흥미 있는 결과를 초래할 경우, 또 다시 그 결과를 유발하기 위해 그 행동을 반복하게 된다. 예를 들어, 우연히 딸랑이를 흔들어 소리가 났을 경우, 영아는 잠시 멈추었다가 다시 한 번 그 소리를 듣기 위해 딸랑이를 흔드는 행위를 되풀이하게 된다(사진 참조).

④ 이차 순환반응의 협응기(Coordination of Secondary Circular Reactions: 8~12개월)

이 하위 단계에서 영아의 관심은 자신의 신체가 아니라 주위 환경에 있으며, 자신의 목표를 달성하기 위해 두 가지 행동을 협응하게 하기 때문에 이 단계를 이차 순환반응의 협응기라고 일컫는다.

영아기의 인지발달에서 중요한 두 가지 획기적인 사건이 이 하위 단계에서 발생한다. 첫째는 영아가 인과개념을 갖기 시작하는데, Piaget는 이것을 진정한 의미에서 지능의 첫 신호라고 믿는다. 또한 영아가 방해물을 치우고 숨겨진 물건을 찾아내는 행위는 두 번째 획기적 사건인 대상영속성(object permanence)의 개념을 획득하기 시작했다는 사실을 보여준다. 이 시점까지는 어떤 물체가 영아의 시야에서 사라지면 그 물체는 더 이상 존재하지 않는 것으로 영아가 지각하는 것으로 보인다. 다시 말해서 영아는 "눈에서 멀어지면 마음도 멀어진다(Out of sight, out of mind)"라는 속담을 증명하는 것처럼 보인다. 그러나 이 하위단계에서는 어떤 물체가 눈앞에서 사라진다고 하더라도 그 물체가 없어진 것이 아니라는 것을 인식할 정도로 영아의 대상영속성 개념이 발달하기 시작한다.

사진 설명 영아가 자신이 원하는 장난감을 얻기 위해 방해물을 치우고 있다.

⑤ 삼차 순환반응기(Tertiary Circular Reactions: 12~18개월)

삼차 순환반응은 선행되는 두 순환반응과 구분하기 위해서 '삼차'라고 부른다. 일차 순환반응기 동안 영아는 자신의 신체에 관심을 가지며, 이차 순환반응기에는 외부 세계에 있는 대상에 관심을 갖는다. 이제 삼차 순환반응기가 되면 영아는 실험적 사고에 열중한다. 즉, 영아는 새로운 원인과 결과 간의 관계에 대해서 이를 가설화한다.

이 하위단계에서 영아는 매우 적극적이고, 목적지향적이며, 시행착오적으로 탐

사진 설명 새로운 결과를 얻기 위해 영아는 여러 가지 새로운 방법을 시도해본다.

색하는 특성을 보인다. 시행착오 학습의 결과 영아는 새로운 대상이 제시되면 그 대상을 다각도로 탐색해 보고, 정해진 목표를 달성하기 위해 전 단계와는 다른 새로운 수단을 발견할 수 있다. 한 예로, 영아는 팔이 닿지 않는 곳에 원하는 장난감이 있을 경우 이를 갖기 위해 막대기를 사용하여 밀어 보는 시도를 할 수 있다.

⑥ 정신적 표상(Mental Representation: 18~24개월)

이 하위 단계는 영아의 지적 능력이 놀랄 정도로 크게 성장하는 시기이다. 영아는 이제 눈앞에 없는 사물이나 사건을 정신적으로 그려내기 시작하고, 머릿속으로 먼저 생각을 한 후에 행동한다. 전 단계에서처럼 시행착오 과정을 통해서 문제를 해결하는 것이 아니라, 행동하기 전에 상황에 관한 사고를 하기 때문에 문제를 더 빨리 해결할 수 있다.

(2) 대상영속성 개념의 발달

감각운동기에 획득하게 되는 중요한 능력 중의 하나는 대상영속성의 개념이다. 대상영속성은 물체가 눈에 보이지 않거나 소리가 들리지 않더라도 그 물체가 계속 존재한다는 것을 아는 것이다. 대상영속성의 개념은 인지발달 단계와 병행하여 발달하는데, 이 개념을 획득하기 위해서는 자신이 주변 세계와 분리된 독립된 존재라는 사고를 할 수 있어야 한다.

3) 언어발달

영아는 단어를 표현하기 오래전부터 울음이나 표정, 몸짓 등 비언어적인 행동을 통하여 의사소통을 꾀한다. 영아는 단어 자체가 아니라 말의 리듬, 고저, 강세에 따라 반응하며, 이를 통해 상대방의 말에서 감정적인 단서를 알아차리게 된다. 화난 목소리가 나면 행동을 멈추고, 다정한 목소리에 대해 반응을 보인다.

(1) 울음

언어발달의 첫 단계는 울음이다. 울음은 아기가 자신의 욕구를 표현할 수 있는 첫 번째 의사소통 수단이다(사진 참조). 초기의 울음은 아기가 왜 우는지 이유를 구분할 수 없는 미분화된 울음이지만, 점차 우는 이유를 알 수 있는 분화된 울음으로 바뀌게 된다. 울음의 패턴이나 고저, 강도에 비추어 아기가 배고픈지, 졸린지, 화가 났는지 혹은 고통스러운지를 알 수 있게 되면서, 울음은 보다 정확한 의사전달 수단으로 사용된다.

사진 설명 언어발달의 첫 단계에서 영아는 울음으로 의사전달을 한다.

(2) 옹알이

2~3개월경에 나타나는 옹알이는 언어와 유사한 최초의 말소리이다. 이는 신체적 성숙으로 인해 나타나는 근육활동의 결과이며, 농아도 처음에는 옹알이를 한다. 일반적으로 옹알이는 만족스러운 상태에서 가장 많이 나타난다. 옹알이는 어머니나 주변 사람들로부터 반응을 얻게 되면 점차 그 소리가 빈번해지고 다양해진다. 옹알이는 이러한 주변 인물로부터의 강화를 통해 모국어를 습득하는 중요한 기제로 작용한다.

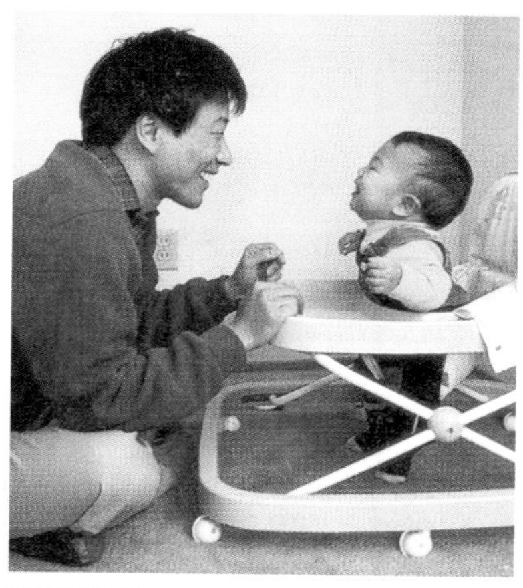

사진 설명 아직 말을 하지 못하는 영아라도 부모와의 언어적 상호작용은 언어발달에 매우 중요한 역할을 한다.

(3) 한 단어 문장

생후 1년경이 되면 영아는 분명하게 이해할 수 있는 단어를 사용할 수 있으며, 그 단어가 자신의 생각을 표현하는 수단이 된다. 하나의 단어가 전체 문장을 대신하므로, 영아는 그들의 부모가 이해하는 것을 돕기 위해 얼굴표정이나 몸짓을 함께 사용한다. 최근 한 연구(Tincoff & Jusczyk, 2012)에서 6개월 된 영아는 '손'이나 '발'과 같은 신체 부위에 관한 단어를 이해하는 것으로 나타났다. 하지만 이런 단어들을 아직 소리내어 말을 할 수는 없다.

(4) 두 단어 문장

2세경이 되면 영아는 문장을 만들기 위해 2개 이상의 단어를 연결시킬 수 있다. 두

사진 설명 24개월경에 대부분의 영아들은 '공 놀이'라는 두 단어 문장을 사용할 수 있다.

단어 문장은 한 단어 문장에 비해 보다 정교하고 명료하며, 두 단어 가운데 강세의 위치가 어디에 있는가에 따라 자신이 원하는 바를 강조하게 된다. 두 단어를 결합시키는 것은 보편적으로 50개 정도의 단어를 말할 수 있을 때 가능하다. 초기의 결합형태는 명사와 동사의 결합으로 이루어지는 전문식(telegraphic) 문장이며 자기중심적인 특성을 갖는다.

4) 사회정서발달

연령이 증가함에 따라 영아는 점차 분화된 정서를 나타내고, 다른 사람의 정서를 이해할 수 있는 능력도 갖게 된다. 기질연구가들은 영아기의 기질을 형성하는 심리적 특성이 성인기 성격의 토대가 된다고 믿는다. 따라서 영아의 이상적 발달을 위해서는 영아의 기질과 조화를 이루는 부모의 양육행동이 중요한 것으로 보인다. 영아기에 일어나는 가장 중요한 형태의 사회적 발달이 애착이다. 애착이란 영아와 양육자 간에 형성되는 친밀한 정서적 유대감을 의미한다. 영아의 기질, 영아와 부모의 특성, 양육의 질 등이 애착형성에 영향을 미치는 요인으로 보인다.

(1) 정서의 발달

영아기의 정서에는 두 가지 기능 또는 목적이 있다. 첫째, 영아의 정서표현은 영아의 상태를 다른 사람, 특히 양육자에게 알림으로써 양육자로 하여금 영아를 보살피게 하는 기능을 한다(Lamb, 1988; Witherington et al., 2010). 예를 들면, 영아의 미소는 양육자로 하여금 영아와의 상호작용을 더욱 촉진시킨다. 한편, 영아의 불편한 표정은 양육자로 하여금 영아에게 무슨 문제가 있는지 살펴보고 문제를 해결하도록 한다. 둘째, 영아기의 정서는 특정의 자극에 대해 특정한 행동을 하도록 하는 동기를 부여한다(Lamb, 1988). 예를 들면, '분노'는 공격행동의 동기를 부여하고, '공포'는 회피행동의 동기를 부여한다(Termine & Izard, 1988). 정서의 이러한 기능은 유기체가 환경에 적응하기 위한 진화의 결과로 볼 수 있다.

Michael Lamb

정서발달에 대한 학자들의 견해에는 다소 차이가 있으나, 대부분의 학자들은 기쁨이나 슬픔과 같은 정서는 출생 시부터 존재하지만, 그것은 덜 분화된 상태에 있는 것이며, 연령이 증가함에 따라 점차 분화된다고 믿는다. 즉, 신생아기의 경우, 흥분 상태에서 먼저 유쾌와 불쾌의 정서가 분화되고, 그다음에 불쾌한 정서로부터 차츰 분노, 혐오, 공포, 슬픔 등의 정서가 나타나며, 유쾌한 정서로부터 행복, 기쁨, 만족 등의 정서가 나타난다는 것이다.

정서지능

정서는 최근 개인의 행 · 불행이나 성공 또는 실패를 예측하는 중요한 자질로 부각되고 있다. 일반적인 통념과는 달리 한 개인의 이후의 성취를 예측하는 데 있어서 정서지능은 IQ나 표준화된 성취검사에 의해 측정되는 지적 능력보다 더 중요한 요인으로 작용한다는 것이다. 그러므로 기쁨, 흥미, 욕구, 명랑함 등의 긍정적인 정서의 발달을 촉진시켜 풍부한 인간성을 함양하는 것은 개인의 삶에서 중요한 의미를 갖는다.

정서지능(Emotional Intelligence)이라는 용어는 1990년 미국의 뉴햄프셔 대학의 존 메이어(John Mayer) 교수와 예일 대학의 피터 샐로베이(Peter Salovey) 교수에 의해 처음으로 사용되었다. 이들은 정서지능을 "자신과 타인의 정서를 평가하고 표현할 줄 아는 능력, 자신과 타인의 정서를 효과적으로 조절할 줄 아는 능력 그리고 자신의 삶을 계획하고 성취하기 위해서 그런 정서를 이용하여 활용할 줄 아는 능력"이라고 정의하고 있다.

그후 타임지가 1995년에 Daniel Goleman의 저서 『정서지능(Emotional Intelligence)』을 소개하면서, IQ에 대응하여 정서지능을 설명하기 위해 정서지수(Emotional Quotient: EQ)라는 용어를 사용하였다. 이후의 보다 큰 만족을 위해 현재의 만족감을 지연시킬 수 있는 능력, 충동적이기보다는 이성적인 것이 앞서는 개인적 자질은 IQ 검사에서는 나타나지 않는 EQ의 속성이다. 그러나 EQ는 IQ와 상반되는 개념이 아니며, 타인의 감정에 공감하기 위해서는 어느 정도의 인지적 능력이 필요하다.

정서지능을 높이려면 정서조절과 정서표현의 체험을 해야 하며 연습과 훈련을 받아야 한다. 다음과 같은 세 가지의 실제적이고 구체적인 체험을 생활화할 필요가 있다. 첫째, 어릴 때 자녀들로 하여금 부모나 형제, 자매 등 가족구성원들의 표정과 감정 그리고 속마음을 읽는 연습을 하도록 하고, 둘째, 화, 분노, 질투, 충동, 조바심 등이 일어날 때 그런 감정을 어떻게 처리하는 것이 좋은지 사례를 들어가면서 예행 연습을 시킨다. 셋째, 동화, 소설, 영화 속의 인물과 주인공의 정서처리 능력과 방법에 대해 조사 분석하고 표현하는 훈련을 통해 정서지능을 높일 수 있다.

Carroll Izard

Bridges(1930)에 의하면, 출생 시 신생아는 몇 가지 제한된 정서만을 표현한다고 한다. 이러한 정서는 선천적인 것으로 생의 초기에 나타나고, 얼굴표정만 보고서도 정서상태를 쉽게 알 수 있으며, 세계 모든 문화권의 영아에게서 볼 수 있기 때문에 일차정서 또는 기본 정서라고 부른다(Izard, 1991, 1994; Lewis, 2008, 2015). 행복, 분노, 놀람, 공포, 혐오, 슬픔, 기쁨, 호기심 등은 일차정서의 예이다(사진 참조). 일차정서는 영아기의 초기에 나타나지만 수치심, 부러움, 죄책감, 자부심 같은 정서는 첫돌이 지나서야 나타나는데, 이들을 이차정서 또는 복합 정서라고 부른다(Izard & Malatesta, 1987).

슬픔

기쁨

분노

호기심

Alexander Thomas

(2) 기질의 발달

영아는 출생 직후부터 각기 다른 기질적 특성을 보인다. 어떤 영아는 쾌활하고 명랑한 반면, 어떤 영아는 잘 울고 자주 보챈다. 또 어떤 영아는 조용하고 행동이 느린 반면, 어떤 영아는 활기차고 행동이 민첩하다. 이와 같은 개인차는 기질에서의 차이를 반영한다. 기질이란 한 개인의 행동양식과 정서적 반응유형을 의미하는 것으로 활동수준, 사회성, 과민성과 같은 특성을 포함한다(Rothbart & Bates, 1998).

Stella Chess

Thomas와 Chess(1977)는 영아의 기질과 환경이 상호작용하여 바람직한 결과를 산출한다는 '조화의 적합성(goodness-of-fit)' 모델을 제시하였다. 즉, 영아의 이상적 발달은 영아의 기질과 부모의 기질이 얼마나 조화를 이루는가에 달려 있다고 한다. 부모가 영아의 기질에 따라 양육행동을 조절한다면 그 결과로 보다 더 조화로운 관계를 형성하게 된다. 반면 영아의 기질과 부모의 양육행동이 조화를 이루지 못하면, 부모나 영아 모두 갈등을 경험하게 된다는 것이다.

(3) 애착의 발달

영아가 특정 인물에게 애착을 형성하게 되면 그 사람과 있을 때 기쁨을 느끼고, 불안한 상황에서 그의 존재로 인해 위안을 받는다. 영아기에 형성된 애착은 이후 인지 · 정서 · 사회성 발달에 중요한 영향을 미친다(Bretherton, 2012; Thompson, 1998, 2013). 일반적으로 안정된 애착관계를 형성한 영아는 유아기에 자신감, 호기심, 타인과의 관계에서 긍정적인 성향을 보이는 것으로 나타났다. 또한 아동기에 접어들어서도 도전적인 과제를 잘 해결하고, 좌절을 잘 참아내며, 문제행동을 덜 보이는 것으로 나타났다. 뿐만 아니라 영아기에 형성된 애착은 이후 주변 세계에 대한 신뢰감으로 확대되기도 한다.

Inge Bretherton

Ross A. Thompson

영아가 특정 인물과 애착을 형성했다는 증거로 나타나는 현상이 낯가림과 분리불안이다. 영아가 특정인과 애착을 형성하게 되면, 낯선 사람이 다가오거나 부모가 낯선 사람에게 자신을 맡기면 큰 소리로 우는데, 이런 반응을 낯가림이라고 한다. 낯가림은 낯선 사람 그 자체에 대한 반응이 아니고, 영아가 익숙해 있는 얼굴과 낯선 얼굴의 불일치에 대해 보이는 반응이다. 즉, 일단 영아가 친숙한 사람에 대한 도식을 형성하게 되면 이를 낯선 사람과 비교하게 되며, 그 차이가 큰 경우에는 혼란스러움을 경험한다는 것이다. 낯가림은 6~8개월경에 나타나기 시작해서 돌 전후에 최고조에 달했다가 서서히 감소한다. 낯가림이 낯선 사람에 대한 불안에서 비롯된 것이라면, 친숙한 사람과의 분리 또한

불안의 근원이 된다. 분리불안(사진 참조)은 영아가 부모나 애착을 느끼는 대상과 분리될 때 느끼는 불안을 의미한다. 분리불안은 돌 전후에 나타나기 시작해서 20~24개월경에 없어진다.

2. 유아기의 발달특성

2세 이후부터 초등학교 입학 이전까지의 시기를 유아기라고 한다. 유아기에는 영아기에 비해 속도는 완만하지만 꾸준한 신체적 성장이 이루어진다. 운동능력은 신체발달과 밀접한 관련이 있으며, 신체가 발달함에 따라 운동능력도 꾸준히 발달한다. 유아기에는 또한 인지능력이 발달하여 눈 앞에 존재하지 않는 대상을 기억할 수 있는 표상능력이 발달하고 상상과 환상이 풍부해지는 시기이다. 또한 주변 환경에 대한 탐색이 활발해지고 많은 어휘를 습득하여 다른 사람과의 의사소통도 활발해진다. 동시에 부모의 사랑과 관심을 독차지하려는 경향이 나타나 형제자매나 동성의 부모가 경쟁의 대상이 되기도 한다. 이러한 과정에서 부모의 태도나 가치를 자신의 것으로 받아들이는 동일시가 강하게 나타나며 이는 이후에 형성되는 초자아의 기본이 된다.

1) 신체발달

유아기에는 영아기에 비해 속도는 완만하지만 꾸준히 신체적 성장이 이루어진다. 운동능력은 신체발달과 밀접한 관련이 있으며, 신체가 발달함에 따라 운동능력도 꾸준히 발달한다.

(1) 신체적 성장

영아기의 급격한 신체적 성장에 비한다면 유아기의 성장 속도는 느린 편이다. 그러나 유아기에도 몇 가지 면에서 중요한 신체적 변화가 일어난다. 가장 눈에 띄는 변화는 신체의 크기나 모습에서의 현저한 변화이다. 영아기의 신체적 특징이던 큰 머리, 둥굴고 통통한 얼굴, 볼록 나온 배, 짧은 사지 등은 유아에게서는 더 이상 찾아볼 수 없는 모습이다. 유아기에는 체지방도 꾸준히 감소해서(Rallison, 1986) 전체적으로 통통하던 영아의 모습에서 길고 홀쭉한 모습으로 변한다(사진 참조).

사진 설명 신체의 비율과 체지방의 구성비율이 1세와 5세 사이에 극적으로 변한다. 신체에 비해 머리가 크고, 통통하던 영아가 다리가 길어지면서 홀쭉한 모습으로 변한다.

유아기의 가장 중요한 신체발달 중 하나는 뇌와 신경계의 계속적인 성장이다(Bell & Cuevas, 2014; Diamond, 2013; Markant & Thomas, 2013). 영아기만큼 빠른 속도는 아니지만 뇌는 유아기에도 계속해서 성장한다. 두미발달원칙에 의해 뇌와 머리의 크기는 신체의 다른 어떤 부분보다도 더 빨리 성장한다. 머리 중에서도 눈과 같은 윗부분이 턱과 같은 아랫부분보다 더 빨리 발달한다. 〈그림 4-3〉은 두뇌곡선이 신장 · 체중곡선보다 얼마나 빨리 성장하는가를 보여준다. 6세 때 뇌의 무게는 성인의 95%에 이르는데, 체중은 성인의 $\frac{1}{3}$ 정도이다(Lenroot & Giedd, 2006). 뇌와 신경계의 성숙으로 유아는 새로운 운동기술과 인지능력을 발달시키게 된다.

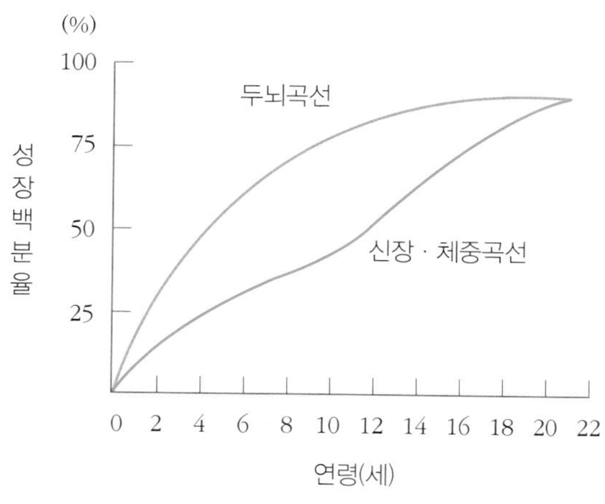

〈그림 4-3〉 두뇌곡선과 신장 · 체중곡선

(2) 운동기능의 발달

유아기에 들어서면서 운동기술은 급속도로 증대한다. 영아기에 걸음마를 배운 영아는 유아기에 와서는 달리기, 뛰기, 공던지기, 자전거 타기, 그네 타기 등을 할 수 있다(Ball, Bindler, & Cowen, 2014). 대근육 운동뿐만 아니라 구두끈 매기, 크레용

사진 설명 머리가 큰 영아기에는 균형을 잡기가 힘들어 빨리 걸으면 넘어지기 쉽다.

으로 색칠하기 등의 소근육 운동기술도 발달한다. 그러나 때로는 자신이 할 수 있는 운동기술을 과대평가한 나머지 다치거나 상처를 입기도 한다.

① 대근육 운동

유아가 할 수 있는 여러 가지 대근육 운동기술은 체중의 중심(center of gravity)이 아래로 옮겨가면서 증대한다. 머리 크기가 신체의 $^{1}/_{4}$을 차지하는 신생아의 경우 체중의 중심이 흉골 바로 아래에 위치해 있어 매우 높은 쪽에 있는 편이다. 그러나 유아기에는 머리 크기가 신체에서 차지하는 비율이 작아지면서 체중의 중심이 배꼽 아래로 내려간다(Lowrey, 1978). 체중의 중심이 높으면 균형을 잡기가 매우 힘들다. 그래서 머리가 큰 영아기에는 걷다가 잘 넘어진다(사진 참조).

영아는 첫돌을 전후해서 걷기 시작하고, 2~3세 사이에 달리기 시작한다(Cratty, 1986). 2세 전에는 한쪽 발로 뛸 수 있고, 2세에는 두 발로 잠깐 뛸 수 있다. 3세 유아는 한 발을 다른 발 앞에 갖다 대면서 땅에 그려진 직선 위를 일자로 걸을 수 있다. 4세에는 직선보다 걷기 어려운 곡선 위를 걸을 수 있는데, 곡선 위를 걸을 때 한 발을 다른 발 앞에 갖다 대면서 동시에 방향을 바꾼다. 평균대 위를 걷는 것은 더욱더 어려운데, 평균대 위를 걸을 때는 체중을 양쪽 다리에 적절히 실으면서 한 발을 다른 발 앞에 갖다 놓아야 한다(사진 참조). 어린 유아들은 평균대에서 몇 번씩 내려와서 균형을 취한 다음 다시 평균대로 올라가 끝까지 간다(Cratty, 1986).

영아가 걸을 수 있게 되면 바로 계단을 오를 수 있다. 계단을 오를 때 한쪽 발을 먼저 올려놓고 그다음 다른 쪽 발을 그 옆에 놓는다. 그리고 다음 계단으로 올라간다. 그러나 유아기에는 발을 번갈아 가면서 계단을 오른다. 계단을 내려오는 것은 올라가는 것보다 균형을 잡기가 더 어렵기 때문에 4세 전에는 발을 번갈아가면서 계단을 내려오지 못한다(사진 참조).

② 소근육 운동

유아기에는 눈과 손의 협응과 소근육의 통제도 급속히 발달하기 때문에 손의 사용이 점점 정교해진다. 그러나 대근육 운동기술보다 소근육 운동기술을 습득하는 것이 훨씬 더 어렵다. 우유를 흘리지 않고 잔에 따르기, 수저로 밥 먹기, 연필로 글씨 쓰기, 크레용으로 색칠하기, 가위로 오리기, 단추 채우기, 구두끈 매기 등은 유아에게 상당히 어려운 작업이다. 일반적으로 소근육 운동기술은 여아가 앞서는 반면, 대근육 운동기술은 남아가 우세하다.

3세 유아는 엄지손가락과 집게손가락으로 매우 작은 물체를 집을 수 있지만 아직 서투른 편이다. 블록으로 탑을 쌓을 수 있는데, 블록 하나하나를 매우 조심스럽게 놓지만 똑바로 쌓지 못하고 삐뚤삐뚤하다. 매우 단순한 조각그림 맞추기에서는 어디에 어느 조각을 넣어야 하는지 알면서도 그 자리에 제대로 넣지 못하고 억지로 쑤셔넣으려고 한다.

그러나 4세가 되면 소근육 운동기술이 상당히 발달한다. 블록으로 탑을 높이 쌓을 수 있는데, 이때 완벽하게 잘 쌓으려고 몇 번씩 다시 쌓기도 한다. 이제 신발끈을 맬 수 있고(사진 참조), 가위로 선을 따라 오릴 수 있다(사진 참조).

5세 유아는 블록으로 탑을 쌓는 단순한 놀이에는 더 이상 관심이 없다. 이제는 집이나 뾰족탑이 있는 교회를 짓고자 하는데, 여전히 완성된 건물이 무엇을 의미하는지 유아로부터 설명을 들어야 이해할 수 있다. 종이를 반으로 또는 $\frac{1}{4}$로 접을 수 있으며, 글자나 숫자를 베낄 수 있고, 크레용으로 색칠을 할 수 있다(사진 참조).

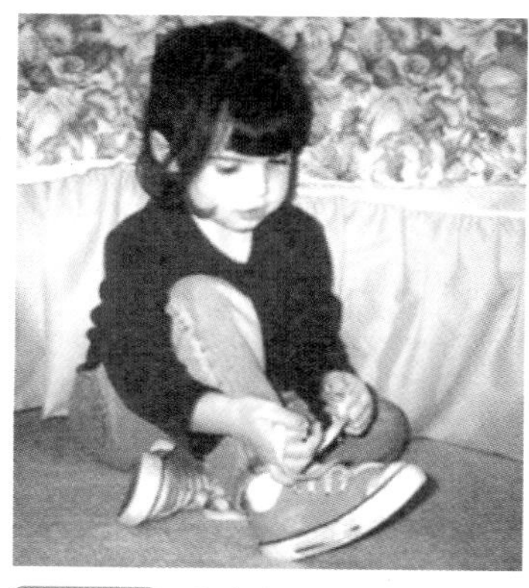

사진 설명 유아가 운동화 끈을 매고 있다.

사진 설명 유아가 가위로 오리기를 하고 있다.

사진 설명 유아가 크레용으로 색칠을 하고 있다.

소근육 운동기술의 대표적 예가 그림그리기이다. 그림그리기에서의 연령의 변화는 뇌와 소근육이 성숙하였음을 반영한다(Kellogg, 1970). 대부분의 유아들에게 그림그리기는 그들이 말로는 표현하기 어려운 생각이나 감정을 나타내는 중요한 수단이 된다(Kostelnik et al., 2014). 또한 그리기와 만들기는 유아들에게 창의적인 문제해결 기술을 키워줄 뿐만 아니라 물체의 크기나 공간 및 움직임을 창의적으로 표현하게 도와준다(Moravcik, Nolte, & Feeney, 2013).

영아기의 끼적거리기는 영아기에 아무렇게나 끼적거리던 것과는 다르다. 유아기에는 끼적거리기에도 나름대로 패턴이 있는데, 수직 또는 지그재그로 끼적거린다. 3세 유아는 원, 정사각형, 직사각형, 삼각형, 십자모양, X자 모양을 그릴 수 있다. 4세 유아는 사람을 그릴 때 눈은 큰 점으로, 다리는 막대기 모양으로 그린다. 5세 유아는 성인들이 알아볼 수 있을 정도로 그림을 제법 잘 그리게 된다. 〈그림 4-4〉는 같은 유아가 3세, 4세, 5세 때 그린 그림의 예이다.

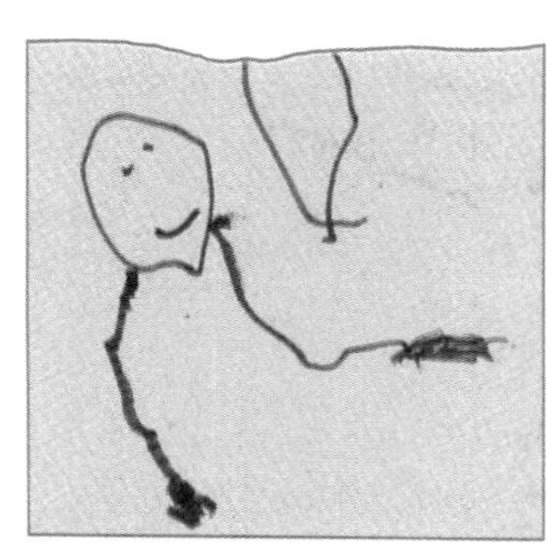
3세 때 그린 그림

4세 때 그린 그림

5세 때 그린 그림

〈그림 4-4〉 같은 유아가 3세, 4세, 5세 때 그린 그림

2) 인지발달

유아기에는 인지적 성장과 언어발달이 빠른 속도로 이루어진다. 유아기 동안 뇌의 성장은 유아로 하여금 정보를 보다 효율적으로 처리하게 해준다. 유아는 이제 눈앞에 존재하지 않는 대상이나 사건에 대해 정신적 표상에 의한 사고를 할 수 있으며, 상징을 사용할 수 있는 능력을 갖게 된다. 이 시기에 습득하게 되는 언어능력은

인지발달에 매우 중요한 역할을 한다. 즉, 언어가 상징적 표현의 중요한 수단이 된다. 유아기에는 또한 단어의 습득이나 문법의 숙달로 인해 영아기에 비하면 의사소통이 보다 효율적으로 이루어질 수 있다.

그러나 유아기에는 아직 실제와 실제가 아닌 것을 완전히 구분할 수 없으며, 자기중심적인 사고를 하는 특성을 지닌다. 또한 어떤 사물이나 사건을 대할 때, 사물의 두드러진 속성에 압도되어 2개 이상의 차원을 동시에 고려하지 못한다. 이러한 사고의 특성으로 말미암아 보존개념, 유목포함, 서열화에 관한 개념습득이 어렵다. 유아기의 이러한 사고의 특성을 피아제는 전조작기로 설명하고 있다.

유아기는 피아제의 인지발달 네 단계 중 두 번째에 해당한다. 이 단계에서는 논리적인 조작이 불가능하여 전조작기라 부른다. 전조작기 사고는 경직되어 있고, 한 번에 한 가지 측면에만 관심이 제한되며, 사물을 외관만으로 판단한다.

(1) 상징적 사고

Piaget(1962)에 의하면 전조작기의 가장 중요한 인지적 성취는 상징적 사고(symbolic thought)의 출현이라고 한다. 감각운동기의 말기가 되면 영아의 사고는 더 이상 자신의 행동이나 감각에 의존하지 않는다. 대신 정신적 표상, 지연모방, 상징놀이 등이 가능해진다. 이러한 정신능력은 감각운동기의 말기에 이미 싹이 트지만, 언어를 습득하게 되고 상상력이 풍부해지는 전조작기에 와서 활짝 꽃피운다.

사진 설명 유아들이 커피잔과 받침접시 등을 가지고 소꿉놀이를 하고 있다.

상징적 사고의 가장 매혹적인 결과 중의 하나는 가상놀이이다. 가상놀이란 가상적인 사물이나 상황을 실제 사물이나 상황으로 상징화하는 놀이를 말한다. 상징적 사고를 하기에는 충분한 나이지만, 아직 현실과 환상을 구분하기에는 너무 어린 나이인 유아기에 유아가 가장 좋아하는 활동이 가상놀이이다. 소꿉놀이(사진 참조), 병원놀이, 학교놀이 등이 가상놀이의 예들이다. 유아기 동안 가상놀이는 점점 더 빈번해지고, 연령이 증가하면서 점점 더 복잡

Kenneth Rubin

해진다(Rubin, Fein, & Vandenberg, 1983).

(2) 자기중심적 사고

유아는 우주의 모든 현상을 자기중심적으로 생각하는데, 자신이 좋아하는 것을 다른 사람도 좋아하고, 자신이 느끼는 것을 다른 사람도 느끼며, 자신이 알고 있는 것을 다른 사람도 알고 있다고 생각한다.

자기중심적 사고(egocentric thought)는 다른 사람의 관점을 고려하지 못하는 데 기인한다. 이것은 유아가 이기적이거나 일부러 다른 사람의 입장을 배려하지 않는 것이 아니라, 단지 다른 사람의 관점을 이해하지 못하는 것을 의미한다.

유아기의 자기중심성(egocentrism)은 유아의 자기중심적 언어(egocentric speech)에서도 잘 드러난다. 자기중심적 언어는 자신이 하는 말을 상대방이 이해하든 못하든 상관없이 자기 생각만을 전달하는 의사소통 양식이다.

(3) 물활론적 사고

전조작기의 유아가 생물과 무생물을 구분하는 방식은 성인의 경우와는 다르다. 이 시기에 유아들은 물활론적 사고를 한다. 즉, 생명이 없는 대상에게 생명과 감정을 부여한다(Opfer & Gelman, 2011; 사진 참조). 예를 들면, 태양은 자기가 원해서 밝

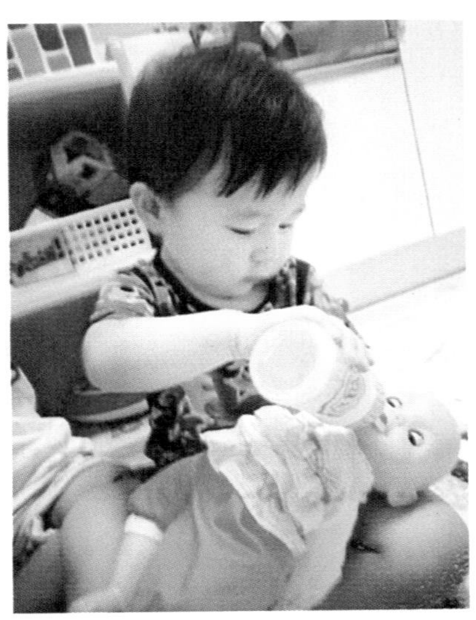

사진 설명 유아가 인형에게 우유를 먹이고 있다.

사진 설명 인형들에게 편안함을 주기 위해 흔들의자에 앉혀 준다.

게 빛나고, 종이를 가위로 자르면 종이가 아플 것이라고 생각한다. 산너머 지는 해를 보고, 유아는 해가 화가 나서 산 뒤로 숨는다고 말한다. 책꽂이에서 떨어진 책은 다른 책들과 함께 있기를 싫어해서 떨어졌다고 믿으며, 탁자에 부딪쳐 넘어진 유아는 탁자를 손바닥으로 때리면서 "때찌"라고 말하는데, 이것은 탁자가 일부러 자기를 넘어뜨렸다고 믿기 때문이다.

3) 언어발달

유아기 사고의 특성은 상징을 사용할 수 있는 능력이며, 가장 중요한 상징적 표현의 수단은 언어이다. 아동이 상징적 기능을 획득하게 됨에 따라 단어획득 속도는 급격하게 빨라진다.

유아가 일단 말을 하기 시작하면, 이에 따라 사회적 상호작용도 보다 활발해지면서 언어발달이 가속화한다. 유아기 동안 언어발달이 활발히 진행되어, 보통 5세 정도가 되면 대부분의 유아들은 모국어를 유창하게 구사할 수 있다. 유아는 언어를 통해 타인과 상호작용하고, 새로운 정보를 서로 교환하며, 자신들이 바라는 바를 표현하고, 타인의 행동을 통제하며, 자신의 독특한 견해 · 감정 · 태도를 나타낸다(Halliday, 1975).

(1) 단어와 문장의 발달

유아가 사용하는 단어의 수는 유아기에 빠른 속도로 증가한다. 이와 같이 단어 수가 급증하는 것은 유아의 인지적 성숙으로 인해 사물을 범주화할 수 있는 능력이 발달하는 것과 관련이 있어 보인다(Goldfield & Reznick, 1990).

유아의 연령이 증가함에 따라 언어의 사용이나 이해가 점차 증가한다. 한 단어 문장을 거쳐, 전문식(telegraphic) 형태를 보이는 두 단어 문장을 사용하게 된 후, 2~3세경에 이르면 세 단어 이상을 이용하여 문장을 만들 수 있다. 또한 세 단어 문장 시기에 문법적 형태소를 사용하기 시작한다(조명한, 1982; 조성윤, 1992).

(2) 문법의 발달

문법의 발달면에서도 유아기에는 문장구조에 대한 분명한 감각이 엿보인다. 유아기 초기에는 전문식 문장의 형태를 유지하고 있으나, 점차 주어 · 동사 · 목적어 이외의 문장의 요소들이 첨가되기 시작하며, 복수형이나 어간에 어미를 다르게 활용하여 사용하기 시작한다. 3세경에는 부정문이나 복수형에 대한 개념을 갖게 되며, 특히 '싫어' '아니'와 같은 부정적 의미의 문장을 많이 사용한다. 4~5세경에는 부사, 형용사를 사용하거나 어간에 붙이는 어미를 달리 함으로써 문장을 변형시킬 수 있고, 5~6세경에는 성인문법에 접근하여 대부분의 문법에 숙달하게 된다. 유아기의 아동이 만들어 내는 대부분의 문장은 문법적으로 옳은 것이지만 가끔 실수도 한다. 이는 지나치게 열성적으로 문법적 규칙을 고수하려는 데에 기인한다.

(3) 의사소통 기술의 발달

유아기에는 단어의 획득이나 문법의 숙달로 인해 영아기에 비해 의사소통이 보다 효율적으로 이루어질 수 있다(사진 참조). 그러나 아직까지는 사고의 자기중심성 때문에 언어도 의사소통을 위한 사회화된 언어로 발달하지 못하고 자기중심적인 특성을 갖는다. 반복, 독백, 집단적 독백 등은 유아의 자기중심적인 언어표현의 대표적인 형태이다. 그러나 유아기 말에는 자기중심적 언어가 줄어들고 점차 사회화된 언어를 사용하게 된다.

4) 사회정서발달

유아기는 영아기에 비해 대인관계의 폭이 넓어지고 다양해지는 시기이다. 유아기에는 활동반경이 넓어짐에 따라 인간상호관계에 따른 정서적 긴장이 심하게 나타나며, 유아기에 와서 활짝 꽃피우는 언어능력의 발달 덕분에 자신의 주장을 관철하기 위해 언어적 표현을 많이 하게 된다.

(1) 놀이

유아의 하루는 놀이의 연속이며, 그들이 하는 거의 모든 활동은 놀이가 된다. 성인의 시각에서 보면 놀이는 시간을 없애는 무의미한 것일 수 있지만, 놀이는 유아의 성장과 발달에 영향을 미치는 중요한 활동이며, 그들의 일이다. 유아는 자신의 생각과 감정을 쉽게 언어화할 수 없으므로 언어보다는 놀이에 의해 이를 더 적절하게 표현할 수 있으며(사진 참조), 놀이를 통해 새로운 지식을 쉽게 획득한다. 그 외에도 놀이는 또래와의 관계를 확장시키고 신체발달을 돕는 다양한 기능을 가지고 있다(Coplan & Arbeau, 2009; Hirsh-Pasek & Golinkoff, 2014; Smith & Pellegrini, 2013).

사진 설명 유아기에는 놀이를 통해 자신의 생각을 보다 쉽게 표현한다.

놀이치료

아동에게 있어 놀이는 '유희'의 기능만이 있는 것이 아니라, 실현 불가능한 자신의 욕구나 갈등과 같은 비언어적 의사를 담아내는 중요한 역할을 한다. 성인이 주로 언어로 자신의 의사를 표현한다면, 언어적 기술이 부족한 아동은 많은 경우 놀이에 사용되는 놀잇감을 통해 의사표현을 한다. 아동은 놀이 속에서 자아(감정, 사고, 경험, 행동 등)를 탐색하고, 자신의 소망을 실현시킨다. 다시 말해, 아동은 놀이를 통해 자신의 감정을 표출하고, 긴장을 해소하며, 외상이나 스트레스에 대처하는 적응력을 키운다(Yanof, 2013).

놀이치료(play therapy)는 특히 최근에 성적 학대, 부모의 이혼이나 죽음 등과 같은 심한 외상경험(traumatic experiences)을 한 아동에게 유용하다. 놀이치료는 아동이 치료자에 대한 거부나 저항 없이 곧 놀이에 몰두하고, 자신이 놀이의 주체이자 결정자가 되면서 신나게 놀면서 문제를 표출하게 된다. 결국 아동은 놀이과정을 통해 치료자와의 역동적 관계를 형성하고, 자아존중감, 자기동기화된 행동, 환경에 대한 숙달감 그리고 내적 통제력이 강화되어 현실에서 불가능한 행동에 대한 보상과 적응적 행동을 위한 대안을 모색할 수 있다. 따라서 놀이치료는 아동의 특성을 고려한 심리치료 방법이라 할 수 있다.

대부분의 놀이치료는 아동중심의 접근을 통해 이루어지며, 치료자와 아동 사이의 정서적 관계가 지니는 치료적 힘을 강조한다. 놀이에 사용되는 놀잇감은 치료목표에 따라 선택되고, 아동에게 가장 자연스러운 의사소통의 기회를 제공하기 위한 것으로 구성된다. 놀이치료에 소요되는 시간은 아동의 문제행동이 지니는 상태와 아동의 개별성 그리고 치료목표와 계획에 따라 달라지게 된다. 궁극적으로 놀이치료는 아동에게 자신의 성장과 발달을 돕는 창의성과 이해력 증진을 위한 힘을 사용할 수 있는 기회를 제공한다(Sanders, 2008).

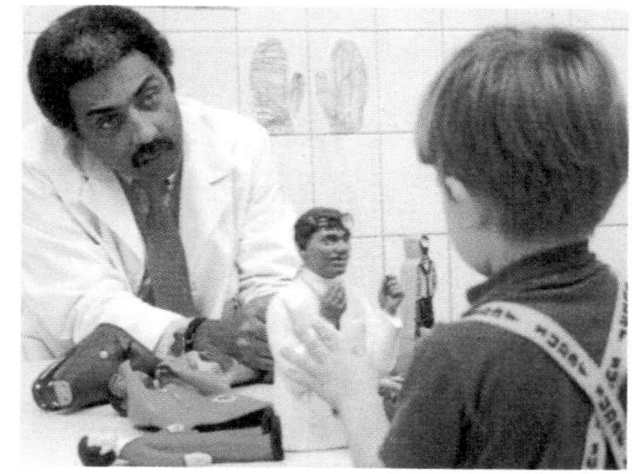

사진 설명 놀이를 통해 아동은 자신의 정서를 표출한다.

(2) 성역할발달

인간을 분류하는 가장 기본적인 범주는 성별이며, 우리가 속해 있는 사회는 성별에 따라 남성과 여성에게 적합하다고 생각되는 특성을 규정하고 있다. 사회가 각 성에 적합한 것으로 규정한 행동이나 태도를 자신의 것으로 내면화시키는 것을 성 유형화라고 하며, 이를 통해 우리는 자신의 성에 적합한 성역할 개념을 습득하게 된다.

성역할발달의 과정에는 많은 요인들이 영향을 미친다. 부모는 성역할 모델로서 자녀의 성역할발달에 큰 영향을 미친다(Hilliard & Liben, 2012; Leaper, 2013; Liben, Bigler, & Hilliard, 2014). 특히 부모라는 모델이 유능하고 온정적이며 자신과 유사하다고 인정될 때 강한 동일시가 이루어지며, 어머니보다는 아버지의 영향을 더 많이 받는다. 또래가 성역할발달에 미치는 영향도 매우 중요한데, 또래의 영향은 특히 유아기에 두드러지게 나타난다. 상당량의 성역할 학습은 성이 분리된 놀이상황에서 일어난다. 이는 같은 성의 또래와의 놀이가 성에 적합한 행동을 배우고 실행해 보는 좋은 방법이 될 수 있기 때문이다. TV 시청도 성역할발달에 영향을 미친다(Sutton et al., 2002). 이는 TV가 전통적인 성역할을 자주 묘사하기 때문이다. TV에서 묘사되는 남성은 적극적이고 공격적이며 주도적인 인물로 묘사되는 반면, 여성은 수동적이고 소극적이며 의존적인 인물로 묘사된다. 따라서 TV를 많이 보는 아동은 적게 보는 아동보다 강한 성 유형화가 이루어진다고 한다. 문화적 기대도 중요한 역할을 한다. 대부분의 문화권에서는 전통적인 성역할 규범이 보편적인 현상이며, 남아가 여아에 비해 더 많은 사회적 압력을 받는다는 사실도 이러한 문화적 기대와 관련이 있다.

지금까지 많은 사회에서는 전통적인 성역할을 이상적인 것으로 보고, 성역할에 관한 고정관념을 고수해 왔다. 따라서 성역할에 관한 대부분의 연구는 이와 같은 전통적인 견해를 바탕으로 해서 이루어졌으며, 성역할의 개념은 남성성, 여성성을 단일차원으로 보고 남성성, 여성성이 각기 양극을 대표한다고 보는 양극개념으로 이해되었다.

그러나 최근에 와서 여성의 사회적 진출과 성의 해방, 여성해방운동 등의 영향으로 이제까지 엄격하게 지켜져 온 전통적인 성역할 개념이 약화되기에 이르러, 성역할을 생리적, 해부학적 성과는 독립적인 것으로 보아야 한다는 의견이 대두되었다. 이와 같은 맥락에서 심리학자들은 현대사회에서 인간의 잠재능력을 최대한으로 발휘하게 하고, 또 효과적인 기능을 수행토록 하기 위해서는 성역할의 재구조화가 불가피하다고 주장한다. 그러면서 성역할의 이상적인 모델로서 양성성의 개념을 제시하였다.

양성성이란 하나의 유기체 내에 남성적 특성과 여성적 특성이 공존하는 것을 의미한다. 이것은 한 개인이 남성성과 여성성을 동시에 가질 수 있기 때문에, 상황에 따라서는 남성적 역할과 여성적 역할을 융통성 있게 적절히 수행할 수 있다고 인식하는 보다 효율적인 성역할 개념이라 할 수 있다.

(3) 사회화와 가족의 영향

사회화란 개인이 자기가 속해 있는 사회집단에 적합하다고 생각되는 행동양식을 습득하는 과정을 말한다. 가족은 개인의 사회화에 가장 큰 영향을 미치는 집단이다. 가족은 사회의 기본 단위로서 한 사회를 존속시키고 유지시키는 기능을 가지고 있다. 인간이 세상에 태어나서 사회구성원으로 성장할 수 있는 터전이 바로 가족이다. 부모는 아동이 이 세상에 태어나 최초로 관계를 형성하는 대상이며(사진 참조), 형제는 아동이 출생 후 처음으로 경험하는 또래집단이자 가장 오랫동안 개인의 사회화에 영향을 미치는 중요한 인물이다.

부모의 양육행동은 개인의 성격형성에 가장 큰 영향을 미치는 요인 가운데 하나이다. 부모의 양육태도는 수용, 애정, 통제, 양육, 온정, 허용 등과 같은 여러 다른 영역으로 기술될 수 있으며, 어떠한 양육방식이 가장 효과적인가는 문화에 따라, 가족의 특성에 따라 그리고 시대에 따라 상이하다.

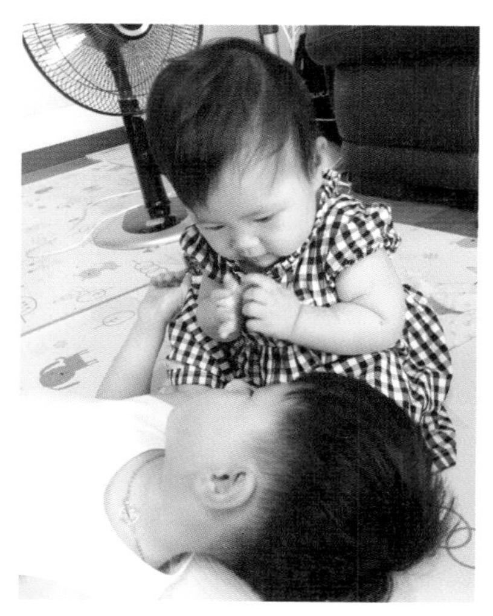

대부분의 가정에서 형제자매는 아동의 발달에 부모와는 또 다른 영향을 미치는 중요한 요인이다. 출생 후 6개월이 되면 영아는 그들의 손위 형제와 더 많은 상호작용을 하려는 시도를 한다. 1년경에는 그들의 어머니와 보내는 정도의 시간을 손위 형제와 보내게 되며, 유아기에는 그들의 어머니와 보내는 시간보다도 많은 시간을 형제자매와 보내게 된다(사진 참조). 형제자매 관계는 대인관계 가운데 가장 오래 지속되는 관계이며, 부모가 사망한 훨씬 이후까지 지속된다. 또한 단순히 상호작용의 양뿐만 아니라, 다른 관계에서 나타나지 않는 강도와 독특성이 있다.

아동학대

아동학대(child abuse)란 아동의 복지에 책임이 있는 부모나 양육자가 아동의 신체적 · 정신적 건강이나 복지를 해치는 행위를 하는 것을 말한다. 아동학대의 유형에는 크게 신체적 학대, 정서적 학대, 성적 학대, 방임의 네 가지가 있다. 신체적 학대는 의도적으로 아동에게 신체적 해를 입히는 것을 말하며, 정서적 학대는 아동에게 협박을 가하고, 경멸, 모멸감, 수치심을 주는 등 적대적이고 거부적인 태도로 아동의 심리적 자아에 상처를 입히는 것을 말한다. 성적 학대는 아동에게 성인과의 성적 접촉, 애무 등을 강요하거나, 신체를 노출하게 하여 성인의 성적 자극에 이용하는 것을 말하며, 방임은 양육자가 아동발달에 기본적으로 필요한 환경을 제공해 주지 못해 아동의 건강과 안전이 위협받고, 정서적 박탈감을 경험하게 되는 상황을 말한다.

우리나라 보건복지부에서 발간한 「2020년 아동학대 연차보고서」에 따르면 아동학대의 유형은 중복학대가 14,934(48.3%)로 가장 높은 비율을 차지하였고, 다음으로 정서적 학대가 8,732(28.0%), 신체적 학대가 3,807(12.3%), 방임이 2,737(8.9%), 성적 학대가 695(2.2%)의 순으로 나타났다(〈그림 4-5〉 참조).

2020년에 발생한 아동학대사례 중에서 중복학대가 전체 사례의 48.3%에 해당하여 10명 중 4명 이상의 아동은 두 가지 유형 이상의 학대를 받았음을 확인할 수 있었다. 그러므로 학대피해아동이 발견되었을 때에는 여러 유형의 학대피해를 의심해 볼 필요가 있으며, 다양한 학대행위가 동시에 발생하는 양상에 대한 다각적 사례 개입이 요구된다.

아동학대의 후유증은 심각하다(Trickett & McBride-Chang, 1995). 학대받은 경험이 있는 아동은 지능지수가 낮고, 언어발달이 지체되며, 공격성이 높고, 자아개념이 부정적이며, 사회적으로 위축되고, 또래관계문제, 학교적응문제, 우울증이나 비행 같은 심리적 문제를 유발한다(Cicchetti, 2013; Cicchetti & Banny, 2014; Dodge, Coie, Pettit, & Price, 1990; Hennessy et al.,

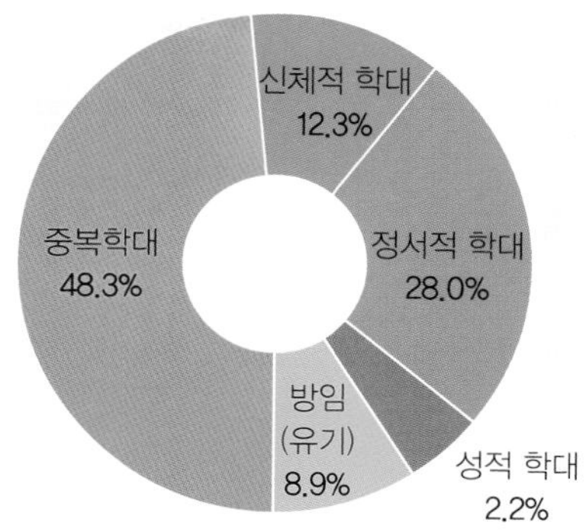

〈그림 4-5〉 아동학대 유형

출처: 보건복지부(2021). 2020년 아동학대 연차보고서.

1994; Mason, 1993; Salzinger et al., 1993). 아동기에 학대나 유기를 경험한 청소년들은 청소년 비행, 약물남용에 빠져들고(Trickett et al., 2011; Wekerle et al., 2009), 18세 이전에 자살시도를 하는 비율도 높은 편이다(Jonson-Reid, Kohl, & Drake, 2012). 그리고 성인이 되어서도 대인관계의 문제해결 능력이 부족하고, 불안장애, 우울증, 자살, 약물남용, 정신질환의 발병률이 높다(Widom, 1989).

아동학대 문제는 가정에서 시작된다. 자녀를 학대하는 부모들은 충동적이고, 자기통제력이 부족하며, 부모역할을 제대로 수행할 준비가 되어 있지 않다. 오늘날 핵가족이 증가함에 따라 전통적 양육방식이 자연스럽게 전수되지 않는 상황에서 아동발달에 대한 기초지식도 없이 자녀를 양육하는 일은 스트레스와 좌절감을 야기한다. 부모역할을 효율적으로 수행하기 위한 방법 중의 하나가 부모교육이다. 부모교육은 부모역할을 하는 방법에 관한 지침으로서 자녀발달에 최적의 환경을 제공하고, 부모역할을 보다 만족스럽게 수행하는 데 길잡이가 되어 준다.

제5장 보육경험의 효과

우리나라 보육제도에 대한 체계적 관리가 시작된 해를 「영유아보육법」이 제정된 1991년으로 본다면, 지금 대학교를 다니는 학생뿐만 아니라 부모가 된 이들 중에는 영유아기를 어린이집에서 보낸 경험을 갖고 있는 사람들도 상당수 있을 것으로 추측할 수 있을 만큼 우리나라 보육의 역사는 한 세대를 넘어가고 있다. 자녀의 양육과 보살핌 그리고 교육은 가정의 울타리에서 부모와 자녀 간의 일대일 상호작용 속에서 이루어지는 것이 인류 생존의 보편적 모습이었다. 그러나 기혼여성의 취업률 증가로 인해 자녀가 부모 이외의 양육자에 의하여 양육되는 대리양육이 빈번해졌다. 따라서 인류 생존의 보편적 실천이었던 부모가 자녀를 양육하는 것을 대신하는 보육경험이 인간의 성장에 어떠한 영향을 미치는가에 대하여 관심을 갖는 것은 너무나 당연한 것이다.

이 장은 이러한 문제의식에서 출발한다. 먼저 영유아발달에 미치는 보육경험의 효과에 대한 연구가 이루어진 배경에 대하여 기술하고, 이후 보육경험의 시간, 보육경험의 질, 보육환경이 영유아의 자아통제력, 또래관계, 인지, 언어 및 문제행동에 미치는 효과에 대하여 기술할 것이다. 마지막으로 보육경험이 영유아발달에 미치는 효과를 이해하는 데 있어서 유의해야 할 것에 대하여 기술하고자 한다.

1. 보육경험의 효과에 대한 연구

Thomas Berry Brazelton

Alison Clarke-Stewart

기혼여성의 사회활동이 증가하면서 영유아를 어머니가 아닌 다른 성인이 양육하는 대리양육이 증가하게 되었다. 그 결과 Bowlby(1973)와 같은 이론가들이 주장한 어머니와 자녀 간의 애착이 영유아발달에 미치는 효과 및 중요성에 대한 신념은 상당한 도전을 받았다(Brazelton, 1986).

보육경험이 영유아발달에 미치는 효과에 대한 견해는 연구마다 차이가 있다(Fox & Fein, 1990). 보육이 영유아의 인지 · 사회성 발달을 촉진시킨다고 주장하는 연구자가 있는 반면(Clarke-Stewart, Gruber, & Fitzgerald, 1994; Lamb, 1998), 어떤 연구자들은 어린 시절의 보육경험이 영유아발달에 미치는 부정적 효과에 초점을 맞추기도 하였다(Belsky, 1999, 2001). 또한 보육경험이 영유아발달에 미치는 효과는 긍정적이지도 부정적이지도 않다고 주장하는 연구자들도 있는데, 이들은 앞의 두 관점은 보육경험의 효과를 너무 과장하는 것이라고 지적한다. 즉, 보육경험의 효과는 긍정적이든 부정적이든 그 효과가 그다지 크지 않으므로 무시될 수 있으며 그 효과는 지속되지도 않는다는 관점을 가진다(Scarr, 1998).

보육경험의 효과는 대개 보육경험의 시간, 보육경험의 질, 보육의 시작 연령, 보육경험의 안정성, 어린이집의 유형 등으로 세분화하여 이러한 경험이 영유아의 심리사회 혹은 행동 발달과 어떠한 관계가 있는가에 초점을 맞추어 연구가 진행되었다. 1980년대 후반 미국 아동건강 · 인간발달 연구소(National Institute of Child Health and Human Development: NICHD) 영유아보육연구팀(Early Child Care Research Network: ECCRN)은 보육경험이 영유아발달에 미치는 효과에 대한 연구방법, 결과 및 견해가 일관적이지 못하고 제한적이라는 문제의식에서 출발하여 미국의 1,300여 명의 영아와 그들의 부모를 대상으로 종단연구를 실시하였다(NICHD ECCRN, 2005).

NICHD는 보육경험이 영유아발달에 미치는 효과를 분석하기 위하여 1991년에 태어난 아기 1,364명을 대상으로 10여 년간 종단연구를 하였다. 이 종단연구는 1991년에 시작하여 영아들이 3세가 되는 1994년까지의 결과를 정리한 1단계 연구,

다시 이들이 만 4세부터 초등학교 3학년이 되는 1995~1999년까지의 2단계 연구 및 이들이 초등학교 재학 중인 2000~2004년까지의 3단계 연구로 진행되었다. 이 장은 이들의 10여 년에 걸친 3단계 연구 중 출생부터 만 4세 반까지의 연구 결과를 중심으로 다양한 보육경험이 영유아의 심리적 발달에 어떠한 효과를 미치는가를 살펴보고자 한다.

이들의 연구는 미국 내 영유아들만을 대상으로 한 연구라는 제한점이 있지만 여러 지역(미국의 10개 주)에 있는 영유아들을 포함시켰다는 장점이 있다. 또한 미국 내에 거주하는 동양계, 유럽계, 아프리카계 및 라틴계 미국인 모두를 연구대상에 포함시켜 다양한 인종과 문화를 고려하였다고 볼 수 있다. 자료수집도 출생 초기부터 매달 혹은 매 3개월에 한 번씩 아기 관찰 및 면접, 가정방문 관찰, 어린이집 관찰 및 보육교사 면접 등의 다양한 방법으로 이루어졌고, 오랜 기간 동안 동일한 영유아의 발달과정을 분석하였기 때문에 그 결과를 일반화할 수 있다는 장점이 있다. 또한 이들의 연구는 많은 영유아를 대상으로 종단연구를 하였다는 것 이외에도, 보육경험의 효과를 이해하는 데 있어서 영유아의 가정환경 특성을 함께 고려하여 분석하였다는 장점이 있다. 이는 영유아발달에 미치는 보육경험의 효과를 이해하기 위하여 보육경험만을 고려한다면 영유아발달에 대한 이해가 제한될 것이기 때문이다. 따라서 보육경험의 효과에 대한 이해를 위하여 가정환경을 고려하는 것은 아주 중요한 문제이다(Bronfenbrenner, 1979). 이 장에서는 이외에도 미국 아동건강 · 인간발달 연구소 영유아보육연구팀(NICHD ECCRN)의 연구 이전에 진행된 연구들과 비교하여 보육경험의 효과에 대해 정리하고자 한다.

Urie Bronfenbrenner

2. 보육경험의 시간

보육경험의 시간(Quantity of Care)은 출생 후부터 만 4세 반까지의 기간 중 일주일에 최소 10시간 이상 친부모 이외의 다른 성인에 의해 양육된 시간의 총 합계를 계산하여 이를 주당 평균시간으로 계산한다. 이러한 보육경험의 시간이 아동발달에 미치는 영향을 살펴보면 다음과 같다.

1) 자아통제력, 협조행동, 문제행동 등 사회정서성에 미치는 효과

2세 영아의 경우 보육경험이 많을수록, 어머니는 그들의 자녀가 덜 협조적인 것으로 보고하였으며, 보육교사는 이들이 문제행동을 더 많이 보이는 것으로 보고하였다. 그러나 3세가 되면 이러한 특징은 소멸되는 것으로 분석되었다. 즉, 3세 영아가 보육경험이 많다고 하여 어머니나 보육교사에게 비협조적이며 문제행동이 더 많이 나타나는 것은 아니다. 그러므로 2세 이후 3세경부터는 영유아가 경험한 보육의 양은 그들의 자아통제력, 협조행동 및 문제행동과 관련이 없다고 볼 수 있다 (NICHD ECCRN, 1998).

이는 NICHD 연구 이전의 선행연구에서 계속적으로 제기되어 왔던 문제, 즉 보육경험의 정도는 영유아의 공격성, 자아통제력 및 문제행동과 관련이 있다는 주장과 상반된다(Belsky, 1988, 1994; Belsky & Rovine, 1988). 이러한 차이에 대하여 NICHD ECCRN(1998)은 분석대상의 연령 차이에 의한 것이라고 설명하고 있다. 즉, NICHD ECCRN(1998)은 만 2세와 3세를 분석한 것인 반면, 보육경험의 시간과 영유아의 사회적 행동문제와의 관계를 보고한 연구는 주로 만 4~8세를 대상으로 한 것이었다 (Baydar & Brooks-Gunn, 1991; Belsky & Eggebeen, 1991). 보육경험의 시간과 사회적 적응행동의 관계에 대한 연구들 간의 차이는 보육경험의 시간이 분명한 형태로 특정 행동에 영향을 미치기 위해서는 어느 정도의 시간이 소요되어야 한다는 것을 의미할 수도 있다. 즉, 출생에서부터 최소 약 3년 이상의 보육경험이 누적되어야 그 효과를 추정할 수 있다는 것이다.

이러한 가능성에 대하여 NICHD ECCRN(2003a)은 3개월에서 만 4세반까지 계속된 보육경험의 시간이 영유아의 사회정서적 적응에 미치는 효과를 분석하였다. 이를 위해, 생후 3개월에서 54개월(만 4세 반)까지 약 3개월에 한 번씩 보육경험의 시간, 어머니의 학력, 가정의 사회경제적 지위, 어린이집의 질적 수준 및 영유아의 사회정서적 적응 등에 대하여 설문조사, 면접 및 관찰 등의 방법으로 자료를 수집하였다. 여기에 유치원 입학 후, 즉 만 5세 이후 교사가 평정한 해당 영유아의 사회정서적 적응을 조사하여 기타 변인을 통제한 후 보육경험의 시간과 사회정서적 적응과의 관계를 분석하였다.

그 결과, 어머니와 유치원 교사의 보고에 따르면 출생 이후 54개월(만 4세 반)에 이르기까지 어머니가 아닌 다른 성인에 의한 양육경험이 많으면 많을수록 54개월 이후 유치원 입학 후에 나타나는 문제행동, 즉 성인과의 갈등, 또래와의 부정적 상호작용, 비협조적 행동 등이 많은 것으로 나타났다(NICHD ECCRN, 2002, 2003a). 이러한 경향성은 보육경험의 질적 수준, 유형 및 안정성뿐만 아니라 어머니의 민감성 혹은 가정변인 등을 통제한 경우에도 마찬가지였다. 또한 연구자들은 보육경험의 정도가 누적되어 그 효과가 나타나는 시점에 관심을 가지고 분석을 시도하였다. 그러나 보육경험의 정도가 영유아의 사회정서적 적응에 미치는 효과는 선형적 관계를 보였으나 효과가 나타나는 시점이 특정되지는 않았다. 이는 주당 20시간의 보육경험은 주당 10시간의 경험에 비하여 영유아의 사회정서적 적응에 부정적이었다고 결론지을 수 있으나 영유아의 연령대를 특정할 수는 없었다는 의미이다.

Jay Belsky

그러나 인생 초기에 보육경험의 시간이 많을수록 영유아의 사회정서발달에 부정적이라는 결과를 해석할 때 유의할 점이 있다. 출생 3개월부터 시작되어 54개월 혹은 만 4세 반이 되기까지 계속적이고 누적적인 보육경험이 영유아의 사회정서발달에 미치는 효과에 대한 이해에서 유의해야 할 점은 보육경험의 시간의 효과는 보육경험의 다른 특성, 즉 보육교사와의 상호작용의 질, 보육환경의 질 등의 효과보다 크다 할지라도, 어머니의 민감성 혹은 가정의 사회경제적 변인의 크기가 갖는 효과보다는 크지 않다는 점이다. 또한 보육을 많이 경험한 영유아는 공격성 및 문제행동과 같은 부정적 사회정서적 문제를 나타냈으나, 자기주장 및 독립성과 같은 긍정적 사회정서적 행동과 긍정적으로 관련이 있다. 만 1세 이전에 시작된 보육경험이 걸음마기와 유아기에 걸쳐서 보육경험이 늘어날수록 영유아의 공격성 및 불복종과 같은 부정적 행동이 많다고 보고한 많은 연구(Belsky, 1994, 2001)에서 이러한 부정적인 사회정서 행동은 실제 문제행동을 나타내는 것이 아니라 오히려 영유아의 자기주장 혹은 성인으로부터의 독립성을 의미하는 것이라고 해석되기도 하므로, NICHD ECCRN(2003a)의 연구결과도 이와 유사한 관점에서 이해할 수 있다. 이는 불복종과 순응, 공격성과 자기주장과 같은 사회정서 특징은 문화적 맥락 혹은 시대맥락에 따라 다르게 해석되거나 그 의미가 다르게 평가될 수 있으므로 보육경험의 효과에 대한 이해도 이러한 해석의 관점에 따라 다르게 이해될 수 있다는 점이 흥미롭다.

유치원부터 의무교육이 시작되는 미국의 유치원교사에게 설문조사한 결과, 사회정서 능력 중 지시 따르기, 또래와 잘 지내기, 성인에 대한 협조 및 자기조절력이 학교준비도 혹은 학교적응성의 가장 중요한 준거로 지적되었다. 이를 고려하면, 만 1세 전에 시작하여 유치원 입학 시기쯤인 만 4세까지 누적된 보육의 양이 영유아의 사회정서 적응능력에 미치는 효과에 대한 NICHD ECCRN(2003a)의 연구는 영유아 개인과 부모, 가정에 대한 함의보다 정책적 함의가 크다. 즉, 보육경험의 시간과 연속의 정도는 영유아의 사회정서 부적응에 미치는 효과가 미약하다는 연구결과는 오히려 영유아가 보육을 어떻게 받아야 하는가 혹은 각 가정이 어떻게 기능을 하여야 하는가에 대한 것보다 보육경험이 지역사회 및 사회에 미칠 수 있는 효과와 같은 전체적이고 넓은 관점에서의 정책적 결정에 의미하는 바가 더 크다는 것이다. 많은 영유아가 어린 나이에 어린이집에서 보내는 시간이 점점 더 많아지고 있는 현실을 생각하면 더욱 그러하다.

2) 또래관계에 미치는 효과

연구자들이 보육기관에서 영유아의 또래와의 상호작용에 대하여 관찰하여 분석한 결과, 형제자매 이외의 또래와 함께하는 보육경험이 증가할수록 또래관계는 보다 양호한 것으로 나타났다. 그러나 보육교사들은 보육경험이 많은 영유아들의 또래와의 상호작용을 좀 더 부정적인 것으로 평가하였다(NICHD ECCRN, 2001). 이는 연구자에 의한 또래 간 상호작용에 대한 관찰 평가와 보육교사가 평가하는 영유아의 또래관계에 대한 평가에 차이가 있음을 보여 준다. 따라서 앞으로 연구자에 의한 또래 간 상호작용에 대한 평가와 보육교사에 의한 평가에 따른 차이를 이해하기 위한 연구가 더 진행되어야 할 필요가 있다.

3) 인지 및 언어발달에 미치는 효과

인생 초기에 집중적으로 경험한 보육경험의 시간이 영유아발달에 어떠한 영향을 미치는가는 커다란 논쟁거리이다. 대개의 연구자들은 영아기에 일주일에 20시간 이상을 어머니 이외의 다른 성인에게 보육을 받는 것은 보육경험의 질에 상관없이 영유아발달에 부정적 영향을 미친다고 하였다. 인지 및 언어발달은 사회정서발달과 마찬가지로 영아기의 보육경험과 상당히 관련이 있는 것이므로 주 양육자인

Michael Tomasello

어머니와의 충분한 접촉경험이 박탈된다면 영유아의 인지 및 언어발달에도 상당히 부정적일 것이라는 예측이 가능하다. 또한 영아 3명 혹은 5명이상이 함께 보육을 받는 경우, 보육교사가 영아와 개별적으로 상호작용할 수 있는 기회가 제한된다. 이는 각 영아에게 제공할 수 있는 인지적 자극과 언어적 자극이 적다는 것을 의미한다. 이러한 예측은 일반영아보다 쌍생아들이 초기 언어발달이 늦다는 관찰에 의해서도 지지된다(Tomasello, Mantle, & Kruger, 1986).

그러나 NICHD ECCRN(2000)의 연구에서는 가정에서의 양육에 비해 기관중심 기관보육경험이 36개월, 만 3세 된 영유아의 인지 및 언어 능력에 보다 긍정적 영향을 미치는 것으로 분석되었다. 이는 영아에게 자기 집보다는 보모 혹은 보육교사의 집에서 돌봄을 받는 기관보육이 좀 더 다양한 언어적 모델을 제공하기 쉬우며, 언어적 자극이 풍부할 수 있고, 발달적으로 풍부한 자극이 체계적으로 제공될 수 있다는 것으로 해석할 수 있다. 또한 기관 보육환경은 가정과 같은 비형식적 환경보다는 동일한 연령의 또래와 함께 있으면서 자신의 요구를 표현하고 관철시켜야 하는 조건에 놓이므로 이것이 영아의 인지 및 언어발달에 긍정적이라는 것이다.

결론적으로, 위에 제시된 연구의 결과를 종합해 볼 때 영유아 보육경험의 시간이 인지 및 언어발달에 긍정적인지, 부정적인지 혹은 아무 관계가 없는지에 대해 뚜렷한 결론을 내리기 힘들다(Ackerman-Ross & Khanna, 1989; Clarke-Stewart, 1986; Hayes, Palmer, & Zaslow, 1990; Lamb, 1997).

3. 보육경험의 질

보육경험의 질(Quality of Care)은 다양한 방법으로 측정될 수 있다. 먼저 해당 영유아가 일주일에 최소 10시간 이상 보육을 받고 있는 장소로 관찰자가 방문하여 보육환경 관찰기록(Observational Record of the Caregiving Environment: ORCE)에 근거하여 보육교사의 행동을 체크하는 것이다(NICHD ECCRN, 1993). 이는 영아와 함께 상호작용하는 보육교사의 긍정적 정서, 긍정적 신체 접촉, 옹알이에 대한 반응, 질문하기, 영아 자극, 행동 촉진하기, 책 읽어주기, 친절하고 부드럽게 말 걸어주기 등에 대하여 체크하도록 되어 있다. 좀 더 나이가 든 영유아와 상호작용하는 보육교사는 이러한 긍정적 행동 이외에도 행동 제한, 부정적인 말, 부정적 신체 접촉 등에 대하여도 평가한다. 이러한 양적 평가 이외에도, 영유아의 일상적 표현에 대한 민감성 혹은 수용성, 긍정적 태도, 인지발달에 대한 자극, 환경탐색 촉진 · 방해 · 소홀 혹은 무표정 등과 같은 질적 수준을 평가할 수 있다. 따라서 보육경험의 질이란 영유아가 생활하는 보육환경이라는 물리적 조건과 영유아와 상호작용하는 교사의 행동특징인 사회적 조건으로 이해될 수 있다.

1) 자아통제력, 협조행동, 문제행동에 미치는 효과

보육경험의 질, 특히 보육교사의 민감성 및 수용성, 긍정적 정서, 인지적 자극 및 언어적 자극 등과 같은 긍정적 행동은 2~3세 영유아의 자아통제력, 협조적 행동과 정적 상관이 있으며 문제행동과는 부적 상관이 있는 것으로 분석되었다(NICHD ECCRN, 1998). 이는 영유아가 보육경험을 많이 할수록, 초등학교 입학 전이나 초등학교 저학년의 공격성이 증가하고 비협조적이라는 결과(Belsky, 1986, 1988)와 상반된다. 즉, 보육경험의 시간보다는 상호작용과 같은 질의 효과가 더 크다는 것이다.

사진 설명 보육교사가 만 2~3세 영유아에게 보여 주는 민감성, 긍정적 정서 및 언어적 자극 등은 영유아의 사회정서발달에 긍정적인 것으로 보인다.

이는 보육경험의 시간 혹은 양의 정도에 따라서 단순히 영유아의 사회성발달에 긍정적 혹은 부정적이라는 결론을 내릴 수 없으며, 보육경험의 효과를 이해하는 데 있어서는 보육경험의 질이 동시에 고려되어야 함을 뜻한다. 그러나 보육경험의 질이 우수하다고 해서 무조건 영유아의 부적응행동이 감소한다고 결론을 내리지 않도록 주의해야 한다. 왜냐하면 NICHD 분석 결과에서도, 가정변인이 통제되면, 보육경험의 질이 영유아의 공격성 및 문제행동에 미치는 효과의 크기가 $\frac{1}{3}$ 수준으로 감소하였기 때문이다. 이는 보육경험의 질뿐만 아니라 부모와 자녀의 애착 안정성 및 부모의 양육태도 및 양육행동이 영아의 문제행동을 이해하는 데 중요한 변인임을 의미한다.

2) 또래관계에 미치는 효과

영유아의 또래관계는 영유아가 사회적 능력을 발달시키는 데 크게 영향을 준다. 만 2세가 되면 이미 또래와의 관계에서 개인차가 나타나기 시작하며, 초등학생이 되면 또래관계 특성에 따라서 이후의 사회적 능력 혹은 심리 적응성을 예측할 수 있다.

영유아가 보여 주는 또래관계의 개인차는 어린이집의 또래 혹은 교사 등 성인과의 관계의 경험에 의하여 결정된다는 견해가 지배적이다. 그러나 이러한 결과들은 또래와의 관계 혹은 어린이집에서 성인과의 관계의 질을 각각 분리하여 또래관계에 미치는 영향을 연구한 것이다. 현실적으로 영유아가 보육기관에서 경험하는 사회적 관계의 질은 또래와 성인을 구분하여서 경험하는 것이 아니라 전체적이고 동시적으로 경험하는 것이므로 이는 결과적으로 어린이집의 경험이 또래관계에 어떠한 영향을 미치는가를 이해하는 데 걸림돌이 되어 왔다. 따라서 어린이집에서의 또래관계 및 성인과의 관계의 질을 동시에 고려하여 보육경험의 효과를 알아볼 필요가 있다. 또한 어린이집에서의 경험은 영유아가 가지고 있는 특성 및 어머니와의 관계와 같은 가정변인을 동시에 고려해야 그 효과를 제대로 파악할 수 있으며 이를 통해 통합적 이해가 가능할 것이다.

NICHD ECCRN(2001) 연구결과에 의하면 24개월에서 36개월 사이(만 2~3세)의 영유아들은 보육경험이 누적되면서 "친구를 돕는다" "게임을 할 때 규칙을 준수한다" "장난감을 사이좋게 사용한다"와 같은 긍정적인 행동이 증가하며, 반면 "친구를 놀린다" 혹은 "통제하려고 한다"와 같은 부정적인 행동은 감소하는 것으로 나타났다. 그러나 이러한 변화는 보육교사의 질적 수준과 관계가 있는데, 보육교사의 민감성과 반응성은 영유아의 긍정적인 또래관계에 영향을 미쳤다. 즉, 영유아가 얼마나 많은 시간을 어린이집에서 보냈느냐

사진 설명 보육교사의 적극적 상호작용은 영유아가 또래와 활발하게 상호작용을 할 수 있도록 하여 영유아의 사회정서발달에 효과적이다.

혹은 또래와 함께할 기회가 많았느냐와 관계없이 보육교사가 나타내는 상호작용의 질적 수준이 또래와의 긍정적 관계에 영향을 미친다고 볼 수 있다.

3) 인지 및 언어발달에 미치는 효과

사진 설명 보육교실에서 이루어지는 다양한 시각적, 청각적, 촉각적, 운동감각 활동과 병행하는 보육교사의 적절한 인지적 자극 및 언어적 개입은 영유아의 인지와 언어발달에 긍정적이다.

인생 초기에 경험한 보육교사와 영유아 간의 상호작용 등을 중심으로 측정된 보육의 질은 영유아의 인지 및 언어발달과 일관되게 관계가 있는 것으로 나타났다. 출생 초기부터 3세까지 경험하는 보육의 질은 영유아의 인지 및 언어발달에 영향을 미친다(NICHD ECCRN, 2000). 영아가 보내는 신호에 대한 보육교사의 즉각적이고 민감한 반응은 영유아의 인지 및 언어발달에 긍정적 영향을 미친다. 언어적 자극의 빈도 역시 양질의 보육 특징으로 분류할 수 있는데, 이 또한 출생에서 만 2세까지의 영아의 인지 및 언어발달에 아주 중요한 요소로 분석되었다.

Anders Broberg

그러나 인생 초기에 경험한 보육경험의 질이 만 3세까지 영유아의 인지 및 언어발달에 긍정적 효과가 있다 할지라도 이 효과의 지속성에 문제를 제기하는 연구자도 있다(Scarr, 1998). 즉, 인생 초기에 경험한 보육의 질이 유치원 입학 전까지 인지발달에 긍정적 효과를 나타낸다 할지라도 이러한 효과가 초등학교 때까지 지속되는가에 대한 연구결과는 일관성이 없다(Broberg, Wessels, Lamb, & Hwang, 1997).

보육경험의 질이 영유아의 인지 및 언어발달에 미치는 효과의 지속성을 알아보기 위해 NICHD ECCRN(2002)은 보육경험의 질의 효과가 영유아발달에 부정적인가 혹은 긍정적인가라는 포괄적 질문이 아닌 좀 더 구체적인 질문을 가지고 분석을 시도하였다. 이 연구에서 출생 후 1개월부터 54개월(만 4세 반)까지의 영아가 있는 가족을 대상으로 부모 인터뷰, 가정방문 및 관찰, 어린이집 방문 및 관찰 등을 3개월 단위로 실시하여, 4년여 간 인지 및 언어발달에 대한 효과를 분석하였다.

그 결과, 질적으로 우수한 보육을 경험한 영유아는 그렇지 않은 영유아에 비하여 기초 학습능력 및 언어능력이 우수한 것으로 나타났다. 또한 출생 초기부터 48개월(만 4세)까지 향상된 보육의 질을 경험한 영유아는 기초 학습능력이 우수하였으나, 반대의 경우, 즉 48개월 동안 점차 낮아지는 보육의 질을 경험한 영유아는 기초 학습능력이 낮게 나타났다. 이는 보육경험의 질은 누적적인 효과를 미친다고 해석할 수 있다. 이 분석에서 가장 관심을 두었던 보육의 질에 따른 인지 및 언어발달에 미치는 효과의 크기는 보통 수준인 것으로 분석되었다. 또한 자녀와의 상호작용과 같은 부모의 역할, 어머니의 교육수준 및 가정의 소득수준은 출생부터 48개월(만 4세)에 이르는 영유아들의 인지 및 언어발달에 아주 강력한 예측변인인 것으로 밝혀졌다. 이 역시 영유아발달에 영향을 미치는 보육경험의 효과에 대한 이해에는 가정변인을 함께 고려해야 함을 말해 주는 것이다.

사진 설명 가정에서 경험하는 질적으로 좋은 부모의 양육행동이 영유아의 인지 및 정서발달에 미치는 효과가 보육경험의 누적적이고 계속적인 효과보다 크다.

보육경험의 질이 인지 및 언어발달에 미치는 영향은 영유아의 특정 배경에서는 일관적인 결과를 보여 준다. 즉, 사회경제적 지위가 낮은 집단 혹은 위기환경에 있는 영유아들에게는 그 효과가 일관적으로 긍정적이다. 이 집단의 영아들이 출생 초기부터 질적으로 우수한 수준의 보육을 집중적으로 경험한 경우에는 어린 시절뿐만 아니라 초등학교 입학 후의 학업성취 및 인지 능력에 긍정적 효과를 미치는 것으로 나타났다(Burchinal, Campbell, Bryant, Wasik, & Ramey, 1997). 이러한 효과는 심지어 청소년기의 언어발달에까지 영향을 미치는 것으로 나타났다(Feagans, Fendt, & Farran, 1995). 열악한 환경 혹은 위험한 환경에 있는 영아들에게 제공되는 양질의 보육은 이들의 인지발달에 기여하는 것뿐만 아니라 이들이 환경과 상호작용하는 것을 증가시킨다. 즉, 이들은 자신의 환경으로부터 다양한 자극을 유도할 수 있고 이것이 이들의 인지, 언어 및 학업 성취에 긍정적 영향을 주는 것으로 볼 수 있다(Burchinal et al., 1997).

이러한 관점에 근거하여 사회경제적으로 열악한 가정의 아동을 위해 헤드스타트 프로그램이 시작되었다. 어린 시절에 질적으로 우수한 헤드스타트 프로그램을 경험한 영유아들은 초등학교 입학 후 학년 유급비율이 낮았으며 고등학교까지 졸업할 확률이 높은 것으로 분석되었다.

많은 연구에서 보육경험과 발달 간의 관련성은 영유아의 가정환경에 따라 그 효과가 상이하게 나타난다고 한다. 즉, 인생 초기에 경험한 양질의 보육은 열악한 가정환경에 놓여 있는 영유아의 인지 및 언어발달에 긍정적인 영향을 미친다. 이는 이들이 가정에서 누릴 수 없는 자원과 기회를 우수한 보육경험을 통하여 보상받을 수 있기 때문이다. 그렇다면 자극이 풍부하고 양호한 가정환경에 있는 영유아들의 인생 초기 보육경험이 이들의 인지 및 언어발달에 어떠한 영향을 미치는지에 대한 문제는 앞으로 탐색이 필요한 과제이다.

이와 상이한 관점에서 연구자들은 우수한 가정환경의 영유아들에게 보육경험의 질이 미치는 효과를 '자원상실 가설(lost resources hypothesis)'로 설명하기도 한다(Desai, Chase-Lansdale, & Michael, 1989). 열악한 가정의 영유아들이 우수한 보육의 경험 덕분에 누락되거나 혹은 제한된 자극과 경험을 상쇄할 수 있는 효과를 '보상교육 가설(compensatory education hypothesis)'로 설명할 수 있다면, 가정환경이 우수한 영유아들은 가정에서 제공받을 수 있는 최적의 자극과 기회를 보육경험을 통해서 오히려 상실하게 된다는 가설이다. 그러나 이러한 가설은 아직 경험적으로는 지지되지 못하고 있다.

지금까지 소개한 보육경험의 질이 영유아의 인지 및 언어발달에 미치는 효과에 대한 연구들은 두 변인 간 관계의 정도 혹은 예측 정도에 대한 것이 주를 이룬다. 이에 대하여 NICHD ECCRN(2003b)은 영유아의 인지 및 언어 능력에 대한 보육경험의 질의 효과를 보육교사의 민감성 및 반응성과 같은 일반적 상호작용에 따른 분석이 아니라 언어적 자극의 정도와 같은 보다 구체적이고 직접적으로 인지 및 언어발달에 관련된 변인의 효과를 분석하였다.

그 결과, 보육교사가 언어적 자극을 많이 주면 줄수록, 54개월(만 4세 반) 된 유아의 문자 및 단어 인식, 문제응용 해결력, 언어이해도, 표현어휘와 단기기억이 우수한 것으로 나타났다. 여기서 주의해야 할 것은 보육교사가 제공하는 언어적 자극의 정도가 영유아의 언어적 능력에만 관련된 것이 아니라, 수학적 문제해결력 및 단기기억과도 관련이 있었다는 점이다. 또한 흥미로운 점은 보육교사가 제공하는 언어적 자극의 정도는 영유아의 사회정서발달과는 아무런 관련이 없는 것으로 나타난 점이다. 그러나 언어적 자극은 직접적으로 영유아의 언어를 포함한 다른 인지능력에 영향을 미치는 것으로 나타났다. 이는 양질의 언어적 자극에 의한 언어 및 인지 능력의 직접적 효과를 보여 준 것으로 볼 수 있다.

이외에도 NICHD ECCRN(2003b)은 어린이집에서 TV를 시청하는 시간의 정도는 보육경험의 질과는 부정적 상관을 보인다고 했는데, 이는 TV를 시청하는 시간 동안은 보육교사로부터 언어적 자극 혹은 보육과정에 의한 인지적 자극이 생략되기 때문이다. NICHD ECCRN(2003b)은 어린이집에서 TV 시청시간과 만 4세 반 영유아의 언어 및 인지 능력과의 관계성을 분석한 결과, TV를 많이 볼수록 영유아들의 응용문제해결력, 언어이해력 및 표현능력은 낮았다고 하였다.

또한 수학, 동작, 음악, 언어, 예술 및 놀이 활동과 같이 체계적으로 다양한 자극을 제공해 주는 우수한 물리적 환경은 영유아의 언어이해력 및 단기기억력과 같은 인지능력과 관련이 있었다. 그러나 이러한 물리적 환경의 질은 문자 및 단어 인식, 응용문제해결력과는 관련이 없었다. 즉 보육교사의 상호작용과 같은 인적 환경뿐만 아니라 우수한 활동 내용 혹은 방법과 같은 물리적 환경은 영유아의 음성 언어능력과는 긍정적으로 관련이 있으나 글 읽기와 같은 문자 언어능력과 관련이 없다.

사진 설명 사회경제 수준이 낮은 가정의 영유아들이 우수한 헤드스타트 프로그램을 경험하는 경우 이들의 인지, 언어 및 학업발달에 꽤 장기간 긍정적 영향을 미치는 것으로 평가된다.

4. 보육환경

다음에서 보육경험의 유형과 안전성 및 어린이집의 환경이 영유아의 자아통제력, 또래관계, 인지, 언어 및 문제행동에 미치는 효과를 살펴볼 것이다.

1) 보육경험의 유형

소규모 가정보육을 경험한 영유아보다는 기관중심의 시설보육을 경험한 만 2세와 만 3세 영유아가 실험실에서 어머니와 상호작용할 때 더 협조적이고 문제행동이

Janet Dipietro

Donna Strobino

적은 것으로 보고되었다(NICHD ECCRN, 1998). 기관보육에서는 또래와 함께 생활하며 양보, 순서 지키기 및 나누기와 같은 행동을 익혀야 하고 여러 영유아를 양육하는 교사의 지시에 따르며 자신의 행동을 조절하는 협조행동이 요구되므로, 이러한 환경적 특성이 영유아들의 자아통제력 및 협조행동을 촉진시키는 것으로 보인다. 그러나 이러한 분석은 가정보육과 기관보육의 단순한 비교로 결론내릴 수는 없다. 즉, 가정보육 및 기관보육이 갖는 과정적 혹은 환경적 · 질적 수준 여하에 따라 그 결과가 달라질 수 있다(Broberg et al., 1997; Caughy, DiPietro, & Strobino, 1994).

2) 보육경험의 안전성

보육경험의 안정성(Stability of Care)은 영유아가 출생 이후 일정 연령까지 경험한 집단보육의 종류 혹은 유형의 수를 의미한다. 보육이란 어머니가 아닌 성인에 의하여, 형제자매가 아닌 다른 영유아와 함께 양육되는 집단양육의 의미가 있으므로, 여기서 집단보육이란 최소 3명의 영유아가 함께 양육되는 경우를 집단보육이라고 정의한다.

NICHD ECCRN(1998)의 분석에서 보육경험의 안정성은 2세와 3세 영유아의 자아통제력, 협조행동 및 문제행동과는 관련이 없었다. 그러나 가정에서 영유아가 경험한 어머니와의 애착관계 및 양육방식이 함께 고려되면, 보육경험의 안정성의 효과가 달라질 수 있었다. 예를 들어서, 경험하는 어린이집의 유형이 자주 바뀐 경우라도 어머니와의 관계가 안정적일 경우, 보육경험의 불안정성에 따른 영유아의 사회적 부적응에 대한 효과는 약화되었다.

3) 어린이집의 환경

우리나라 어린이집 환경에 대한 규정은 1991년에 제정되어 몇 차례의 개정을 거듭하였다. 또한 어린이집 평가인증제도가 실시되면서 우리나라 어린이집의 환경은 크게 개선되었다. 어린이집 관련 법규와 규정은 영유아의 건강하고 안전한 생활을 보장하고, 보육교사의 민감한 보육행동으로 영유아의 욕구를 충족시킬 수 있으며 적절한 자극을 통하여 영유아의 인지 및 언어 발달을 촉진하기 위함이다. 보육교사 1명당 돌보아야 할 영유아의 수가 최소화되고, 균형 잡힌 식단, 쾌적한 환경과 안전이 보장된 환경에서 보육을 받는 영유아들이 그렇지 않은 환경에서 보육을 받는 영유아와 비교하였을 때 발달상 유리할 것이라는 예측은 당연하다.

미국도 국가적인 수준에서 보육환경의 질을 규정하고 있는데, NICHD ECCRN (1999)은 이러한 규정이 실제 영유아의 발달에 어떠한 효과를 미치는가를 분석하였다. 영아가 생후 만 6개월~36개월까지 경험한 보육환경의 질을 교사 대 영유아의 비율, 교실당 원아 수 그리고 보육교사의 교육 정도에 따라서 영유아의 인지, 언어 및 사회성 발달에 미치는 효과를 분석하였다. 그 결과 24개월 영아가 경험하는 어린이집의 환경 특성 중 보육교사 대 영유아의 비율이 1:4라는 규정을 지키는 교실에서 보육을 받는 영유아가 이 규정을 지키지 않는 교실에서 보육을 받는 영유아에 비하여 문제행동이 적었고 협조행동이 더 많았다.

또한 36개월(만 3세) 영아를 대상으로 한 연구에서 보육교사의 교육수준이 최소한 대학교육 이상인 교실에서 교육받는 경우에 대학교육을 받지 못한 교사에 의하여 보육을 받는 영아에 비하여 학교준비도, 언어이해도가 높았고 문제행동은 적은 것으로 나타났다. 교사 대 영유아의 비율, 교실 당 원아 수 그리고 보육교사의 교육수준과 같은 다수의 규정이 충족되는 교실에서 보육을 받는 36개월(만 3세) 영유아의 학교준비도와 언어이해도가 그렇지 않은 영유아보다 높았고, 문제행동은 더 적었다.

NICHD ECCRN(1999)은 보육교실의 환경 수준이 현재 영유아발달에 미치는 효과뿐만 아니라, 누적적 효과에 대한 분석도 진행하였다. 그 결과, 효과의 크기는 그다지 크지 않으나, 15개월 때 환경 규정을 충족하는 교실에서 보육을 경험한 영유아는 24개월 때 측정한 언어, 인지 및 사회성발달에서 그렇지 않은 영유아에 비하여 긍정적인 것으로 나타났다. 또한 24개월 때 환경 규정이 충족되는 교실에서 보육을 경험한 영유아가 36개월이 되어서 측정된 인지, 언어 및 사회성 발달은 그렇지 않은 환경에서 보육을 경험한 영유아의 것보다

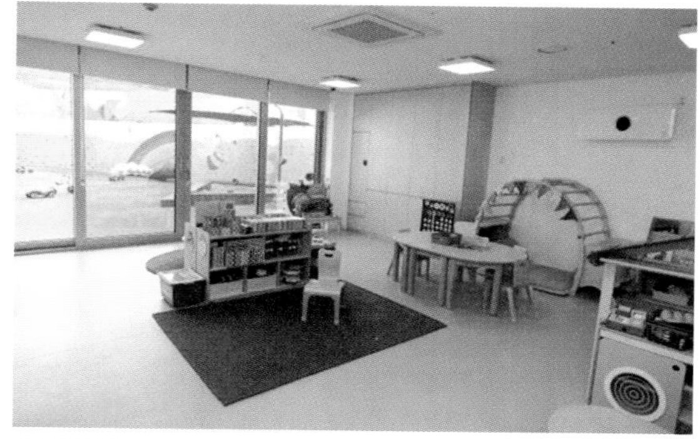

사진 설명 어린이집 환경의 질적 수준은 영유아의 발달에 누적적 영향을 미친다.

더욱 긍정적인 것으로 나타났다.

즉, 어린이집 환경의 질은 분명 영유아의 발달에 직접적으로 영향을 미친다. 따라서 건강, 안전, 영양과 같은 영유아의 생리적 욕구 및 발달과 관계된 규정뿐만 아니라 교사 대 영유아의 비율, 교실 당 원아 수, 교사의 교육수준과 같은 영유아의 발달에 직접적으로 영향을 미치는 규정은 지켜져야 한다. 우리나라는 이러한 어린이집 환경에 대한 규정이 「영유아보육법」에서 명시되어 있을 뿐만 아니라 이의 적용과 실천을 위하여 어린이집 평가제를 시행하고 있다. 어린이집 평가제에 의하면 어린이집 환경에 대한 일정 규정을 충족시키는 정도에 따라서 인증 여부가 결정되도록 되어 있다. 이는 영유아의 성장과 발달에 직접적으로 영향을 미치는 보육교실의 환경을 국가 차원에서 관리하고자 하는 의지를 나타낸 것이라 할 수 있다.

5. 보육경험의 효과 평가에서 유의해야 할 점

보육경험이 영유아의 발달에 미치는 효과를 평가할 때 유의해야 할 것은 먼저 영유아의 가정환경 특성을 고려해야 한다는 것이다. 만 3세까지 영유아가 경험한 보육경험과 가정환경 특성이 영유아발달에 미치는 효과에 대한 분석에서 보육특성보다는 가정환경 특성이 영유아의 사회정서발달 및 인지발달에 더 일관성 있는 예측변인으로 나타났다(NICHD ECCRN, 2001). 더욱이 이러한 가정환경의 특성이 영유아 발달에 미치는 효과의 정도는 보육경험이 많은 영유아나 전적으로 어머니에 의하여 양육받은 영유아에게서 비슷하게 나타났다. 이는 영유아의 발달에서 나타나는 개인차는 어머니 혹은 아버지에 의하여 가정에서 양육되었나 혹은 어린이집에서 보육교사에 의해 양육되었나로 결정되는 것이 아니라, 영유아가 속해 있는 가정환경의 영향을 더 많이 받는다는 것을 의미한다.

사진 설명 가정에서 부모가 실천하는 아기와의 눈 맞춤, 사랑을 느끼게 하는 피부 접촉, 아기가 보내는 작은 신호에 대한 민감한 반응과 반응적인 양육행동은 부모와 아기 모두 서로에게 만족스러운 관계를 형성하도록 돕는다.

가정환경 변인 중 일관성 있게 영유아발달에서 개인차를 예측하는 변인은 부모양육행동의 질(parenting quality)과 빈곤으로 분석되었다(McCartney

& Rosenthal, 2000). 어머니의 양육행동 중 자녀의 요구에 대한 민감성, 반응성 및 어머니의 심리적 안정성은 15개월 된 영아와 어머니의 애착안정성을 예측하는 변인이다. 15개월 영아와 어머니의 애착안정성은 영아가 24개월이 되었을 때 어머니와 긍정적 상호작용과 관련이 있었다. 또한 36개월이 되었을 때 문제행동도 더 적은 것으로 나타났다. 그러나 보육의 질, 보육시간, 보육 시작 연령 및 보육유형의 변화 자체는 어머니와 영유아 간의 애착관계 자체를 예측할 수 없었다(NICHD ECCRN, 1997). 반면 영유아가 질적으로 낮은 수준의 보육을 받고, 일주일에 10시간 이상을 다른 사람에 의하여 양육을 받으며, 자주 보육인이 바뀌고, 어머니의 민감성 수준도 낮을 경우, 아기와 어머니의 애착안정성은 위험에 처하게 된다.

주당 보육경험의 시간, 어린이집의 질적 수준 및 보육경험의 시작 시기와 같은 다양한 요인들이 만 2~3세 영아의 자아통제력, 협조행동 및 문제행동과 같은 사회정서발달에 영향을 미친다. 그러나 이러한 보육경험이 자아통제력, 협조행동 및 문제행동에 대하여 나타내는 설명력은 기질과 같은 영유아의 특성 혹은 어머니와의 애착안정성 및 민감한 양육태도와 같은 가정환경변인에 비해 설명력이 낮다(NICHD ECCRN, 1998). 이는 영유아의 초기 사회정서발달에서 가장 중요한 것은 어머니가 아닌 타인에 의하여 정규적으로 보육을 받는 것 혹은 보육경험의 시간과 질이 아니라 가정에서 어떠한 경험을 하느냐가 더 중요하다는 것을 의미한다.

어린이집 경험이 또래관계와 같은 사회정서발달에 미치는 효과를 이해하기 위해서 영유아 자신의 특성과 어머니의 특성도 고려해야 한다. 물론 24개월 및 36개월은 이제 막 또래관계가 형성되기 시작하는 시기이므로 이들이 앞으로 성장하면서 발달시키는 또래관계는 여전히 어린이집의 경험과 관련이 있을 것이다. 또한 부모가 평가하는 또래와의 관계성에서 나타나는 사회적 능력, 보육교사가 평가하는 사회적 능력 및 관찰자가 평가하는 사회적 능력에 차이가 있을 수 있으므로, 보육경험이 또래관계에 미치는 효과에 대한 연구는 더 진행되어야 한다.

만 3세 유아의 인지 및 언어 능력을 가장 많이 설명하는 변인 역시 가정환경 특성이다. 어머니 혹은 아버지가 사용하는 어휘 수와 어휘 종류의 다양성 및 흥미로운 자극을 많이 제공할 수 있는 자원과 기회가 풍부한 가정환경 특성은 이들의 인지 및 언어발달에 중요한 예측변인이다(NICHD ECCRN, 2001). 또한 물리적 가정환경 변인에서 중요한 요인은 가정의 소득수준인 것으로 분석되었다. 이외에도 우울증이 있는 어머니의 자녀를 대상으로 만 3세에 측정한 인지 및 언어 능력은 그렇지 않은 어머니의 자녀에 비하여 현저히 낮았고 문제행동도 많은 것으로 나타났다(NICHD ECCRN, 2001). 이와 같이 어머니의 양육행동의 질, 어머니의 심리적 안정성 및 빈곤 등의 가정환경 특성은 영유아의 심리발달에 아주 주요한 변인이다. 따라서 가정환경 변인 및 영유아의 개인 특성 그리고 어머니의 심리 특성과 같은 보육경험 이외의 변인을 포함한 영유아의 삶 전체가 보육경험의 효과를 분석하고 이해하는 데 중요한 변인임을 기억해야 한다.

제6장 보육과정

보육과정이란 용어 그대로 어린이집에서 실시되는 교육과정을 의미한다. 어린이집에서 무엇을 가르치고, 왜 가르쳐야 하며, 어떻게 가르쳐야 하는가에 대한 문제는 사실 보육과정뿐만 아니라 철학, 심리학, 사회학, 아동학 등 여러 학문적 이론을 필요로 한다. 따라서 보육과정에 대한 논의는 다양하며 복합적이다.

이러한 다양한 학문적 토대와는 달리 보육학의 학문적 역사는 매우 짧다. 보육학은 20세기에 들어 급증한 여성의 사회적 참여와 사회적 요구로 인해 일상적인 보육활동을 체계적으로 접근한 학문이기에, 학계에서도 비교적 생소한 개념이다. 또한 우리나라 보육의 역사는 그다지 순탄치 않다. 전쟁 직후 고아나 부랑아를 수용하기 위한 미인가 아동보호시설에서 출발하여, 그동안 여러 담당 부서를 거치는 동안 여러 번 보육기관의 명칭이 바뀌었다. 1991년 「영유아보육법」의 제정을 통해 담당 부서가 보건복지부로 단일화되었지만 2004년에 이르러 여성가족부로, 2008년에 다시 보건복지가족부(현재 보건복지부)로 이전되었다.

1991년 「영유아보육법」이 제정되어 보육의 법적 토대가 이루어진 이후, 2007년부터 표준보육과정이 고시되고 0~1세 보육과정과 2세 보육과정, 3~5세 보육과정(누리과정)이 보육현장에 적용되어 왔다. 이후 급변하는 사회와 보육 여건의 변화로 보육과정에 대한 개정이 지속적으로 이루어져, 지금은 제4차 표준보육과정(2020년 개정)에 이르렀다. 따라서 이 장에서는 먼저 보육과정에 대한 기초와 함께 새로이 개정된 제4차 표준보육과정(2020년)에 대해 살펴보고자 한다. 또한 더욱 강화된 통합보육과정의 편성과 운영에 대해 알아보고자 한다.

1. 보육과정의 기초

1) 보육과정의 개념

보육과정이란 보육기관에서 이루어지는 교육과정으로, 교육과정(curriculum)의 어원은 라틴어의 '쿠레레(currere)'이다. 이는 말이 달리는 길인 경주코스와 트랙을 의미한다. 즉, 출발 지점과 목적지가 있고 가야 할 분명한 방향이 제시된 과정이다. 따라서 어원적 의미에서의 보육과정이란 영유아가 성취해야 할 분명한 교육목적하에 보육기관에서 학습해야 하는 교육내용과 학습해가는 전 과정을 의미한다. 또한 보육에 대한 일련의 철학(목적)과 내용, 학습방법 그리고 평가가 포함된다.

우리나라의 경우 몬테소리 프로그램이나 피아제 이론을 기초로 한 프로그램, 레지오 에밀리아 프로그램, 상황중심 프로그램, 발도르프 프로그램, 생태유아교육 보육 프로그램, 삼성 보육 프로그램 등 여러 프로그램이 현장에 소개되면서 많은 운영자와 교사들이 보육과정을 프로그램과 동일시하는 경우가 많다. 그러나 프로그램이란 특정 이론에 의해 조직된 교육과정 모델로, 일반적인 교육과정 개념보다는 구체화되고 실제 현장에서 가르치는 교육내용을 상세하게 기술한 협의의 개념이다(이기숙, 1999). 미국유아교육협회(NAEYC, 1991)에서도 유아교육과정을 유아가 학습하는 내용 및 교육목표를 성취해가는 과정으로 교사의 역할 등과 같이 교수・학습이 발생하는 상황에 대한 체계적이며 조직적인 틀이라고 정의함으로써 유아교육과정의 개념을 프로그램과 구분하였다.

이와 같이 프로그램이 특정 이론을 토대로 제시된 하나의 보육과정 모델이라면, 보육과정이란 어린이집에서 실시되는 교육과정이다. 어린이집에서 영유아가 보호받고 학습해가는 과정, 즉 보육과 관련된 목표를 성취하기 위한 일련의 포괄적이며 전반적인 과정이다. 그리고 보육과정에는 영유아 보육에 대한 일련의 철학(목적)과 내용, 학습방법 그리고 평가가 포함된다.

프로그램: 특정 이론을 토대로 제시된 하나의 교육과정 모델
(예) 몬테소리 프로그램, 뱅크스트리트 프로그램, 레지오 에밀리아 프로그램 등

보육과정: 어린이집에서 실시되는 교육과정
일반적으로 목적과 내용, 학습방법, 평가가 포함된다.

또한 교육과정에는 어린이집과 유치원에서 교사가 의도한 경험인 표면적 교육과정(의도적 교육과정)과 우연히 다른 경험을 통해서도 학습하는 잠재적 교육과정이 있다. 영유아기의 발달특성상 영유아는 교사가 준비한 활동 외에 자신들이 주도적으로 시작한 놀이를 통해 학습한다. 따라서 영유아를 대상으로 한 보육과정은 교육계획안에 제시된 내용뿐 아니라 영유아가 기관에서 경험하는 모든 내용까지도 포함한 포괄적 보육과정이라 할 수 있다.

현재 우리나라의 국가 수준 보육과정인 표준보육과정은 0~5세 영유아를 위한 보육과정으로 연령에 따라 0~1세 보육과정과 2세 보육과정, 그리고 3~5세 보육과정(누리과정)으로 구성되어 있다. 0~1세, 2세 표준보육과정은 기본생활, 신체운동, 의사소통, 사회관계, 예술경험, 자연탐구 등의 6개 영역으로 구성되어 있으며, 3~5세 보육과정(누리과정)은 신체운동·건강, 의사소통, 사회관계, 예술경험, 자연탐구 등의 5개 영역으로 이루어져 있다. 이들 각 영역은 영유아가 건강하고 안전하며 바르게 생활하는 데 필요한 내용과 신체, 사회, 언어, 인지, 정서 등의 전인발달을 위해서 갖춰야 할 지식과 기술, 태도 등을 포함한다.

최근에 개정된 제4차 표준보육과정에서는 교사의 의도된 활동계획 외에 영유아가 주도적으로 시작한 놀이를 중심으로 한 교육과정을 강조함으로써, 교사가 계획하여 주도하는 보육과정에서 영유아가 주도하는 놀이를 중심으로 한 보육과정으로

〈표 6-1〉 우리나라의 0~5세 표준보육과정

0~1세 보육과정	2세 보육과정	3~5세 누리과정	연계	초등학교 교육과정
기본생활, 신체운동, 의사소통 사회관계, 예술경험, 자연탐구	영역	신체운동·건강, 의사소통 사회관계, 예술경험, 자연탐구		

출처: 중앙육아종합지원센터(https://central.childcare.go.kr/lcentral/d1_30000/) 2022년 1월 6일 인출.

의 변화를 추구하고 있다(보건복지부, 2020a). 또한 초등학교 교육과정과의 연계성을 강조하여 0~1세, 2세 보육과정 내용과 3~5세 유아의 경험이 분절되지 않고 자연스럽게 연계되도록 구성하였다(〈표 6-1〉 참조).

2) 보육과정의 구성

영유아 보육과정은 크게 목표, 내용, 방법, 평가 등 4단계로 이루어진다. 이 중 보육의 목표는 보육과정이 추구해가는 방향 설정(why)에 관한 부분이다. 그리고 목표에 따라 보육내용과 방법이 결정된다. 보육과정의 내용은 영유아에게 무엇을 가르치고 돌보아야 하는가(what)에 관한 부분이다. 보육과정의 방법은 앞서 계획한 보육의 목표에 따른 내용을 어떻게 가르칠 것인가(how)에 관한 부분이다. 마지막 보육과정의 평가는 지금까지 실행된 보육과정이 목표를 수행하였는지, 그리고 영유아에게 적절하였는지를 평가하는 것으로 이는 다음 보육과정을 계획하는 기초 자료로 사용된다.

(1) 보육목표

일반적으로 보육목표는 장기적 목표와 단기적 목표로 나누어진다. 장기적 목표는 장시간에 걸쳐 획득되는 목표로, 여기에는 보육과정의 철학적 · 이론적 관점이 반영된다. 단기적 목표는 장기적 목표를 구체화한 목표로, 일안(日案)이나 주안(週案)과 같이 단기간의 보육활동 목표이다.

보육목표를 세울 때에는 보육기관이 지향하는 이념과 시대적 · 사회적 요구 그리고 영유아의 발달특성을 고려해야 한다. Kohlberg와 Mayer(1972)는 유아교육의 이념을 낭만주의, 문화전달주의, 진보주의 등 세 가지 교육사조로 분류하였다. 이 중 낭만주의는 환경보다는 유아의 내적 본성을 강조하는 성숙주의 발달이론을 토대로 교육과정이 구성된다. 반대로 문화전달주의는 환경을 강조하는 행동주의적 관점하에 학교에서의 성공이나 사회적응에 성공하기 위한 기술과 지식습득을 목표로 한다. 마지막 진보주의는 듀이의 진보주의와 피아제의 인지발달이론에 기초하여 유아와 주변 환경과의 능동적인 상호작용을 강조한다. 어린이집과 교사가 이 중 어떤 이념과 발달이론적 관점을 견지하느냐에 따라 보육목표는 달라진다.

또한 보육목표는 현 시대와 사회의 요구를 반영해야 한다. 오늘날 가장 큰 사회적 요구는 영유아에 대한 질 높은 보육이다. 어머니의 취업으로 흔들리고 있는 영유아의 안정애착 형성과 지나친 조기교육 열풍으로 스트레스에 시달리는 영유아에 대한 정서적 안정감 형성도 중요한 이슈로 등장하고 있다. 한편 어머니들은 가정에서 자녀를 돌볼 시간이 부족함에 따라, 읽기 · 쓰기 · 셈하기의 3R로 대표되는 초등학교 준비교육과 초등학교 1학년부터 시작되는 영어교육에 대해 어린이집에서 선행학습을 해 주기를 바라고 있다. 그러나 학부모의 지나친 교육열은 오히려 영유아발달에 심각한 악영향을 미친다. 따라서 보육목표를 계획할 때, 교사는 자신의 교육관과 발달이론을 토대로 시대에 따른 사회적 요구를 반영함과 동시에 이것이 영유아의 발달에 어떠한 영향을 미치는지 살펴보아야 할 것이다.

(2) 보육내용

보육내용은 교사의 보육철학과 발달이론을 반영한 보육목표에 따라 달라진다. 성숙주의적 관점에서는 영유아가 스스로 성장하도록 허용적인 분위기와 영유아의 자발적인 활동을 강조하는 반면, 행동주의적 관점에서는 영유아의 효과적인 학습이 구조적인 환경에 의해 결정된다고 보고 위계적인 순서에 따라 3R(읽기, 쓰기, 셈하기)과 같은 학습 위주의 내용을 전개한다. 반면 상호작용론적 입장에서는 유아가 능동적으로 환경과의 상호작용을 할 수 있도록 다양한 물리적 환경과 활동을 제시한다.

교사는 무엇보다 자신이 세운 보육목표와 일관성 있는 보육내용을 선정한다. 일반적으로 보육내용에는 계속성의 원리, 계열성의 원리, 통합성의 원리가 고려되어야 한다. 이를 구체적으로 살펴보면 다음과 같다.

먼저 보육내용은 보육목표를 실현하기 위해 지속적으로 실시되어야 한다(계속성의 원리). 그리고 보육내용은 영유아의 선행 경험을 토대로 점차 확장되어 가야 한다(계열성의 원리). 알고 있는 것에서 모르는 것으로, 단순한 것에서 복잡한 것으로, 구체적인 것에서 보다 추상적인 것으로 나아가야 한다. 예를 들어, '물고기'에 대한 내용을 진행할 경우, 실제 물고기를 보여 준 후 물고기 인형이나 사진을 제시하고, 물고기 그림을 소개하며, 물고기와 관련된 다양한 활동을 하고, 물고기 글자를 제시하는 방향으로 내용을 조직하는 것이다. 또한 보육내용은 여러 영역과 연관되어 활동시간에 통합적으로 운영되어야 한다(통합성의 원리). 보육기관에서 '물고기' 가 주제라면 보육실 내의 영역에 물고기와 관련된 교구가 제시되고, 아울러 이야기 나누기, 동시와 게임, 음률 등 여러 활동시간에서 물고기와 관련된 활동을 전개한다. 아울러 교실환경도 물고기와 관련하여 구성한다.

(3) 보육방법

보육방법은 보육과정을 어린이집 현장에 적용하고 실행하는 구체적인 교수·학습 과정이다. 따라서 보육목표와 보육내용에 적합해야 하며, 영유아의 발달적 특성에 적절해야 한다. 또한 영유아의 경우 발달이 급속도로 이루어지고, 다른 어떤 시기보다 개인차가 크기 때문에 보다 융통성 있는 방법이 제시되어야 한다.

① 놀이중심 원리

놀이는 영유아에게 있어 최적의 교육방법이다. 놀이의 장점 중 하나는 영유아 스스로 내적 동기에 의해 놀이를 한다는 것이다. 영유아는 놀이하고 싶은 욕구가 있다. 아무리 놀아도 또 놀고 싶다. 그리고 친구들과 함께 놀이를 함으로써 사회적 규칙을 형성한다.

또한 아이들의 놀이는 매우 기발하다. 보자기 한 장으로 아이들은 엄마가 되고, 공주도 되며, 배트맨도 된다. 그리고 캠핑놀이를 하고 이사놀이도 한다. 어른이 보기에는 보자기에 불과하지만, 아이들은 교사도 깜짝 놀랄 만큼 기발한 상상력으로 놀이를 한다. 이처럼 놀이는 아이들에게 가장 유용한 교육적 전략이다.

② 실물과 체험 위주의 학습

영유아의 지식습득은 성인과 다르다. 성인이 강의를 듣거나 책, 신문을 읽으며 새로운 지식을 습득한다면, 아이들은 연령이 어릴수록 언어보다는 활동과 경험을 통해 인지발달이 이루어진다. 그래서 피아제는 영아기의 인지발달 시기를 감각운동기라 칭하였다. 영유아는 다양한 감각과 대근육·소근육 활동을 통해 인지를 발달시킨다. 한편 영유아는 그림보다는 사진에, 사진보다는 구체적인 실물에 더 집중하고 이를 더 잘 기억한다. 따라서 자유놀이 시간에는 아이들이 활동할 수 있는 교구가 영역별로 다양하게 준비되어 있어야 하며, 다른 활동 시간에도 실물교육과 체험 위주의 교육이 이루어져야 한다.

③ 주제중심의 탐구학습

유아는 관심 있는 주제를 접할 때, 그 주제에 대해 강한 호기심과 흥미를 가지고 주제를 탐색한다. 주제에 대한 탐색과정을 통해 유아는 주제와 관련된 주변의 사건과 개념의 구성요소 및 속성을 파악한다.

레지오 에밀리아 프로그램이나 프로젝트 활동으로 표현되기도 하는 주제중심 탐구학습 프로그램에서는 유아가 스스로 사물이나 사람 또는 개념에 대한 탐구활동을 통해 지식을 습득한다. 그리고 다양한 매체를 사용한 자발적인 표상활동을 통해 지식을 획득한다. 마지막으로 자신이 이해한 것과 주제탐구 과정을 다양한 매체를 통하여 정리, 발표한다.

④ 통합의 원리

보육방법에서 제시된 통합의 원리를 정리하면 다음과 같다.

첫째, 영유아의 모든 발달 영역(신체, 사회, 정서, 인지, 언어 등)이 서로 균형 있게 발달하도록 활동을 계획·실행함을 의미한다. 표준보육과정에서는 영유아의 전인적 성장을 꾀하는 6개의 영역(누리과정 5개 영역)으로 기본생활 영역, 신체운동 영역, 사회관계 영역, 의사소통 영역, 자연탐구 영역, 예술경험 영역으로 구분하여 제시하였다. 이 영역들이 서로 균형 있게 발달할 수 있도록 모든 활동을 계획하고 실행한다.

둘째, 보호와 교육이 모든 일과시간과 활동에 함께 포함되어 있어야 한다. 간식시간은 보호시간, 동화 듣는 시간은 교육시간을 의미하는 것이 아니다. 어린이집에서의 모든 시간에는 보호와 교육이 함께 있다.

셋째, 가정과 어린이집, 지역사회 간의 유대가 강화되어 함께 협력한다. "한 아이를 키우는 데 온 마을이 필요하다"는 아프리카 속담처럼 아이를 보살피고 키우는 데는 부모와 가족, 어린이집과 지역사회의 역할이 모두 필요하다.

이처럼 통합의 원리란 흥미 영역과 보육내용과 활동, 발달 영역, 보호와 교육, 더 나아가 가정과 어린이집, 지역사회가 서로 분리되지 않고 함께 연결되어 나아감을 의미한다.

(4) 보육평가

보육평가는 보육과정 구성의 마지막 단계인 동시에 새로운 보육과정을 계획하기 위한 보육과정 구성의 기초 단계이다. 보육평가를 통해 나타난 내용을 토대로 새 보육과정을 다시 계획하기 때문이다. 따라서 어린이집의 원장과 교사는 보육과정에 대한 정기적인 평가를 통해 보육의 질적 수준을 향상시키고 영유아의 전반적인 발달수준을 파악한다.

일반적으로 보육평가는 보육과정에 대한 평가와 영유아평가로 이루어진다. 먼저 보육과정 평가는 보육의 질적 향상을 위해 각 어린이집에서 주기적으로 보육과정 구성과 운영에 관한 모든 내용을 평가하는 것이다. 보육과정의 장기적 · 단기적 목표가 적절한지, 어린이집에서 실시하고 있는 모든 보육내용과 교수 · 학습 방법이 영유아의 발달수준과 흥미, 요구에 적합한지, 이들 활동과 교수 · 학습 방법이 학습을 촉진하고 통합적으로 운영되는지 평가한다.

영유아평가는 영유아의 전반적인 발달특성과 발달 정도를 평가하는 것으로, 영유아의 성장과 변화를 질적이고 종합적으로 기술하는 동시에 총체적으로 평가한다. 다양한 관찰기록(일화기록법, 행동목록법, 평정척도법, 흥미 영역 평가, 표준화검사)과 작품분석(포트폴리오), 부모면담 등 여러 평가방법을 사용한다. 이러한 평가 결과는 생활기록부에 작성하여 보관하고, 아울러 학부모와의 면담자료로 활용한다.

2. 제4차 표준보육과정[1)]

표준보육과정은 「영유아보육법」(제29조 제2항 및 제4항)과 「영유아보육법 시행규칙」(제30조)에 따라 만들어진 우리나라의 국가 수준 보육과정이다. 시대적 흐름에 맞추어 2019년 누리과정이 유아중심, 놀이중심 교육과정으로 개정됨에 따라 표준보육과정도 2020년에 영유아와 놀이중심의 4차 표준보육과정으로 개정되었다. 표준보육 과정 개정안은 영유아 중심, 놀이중심 보육과정을 통해 자율성과 창의성을 높이는 것을 목적으로 한다. 제4차 표준보육과정의 기본적인 구성은 다음과 같다.

1) 보건복지부(2020b). 제4차 표준보육과정 고시문 2020-75호.
교육과학기술부(2019). 개정 유치원교육과정 고시문 2019-189호.
보건복지부(2020a). 제4차 어린이집 표준보육과정 해설서 참조.

1) 제4차 표준보육과정의 구성방향

(1) 추구하는 인간상

제4차 표준보육과정과 개정누리과정에서 제시한 인간상은 건강한 사람, 자주적인 사람, 창의적인 사람, 감성이 풍부한 사람, 그리고 더불어 사는 사람이다. 이는 미래의 핵심역량을 반영한 초·중등학교 교육과정의 인간상과 연계되어 있으며, 이 중 '건강한 사람'은 신체와 정신 건강의 기초를 형성하는 영유아기의 특성을 고려한 것이다.

① 건강한 사람

건강한 사람은 몸과 마음이 고루 발달하고 스스로 건강함을 유지하며 안정적이고 안전한 생활을 하는 사람을 의미한다. 영유아는 몸을 자유롭게 움직이며 놀이하는 것을 좋아하고, 세상과 즐겁게 교류하며, 자신의 건강과 안전을 스스로 지킨다. 표준보육과정은 영유아가 튼튼한 몸과 안정된 정서를 바탕으로 자신을 소중히 여기며, 일상에서 건강한 생활을 실천하고, 위험한 상황에서 자신을 보호하는 경험을 통해 건강한 사람으로 성장해 갈 수 있도록 돕는다.

② 자주적인 사람

자주적인 사람은 자신을 잘 알고 존중하며 자신감을 가지고 스스로 할 수 있는 일을 주도적으로 해 나가는 사람을 의미한다. 영유아는 자신이 하고 싶은 놀이나 일을 스스로 결정하고 적극적으로 참여하며 이끌어 나간다. 표준보육과정은 영유아가 자신에 대한 이해를 바탕으로 자신을 가치 있고 긍정적인 존재로 여기며, 자신이 잘할 수 있는 일이 무엇인지 알고 자신의 능력을 확장하기 위해 스스로 노력하는 사람으로 성장해 갈 수 있도록 돕는다.

③ 창의적인 사람

창의적인 사람은 주변 세계에 열려 있고, 호기심이 많으며, 자기만의 방식으로 상상하고 느끼고 표현하고 탐구하는 가운데 새롭고 독창적인 생각을 하는 사람을 의미한다. 영유아는 자연과 일상에서 만나는 다양한 사물과 문제에 호기심이 많고 상상력이 풍부하며 궁금한 것을 적극적으로 탐구하면서 스스로 답을 찾아낸다. 표준보육과정은 영유아가 놀이를 통해 자신의 관심과 흥미에 따라 세계를 탐색하고 도전하고 실험하는 과정에 적극적으로 참여하는 사람으로 성장해 갈 수 있도록 돕는다.

④ 감성이 풍부한 사람

감성이 풍부한 사람은 예술을 사랑하고 존중하며 자신을 둘러싼 주변 세계에 경이감과 아름다움을 느끼고 즐길 수 있는 풍부한 문화적 감수성을 지닌 사람을 의미한다. 영유아는 다양한 사물과 매체, 사람과 자연에 민감하고 주변의 다양한 예술과 문화에 관심을 가지며 그 속에서 아름다움과 재미를 발견한다. 또한 영유아는 이러한 아름다움을 다양한 언어, 노래와 몸짓으로 표현하는 것을 좋아하고 즐긴다. 표준보육과정은 영유아가 일상과 놀이 속에서 아름다움을 발견하고 공감하며, 이를 다양한 예술로 표현하면서 문화를 향유하는 사람으로 성장해 갈 수 있도록 돕는다.

⑤ 더불어 사는 사람

더불어 사는 사람은 자신이 속해 있는 사회에 소속감을 느끼고, 다른 사람과 생명을 존중하고 자연과 더불어 살아가며 보다 나은 사회를 만들기 위해 사회문제에 관

	건강한 사람	자주적인 사람	창의적인 사람	감성이 풍부한 사람	더불어 사는 사람
0~2세	자신의 소중함을 알고, 건강하고 안전한 환경에서 즐겁게 생활한다.	자신의 일을 스스로 하고자 한다.	호기심을 가지고 탐색하며 상상력을 기른다.	일상에서 아름다움에 관심을 가지고 감성을 기른다.	사람과 자연을 존중하고 소통하는 데 관심을 가진다.
3~5세	자신의 소중함을 알고, 건강하고 안전한 생활 습관을 기른다.	자신의 일을 스스로 해결하는 기초능력을 기른다	호기심과 탐구심을 가지고 상상력과 창의력을 기른다.	일상에서 아름다움을 느끼고 문화적 감수성을 기른다.	사람과 자연을 존중하고 배려하며 소통하는 태도를 기른다.

표준보육과정의 목적은 영유아가 놀이를 통해 심신의 건강과 조화로운 발달을 이루고, 바른 인성과 민주 시민의 기초를 형성하는 데에 있다.

〈그림 6-1〉 제4차 어린이집 표준보육과정에서 추구하는 인간상

출처: 경기북부육아종합지원센터(http://gyeongginorth.childcare.go.kr/lgyeongginorth/30000/30069/d11_30070.jsp) 2022년 1월 6일 인출.

심을 갖고 협력하는 민주 시민을 의미한다. 영유아는 주변 사람을 포함한 모든 생명에 대한 감수성이 뛰어나며, 자신과 친근한 사람 및 주변 세계와 관계를 맺으면서 자발적으로 사회질서와 소통 방식을 배워 나간다. 표준보육과정은 영유아가 가족, 이웃, 동식물과 주변 환경에 관심을 가지고 소중히 여기며, 서로 배려하는 마음과 태도, 책임 의식을 가진 사람으로 성장해 갈 수 있도록 돕는다.

(2) 목적과 목표

표준보육과정의 목적은 영유아가 놀이를 통해 심신의 건강과 조화로운 발달을 이루고 바른 인성과 민주 시민의 기초를 형성하는 데에 있다. 특히 개정된 표준보육과정의 목적에서는 '놀이를 통해'라는 표현을 제시하여 영유아기의 고유한 특성을 강조하였다. 전통적으로 영유아 보육에서 강조해 온 '심신의 건강'과 '조화로운 발달', 그리고 '민주 시민'의 가치를 반영하였으며, 인성의 중요성이 사회 전반에 걸쳐 강조되고 있는 현실을 고려하여 '바른 인성'을 추가하였다. 표준보육과정에서 추구하는 인간상과 목적, 목표는 〈그림 6-2〉에서와 같이 체계적으로 연계되어 있다.

① 0~2세 보육과정 목표

1) 자신의 소중함을 알고, 건강하고 안전한 환경에서 즐겁게 생활한다.
2) 자신의 일을 스스로 하고자 한다.
3) 호기심을 가지고 탐색하며 상상력을 기른다.
4) 일상에서 아름다움에 관심을 가지고 감성을 기른다.
5) 사람과 자연을 존중하고 소통하는 데 관심을 가진다.

② 3~5세 보육과정(누리과정) 목표

1) 자신의 소중함을 알고, 건강하고 안전한 생활 습관을 기른다.
2) 자신의 일을 스스로 해결하는 기초능력을 기른다.
3) 호기심과 탐구심을 가지고 상상력과 창의력을 기른다.
4) 일상에서 아름다움을 느끼고 문화적 감수성을 기른다.
5) 사람과 자연을 존중하고 배려하며 소통하는 태도를 기른다.

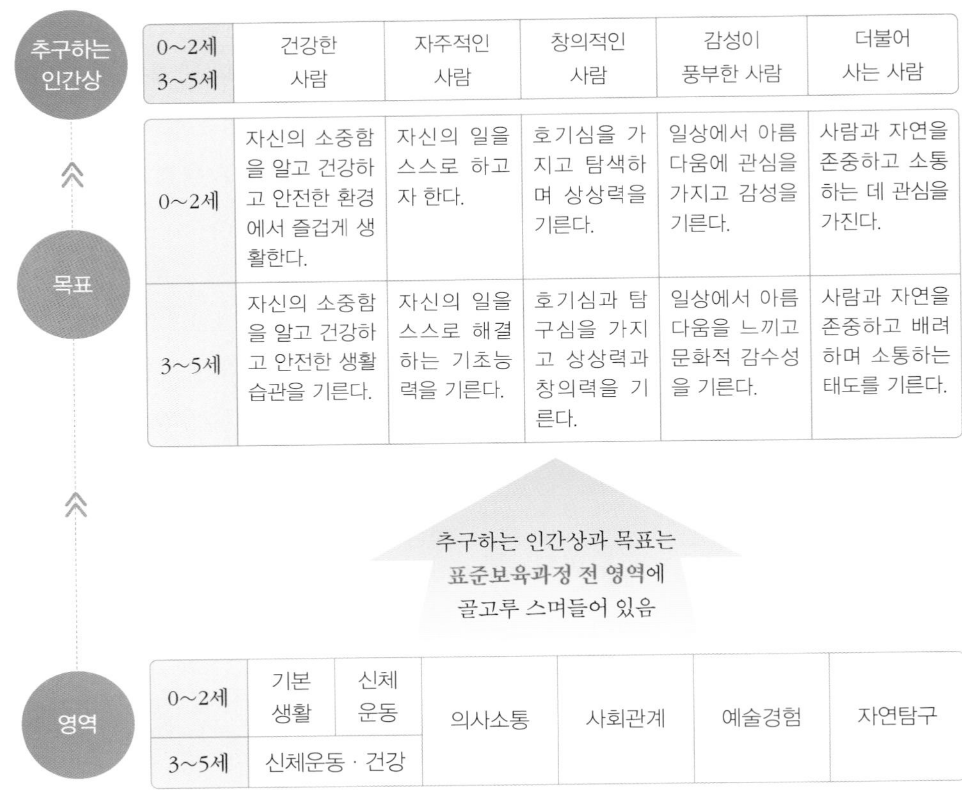

〈그림 6-2〉 표준보육과정의 추구하는 인간상과 목표 및 영역의 관계 이해

출처: 안산시 육아종합지원센터(https://www.ansanbo6.or.kr:47791/text/s2_2.php) 2022년 1월 6일 인출.

2) 제4차 표준보육과정의 운영

(1) 편성 · 운영

편성 · 운영은 어린이집에서 영유아 · 놀이 중심 보육과정을 편성하고 운영하기 위해 고려해야 할 공통적 기준을 안내한 것으로, 다음과 같이 보육과정을 편성 · 운영한다.

- 어린이집의 운영 시간에 맞추어 편성한다.
- 표준보육과정을 바탕으로 각 기관의 실정에 적합한 계획을 수립하여 운영한다.
- 하루 일과에서 바깥 놀이를 포함하여 영유아의 놀이가 충분히 이루어지도록 편성하여 운영한다.

- 성, 신체적 특성, 장애, 종교, 가족 및 문화적 배경 등에 따른 차별이 없도록 편성하여 운영한다.
- 영유아의 발달과 장애 정도에 따라 조정하여 운영한다.
- 가정과 지역사회와의 협력과 참여에 기반하여 운영한다.
- 교사 연수를 통해 표준보육과정의 운영을 개선할 수 있도록 한다.

보육과정의 편성은 국가에서 고시한 표준보육과정을 개별 어린이집 수준에서 재구성하는 과정이다. 따라서 어린이집의 보육과정을 편성할 때에는 종일제를 기반으로 각 어린이집의 일과 운영 시간에 따라 조정하여 편성할 수 있다. 즉, 어린이집은 국가 수준의 보육과정인 표준보육과정을 바탕으로 각 기관의 실정에 따라 적합한 계획을 수립하여 운영하여야 한다.

어린이집은 영유아가 편안하고 즐겁게 보육 내용을 경험할 수 있도록 휴식과 낮잠, 바깥놀이 등을 포함하여 영유아가 중심이 되고 놀이가 살아나는 영유아 · 놀이 중심 보육과정으로 운영한다. 개정된 4차 표준보육과정에서는 계획안 수립에 있어서 어린이집과 교사의 자율성을 강조하였다. 교사는 영유아의 경험이 교육적 가치를 가지도록 영유아의 놀이를 지원하기 위해 필요한 사항을 준비한다. 이를 위하여 계획안을 작성할 때에는 놀이를 중심으로 기록하고 교사의 지원 방안을 제시한다. 교사가 미리 계획하여 하루 일과를 운영하기보다는 영유아의 흥미와 관심에 따라 놀이를 충분히 즐길 수 있도록 탄력적으로 편성 · 운영하는 것이 중요하다.

또한 표준보육과정은 영유아가 성, 신체적 특성, 장애, 종교, 가족 및 문화적 배경 등으로 인해 차별받지 않고 서로 배려하는 마음을 가지도록 편성 · 운영해야 한다. 영유아가 다른 사람을 대할 때 자신과 상대와의 다른 점을 틀린 것이 아니라 다른 특성으로 받아들이고 편견 없이 대할 수 있도록 지원해야 한다. 아울러 영유아에게 고정적인 성 역할을 강요하지 않는다(예: "남자는 씩씩하게, 여자는 예쁘게 대답해요" "아빠는 회사가고 엄마는 집안일을 해요" 등).

발달 지연 또는 장애 영유아도 또래 영유아와 함께 하는 경험이 필요하다. 따라서 교사는 특별한 요구를 가진 영유아가 차별 없이 또래와 더불어 생활하고 함께 놀이하도록 지원하고, 필요시 통합반을 편성하여 운영할 수 있다.

영유아가 속해 있는 가정, 기관, 지역사회 등은 모두 보육과정의 주체이므로, 상호 연계하고 협력해야 한다. 지역사회는 영유아의 다양한 경험을 지원하는 풍부한 자원이다. 따라서 어린이집에서는 영유아들이 지역사회의 여러 기관이나 장소를 직접 경험하면서 지역사회에 관심을 가질 수 있도록 지원해야 한다.

교사는 영유아의 놀이와 배움을 지원하는 보육과정의 주체이자 영유아와 함께 배우고 성장하는 전문가이다. 개정 표준보육과정에서는 표준보육과정의 실행자로서 영유아의 놀이를 지원하는 교사의 역할을 강조하고 있다. 교사는 표준보육과정의 실천과 지속적인 개선을 위해서 다양한 교사연수와 교육에 참여하여 표준보육과정 운영을 개선해 간다.

개정된 표준보육과정과 누리과정 구성의 중점 내용

1. 영유아중심과 놀이중심

교사 주도적 교육에서 벗어나, 영유아의 주도적 · 자발적 놀이를 권장합니다. 교사가 계획안 일과에서 벗어나 영유아가 주도한 활동과 놀이가 충분히 이루어질 수 있도록 운영하고 있습니다. 개별 영유아의 요구에 따라 휴식과 일상생활이 원활히 이루어지고, 자발적인 놀이와 참여, 특히 놀이를 통한 배움을 강조합니다.

2. 교육내용의 간략화(적정화)

특정한 활동 여부보다는 경험하기, 시도하기에 중점을 두고 영유아가 경험하여야 할 최소한의 내용으로 적정화 되었습니다. 특히 0~1세와 2세의 수준별 교육내용이 통합되어 6개 영역(누리과정 5개)의 내용이 간략화되었습니다.

영유아놀이 중심 교육과정	6개 영역 (누리과정 5개) 내용의 간략화	교사의 자율성 강조
교사계획에서 유아놀이로	가르쳐야 할 내용에서 경험할 내용으로	교육계획안, 흥미영역, 평가

3. 교사의 자율성

계획 수립, 교수 방법 및 평가 등에서 교사의 자율성이 확대되었습니다. 교사는 기존에 활용하였던 연간, 월간, 주간, 일일 계획안을 어린이집 및 반의 특성에 적합하게 변경하여 자율적으로 조정하여 작성할 수 있습니다.

(2) 일과 계획 및 구성

어린이집은 각 기관의 보육철학, 가정과 지역사회의 특성, 영유아의 요구 등을 반영하여 자율적으로 일과 계획을 수립할 수 있다.

영유아의 하루 일과를 계획할 때 교사가 고려할 내용은 다음과 같다.

① 개별 영유아의 요구 및 개인차 고려

영유아의 연령, 발달, 장애, 가정환경 등을 고려하여 개별 특성에 적합한 방식으로 배우도록 한다. 교사는 영유아의 개별적인 특성에 따라 영유아의 관심과 능력, 문화적 특성을 이해하며 인정하고 존중해 주어야 한다. 영유아는 어린이집에서 가정과 다른 변화와 생활리듬을 겪는다. 따라서 개별 영유아의 요구를 반영하며 영유아의 건강상태와 날씨나 계절, 기관 상황 등에 따라 하루 일과를 융통성 있게 운영한다.

영유아는 연령에 따른 차이뿐 아니라 월령에 따른 발달적 차이도 크다. 특히 영아의 월령이 낮을수록 개별 일과 운영에 주의를 기울여야하며 기다리고 지원한다. 또한 일과계획과 운영 시, 영유아의 개인차를 고려하여 다양한 활동과 자료를 비치해야 한다.

② 여유 있는 하루 일과와 융통성

영유아의 어린이집에서의 일과는 바쁘지 않고 여유롭게 가도록 한다. 바쁜 일과는 영유아의 놀이와 영유아의 주도적인 활동을 방해한다. 따라서 일과를 융통성 있고 영유아가 주도할 수 있도록 운영한다. 융통적 운영은 그날의 날씨나 유아의 흥미정도, 기분과 건강상태 등에 따라 계획된 일과를 조금씩 수정하는 것이다. 다음은 융통적 운영의 예이다(보건복지부, 한국보육진흥원, 2020).

- 부모님과 헤어지기 힘들어하는 영유아가 있을 때, 오전 날씨가 좋을 때 등은 등원하자마자 바깥놀이를 할 수도 있음.
- 영유아의 놀이가 자주 끊어지지 않도록 실내놀이시간 중에 자유롭게 간식을 먹도록 할 수도 있음.
- 대소집단 활동을 계획했지만 실행하지 않을 수도 있고, 때론 원하는 유아만 참여할 수 있으며 활동을 바꾸어 진행할 수도 있음.

- 실내 놀이에서 영역별 활동 인원수를 제한하지 않고 자유롭게 놀이하도록 할 수 있음.

③ 균형성

등원에서 귀가까지 보육일과를 계획할 때, 교사는 정적 활동과 동적 활동, 개별 활동과 대집단/소집단 활동, 교사주도 활동과 영유아주도 활동, 실내활동과 실외활동, 활동시간과 전이시간 등을 고려하여 균형 있게 구성한다. 특히 영유아의 주의집중 시간은 매우 짧다. 따라서 이야기 나누기와 같이 정적인 활동을 한 후에는 몸을 움직일 수 있는 게임이나 신체표현과 같은 동적인 활동을 계획하고, 자유놀이와 같은 개별 활동을 한 후에는 동화나 음률과 같은 대소집단 활동을 실시하는 것이 바람직하다.

(3) 놀이지원

제4차 표준보육과정에서는 교사를 영유아의 놀이 지원자로 제안하고 있다. 그러나 어린이집과 교실마다 실내외 환경이 다르고 영유아도 다르기에 영유아의 놀이와 상호작용은 달라질 수밖에 없다. 이처럼 교사의 영유아 놀이 지원이 교실마다 다를 수밖에 없기에 제4차 표준보육과정에서는 교사의 자율성을 강조한다. 교육부와 보건복지부(2019c)에서는 교사의 자율성을 바탕으로 한 놀이지원자로서의 역할을 다음과 같이 설명하였다.

- 영유아 중심 · 놀이중심 보육과정을 이해하고 실천하는 역할
- 놀이를 통한 영유아의 배움을 지원하는 역할
- 놀이와 배움을 기록하고 평가하는 역할

• 함께 배우며 성장하는 역할

교사의 놀이지원에서 가장 중요한 내용은 제4차 표준보육과정의 핵심인 영유아 중심 · 놀이중심 보육과정을 이해하고 실천하는, 즉 놀이를 통한 영유아의 배움을 지원하는 것이다. 다음은 교사의 놀이지원 시 고려할 내용이다.

• 어린이집의 하루 일과는 영유아가 주도하는 놀이를 중심으로 편성 · 운영한다. 영유아는 하루 일과에서 놀이, 일상생활, 활동 등을 하면서 다양한 경험을 한다.
• 놀이는 바깥놀이를 포함하여 하루 일과 중 가장 길게, 우선적으로 편성 · 운영하여 영유아가 충분히 놀이할 수 있도록 한다. 특히 놀이시간은 짧게 여러 번 제공하기보다 긴 시간으로 편성하여 놀이의 흐름이 끊기지 않고 영유아가 충분히 놀이하고 몰입할 수 있도록 한다. 교사는 바깥 놀이를 포함하여 놀이시간을 2시간 이상 확보하되, 날씨와 계절, 기관의 상황, 영유아의 관심사와 놀이 특성 등을 고려하여 융통성 있게 편성 · 운영한다.
  (예) 일과 운영 시 바깥 놀이는 미세먼지, 날씨 등을 고려하여 실내놀이로 편성 운영할 수 있고, 다른 날은 바깥 놀이를 길게 편성할 수도 있다.
• 일상생활에 포함되는 등원, 손 씻기, 화장실 다녀오기, 간식, 점심, 낮잠, 휴식 등은 영유아의 신체적 리듬을 반영하여 편성 · 운영함으로써 영유아들이 즐겁게 하루를 보낼 수 있도록 한다.

놀이와 활동

놀이: 영유아가 스스로 선택하고 주도적으로 참여하는 과정에서 즐거움을 느끼는 것

활동: 영유아의 놀이를 지원하기 위해 교사가 영유아의 흥미와 욕구, 의도를 고려하고 놀이 맥락 안에서 계획을 실행하는 것

(예) 교사가 계획안에 제시하는 실내놀이, 바깥놀이, 일상생활활동, 안전교육활동, 건강영양교육활동 등

⇨ 활동이 영유아의 흥미와 욕구를 반영하여 놀이 맥락 안에서 이루어지고, 여기에 즐거움이 더해지면 이전 놀이를 확장시키거나 새로운 놀이로의 출발점이 될 수 있다.

출처: 교육부, 보건복지부(2019b). 2019 개정 누리과정 놀이이해자료.

- 활동은 영유아가 놀이를 통한 배움을 확장해 갈 수 있도록 돕는 교사의 지원이다. 교사는 영유아가 주도하는 놀이를 지원하기 위해 필요에 따라 활동을 계획하여 운영할 수 있다. 교사는 미리 계획한 활동을 모두 해야 한다거나 정해진 순서대로 일과를 운영해야 한다는 부담을 내려놓고 영유아가 주도하는 놀이의 흐름에 따라 융통성 있게 일과를 운영하도록 한다.
- 영유아의 놀이를 이해하고 놀이가 계속 가능하도록 지원하는 교사 역할은 교사 스스로 질문하고 깨닫고 의문을 갖고 해결하는 끊임없는 배움의 과정이다. 즉, 교사 역시 스스로 배움을 지속한다.
- 영유아가 주도하는 놀이는 미리 계획하여 운영하기 어렵기 때문에 교사는 영유아가 놀이하며 경험한 내용을 중심으로 계획안을 기술할 수 있다. 이는 교사가 계획을 안 하는 것이 아니다. 교사는 영유아의 놀이가 계속 가능하고 더 의미 있는 배움으로 이어지도록 놀이를 지원한다.

제4차 표준보육과정에서의 계획안 작성

제4차 표준보육과정 이전에는 보육계획안을 자유선택활동과 대 · 소집단활동, 바깥놀이 등을 포함하는 정해진 형식에 맞추어 기술해 왔다면 제4차 표준보육과정에서의 계획안은 영유아가 실제 놀이한 내용 및 놀이를 지원하는 내용을 포함하기에 보다 자율적인 형식으로 바꾸어 볼 수 있다. 계획안을 자율적으로 작성하고, 사전 계획을 최소화함으로써 교사는 영유아가 주도하는 놀이를 적극적으로 지원한다.

다음은 제4차 표준보육과정에서의 계획안 작성 시 고려할 내용들이다.

① 어린이집에 적합한 계획안을 선택하여 작성한다.

제4차 표준보육과정에서는 별도의 규정된 보육일지 양식이 없다. 개개의 어린이집 특성에 적합하고 교사들이 작성하기 용이한 양식을 교사들과 함께 논의하여 사용한다.

- 연간계획은 어린이집의 모든 구성원이 공유하는 자료이므로 어린이집에서 수립한다.
- 개정표준보육과정은 영유아와 교사가 '만들어가는 교육과정'이므로, 영유아에게서 발현되는 놀이가 즉각적으로 반영 될 여지를 가지고 계획한다.
  (연간계획은 유아들의 놀이 경험에 따라 시기와 기간 등이 변경될 수 있음)
- 월간, 주간, 일일계획을 모두 수립하여야 하는 것은 아니며 하나만 선택하여 작성할 수 있다.

- 매일 진행되는 놀이를 기록하고 다음날 지원할 내용을 간단히 계획하여 기록하며, 계획안의 양식과 내용, 작성 주기는 어린이집과 교사의 필요에 맞게 자율적으로 결정한다.

② 하루 일과 중 영유아의 놀이가 충분히 이루어지도록 한다.

실내 놀이시간은 매일 2시간 이상으로, 오전 실내놀이는 1시간 이상 연속적으로 운영한다. 이때 정리정돈이나 손씻기 등의 전이 활동은 별도로 운영한다. 반에서 영유아의 50% 이상이 등원한 시간부터 실내놀이 시간이 되기에, 아직 영유아가 어린이집에 오지 않은 이른 시간을 놀이시간으로 포함하지 않는다. 또한 영유아가 학습지나 교재활동을 하는 것은 놀이시간이 아니다. 아울러 교사는 바깥놀이 시간도 매일 충분히 배정하여 운영한다(〈표 6-2〉 참조).

〈표 6-2〉 연령에 따른 바깥놀이 시간

0세	1~2세	3~5세	장애아 전문
주 3회 30분 이상	매일 30분 이상	매일 1시간 이상	주 1회 이상 장애유형과 정도에 따라 융통성 있게 운영

③ 영아반과 3세는 반드시 낮잠시간을 일과에 반영하여 계획하고 실행한 기록을 일지에 남긴다. 4, 5세는 낮잠을 자지 않아도 되지만 휴식시간(휴식 및 조용한 활동)을 계획하여 운영한다.

④ 하루 일과에서 정적 활동과 동적 활동, 개별활동과 소집단/대집단 활동, 일상생활과 놀이 및 활동이 균형 있게 이루어지도록 한다.

※ 제4차 표준보육과정의 주간보육일지와 일일보육일지는 이 장의 부록 1, 2 참조.

3. 통합보육과정의 편성 · 운영

일반적으로 교육의 목적은 모든 학생들에게 공정하고 평등한 교육의 기회를 제공함으로써 개인의 능력을 최대한 계발하는 것이다(임규혁, 임웅, 2009). 이러한 맥락에서 영유아기도 동등한 교육의 목적을 달성할 수 있도록 비장애영유아뿐 아니라 장애영유아에게도 개별적 요구(needs)에 적합한 양질의 교육을 제공함으로써 잠재된 개인의 능력을 최대한 계발시킬 수 있는 기회를 보장해 주어야 한

QR코드 설명 장애아동의 교육적 권리를 보장하기 위하여 현행 교육복지제도와 차별에 대응하는 방법을 알아본다.

다. 이와 같은 목적을 가진 교육이 바로 통합교육(inclusive education)이다(김형식 외, 2019; 장수연, 2021). 보육현장에서의 통합교육은 모든 영유아를 대상으로 효과적인 교육을 실행할 수 있도록「제4차 어린이집 표준보육과정」편성 · 운영의 (라) 항목과 (마) 항목에 그 근거를 마련하고 있다. 즉, 편성 · 운영의 (라) 항목에서는 '성, 신체적 특성, 장애, 종교, 가족 및 문화배경 등에 따른 차별이 없도록 편성하여 운영한다'라고 제시하면서 차별과 편견 없이 모든 영유아를 위한 양질의 교육을 제공할 수 있도록 근거를 마련하였으며, (마) 항목에서는 '영유아의 발달과 장애 정도에 따라 조정하여 운영한다'라고 제시하면서 보육현장에서 영유아의 개별적 특성과 특별한 교육적 요구를 충족할 수 있는 근거를 마련하였다(보건복지부, 2020b). 이에 따라 모든 어린이집은 발달지체[2], 장애 및 장애위험 영유아[3]가 입소하였을 경우, 우선적으로 이들의 기본적인 인권과 교육권을 보장하기 위하여 비장애영유아와 동일하게 국가수준의 표준보육과정을 제공함으로써 하루일과내에서 모든 활동과 놀이에 참여할 수 있도록 하였으며, 추가적으로 발달지체, 장애 및 장애위험 영유아의 특별하고 개별적인 교육적 요구를 충족시킬 수 있는 개별화교육계획을 수립하여 지원하도록 하였다. 이처럼 통합보육과정은 모두에게 동등하고 공평한 교육의 기회를 제공할 뿐 아니라 차별받지 않고 학급의 구성원으로 수용될 수 있는 기회를 제공한다. 따라서 모두에게 포용적이고 공평한 양질의 교육을 제공할 수 있는 통합보육과정의 기본원리인 보편적 학습설계(Universal Design for Learning: UDL)에 대하여 살펴보고, 이를 기반으로 실제 보육현장에서 어떻게 통합보육과정을 편성 · 운영하여 효과적으로 실행할 수 있는지에 대하여 살펴보고자 한다.

---

2)「장애인 등에 대한 특수교육법」에 따르면, '발달지체는 신체, 인지, 의사소통, 사회 · 정서, 적응행동 중 하나 이상의 발달이 또래에 비하여 현저히 지체되어 특별한 교육적 조치가 필요한 영아 및 9세 미만의 아동'을 말한다.

3) 의학적 측면에서의 장애영유아는「장애인복지법」에 근거하여 '신체적 · 정신적 장애로 인하여 오랫동안 하루일과, 활동 및 생활에서 상당한 제약을 받는 영유아'를 말하며, 교육적 측면에서의 장애영유아는「장애인 등에 대한 특수교육법」에 근거하여 '시각장애, 청각장애, 지적장애, 지체장애, 정서 · 행동장애, 자폐성장애, 의사소통장애, 학습장애, 건강장애 중 어느 하나의 장애 명칭으로 진단된 영유아'를 말한다. 그에 반해 장애위험 영유아는 현재 장애가 있는 것으로 진단되지는 않았지만 앞으로 장애발현가능성을 지니고 있는 영유아를 말한다.

1) 보편적 학습설계(UDL)의 개념적 이해

사진 설명 보편적 학습설계의 원리에 따라 환경을 구성한 보육실에서 다양한 특성을 가진 유아들이 함께 자율적으로 놀이를 한다.

통합교육은 1994년 6월 스페인 살라망카의 세계특수교육 컨퍼런스(the World Conference on Special Needs Education: Access and Quality)에서 특수교육의 원칙, 정책 및 실행 체계에 관한 살라망카 선언문(Salamanca Statement on Principles, Policy and Practice in Special Needs Education)을 채택하면서 전 세계적으로 특수교육의 방향이 통합교육(inclusive education)[4]으로 발전하는 계기를 마련하였다(장수연, 2012). 통합교육은 '모두를 위한 교육(Education for All: EFA)'을 실행하고, 모든 학습자를 위한 교육시스템의 역량을 강화하는 핵심전략으로 채택되었다(UNESCO, 1994). '모두를 위한 교육(EFA)'은 기본적인 인간의 권리라는 것에서 출발한 교육의 전반적인 원리로서, 이러한 원리를 따른 통합교육은 모든 교육정책과 실행방안에 지침서가 되고 있다(최정윤, 2014; Jachova, Kovačecič, & Hasanbegovič, 2018).

'모두를 위한 교육(EFA)'은 1990년 유네스코가 주관한 태국 좀티엔의 세계교육포럼에서 채택되었고, 2000년 세네갈 다카르의 세계교육포럼회의에서 6개 목표 및 실천전략을 공표하며 더욱 발전하였다. 이후 2015년 대한민국 인천의 세계교육포럼에서 유엔은 좀티엔과 다카르의 유산을 토대로 교육을 위한 새로운 비전인 지속가능발전목표(Sustainable Development Goals: SDGs)를 인천선언문(Incheon Declaration)으로 완결하여 채택하면서 발전의 주요 원동력인 교육의 중요성을 인식하고, 교육이 나아가야 할 방향을 제시하였다. 이것이 바로 '교육 2030 실행계획(Education 2030 Framework for Action)'이며, '세계의 변혁: 2030 지속가능발전의제(Transforming our world: the 2030 Agenda for Sustainable Development)' 중 4번째

4) 통합교육은 패러다임의 변화에 따라 영문표기가 다르고, 이를 구분하고자 저자마다 포함교육, 포용교육, 완전통합교육 등으로 다르게 해석하여 사용하고 있지만 이 책에서는 독자의 이해를 돕고자 기존 보육현장에 통용되고 있는 통합교육(inclusive education)으로 제시한다.

교육의 목표인 '모두를 위한 포용적이고 공평한 양질의 교육 보장 및 평생학습 기회 증진(Ensure inclusive and equitable quality education and promote lifelong learning opportunities for all)'(이하 교육2030)[5]이다(유네스코한국위원회, 2016). 교육 2030은 기초교육(취학 전, 초등 및 중학교)의 달성을 위해 필수적으로 조기 영유아보육 및 교육을 제공함으로써 아동의 장기적 발달, 학습, 건강의 목적을 달성한다고 제시하고 있다. 우리나라에서는 교육 2030 실행계획을 효과적으로 이행하기 위하여「영유아보육법」「유아교육법」「장애인 등에 대한 특수교육법」「장애아동복지법」 등의 시행령에 따라「2015 개정 특수교육 교육과정」의 개정을 시작으로「2019 개정 누리과정」「제4차 어린이집 표준보육과정」을 개정하였다. 이를 토대로 보육현장에서는 '모두를 위한 교육(EFA)'을 효과적으로 실행할 수 있는 방안으로 완전통합교육(full inclusion)에 대한 논의를 시작하였다(교육부, 국제연합교육과학문화기구, 유네스코한국위원회, 한국연구재단, 2021; 보건복지부, 2014, 2020b; 법제처 국가법령정보센터 2021년 11월 5일 인출).

(1) 보편적 학습설계의 주요 원리

보편적 학습설계(Universal Design for Learning: UDL)란 가능한 모든 사람들이 건축물이나 구조물을 사용할 수 있도록 방해(barriers)가 되는 요소를 제거하여 접근성을 보장한다는 개념의 보편적 설계(Universal Design: UD)에서 유래된 용어로 이를 교육에 적용하여 모든 학습자들이 공평하고 동등한 교육적 혜택을 보장받을 수 있도록 방해(barriers)가 되는 요인을 제거해주거나 학습자들을 지원해줌으로써 모두에게 포용적이고 공평한 교육이 될 수 있도록 학습권을 보장해주는 것이다.

모두에게 양질의 교육을 제공할 수 있는 보편적 학습설계의 원리를 반영한 통합보육과정은 근본적으로 다양한 특성(예: 연령, 성별, 발달, 장애, 종교, 가족구성, 지역 등의 사회경제적 배경, 문화적 배경 등)을 지닌 모든 영유아의 교육적 권리를 보장하도록 하고 있다(조윤경, 김수진, 2020; Horn, Palmer, Butera, & Lieber, 2016). 즉, 통합보육과

5) 교육 2030 실행계획은 인천선언문을 어떻게 국가(national), 지역(regional), 전 세계적(global)인 수준에서 교육관련 목표와 세부목표로 실행할지에 대한 윤곽을 제시한 것으로 포용적이고 공평한 양질의 교육과 모두를 위한 평생학습 기회를 보장하기 위하여 실행, 조정, 재정조달, 모니터링 방법을 제안한 것이다. 교육 2030 실행계획은 제1장 교육 2030의 비전, 근거, 원칙, 제2장 세계적 교육목표와 7대 세부목표, 3대 이행방안 및 전략안 제시, 제3장 세계적인 교육노력의 조정, 거버넌스, 모니터링, 후속작업, 평가 체계 설명 등 총 3장으로 구성되어 있다.

계단이 있어 장애영유아가 접근하기 어려운 어린이집: **분리교육**

계단과 경사로가 있어 장애영유아와 비장애영유아가 다른 길로 등원하는 어린이집: **통합교육**

계단, 경사로, 문턱을 제거함으로써 모두가 같은 길로 등원하는 어린이집: **완전통합교육**

〈그림 6-3〉 보편적 학습설계에 따른 접근 가능성

정은 근본적으로 다양한 특성을 지닌 모든 영유아에게 동등한 양질의 표준보육과정을 제공하고 이에 따라 모든 활동 및 놀이에 참여할 수 있도록 지원해 주어야 한다. 특히 장애(disability)로 인해 활동이나 놀이에 참여가 쉽지 않은 발달지체, 장애 및 장애위험 영유아에게는 그들의 발달 수준 및 특성을 고려하여 개별화교육계획을 수립한 후 모든 일과 및 활동과 놀이에 함께 참여할 수 있도록 그들의 개별적인 요구에 적합한 지원을 제공해줌으로써 교육적 권리를 보장해준다(보건복지부, 2020a, b).

Horn 등(2016)은 질적으로 우수한 교육과정의 제공이 영유아들의 성장과 발달에 긍정적인 영향을 미친다고 하면서 모든 영유아의 긍정적인 성장과 발달을 위하여 보편적 학습설계(UDL)의 원리를 구현할 수 있는 방안을 신중히 모색해야 한다고 하였다. 특히 보편적 학습설계는 다양한 특성을 지닌 학습자의 교육적 요구를 해결하고, 충족시킬 수 있는 중요한 수단이기 때문에 어린이집에서 사용하는 모든 기자재, 교재교구, 보육환경 및 건축물까지도 장애로 인해 접근이 어렵거나 사용이 불가능한 경우가 발생하지 않도록 최대한 이 모든 것을 고려하여 설계한다(Mace, Hardie, & Place, 1996). 〈그림 6-3〉과 같이 휠체어를 탄 지체장애유아가 계단이라는 방해물을 만나 어린이집에 등원하는 것이 어렵거나 가파른 경사로를 오르는 일이 없도록 계단과 문턱이라는 방해물을 없애줌으로써 누구나 편리하게 이용할 수 있도록 설계단계에서부터 모든

Eva Marie Horn

부분을 고려해준다면, 장애영유아는 모든 활동 및 놀이에 참여할 수 있게 되기 때문에 자연스럽게 학급의 구성원으로 인식되고 수용될 수 있게 된다. 이처럼 보편적 학습설계는 건축가, 행정가, 교육자, 기타 전문가들이 모든 사람들의 개별적 요구를 충족시키기 위하여 각자의 전문영역에서 서로 협력하고 협업함으로써 모든 학습자가 함께 생활하고 학습하는 데 어려움이 없도록 초기단계에서부터 준비하고 지원하는 것을 의미한다. 따라서 보육전문가들은 특별하고 다양한 특성을 지닌 개별 영유아 한두 명에 초점을 맞추어 환경을 재구조화하고 수정·보완하기보다는 처음부터 다양한 특성을 가진 영유아들이 하루일과 중 놀이 및 활동 등의 학습과정에 자율적이고 주도적으로 접근하고 참여할 수 있도록 기회를 제공하기 위해 최대한 방해물(barrier)을 제거하고 보완해 주어야 한다.

Karger(2005)는 보편적 학습설계(UDL)를 위하여 다양한 제시방법, 다양한 구성방법, 그리고 허용적인 분위기에서의 다양한 표현방식의 수용을 제시하였다. 이를 우리나라의 보육현장에 맞춰 제시해보면, 보편적 학습설계(UDL)의 첫 번째 원리인 다양한 제시방법은 학습자의 이해를 돕기 위해 정보를 다양한 방식으로 제시한다는 의미이다. 표준보육과정에 따르면, 모든 영유아들은 자신의 연령에 적합한 다양한 경험을 통하여 그 연령에 배워야 할 것들을 습득하게 된다. 보육현장에서는 모든 영유아가 새로운 정보를 쉽게 습득할 수 있도록 다양한 방법으로 정보를 제시해 주어야 한다. 예를 들어, 봄이라는 생활주제를 가지고 어린이집에서 활동을 한다면, 봄과 관련된 다양한 정보를 제시해주고 경험해 볼 수 있도록 지원해주어야 한다. 이때 사용되는 교재교구는 다양한 방식으로 제시될 수 있도록 해주어야 하는데, 점자가 포함된 그림책, 소리가 나오는 사운드북, 자막이 나오는 동영상 등을 사용하여 장애(disabilities)로 인해 경험하는 것이 제한되지 않도록 지원해 주어야 한다.

보편적 학습설계(UDL)의 두 번째 원리인 다양한 구성방법은 영유아가 주변을 적극적으로 탐색함으로써 주도적으로 학습이 일어날 수 있도록 호기심을 자극하는 구성방식의 다양화를 의미한다. 보편적 학습설계를 근거로 한 교육과정은 기본적으로 다양한 구성방식을 제공해야 한다. 즉, 모든 영유아들은 배움에 도움이 되는 다양한 흥미영역별 교재교구와 놀잇감 그리고 접근이 용이하도록 접근의 용이성을 고려하여 환경적 지원을 제공해주고, 다양한 교육과정에 참여할 수 있게 지원해줌으로써 다양한 경험을 통하여 배울 수 있도록 해야 한다. 특히 보육실의 흥미영역을 구성할 때, 역할놀이영역에 장애 및 다문화와 관련된 교재교구 등을 비치하고, 영역별 교구장이나 바구니에 누구나 식별이 가능하도록 점자를 포함한 사진을 부착하여 모든 영유아들이 쉽게 접근하여 탐색할 수 있도록 지원해준다.

학습을 위한 보편적 설계(UDL)의 마지막 원리인 허용적인 분위기에서의 다양한 표현방식의 수용은 원아들이 경험을 통해 습득하게 된 지식기반을 확인하기 위하여 원아들이 나타내는 다양한 언어적 · 비언어적 표현에 민감하게 반응하고 귀 기울일 수 있는 허용적인 분위기를 조성하는 것이다. 이는 영유아가 다양한 경험을 통하여 배움으로 이어진 지식이 어느 정도인지를 파악하고, 이를 반영하여 다음 계획을 수립할 때 수정 · 보완할 수 있는 근거가 되기 때문에 주의 깊은 관찰을 통하여 영유아의 언어적 · 비언어적 표현을 확인하는 것이 중요하다. 또한 영유아의 언어적 · 비언어적 표현에 민감하게 반응하고 적절하게 표현하는 방식을 알려줌으로써 상황에 맞게 표현하는 방식을 배울 수 있는 기회를 갖게 된다. 즉, 영유아들이 무엇을 생각하고, 어떻게 느끼며, 무엇을 좋아하는지를 표현할 수 있도록 허용적인 분위기를 조성해줌으로써 더욱 적극적, 자율적, 주도적으로 참여할 수 있기 때문에 학습이 촉진되고 확대될 수 있다. 따라서 이러한 원리에 따라 모든 다양한 특성을 가진 학습자를 최대한 고려하여 보편적 학습설계를 기반으로 교육과정 수립을 하게 되면, 재원 중인 비장애영유아뿐 아니라 개별적이고 특별한 교육적 지원이 필요한 발달지체, 장애 및 장애위험 영유아의 교육적 요구도 충족시킬 수 있는 토대를 마련하게 된다(Horn & Banerjee, 2009).

근본적으로 보편적 학습설계는 영유아가 보육과정의 모든 콘텐츠에 접근하여 경험하고 배울 수 있도록 다양한 제시방법을 제공할 뿐 아니라 일과 내 활동이나 놀이에 적극적으로 관심을 가지고 지속적으로 참여할 수 있도록 다양한 구성방법을 사용한다. 또한 영유아가 현재 알고 있는 것이 무엇이며, 앞으로 배워야 할 것이 무엇인지를 표현할 수 있도록 허용적인 분위기를 조성하여 참여의 기회를 제공하기 때문에 영유아기 보육전문가들에게 학습기회에 대한 관심을 가질 수 있도록 기본적인 틀(framework)을 제공한다(Conn-Powers et al., 2006).

(2) 보편적 학습설계 기반 통합보육과정 편성 · 운영의 근거

영유아기 보편적 학습설계 원리를 기반으로 한 통합보육과정의 편성 · 운영은 「제4차 어린이집 표준보육과정」 편성 · 운영의 (라) 항목과 (마) 항목을 근거로 하고 있다. (라) 항목은 '성, 신체적 특성, 장애, 종교, 가족 및 문화배경 등에 따른 차별이 없도록 편성하여 운영한다'라고 제시하면서 모든 영유아가 차별받지 않고, 서로 배려하는 마음을 가지도록 교육적으로 지원해야 한다고 제시하고 있다(보건복지부, 2020b). 즉, 영유아가 다른 사람을 대할 때 자신과 상대와의 다른 점을 틀린 것이 아니라 다른 특성으로 받아들이고 편견 없이 대할 수 있도록 교육적으로 지원해야 하기 때문에 영유아들에게 다양한 가족 형태 및 문화적 배경을 이해할 수 있는 경험을 제공하여 다양성을 존중하고 배려할 수 있도록 지원한다. 이를 근거로 보육현장에서 다문화교육 및 장애이해교육, 세계민주시민교육 등을 실시함으로써 특정한 사람과 문화에 대한 차별, 편견, 오해를 감소시키고, 다양성에 대한 긍정적인 수용태도 및 행동을 증진시킬 수 있게 된다. 「제4차 어린이집 표준보육과정」에서는 각 어린이집과 담임교사의 자율성을 확대한 만큼 보육교사의 전문성을 강조하고 있기 때문에 이를 효과적으로 운영하기 위해서 교사는 놀이를 중심으로 다양한 경험을 할 수 있도록 영유아에 대한 주의 깊은 관찰을 토대로 놀이 및 활동지원계획을 수립해야 하고, 영유아의 경험이 교육적 가치를 가질 수 있도록 놀이 및 활동계획의 실행을 위한 준비를 해야 한다. 또한 영유아의 흥미와 관심을 중심으로 자율성과 주도성을 보장하며 놀이 및 활동이 잘 실행되었는지, 경험이 교육적 가치와 연결되었는지 등을 반성적으로 평가하여 다음 계획수립 시 반영하도록 해야 한다.

(마) 항목은 '영유아의 발달과 장애 정도에 따라 조정하여 운영한다'라고 하면서 영유아의 놀이는 연령 및 발달적 특성에 따라 다양한 모습으로 나타날 수 있음과 동일 연령의 영유아들일지라도 흥미, 관심, 경험, 발달, 가정의 문화 등 많은 부분에서 차이가 있으므로, 교사는 이를 반영하여 영유아들이 자신에게 적합한 방식으로 놀이할 수 있도록 적절히 지원하고, 필요한 경우 개별적 특성을 고려하여 수정·보완하여 지원할 수 있도록 편성·운영한다.

발달지체, 장애 및 장애위험 영유아도 또래 영유아와 함께 하는 경험이 필요하기 때문에 교사는 특별한 요구를 가진 영유아가 차별받지 않고 또래와 더불어 생활하며 함께 놀이할 수 있도록 지원해야 한다. 교사는 모든 영유아가 보편적인 환경에 접근하고 참여할 수 있도록 보육환경, 보육내용, 보육방법 등을 조정하여 운영한다. 즉, 교사는 장애영유아의 특성과 요구를 파악하여 개별화교육계획을 수립하고, 개별 장애영유아의 교육적 요구에 적합한 보육이 이루어지도록 해야 한다. 이때 보육과정의 효과적인 운영을 위해서 부모, 특수교사, 사회복지사, 의료진, 지자체 행정가 등 관련 전문가들이 상호협력하고, 소통할 수 있도록 해야 한다. 또한 필요에 따라 특별히 고

안된 장치나 보조기구, 자료를 활용하여 영유아가 장애로 인한 불편함을 느끼지 않도록 관련서비스도 지원해야 한다(보건복지부, 2020b).

(마) 항목에서는 발달지체, 장애 및 장애위험 영유아가 또래의 영유아와 함께 하는 경험의 중요성을 제시하면서 이들을 위해 개별화교육계획을 수립하도록 직접적으로 언급하고 있다. 이는 세계교육포럼에서 제시된 '모두를 위한 교육(EFA)', 즉 포용적이고 공평한 양질의 교육을 모든 영유아들에게 제공해야 한다는 의제와 맥을 같이 하는 것이다. 그러나 현실적으로 우리나라의 보육현장에서는 교육부(유치원)와 보건복지부(어린이집)라는 행정소속의 이원화 문제로 인하여 어린이집에 재원 중인 발달지체, 장애 및 장애위험 영유아의 경우는 특수교육지원센터의 교육적 지원 및 관련 서비스의 지원을 받을 수 없다. 어린이집의 경우는 각 지자체의 육아종합지원센터에 근무하는 순회교사를 신청하여 재원 중인 발달지체, 장애 및 장애위험 영유아를 지원해야 하는데 이마저도 인력수급의 문제로 지원이 여의치 않은 것이 현실이다. 따라서 어린이집에 재원 중인 발달지체, 장애 및 장애위험 영유아들이 포용적이고 공평한 양질의 교육을 보장받을 수 있도록 개선방안을 모색하는 것이 무엇보다 중요하고 시급하다.

사진 설명 이동이 쉽지 않은 지체장애유아가 이동보조기기를 사용하여 비장애유아들과 함께 어린이집에서 생활한다.

2) 보편적 학습설계(UDL) 기반 통합보육과정 편성 · 운영의 실제

보건복지부 소속인 어린이집에 재원 중인 발달지체, 장애 및 장애위험 영유아들은 교육부 소속의 유치원에 재원 중인 유아들에 비해 상대적으로 체계적인 지원을 받지 못하고 있는 것이 현실이다. 다시 말해, 동일연령의 유아일지라도 각 행정부처 간의 소속문제로 인하여 포용적이고 공평한 양질의 교육적 혜택을 받지 못하기 때문에 이로 인한 불이익은 해당 영유아 및 그 가족들의 몫이 되고 있다. 그러나 이러한 문제는 아동의 기본권인 인권과 교육권의 심각한 침해와 연결될 뿐 아니라 부차적인 장애 발생 가능성을 높인다는 점에서 더욱 신중하게 해결방안을 모색해야 할 필요성이 제기된다. 따라서 보편적 학습설계(UDL) 기반 통합보육과정 편성 · 운영의 실제에서는 하루 일과를 기반으로 어떻게 개별화교육계획을 수립하여 지원해 줄 수 있는지에 대한 방안을 모색해 보고자 한다.

(1) 일과기반 행동수행목록 체크리스트

제4차 표준보육과정을 반영한 어린이집에서의 하루 일과는 각 지자체, 어린이집, 학급, 원아의 수준별 특성을 반영한 보육계획을 기반으로 이루어진다. 보육교사는 이러한 특성을 반영한 보육계획을 수립하기 위하여 다양한 방법을 활용한 교육사정(educational assessment)을 해야 한다. 교육사정은 계획과 평가를 위해 반드시 필요한 것으로 개별학습자의 현재 발달 및 학습 수행 수준을 파악하기 위하여 다양한 평가방법(예: 검사, 관찰, 면접, 교육과정중심사정, 수행사정, 포트폴리오 사정 등)을 활용하여 수행하는 것이다(김동일 외, 2017; Stiggins, 2002). 보육현장에서는 하루 일과를 중심으로 양질의 보육계획의 수립 및 실행평가를 위하여 개별 영유아들의 일과 및 놀이 수행 수준을 다양한 방법으로 평가해야 한다. 〈표 6-3〉은 제4차 표준보육과정과 의무평가제의 평가기준을 반영하여 작성한 만4~5세 종일반 주간보육일지를 제시한 것이다.

〈표 6-3〉 제4차 표준보육과정을 반영한 주간보육일지작성 예시

<table>
<tr><th colspan="5" rowspan="2">나무반 보육일지(만4,5세)</th><th>담임</th><th>원장</th></tr>
<tr><td>김○○(인)
김○○(인)</td><td></td></tr>
<tr><th>주제</th><td colspan="3">한글</td><th>기간</th><td colspan="2">2021년 10월 25일 ~ 10월 30일</td></tr>
<tr><th rowspan="5">일과
및
시간</th><td colspan="2" rowspan="5">07:30-09:00 등원 및 통합보육
09:00-09:30 등원 및 오전간식
09:30-10:30 오전 실내놀이
10:30-10:50 정리 및 실외놀이 준비
10:50-11:50 실외놀이 및 대체활동
11:50-12:00 정리 및 점심식사 준비
12:00-12:50 점심시간
12:50-15:00 오후 실내놀이
15:00-15:30 오후간식
15:30-16:30 실내놀이 및 귀가
16:30-19:30 연장반

(거리두기 4단계로 특별활동 미실시)</td><td>등원</td><td colspan="3">존댓말을 사용해 인사해요 (10/25)</td></tr>
<tr><td>간식 및 점심</td><td colspan="3">식사 시 의자에 앉을 때에는 바르게 앉아요 (10/26)</td></tr>
<tr><td>건강 영양 교육</td><td colspan="3">콧물을 닦은 후 손을 씻어요 (10/28)</td></tr>
<tr><td>안전교육</td><td colspan="3">교통안전
안전하게 기다려요 (10/25)</td></tr>
<tr><td>바른인성</td><td colspan="3">협동
몸으로 단어를 만들어요(10/25~)</td></tr>
<tr><th>교사준비활동</th><td colspan="6">우리 몸 자석블록으로 글자를 만들어요 친구들의 동시를 읽어 보아요 바르고 고운말 캠패인(지역사회) 존댓말을 알아봐요</td></tr>
<tr><th></th><th>월</th><th>화</th><th>수</th><th>목</th><th>금</th><th>토</th></tr>
<tr><th>실내놀이</th><td>존댓말을 알아봐요 →
나뭇가지자석으로 단어를 만들어요</td><td>바르고 고운말 캠페인 (지역사회)</td><td>동화를 들어요
놀잇감 이름표 만들기</td><td>우리 몸 자석블록으로 글자를 만들어요
=> 우리 몸 자석으로 놀이해요 →</td><td>우리나라 표상</td><td></td></tr>
<tr><th>실외놀이 및 대체활동</th><td>달리기 시합 →</td><td>동생들과 산책해요</td><td></td><td>몸으로 단어를 만들어요</td><td></td><td></td></tr>
</table>

<table>
<tr><td rowspan="4">일일평가</td><td rowspan="4">10/25 (월)</td><td>놀이 실행 기록</td><td> [존댓말을 알아봐요]
지난 주 활동을 계획했으나 유아들이 큰 흥미를 보이지 않았는데 오늘 존댓말 카드에 관심을 보이며 교사에게 물어보았다. 이야기 나누기 시간에 존댓말에 대해 알아보는 시간을 가졌다. "요"만 붙이는 것이 아닌 대상에 따라 단어가 바뀔 수 있음을 알게 되었다.  

[달리기 시합]
바깥놀이 시간에 넓은 농구장으로 나가 몸으로 단어를 만들려고 했으나 유아들이 달리기 시합이 하고 싶다고 하여 유아들의 흥미에 따라 달리기 시합을 했다. 동일선상에 선 후 시작 소리에 맞춰 달리기를 했고 이후 잡기놀이로 확장되어 신나게 신체를 움직였다. 

[나뭇가지 자석으로 단어를 만들어요]
지난 주 유아들의 흥미에 따라 나뭇가지 자석을 제시해주었는데 이번 주에도 흥미를 보이며 활동했다. 유아들은 각자 친숙한 단어를 나뭇가지 자석으로 만들었다. 글자를 몰랐던 유아들도 자석모양을 탐색하며 점차 자음과 모음을 인식하고 글자를 단어를 만드는 모습을 보였다.</td></tr>
<tr><td>지원 계획</td><td>- 유아들이 실외에서 달리기 시합을 하는 놀이에 관심을 보였는데 몇몇 유아들이 구두를 신거나 양말을 신고 오지 않아 실외활동에 불편함을 호소했다. 유아들이 안전하고 편안하게 활동할 수 있도록 하원 시 가정에 요청해야겠다.</td></tr>
<tr><td>교육적 의미</td><td>신체운동건강> 신체활동 즐기기> 실내외 신체활동에 자발적으로 참여한다.
의사소통> 읽기와 쓰기에 관심 가지기> 주변의 상징, 글자 읽기에 관심을 갖는다.</td></tr>
<tr><td>비고</td><td>[안전교육] 차량이용 시 목적지에 도착하여 자동차가 완전히 멈출 때까지 기다려야함을 알아보고 역할 놀이를 통해 위험 상황을 인지하며 교통안전 교육을 실시함.
[등원] 평소 인사를 할 때 존댓말을 사용하지만 부모님께는 "안녕"이라고만 인사하는 유아들이 있어 대상에 따라 높임말을 사용해야함을 이야기 나누고 부모님께도 존댓말을 사용하여 인사할 수 있도록 격려했다.</td></tr>
</table>

중략

<table>
<tr><td rowspan="5"></td><td rowspan="4">10/29 (금)</td><td>놀이 실행 기록</td><td> [우리나라 표상]
어제 지원계획에 따라 유아들과 우리나라에 대한 표상활동을 했다. 우리나라 하면 생각나는 것들에 대해 유아들이 직접 적은 후 친구들과 함께 보았고 특히 김치와 비빔밥, 김밥 등 우리나라의 다양한 음식에 많은 관심을 보였다.

[실외놀이-달리기 시합]
유아들이 달리기 시합에 관심을 보여 반환점을 이용해 시합을 제안하였다. 놀이가 진행됨에 따라 유아 스스로 반환점을 돌고 오는 방법, 횟수를 정하며 다양한 규칙을 만들어 적용하여 놀이했다.</td></tr>
<tr><td>지원 계획</td><td>- 유아들이 우리나라 전통 음식에 관심을 보여 다양한 음식 놀잇감을 제시해주어야겠다.</td></tr>
<tr><td>교육적 의미</td><td>의사소통> 읽기와 쓰기
사회관계> 더불어 생활하기> 친구와 서로 도우며 사이좋게 지낸다.
신체운동건강> 안전하게 생활하기> 일상에서 안전하게 놀이하고 생활한다.</td></tr>
<tr><td>비고</td><td>- 달리기 시합을 하기 위해 농구장으로 가던 중 한 유아가 농구장으로 혼자 달려가려고 했다. 유아들과 안전하게 이동하려면 어떻게 해야 하는지에 대해 이야기를 나누었고 전체 유아와 함께 다시 한 번 바깥놀이 약속에 대해 이야기를 나누어 안전하게 이동할 수 있도록 격려했다.</td></tr>
<tr><td>10/30 (토)</td><td></td><td>등원 유아 없음</td></tr>
<tr><td>주간 평가</td><td colspan="3">이번 주는 나뭇가지 자석과 우리 몸 자석을 이용해 글자 만들기 활동에 큰 흥미를 보였다. 또한 존댓말에 대해 이야기를 나누며 대상에 따라 사용하는 말이 다르다는 것을 알 수 있었다. 캠페인을 통해 바르고 고운말을 사용하는 것에 더욱 더 관심을 보여 캠페인 후 현관에 게시하여 가정에서도 함께할 수 있도록 했다.</td></tr>
<tr><td>다음 주 예상 놀이 및 지원계획</td><td colspan="3">이번 주 유아들은 한글에서 더욱 확장해 우리나라에 대해 궁금증을 갖는 모습을 보였고 10/29 유아들과 표상활동 결과에 따라 우리나라와 관련된 활동을 지원해주어야겠다.

우리나라 음식으로 놀이해요 전래동화 책 보기 우리나라 블록으로 놀이해요</td></tr>
<tr><td>특이사항 및 수시상담</td><td colspan="3">10/20 이◇◇ 상담
평소 ◇◇가 이야기 나누기 시간에 친구들의 사진을 보며 자신도 보고 싶다고 하여 이 부분을 어머님께 이야기함. 비대면 운동회 기간에 바쁜 일이 있어 참석하지 못하였다고 해 다음번에는 꼭 참석해달라고 요청함.
→ 10/21 다음 날 바로 ◇◇의 사진이 올라와 이야기 나누기 시 ◇◇의 사진을 보여줌.</td></tr>
</table>

출처: 9사단 에버나인 어린이집 만4, 5세반 주간보육일지.

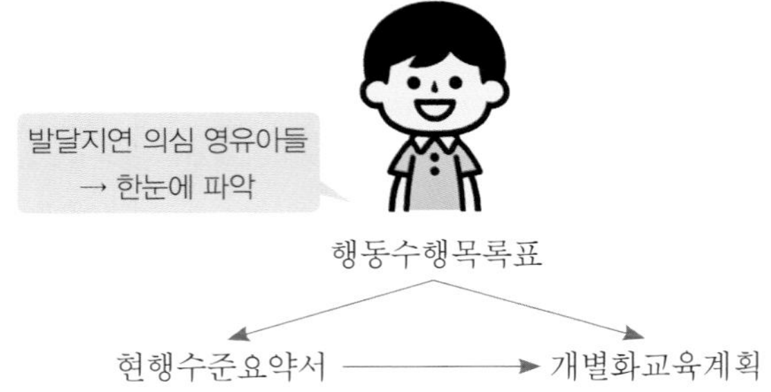

이와 같이 연령 및 발달에 적합한 주간보육일지를 작성하기 위해서는 개별영유아의 현재 수행수준을 정확히 판단하는 것이 무엇보다 중요하다. 이때 활용할 수 있는 체크리스트가 바로 일과기반 행동수행목록표인데, 보육교사가 개별 영유아의 행동이나 생활모습에 관심을 가지고 세심하게 주의 깊은 관찰을 잘 하기만 한다면, 특별한 전문적인 지식을 갖추지 않더라도 충분히 작성하여 활용할 수 있는 체크리스트이다. 이 체크리스트는 모든 영유아를 대상으로 사용할 수 있을 뿐 아니라 현재수행수준요약서와 개별화교육계획을 수립할 때에도 중요한 근거자료로 사용되기 때문에 활용도가 높다고 할 수 있다.

일과기반 행동수행목록은 관찰기록 방법 중의 하나로 실제 개별영유아들이 생활하고 있는 환경에서 각 연령에 적합한 것으로 판단되는 행동을 목록화한 것이다. 일과기반 행동수행목록은 주기적으로 수행가능 여부를 체크하는 간단한 방법으로 개별영유아의 발달수준, 수행 가능한 행동, 그리고 지금은 수행이 어려우나 앞으로 교육적 지원을 통하여 수행할 수 있게 될 행동 등을 파악하는 데 활용할 수 있을 뿐 아니라 잠재적인 능력을 개발시킬 수 있도록 목표를 설정하는 데도 유용하게 활용할 수 있다.

일과기반 행동수행목록을 작성할 때 주의해야 할 사항으로는 하루 일과의 흐름에 따라 긍정적인 문장으로 객관적이고 관찰 및 측정 가능한 형태의 문장이 되도록 작성해야 한다는 것이다. 〈표 6-4〉는 유아를 대상으로 어린이집에서 이루어지는 일과, 놀이, 활동을 제시한 행동수행목록의 예시이다.

〈표 6-4〉 일과기반 행동수행목록(월별 평가)

관찰아동 성명:	성별:	생년월일:	(만 세)
관찰자 및 평가자:		관찰일시: 2021년 3월	

평가표시 (◯: 스스로 수행, △: 도움 받아 수행, ×: 지도가 필요)

일과	평가항목	평가일시		
	10일에 한 번씩 정기적으로 체크	3/2	3/12	3/22
등 · 하원	자신의 신발을 스스로 벗어서 신발장의 정해진 자리(얼굴사진 or 이름이 부착된 장소)에 정리할 수 있다.	×		
	현관에서 만난 선생님들께 인사할 수 있다.(안녕하세요/안녕히 계세요)			
	기분 좋게 부모님과 인사할 수 있다.(다녀오세요/ 다녀오셨어요)			
	겉옷을 스스로 입고 벗을 수 있다.			
	양말을 스스로 신고 벗을 수 있다.			
	겉옷을 벗어 지퍼 또는 단추를 잠그고(또는 정리하여) 옷걸이에 걸 수 있다.			
	자신의 사물함(얼굴사진 or 이름이 부착된 장소)에 겉옷, 양말, 가방을 정리해 놓을 수 있다.			
	담임교사와 친구들에게 눈을 맞추고 반갑게 인사할 수 있다.(안녕/안녕하세요/내일 또 만나/안녕히 계세요)			
실내자유 선택놀이	놀이하는 친구에게 관심을 가지고 먼저 다가가 놀이할 수 있다.(뭐해/그건 뭐야/같이 놀자 등)			
	여러 영역의 놀잇감 or 교구에 관심을 가지고 탐색할 수 있다.			
	놀잇감 or 교구의 명칭과 기본적인 용도를 알고 있다.			
	자신이 선택한 영역 안에서 놀잇감 or 교구를 사용하여 주도적으로 놀이를 진행할 수 있다.			
	친구들이 놀이를 할 때 방해하거나 공격하지 않고 병행 · 협동놀이를 할 수 있다.			
	또래들과 놀잇감 or 교구를 나눠서 사용할 수 있다.			
	놀이 중 다른 영역으로 이동할 때 가지고 놀던 놀잇감 or 교구를 제자리에 정리하고 이동할 수 있다.			
	학급 규칙을 지켜가며 놀이할 수 있다.(놀잇감 or 교구를 던지지 않고 안전하게 가지고 놀기, 소리 지르지 않고 본인이 원하는 바를 말로 표현하기, 차례 지키기 등)			
	2~3 영역 이상을 탐색하며 놀이를 즐겁게 할 수 있다.			
	전체 학급이 실외놀이를 가거나 급 · 간식시간이 되었을 때 놀잇감 or 교구를 정리하고 다음 활동으로 전환할 수 있다.			
	놀이가 끝난 후 스스로 손을 씻으러 화장실에 갈 수 있다.			

이하 생략(생략되는 '일과기반 행동수행목록'은 이 장의 부록 3 참조).

(2) 개별화 교육계획 수립

일과기반 행동수행목록은 보육현장에서 하루 일과를 통하여 영유아가 수행할 수 있는 것과 없는 것을 간단하게 확인할 수 있는 체크리스트이기 때문에 개별영유아가 현재 자발적으로 수행할 수 있는 행동은 무엇이고, 동일연령과 비교하여 앞으로 개별적으로 더 지도해야 할 행동은 무엇인지를 기록한 현재수행수준요약서를 작성하는 데 근거로 사용된다. 현재수행수준요약서는 미국의 「장애인교육법(IDEA, 2004)」에서 개별화교육계획(Individual Educational Plan: IEP)을 수립할 때 장애아의 현재 학업성취도 및 기능적 수행수준(Present Levels of Academic Achievement and Functional Performance: PLAAFP)을 제시하도록 함으로써 발달지체, 장애 및 장애위험 영유아의 개별적 요구에 적합한 교수학습방법 및 전략을 수립할 수 있도록 한 것이다. 〈표 6-5〉는 개별학습자의 현재 발달, 학업 및 기능적 수행 수준을 파악하기 위하여 다양한 평가방법(예: 검사, 관찰, 면접, 교육과정중심사정, 수행사정, 포트폴리오 사정 등)을 실행하여 작성한 현재수행수준요약서의 예시이다.

〈표 6-5〉 자폐성 장애유아의 현재수행수준요약서의 예시

<table>
<tr><td>이름</td><td>안 ○○</td><td>성별</td><td>남</td><td>생년월일
(생활 연령)</td><td>2014. 8. 21.
(7세, 만5세)</td></tr>
<tr><td colspan="2" rowspan="2">IEP 지원팀</td><td colspan="2">원장 우 ○○ (서명)</td><td colspan="2">일반교사 이○○ (서명)</td></tr>
<tr><td colspan="2">장애아 담당교사 김○○ (서명)</td><td colspan="2">학부모 박○○ (서명)</td></tr>
<tr><td colspan="2" rowspan="3">진단평가 내용</td><td>검사일</td><td>검사명</td><td colspan="2">진단평가 결과</td></tr>
<tr><td>2020. 2. 00.</td><td>장애진단
(○○병원)</td><td colspan="2">자폐성 장애(1급)</td></tr>
<tr><td>2020. 2. 00.</td><td>아동발달검사
K-CDI</td><td>▶ 사회성: 00
▶ 대근육: 00
▶ 표현언어: 00
▶ 글자: 00
▶ 전체발달: 00</td><td>▶ 자조행동: 00
▶ 소근육: 00
▶ 언어이해: 00
▶ 숫자: 00</td></tr>
</table>

발달 영역		현행수준	
		강점	지도가 필요한 점
적응행동 (기본생활습관)		–간식을 받아서 스스로 자리에 옴 –좋아하는 간식은 "더 주세요!" 요구 –간식시간 동안 착석을 유지함 –비누칠하며 손씻기를 좋아함	–선호하지 않는 간식일 경우 접시를 밀어내므로 다양한 음식을 맛볼 수 있도록 식사지도 필요 –마음에 드는 간식이 나왔을 때 간식이 눈에 보이면 간식시간 전이라도 무조건 먹으려고 하며 더 주지 않으면 울면서 머리를 박는 자해행동을 하므로 안전을 위해 머리를 박는 행동에 대한 지도 필요 –간식시간 외에 이야기나누기 시간 등 –기분 좋을 때만 착석하기 때문에 다른 활동 시간에도 친구들의 활동을 방해하지 않도록 지도가 필요 –손씻기를 좋아하지만 그만하라고 하면 울면서 꼬집는 등의 자해행동을 하기 때문에 이에 대한 행동지도가 필요
운동성	대근육	–반 소파 및 침대에 수시로 뛰어 올라갈 정도로 대근육 활발함 –카페트 위를 수시로 뛰어다님	–눈치 보면서 빠르게 높은 곳을 올라갔다 내려오르거나 교구장에 매달리는 행동으로 다칠 위험이 있으므로 안전에 대한 지도가 필요 –좋아하는 활동에 대해 때와 장소를 고려하여 할 수 있도록 지도가 필요
	소근육	–하고 싶은 활동이면 구슬과 끈을 가지고 하루 종일 집중하여 낌	–구슬과 끈을 가지고 집중하면서 끼는데 다른 활동을 하기 위해 못하게 하면 울면서 집어 던지는 공격적 행동이 나타나므로 이에 대한 지도가 우선적으로 필요
인지		–신발장이나 가방장 등 자신의 자리를 찾을 수 있음 –본인의 이름을 찾을 수 있음 –자신의 물건이 어느 것인지를 앎 –양육자를 알고 있고 가끔씩 눈맞춤이 가능함	–1～10까지 아직 수의 개념이 어려우므로 좋아하는 구슬을 이용하여 숫자 공부지도 필요 –다른 사람의 물건이라는 개념은 아직 어려운지 자신의 마음에 들면 무조건 자기 것이라고 하며 뺏는 행동이 나타나므로 이에 대한 지도 필요

언어 (의사소통)	–소리 나는 사운드 책을 좋아함. 하루에 한 가지 책을 하루 종일 볼 수 있음 –"뛰지 않아요!"라고 교사가 말하면 "네"라고 이야기 함 –손을 달라고 하면 손을 줌 –말을 앵무새처럼 따라함 –노래를 잘 따라 부름	–다른 활동을 하기 위해 책을 그만 보게 하면 소리를 지르고 울음을 보이므로 활동전환에 대한 지도 필요 –"네"라고 이야기하지만 자신의 생각을 이야기하는 것은 아니고 단지 요구하는 대답을 무의미하게 따라하는 모습을 보이며 의미 없는 상동행동을 보임. 상동행동을 제지하면 소리를 지르면서 머리를 박기 때문에 지도가 필요
사회성	–블록놀이 및 역할놀이를 좋아해서 집 모형에 자주 들어가 있고, 블록을 자신의 키만큼 높이 쌓을 수 있음 –친구들이 손을 잡아주면 꼭 잡고 있을 수 있음	–본인이 좋아해서 집착하는 유아가 있음. 그 유아만 졸졸 따라다니면서 좋아하는 유아를 밀거나 해서 다치게 할 때도 있으며, 교사가 그런 행동을 못하게 하면 울면서 자해하는 행동을 나타내므로 공격행동과 자해행동에 대한 지도가 우선적으로 필요 –친구들이 블록을 쌓으면 가서 무너뜨리고 좋아하는데 친구들을 방해하는 행동에 대한 지도가 필요
행동 특성	–원하는 것이 되지 않으면 소리를 지르며, 울고, 머리를 박으며 자해행동을 함 –까치발을 하루 종일 들고 있어서 감각치료를 받고 있음 –자주자주 손가락을 오므렸다가 폈다가 하는 의미 없는 상동행동을 함 –하원시간쯤 되었을 때 초인종에 예민하게 반응함. 밖에 온 사람이 엄마가 아니면 소리를 지르고, 울고 머리를 박으며 땀을 흘릴 정도로 자해행동을 심하게 함	
가족의 강점	–동생도 자폐성향을 보여 부모님께서 아이를 재활하려는 의지가 강함 –어린이집에서 3시에 하원하여 매일 다른 치료실에 감 –어린이집에 대해 호의적이고, 교사의 말을 듣고 어린이집에서 과제해결을 위해 가정에서의 활동을 부탁드리면 잘 따라주심 –아이와 스킨십을 많이 함	
시작 · 종결 시기	–2020년 3월 1일~2020년 12월 31일(3월 자료는 개별화교육계획 수립 시 근거자료로 사용하며, 이후 4~12월까지의 자료는 평가자료로 사용)	

- 평가방법: 교사 제작 평가지, 관찰, 포트폴리오, 그리기, 작업, 일화관찰 등
- 평가시기: 담당 교사가 수시 관찰법을 통해 성취 정도를 월별로 누가 기록하고, 이 자료를 토대로 회기별로 종합 평가

현재수행수준요약서는 개별영유아의 장점과 교육적 지원이 필요한 부분을 발달 영역별로 명확하게 진술한 것으로서 개별화교육계획의 장기목적과 단기목표를 수립할 수 있는 근거자료로 사용된다. 개별영유아의 교육적 요구를 잘 반영한 개별화교육계획안은 개별영유아의 잠재능력을 최대한 개발시킬 수 있도록 장 · 단기목표를 포함한 최적의 교육계획을 수립하고, 개별영유아에게 적합한 교수방법을 적용하여 표준보육과정 안에서 지원하도록 하고 있기 때문에 모두를 위한 교육의 기본 원리인 보편적 학습설계를 반영한 것이라 볼 수 있다(장수연, 2021). 〈표 6-6〉은 현재수행수준요약서의 지도가 필요한 부분에서 우선순위를 정하여 한 학기 동안 달성해야 할 목적과 이를 효과적으로 달성할 수 있도록 세분화한 단기목표를 설정하여 제시한 개별화교육계획안의 예시이다.

〈표 6-6〉 자폐성 장애유아의 개별화교육계획안의 예시

발달 영역		장기목적	단기목표	지도상황	성취 여부				
					월	월	월	월	월
적응행동		때와 상황에 맞게 착석이 필요한 경우 착석할 수 있다.	-이야기나누기 시간에 5분 이상 착석하기	1분~점점 늘려가기					
			-간식시간에 다 먹거나 먹기 싫은 간식이 나와도 친구들 먹을 때까지 자리에 앉아 기다리기	기다릴 수 있게 좋아하는 활동 제시					
			-다 같이 모이는 활동시간에 선생님이 모이라고 이야기하면 착석하기	반복적인 모임 싸인 음악 만들어 제시					
운동성	대근육	교실에서는 높은 곳에 올라가거나 뛰지 않고 걸어 다닐 수 있다.	-교실에서 걸어 다니기	뛸 때마다 "걸어 다녀요" 이야기해 주기					
			-교실 책상 및 높은 곳에 올라가지 않기	오를 때마다 "올라가지 않아요" 이야기하기					
	소근육	소근육 활동교구를 집어던지지 않고 차분히 활동할 수 있다.	-한 가지뿐 아니라 다양한 소근육 활동 해 보기	흥미를 끌 수 있는 교구 제시					
			-원하지 않는 소근육 활동을 제시할 때 던지지 않기	던지지 않을 때 칭찬해 주기					

인지	1~10까지의 수의 개념을 이해할 수 있다.	–1~10까지의 수세기 해 보기	수 카드 준비, 매일 활동, 섞어서도 해 보기					
		–10개 이하의 구체물을 수를 세어 수량 알기	10개 구체물 수시로 준비					
		–10개 이하의 구체물을 가지고 수의 많고 적음을 알기	많고 적음 표현 연습					
의사소통	눈을 마주치며 나의 생각을 이야기할 수 있다.	–이야기할 때 상대방과 눈 맞추기	"눈 보세요" 이야기하기					
		–"네, 아니요" 등 간단한 대답으로 나의 생각을 표현해 보기	대답하면 생각과 맞는지 물어보기					
		–필요할 때 "더 주세요" 같은 간단한 표현 해 보기	표현할 때 보상하기					
사회성	친구들과 함께 블록을 쌓으며 놀이할 수 있다.	–친구들이 쌓은 블록 무너뜨리지 않기	무너뜨릴 때 "하지 않아요" 얘기하기/사과연습					
		–1명 이상의 유아와 함께 블록 쌓아 보기	1명부터 연습해서 여러 명까지 함께 블록 쌓기					
		–블록놀이 시 다른 친구가 와서 놀이할 때 친구 밀지 않고 함께 놀이하기	친구 밀 때 사과하기/친구가 다가올 때 밀지 않으면 칭찬해 주기					
문제행동 지원 방안	–발의 감각이 예민해서 까치발을 들고 다니는 것 같아 교실에서 바깥처럼 실내화를 신고 생활하며, 점차 좋아지면 실내화를 벗고 바닥에 발을 잘 딛을 수 있도록 지원한다. –손가락을 위로 올려 오므리려고 하면 다른 흥미 있는 물건을 손에 쥐어 주고, "안 돼!" 하고 이야기해 준다. 조금씩 좋아지면 언어적 촉진만 한다. –머리를 아무데나 박는 행동은 너무 위험해서 일단 화가 나면 아이가 머리를 박아도 안전한 곳으로 이동할 수 있도록 푹신한 매트를 구입한다. 교실 모서리 부분에 모서리 보호대를 설치한다. 아이가 화가 나는 상황을 최대한 줄여야 하기 때문에, 안 되는 상황에 대해 아이에게 반복적으로 이야기해 주어 이해할 수 있게 한다.							
가족 지원	–어린이집에서 하는 장·단기 목표가 연계될 수 있도록 매주 〈부모님과의 소통 안내장〉을 보내 주말동안 아이의 활동이 연계될 수 있게 한다. –부모님의 요청사항: 초등학교에서의 적응 ⇒ 육아종합지원센터와 연계하여 특수아동의 초등학교 적응 관련 책자 배부할 예정임 –육아종합지원센터와 연계하여 만 5세(7세) 특수유아 학부모 모임 및 프로그램 운영 예정							

보육현장에서는 「장애인 등에 대한 특수교육법」 제22조 제1항에 따라 개별화교육지원팀을 매 학년 시작일로부터 2주 이내에 구성해야 한다. 또한 동법 제22조 제2항에 따라 개별화교육계획의 수립은 매 학기 30일 이내 작성을 완료해야 한다. 수립한 개별화교육계획은 개별영유아의 교육적 요구에 적합한 교수 · 학습방법을 활용하여 실행하고, 이에 대한 지속적인 모니터링을 통하여 긍정적인 발달이 이루어졌는지를 평가한다. 평가결과는 다음 학기 개별화교육계획 수립 시 반영하여 양질의 보육과정이 되도록 수정 · 보완한다.

부록 1 제4차 표준보육과정의 주간보육일지*

다음은 중앙육아종합지원센터에서 제시한 제4차 표준보육과정 주간보육계획안의 예이다. 그러나 이 계획안은 참고의 내용이기에, 아래에 두 가지 주간보육계획안을 제시하였다. 교사는 각 어린이집의 상황에 맞고 작성하기 용이한 일지양식을 만들어 사용한다.

〈예시 1〉 제4차 표준보육과정 주간보육계획안의 예 1

담임	원장

보육일지 (만 ○세)

기간	년 월 일 ~ 월 일				
일과(시간)	계획 및 실행				
	월	화	수	목	금
등원 및 통합보육 (7:30~9:00)					
오전간식 (9:00~9:20)					
❶ 오전 실내놀이 (9:20~10:40)	[데굴데굴 자동차를 굴려요] -여러 가지 자동차와 자동차 사진을 준비함 • 자동차 굴리기에 관심을 보이며 여러 유아가 함께 자동차 굴리기를 함 [도로에서 볼 수 있는 것] -신호등, 표지판 등 도로에서 볼 수 있는 교통관련 사진과 소품을 준비함 • 산책활동에서 살펴 본 신호등, 표지판을 만들어 도로 꾸미기 놀이를 함 [여러 가지 길] -여러 가지 길을 만들 수 있는 블록 등을 준비함 • 블록을 높이 쌓아가며, 터널, 오르막, 내리막길 등에서 여러 가지 길에서 자동차 굴리기를 함 (다양한 길에 관심을 보임)				
활동 (10:40~11:00)	-	[교통안전교육] 신호등을 보고 건너요	내가 만든 자동차를 소개해요	-	자동차길을 만들 때 조심해요
바깥놀이(대체) (11:00~12:20)	놀이터에서 자동차 굴리기, 산책하며 자동차길 살펴보기 (대체놀이: 유희실, 복도에서 자동차 굴리기) 놀이터에서 자동차 굴리기를 하더니 산책을 통해 살펴본 자동차길을 구체적으로 만들어 놀이함				
점심식사 (12:20~13:20)	-골고루 먹기 • 유아들의 식사량이 크게 늘어남				

* 보건복지부, 중앙육아종합지원센터(2020). 「2019 개정 누리과정」 보육일지 개선방향 및 일지 양식 예시 http://central.childcare.go.kr/ccef/community/notice/NoticeSl.jsp?flag=Sl&BBSGB=47&BID=163609 2022년 1월 6일 인출.

낮잠 및 휴식 (13:20~14:20)	–조용한 음악을 들으면서 휴식을 취하거나 낮잠이 필요한 유아들은 낮잠 자기 • 미술영역에서 종이접기를 하며 휴식을 취함
❷ 오후놀이 (14:20~15:40)	
오후간식 (15:40~16:00)	
귀가 및 통합보육 (16:00~17:00)	–자유롭게 놀이 후 순차적으로 귀가하기

❸

놀이 평가 및 다음날 지원계획				
월	화	수	목	금
한 유아가 자동차 굴리기를 하자 아이들이 점차 친구에게 관심을 보이며 주변으로 모여 놀이가 시작되었다. 자동차를 바닥에 굴리며 놀이하다가 블록으로 길을 만들어 그 위에서 움직이는 것으로 놀이가 변화하더니 놀이터에서도 자동차 굴리기가 계속되었다. 다양하고 넓은 공간에서 놀이해 볼 수 있도록 실외에서도 진행해 보아야겠다.	미세먼지로 인해 실외놀이가 어려워 유희실에서 대체놀이가 진행되었다. 그에 따라 실내놀이 시간을 20분(9:20~11:00) 확대하고 바깥놀이 시간에 대체한 유희실 놀이는 1시간(11:20~12:20)으로 조정하여 진행하였다. 내일 미세먼지 수치가 낮아지면 충분한 바깥놀이 기회를 제공해 주어야겠다.	오늘은 미세먼지 수치가 낮아져서 어제 하지 못한 바깥놀이를 1시간 30분(10:50~12:20)으로 조정하여 진행하였다. 확장된 실외 공간에서 자동차 길을 만들어 안전문제가 발생하기 시작함에 따라 안전하게 놀이할 수 있는 방법에 대해 유아들과 이야기를 나눌 필요가 있겠다.		

❹

다음 주 예상 놀이 및 지원 계획	다음 주에는 계절에 맞는 놀이로 변경하여 진행하고자 한다. 날씨가 추워진 만큼 겨울이 다가왔음을 알고 유아들과 함께 겨울에 대해서 알아보며 관심을 가질 수 있도록 계획해야겠다. 그러나 이번 주까지 자동차 놀이에 관심을 많이 보인 만큼 유아들의 자동차 놀이에 대한 흥미가 지속된다면 관련 놀잇감을 계속 제공해 주고 유아들의 흥미가 줄어들면 정리해야겠다.
반 운영 특이사항	안전사고: ○○○ 바깥놀이 시 넘어져서 찰과상으로 소독 후 처치함

주간보육계획안 1 작성 Tip

'오전실내놀이'에 흥미영역구분을 삭제함. 주간보육계획을 계획과 실행 기록을 통합하여 작성함

❶ 놀이 시간에 정리 및 전이 시간이 포함되므로 이를 고려하여 충분한 놀이시간을 확보 · 실시하고 계획된 놀이와 우연히 일어난 놀이 등의 실행(파란색으로 표시)을 중심으로 간단히 기록

❷ 낮잠 후 자연스럽게 실시되는 놀이를 실내외 구분 없이 기록

❸ 실행된 놀이에 대한 간단한 평가와 일과계획에서 그 날 변동된 시간 등을 기록

❹ 한 주의 놀이평가를 바탕으로 다음 주 예상 놀이와 지원계획 및 특이사항을 간략히 기록

〈예시 2〉 제4차 표준보육과정 주간보육계획안의 예 2

<table>
<tr><td colspan="3">주간보육일지 (만 ○세)</td><td rowspan="2">결재</td><td>담임</td><td>원장</td></tr>
<tr><td colspan="2">기간</td><td>20 년 월 일 ~ 월 일</td><td></td><td></td></tr>
<tr><td colspan="2">통합보육</td><td>등원(7:30~9:00)</td><td colspan="3">하원(16:00~17:00)</td></tr>
<tr><td colspan="2">일과(시간)</td><td colspan="4">계획 및 실행</td></tr>
<tr><td rowspan="3">일상생활</td><td>간식
(9:00~9:20)
(15:40~16:00)</td><td colspan="4"></td></tr>
<tr><td>점심식사
(12:20~13:20)</td><td colspan="4"></td></tr>
<tr><td>낮잠 및 휴식
(13:20~14:20)</td><td colspan="4"></td></tr>
<tr><td rowspan="2">❶ 놀이</td><td>실내놀이
(9:20~10:40)
(14:20~15:40)</td><td colspan="4">  ▶놀이상황
놀이터에서 진행한 나무껍질 딱지놀이를 교실에서도 계속 하기 희망함. 미술영역 등에서 다양한 재질의 종이를 찾더니 딱딱한 종이를 찾아 딱지 접기를 함
▶놀이지원
유아들이 딱지에 관심이 높아 기존 재료 외로 부족한 두꺼운 재질의 종이, 잡지 등을 추가로 제시함. 또한, 유아들이 이야기하는 딱지 크기에 맞추어 종이를 잘라서 딱지 접기를 지원함</td></tr>
<tr><td>바깥놀이(대체)
(11:00~12:20)</td><td colspan="4"> ▶놀이상황
놀이터에서 유아들이 나무 밑에 떨어진 나무껍질을 수집하며 딱딱한 성질을 발견하더니 한 유아가 “이거 딱지 같아”라고 이야기함. 유아들이 나무껍질을 모아 딱지놀이를 시작함</td></tr>
<tr><td colspan="2">활동
(10:40~11:00)</td><td colspan="4">▶교통안전교육
‘신호등을 보고 건너요’라는 주제로 안전교육이 이루어지면서 길을 건너는 상황에 따라 안전하게 신호등을 보고 건너는 방법을 알아 볼 수 있었음. 가정연계로 유아들이 부모님과 신호등을 보고 길을 건너 볼 수 있도록 안전교육 내용을 안내해야겠음</td></tr>
<tr><td colspan="2">❷ 날짜</td><td colspan="2">놀이평가 및 다음날 지원 계획</td><td colspan="2">반 운영 특이사항</td></tr>
<tr><td colspan="2">0일(월)</td><td colspan="2">유아들이 다양한 재질을 활용할 수 있도록 재료를 추가로 제공할 필요가 있음. 딱지놀이 시 다른 놀이를 하는 유아들의 놀이공간이 확보될 수 있도록 실외 또는 유희실 등의 다양한 공간을 활용해야겠음</td><td colspan="2">부모개별면담)
○○○, ○○○, ○○○</td></tr>
</table>

0일(화)	미세먼지로 인해 실외에서 진행하고자 했던 딱지놀이를 유희실에서 진행하였음. 그에 따라 실외놀이 대체활동 시간을 1시간(11:20~12:20)으로 조정하였고 유아들의 요구에 따라 오전 실내놀이를 20분(9:20~11:00) 확대하여 진행하였음	미세먼지 발생으로 인해 유희실에서 대체놀이를 함
0일(수)	어제 진행하지 못한 실외 딱지놀이를 충분히 해볼 수 있도록 실외놀이 시간을 1시간 30분(10:50~12:20)으로 확대하여 진행하였음	
0일(목)		
0일(금)		
❸ 다음 주 예상 놀이 및 지원계획	바깥놀이를 하면서 발견한 딱지놀이에 대한 유아들의 흥미가 지속되어 실내놀이에도 딱지놀이가 활발하게 진행되었으므로 충분한 놀이 공간을 확보하기 유희실을 활용하거나 영역을 통합하여 놀이공간을 마련해 주어야겠음	

주간보육계획안 2 작성 Tip

일과를 일상생활(간식, 점심, 낮잠 및 휴식)과 놀이(실내 · 외), 활동으로 구분하여 기록

❶ 놀이 시간에 정리 및 전이 시간이 포함되므로 이를 고려하여 충분한 놀이시간을 확보 · 실시하고 계획된 놀이와 우연히 일어난 놀이 상황을 기록

❷ 실행된 놀이에 대한 간단한 평가, 일과계획에서 그날 변동된 시간, 운영의 특이사항 기록

❸ 한 주의 놀이평가를 바탕으로 다음 주 예상 놀이와 지원 계획을 간략히 기록

부록 2 제4차 표준보육과정의 일일보육일지**

다음은 중앙육아종합지원센터에서 제시한 제4차 표준보육과정 일일보육계획안의 예이다. 앞서 언급한 것과 같이 아래의 계획안은 참고의 내용이므로, 각 어린이집의 상황에 맞는 일지양식을 만들어 사용한다.

〈예시 1〉 제4차 표준보육과정 일일보육계획안의 예 1

<table>
<tr><th colspan="4">○○반 보육일지 (만 ○세)</th></tr>
<tr><td>날짜</td><td>20 년 월 일</td><td>담임</td><td>원장</td></tr>
<tr><td>❶ 교사의 기대</td><td>친구와 함께 하는 놀이가 이루어지고 있으므로, 친구와 더불어 즐겁고 활발하게 어울렸으면 함</td><td></td><td></td></tr>
<tr><td>일과</td><td>계획 및 실행</td><td colspan="2">놀이 평가 및 다음날 지원계획 ❸</td></tr>
<tr><td>등원 및 통합보육
(7:30~9:00)</td><td></td><td colspan="2" rowspan="3">유아들이 자동차 경주 게임을 진행하며 속도의 차이에 대한 호기심이 생겼고 경사도나 바닥의 촉감에 따라 속도가 달라짐을 발견하게 되었다. 특히 유아들이 바닥의 촉감에 관심이 많아 내일은 다양한 촉감 길을 구성해볼 수 있도록 재료를 추가로 제시해 주어야겠다.
또한 유아들이 만든 자동차 길이 공간의 제약으로 끊기지 않고 이어질 수 있도록 교구장 및 책상을 정리하여 공간을 확장을 해 주어야겠다.</td></tr>
<tr><td>오전간식
(9:00~9:20)</td><td></td></tr>
<tr><td>오전 실내놀이
(9:20~10:40)</td><td>[데굴데굴 자동차를 굴려요]
자동차 굴리기를 하는 유아의 곁에 관심을 보이며 모여 들어 놀이가 시작됨. 바닥에서 자동차를 움직여 굴려보다가 한 유아의 어떤 자동차가 더 빠른지 대결을 하자는 제안에 자동차 경주가 진행되었고 더 빨리 자동차를 굴리기 위해 책상 위, 매트 등 공간을 바꾸어 가며 놀이하였음

[내가 만드는 자동차 길]
유아들이 자동차를 굴리며 놀이하다가 “자동차가 가는 곳은 어디지?” 하는 유아의 질문에 “음… 도로야!” 하고 대답한 것을 듣고 자동차 길 만들기가 이루어 짐. 무엇으로 만들지 의견을 나누고 큰 벽돌 블록, 작은 벽돌 블록으로 만들어 봄. 자동차 길을 만든 뒤 터널이 있다는 유아의 말에 우유팩을 뜯어 길 위에 놓거나 반원 벽돌 블록으로 만들어 봄</td></tr>
</table>

** 보건복지부, 중앙육아종합지원센터(2020). 「2019 개정 누리과정」 보육일지 개선방향 및 일지 양식 예시 http://central.childcare.go.kr/ccef/community/notice/NoticeSl.jsp?flag=Sl&BBSGB=47&BID=163609 2022년 1월 6일 인출.

활동 (10:40~11:00)		
바깥놀이(대체) (11:00~12:20)	[바깥놀이] 놀이터에서 자동차 굴리기 [대체놀이] 유희실에서 자동차 굴리기	
점심식사 (12:20~13:20)		
낮잠 및 휴식 (13:20~14:20)		
❷ 오후 놀이 (14:20~15:40)		
오후간식 (15:40~16:00)		
귀가 및 통합보육 (16:00~17:00)		
❹ 반 운영 특이사항	부모 개별면담 진행－○○○, ○○○	

일일계획안 1 작성 Tip

'일일 계획 및 실행'과 '평가 및 다음날 지원계획' 내용을 함께 기록함

❶ 개정 누리과정의 추구하는 인간상을 중심으로 유아가 오늘 하루 어떻게 지냈으면 하는지를 기술

❷ 낮잠 후 자연스럽게 실시되는 놀이를 실내외 구분 없이 기록

❸ 실행된 놀이에 대한 간단한 평가와 다음날 놀이 지원 계획 기록

❹ 반 운영 특이사항(부모면담, 안전사고, 감염병 발생 등) 기록

〈예시 2〉 제4차 표준보육과정 일일보육계획안의 예 2

<table>
<tr><th colspan="3">일일보육일지 (만 ○세)</th><th rowspan="2">결
재</th><th>담임</th><th>원장</th></tr>
<tr><td colspan="2">날짜</td><td>20 년 월 일 ( ) 날씨:</td><td></td><td></td></tr>
<tr><td colspan="2">통합보육</td><td colspan="2">등원(7:30~9:00)</td><td colspan="2">하원(16:00~17:00)</td></tr>
<tr><td colspan="2">일과(시간)</td><td colspan="4">계획 및 실행</td></tr>
<tr><td rowspan="3">일상생활</td><td>간식
(9:00~9:20)
(15:40~16:00)</td><td colspan="4"></td></tr>
<tr><td>점심식사
(12:20~13:20)</td><td colspan="4"></td></tr>
<tr><td>낮잠 및 휴식
(13:20~14:20)</td><td colspan="4"></td></tr>
<tr><td rowspan="2">❶ 놀이</td><td>실내놀이
(9:20~10:40)
(14:20~15:40)</td><td colspan="4">▶ 놀이상황
놀이터에서 진행한 나무껍질 딱지놀이를 교실에서도 계속 하기 희망함. 미술영역 등에서 다양한 재질의 종이를 찾더니 딱딱한 종이를 찾아 딱지 접기를 함
▶ 놀이지원
유아들이 딱지에 관심이 높아 기존 재료 외로 부족한 두꺼운 재질의 종이, 잡지 등을 추가로 제시함. 또한 유아들이 이야기하는 딱지 크기에 맞추어 종이를 잘라서 딱지 접기를 지원함</td></tr>
<tr><td>바깥놀이
*대체
(11:00~12:20)</td><td colspan="4">▶ 놀이상황
놀이터에서 유아들이 나무 밑에 떨어진 나무껍질을 수집하며 딱딱한 성질을 발견하더니 한 유아가 "이거 딱지 같아"라고 이야기함. 유아들이 나무껍질을 모아 딱지놀이를 시작함</td></tr>
<tr><td colspan="2">활동
(10:40~11:00)</td><td colspan="4">▶ 교통안전교육
'신호등을 보고 건너요'라는 주제로 안전교육이 이루어지면서 길을 건너는 상황에 따라 안전하게 신호등을 보고 건너는 방법을 알아 볼 수 있었음. 가정연계로 유아들이 부모님과 신호등을 보고 길을 건너 볼 수 있도록 안전교육 내용을 안내해야겠음</td></tr>
<tr><td colspan="2">놀이평가 및
다음날 지원 계획</td><td colspan="4">딱지놀이가 지속적으로 진행되면서 유아들이 자신이 만든 딱지를 어디에 보관해야 할지 고민하는 모습을 볼 수 있었음. 내일은 유아들이 딱지 가방이나 보관함을 만들어 볼 수 있도록 종이상자, 리본끈 등의 조형재료를 추가로 제공해 주어야겠음 ❷</td></tr>
<tr><td colspan="2">반 운영 특이사항</td><td colspan="4">부모개별면담) ○○○, ○○○, ○○○</td></tr>
</table>

일일계획안 2 작성 Tip

일과를 일상생활(간식, 점심, 낮잠 및 휴식), 놀이(실내 · 외), 활동으로 구분하여 기록

❶ 놀이 시간에 정리 및 전이 시간이 포함되므로 이를 고려하여 충분한 놀이시간을 확보 · 실시하고 계획된 놀이와 우연히 일어난 놀이 상황을 기록

❷ 실행된 놀이에 대한 간단한 평가와 다음날 지원 계획 및 반 운영 특이사항(부모면담, 안전사고, 감염병 발생 등)을 간략히 기록

부록 3 일과기반 행동수행목록(월별 평가)–〈표 6-4〉에 이어서

관찰아동 성명:	성별:	생년월일:	(만 세)
관찰자 및 평가자:		관찰일시: 2021년 3월	

평가표시 (○: 스스로 수행, △: 도움 받아 수행, ×: 지도가 필요)

일과	평가항목	평가일시		
	10일에 한 번씩 정기적으로 체크	3/2	3/12	3/22
전체 활동	본인은 원하는 활동이 있을 때 말로 자신의 의견을 표현할 수 있다.(그림 그리고 싶어요, 화분에 물 주고 싶어요 등)			
	교사나 친구들에게 필요한 도움을 요청할 수 있다.(빌려줘, 도와줘, 비켜줘 등)			
	자신에게 필요한 개인적인 용품을 꺼내올 수 있다.			
	정해진 자리에 모여 앉을 수 있다.			
	교사가 하는 얘기에 주의를 집중하여 눈을 마주치며 들을 수 있다.			
	하고 싶은 얘기가 있으면 다른 사람이 하고 있는 말이 끝날 때까지 기다린 후 자신의 의견을 말로 표현할 수 있다.			
	교사가 이름을 부르면 교사 쪽으로 시선을 돌리고 “네”라고 대답할 수 있다.			
	교사나 친구들의 얼굴(눈)을 보고 요청에 따라 발표할 수 있다.			
	돌아다니거나 다른 친구들을 방해하지 않고 전체가 하는 활동에 잘 참여한다.			
	노래나 춤 같은 활동을 할 때 노래, 간단한 손동작이나 움직임을 자발적으로 잘 따라할 수 있다.			
	주말 지낸 이야기를 묻거나 간단한 질문을 할 때 질문에 맞는 간단한 대답을 할 수 있다.(날씨, 일과 및 주말경험 등)			
	동시, 동화, 이야기 등을 읽어주면 듣고 이해하는 눈빛과 행동(끄덕거림, 미소)을 표현한다.			
	함께 하는 운동, 게임, 활동의 규칙을 이해하고 잘 지킨다.			
	자신에게 필요한 교구, 도구, 재료를 스스로 선택하여 활동에 참여할 수 있다.			
	교구, 도구, 재료의 명칭이나 용도를 알고 안전하게 사용할 수 있다.			
	학습 활동을 할 때 지시한 방법에 따라 주어진 작업을 수행하여 작품이나 결과물을 완성시킬 수 있다.			
	교구, 도구, 재료를 바르게 잡고 사용하는 방법을 알고 있다.(색연필, 사인펜, 크레파스, 가위 등)			
	활동을 마친 후 사용했던 교구, 도구, 재료를 제자리에 정리할 수 있다.			
	정리를 마친 후 자발적으로 손을 씻을 수 있다.			

이동하기	교사의 요구에 따라 줄 서는 장소로 갈 수 있다.			
	친구를 밀거나 새치기하지 않고 차례를 지키며 줄을 설 수 있다.			
	교사의 지시에 따라 뛰지 않고 안전하게 걸어갈 수 있다.			
	교사의 지시에 따라 계단을 좌우로 구분하여 안전하게 우측통행을 준수하며 계단 손잡이를 잡고 오르내릴 수 있다.			
	교사의 지시에 따라 이동할 때 친구를 밀지 않고 천천히 안전하게 이동할 수 있다.			
	다른 장소로 가거나 교사에게 말도 없이 줄을 이탈하지 않고 교사가 지시한 장소로 안전하게 이동할 수 있다.			
실외자유 선택놀이	실외놀이터로 이동하기 위해 줄을 서서 기다릴 수 있다.			
	놀이기구나 시설물의 명칭과 사용방법을 알고 안전하게 사용할 수 있다.			
	놀이터 안전규칙을 지키며 놀이할 수 있다. (높은 곳에서 뛰어내리지 않기, 친구에게 모래 뿌리지 않기 등)			
	친구들과 차례를 지켜가며 놀이기구를 이용할 수 있다.			
	정리 신호가 있으면 신호를 듣고 놀이를 멈추고 정리할 수 있다.			
	교실로 이동 시 몸과 옷에 묻은 모래를 스스로 털어낼 수 있다.			
급·간식	급·간식 전 스스로 손을 깨끗이 씻을 수 있다.			
	줄을 서서 자신의 순서를 기다릴 수 있다.			
	배식 시 자신의 식기도구를 잘 챙길 수 있다.			
	음식이 담긴 식판을 흘리지 않고 자리에 가져갈 수 있다.			
	자신이 앉아야 할 자리를 찾아서 앉을 수 있다.			
	급·간식을 먹기 전 "맛있게 얌얌 꼭꼭 잘 먹겠습니다. 친구들아 맛있게 먹자." 라고 말할 수 있다.			
	자신의 식기도구를 사용하여 바르게 앉아 급·간식을 먹을 수 있다.			
	음식을 남기지 않고 골고루 잘 먹을 수 있다.			
	더 먹고 싶거나 그만 먹고 싶을 때 자신의 의사를 말로 표현할 수 있다.			
	급·간식 시 다른 친구의 음식을 만지거나 허락 없이 가져다 먹지 않는다.			
	급·간식 시 담임교사 및 친구들과 즐거운 대화를 나누며 식사를 할 수 있다.			
	급·간식을 마친 후 자신의 식판 위에 남아있는 음식을 스스로 정리할 수 있다.			
	컵에 있는 물을 흘리지 않고 마신 후 컵은 정리대에 올려놓을 수 있다.			
	급·간식 후 식판과 식기도구의 뒷정리를 할 수 있다.			
	급·간식 후 휴지를 사용하여 거울을 보며 입주변의 묻은 음식물을 닦을 수 있다.			
	급·간식 후 옷과 책상에 흘린 음식물을 휴지를 사용하여 닦을 수 있다.			
	급·간식을 다 먹은 후 "맛있게 먹었습니다. 조리사선생님(부모님), 맛있는 음식을 준비해 주셔서 감사합니다."라고 감사의 인사를 할 수 있다.			

	급 · 간식을 마친 후 그림책을 보거나 조용한 놀이를 하며 다 먹지 못한 친구들을 기다려줄 수 있다.			
양치질 하기	급 · 간식을 마친 후 양치질을 하기 위해 늦게 먹은 친구를 기다렸다가 다 함께 화장실로 이동할 수 있다.			
	자신의 칫솔과 치약, 양치컵을 찾을 수 있다.			
	자신의 칫솔에 적당량의 치약을 짤 수 있다.			
	거울에 붙어있는 올바른 양치방법을 보고 치아 구석구석을 잘 닦을 수 있다.			
	입안에 있는 치약거품을 세면대에 뱉고 양치컵에 적당량의 물을 담아 입을 헹굴 수 있다.			
	양치한 컵과 칫솔은 물로 헹군 후 제자리에 놓을 수 있다.			
	손을 비누로 깨끗이 씻고 입주변도 물로 닦을 수 있다.			
	페이퍼타월(핸드페이퍼)을 이용하여 손과 입의 물기를 닦을 수 있다.			
화장실 사용	화장실을 가고 싶다는 의사표현을 할 수 있다.			
	대변과 소변을 구분하여 표현할 수 있다.			
	스스로 혼자 양변기와 소변기를 구분하여 화장실을 이용할 수 있다.			
	화장실의 비어있는 칸의 문을 열고 들어갈 수 있다.			
	화장실에서 차례를 지키며 기다릴 수 있다.			
	화장실에 들어가서 스스로 옷을 벗을 수 있다.			
	용변을 본 후 화장지를 이용하여 뒤처리를 할 수 있다.			
	용변을 본 후 옷을 스스로 입고 옷매무새를 단정하게 정리할 수 있다.			
	용변을 본 후 물을 내릴 수 있다.			
	용변을 본 후 손을 씻기 위해 긴 옷의 소매를 걷을 수 있다.			
	거울에 붙여진 올바른 손씻기 방법대로 깨끗이 손을 씻을 수 있다.			
	손을 다 씻은 후 수도꼭지를 잠글 수 있다.			
	페이퍼타월을 이용하여 손의 물기를 닦을 수 있다.			
	사용한 페이퍼타월을 휴지통에 넣을 수 있다.			
귀가 준비	거울을 보며 머리를 빗고 용모를 단정히 정리할 수 있다.			
	개인사물함에 있는 자신의 가방과 겉옷을 꺼내올 수 있다.			
	가정으로 가져가야 할 자신의 물건을 챙겨 넣을 수 있다.			
	겉옷을 스스로 입을 수 있다.			
	신발장에서 자신의 신발을 찾을 수 있다.			
	현관에서 부모님과 교사가 하루 일과 속에서 있었던 일에 대해 이야기를 나눌 때 신발을 신으며 이야기가 끝날 때까지 기다릴 수 있다.			
	부모님과 손을 잡고 안전하게 하원할 수 있다.			

출처: 장수연(2021). **유아통합교육의 실제**. 서울: 창지사.

제7장 보육 프로그램

보육 프로그램이라는 용어는 1991년 「영유아보육법」이 제정되면서부터 사용되기 시작하였다. 「영유아보육법」에 의거한 우리나라 최초의 보육 프로그램이라 할 수 있는 '어린이집 보육교사를 위한 영유아보육 프로그램'에는 "영유아를 위한 보육은 여러 가지 사정에 의해 가정에서 친부모의 양육을 받을 수 없는 유아들을 친부모를 대신하여 하루의 일정 시간을 보호하고 교육하는 것이며, 따라서 보육 프로그램에는 이러한 역할을 수행하기 위해 계획된 목표와 내용, 시설의 기준 및 활동의 실제가 담겨 있다"고 명시되어 있다.

그러나 보육 프로그램이라는 용어가 사용되기 이전부터 프로그램이라는 용어는 사용되어 왔다. 프로그램이라는 용어가 교육 관련 분야에서 일반화되기 시작한 것은 1965년 미국의 헤드스타트 운동에 의해 교육학자, 심리학자, 아동학자, 유아교육학자들이 다양한 교육이론이나 심리학이론에 기초하여 영유아의 성장과 발달을 돕기 위한 프로그램을 개발하면서부터이다(이영석, 1998).

이상의 정의들을 종합해보면 보육 프로그램이란 보육과정의 한 형태로서 특정한 이론이나 철학적 입장에 근거를 두고, 보육대상 혹은 어린이집 및 지역사회의 특성이나 요구에 적합한 보육서비스를 제공할 수 있도록 보육의 목표와 내용 및 구체적 실천방법 등을 체계적으로 구조화한 것이라고 정의할 수 있을 것이다.

이 장에서는 다양한 목적을 가지고 개발된 보육 프로그램들 중 현재 우리나라에서 개발되어 보육현장에서 활용되는 다양한 외국 프로그램과 국내 프로그램을 정리해서 소개하고자 한다.

1. 몬테소리 프로그램

몬테소리는 이탈리아에서 태어났으며 의학을 전공하였다. 그녀는 프랑스의 심리학자인 Seguin과 Itard의 영향을 받아 정신지체아 교육에 관심을 가지게 되었다. 로마 시내에 있는 정신이상자 수용소를 찾아다니면서 이들의 치료방안에 대해 연구하다가 나름대로 교구와 교육방법을 개발하였다. 1907년 로마의 San Lorenzo의 빈민가에 최초의 '어린이집(Casa dei Bambini)'을 열고 정신지체아를 대상으로 개발한 교육방법을 일반아동에게도 적용하였다.

Maria Montessori

1) 몬테소리 프로그램의 이론적 배경

몬테소리는 유아가 지니고 있는 내적인 생명력을 발달시키기 위해서 유아가 자유롭게 순응할 수 있는 환경에서 자연스럽게 성장하게 해야 한다고 하였다. 몬테소리는 영적인 태아라는 의미를 두 가지로 구분하여 임신 기간 동안에는 동물과 같은 과정을 거치는 육체적인 태아기로 보았고, 생후 1년 동안을 인간으로 나아가는 정신적인 태아기로 보았다.

(1) 민감기

몬테소리는 생물과 인간의 유사한 점을 실험과 관찰에 의하여 증명하였다. 즉, 인간의 성장과정을 알, 모충, 번데기, 성충의 과정을 거치는 나비나 잠자리의 모습에 비유하여 일정한 기간은 같은 형태이지만 다음 기간에는 종전과 전혀 다른 형태로 된다고 보고 인간에게도 생물과 흡사한 일정한 주기의 감수성이 있고, 그에 준하는 민감기가 있다고 하였다. 몬테소리는 유아에게 있어 민감기란 발달단계 중 1단계와 2단계인 0~6세 사이에 해당된다고 하였다.

(2) 흡수정신

몬테소리는 유아의 정신세계를 이해하기 위하여 흡수정신이라는 용어를 사용하였다. 흡수정신은 유아가 강한 적극성을 가지고 환경 속에 있는 정신의 양식이 될 만한 요소를 흡수하여 스스로 경험하며 배우는 무의식적인 정신상태를 말한다. 몬테소리는 유아들의 이러한 흡수정신에 의한 호기심은 지칠 줄 모르는 것이므로 유아들로 하여금 자연적인 충동을 따르게 하도록 권장하였다.

2) 몬테소리 프로그램의 교육과정

국제몬테소리협회에서 제공하고 있는 3~6세용 몬테소리 프로그램의 교육내용은 크게 다섯 가지로 분류된다. 활동 영역별 교육내용은 다음과 같다(김영선, 2000; 신화식, 2003; 조옥희, 권영자, 1998; http://www.montessoriami.org).

사진 설명 몬테소리 교구
출처: 치킨으로우주정복 | 티스토리 | https://educoco.kr/93

(1) 일상생활훈련

일상생활훈련이란 유아의 일상생활에서 행해지는 활동으로 독립심과 올바른 인성을 기르는 데 도움을 주는 교구로 구성되어 있다. 여기에는 개인관리, 환경관리, 사회적 관계, 동작의 조정과 분석이 포함된다.

개인관리는 유아가 자신을 보호하기 위한 기회를 가질 수 있는 활동으로 손 씻기, 머리 빗기, 옷 입고 벗기, 걸기, 이 닦기, 코 풀기, 모자 벗고 쓰기, 구두 광내기 등이 있다. 환경관리는 교실에서 자신들의 환경을 보호하도록 배우는 활동들로 청소하기, 먼지 털기, 비로 쓸기, 수건 빨기, 물 따르기, 거울 닦기, 상차리기, 금속제품 광내기, 동식물 키우기 등이 있다. 사회적 관계는 인사하기, 감사하기, 친구에게 도움 청하기, 축하하기, 사과하기, 초대하기 등이 포함되며, 동작의 조정과 분석에는 선 위를 걷기, 침묵 게임 등이 있다.

(2) 감각교육

감각교육을 위한 교구들은 단일감각과 복합감각을 훈련하도록 되어 있다. 시각교육에는 차원지각을 위한 교구로는 꼭지 달린 원기둥, 꼭지 없는 원기둥, 분홍 탑, 긴 막대, 갈색 계단이 있고, 색깔지각을 위한 교구로는 색깔판, 형태지각으로는 기하도형 서랍, 기하도형 카드, 직사각형 상자, 삼각형 상자, 작은 육각형 상자, 큰 육각형 상자, 직사각형 상자 등이 있다. 촉각교육을 위한 교구로는 근육촉각 구별을 위한 거칠고 부드러운 판, 촉각판 맞추기, 직물상자, 곡물 및 단추 종류 분류하기가 있고, 입체감을 위한 교구로는 기하학적 입방체, 비밀주머니, 온도감을 위한 교구로는 온도병, 온도판이 있으며, 중량감을 위한 교구로는 무게판이 있다. 청각교육을 위한 교구로는 소리상자와 종이 있으며 미각교육을 위한 교구로는 맛보기 병, 후각교육으로는 냄새 맡기 상자가 있다.

(3) 수학교육

수학교육은 숫자막대, 모래종이 숫자카드, 숫자막대와 카드, 방추형 막대상자, 수의 기억 게임, 수세기와 카드, 구슬막대 소개, 덧셈, 뺄셈, 곱셈, 나눗셈, 분수, 기하의 도입 등의 활동이 이루어진다.

(4) 언어교육

언어교육은 구두 언어교육과 읽고 쓰기를 위한 교육으로 나누어진다. 구두 언어를 위한 교육으로는 노래하기, 질문하기 게임, 보고 말해보기, 경험에 대해 이야기하기, 사건이나 활동을 이야기하기 등이 있고, 읽기와 쓰기를 위한 교육은 모래종이 글자, 움직이는 자·모음, 음성 사물상자, 음성 카드, 표음문자, 어려운 단어 분류하여 읽기, 단어 기능, 읽기 분석, 받아쓰기 등이 있다.

(5) 문화교육

문화교육 영역에는 사회 속에서 인간 학습의 여러 가지 양상, 습관, 예술, 문학 등이 포함되어 있어서 사진과 세계지도를 이용한 생물, 지리, 역사, 미술, 물리, 음악에 관한 활동을 하도록 되어 있다.

3) 몬테소리 프로그램에서 교사의 역할

(1) 관찰자로서의 역할

몬테소리 교사로서의 가장 중요한 역할은 유아를 관찰하는 일이다. 유아에 대한 관찰은 유아를 바르게 이해하는 첫걸음으로 몬테소리 교사에게 있어서 특히 강조된다.

(2) 준비된 환경제공자로서의 역할

몬테소리 교사는 아동발달의 수준에 맞고, 현실과 유리된 것이 아닌 과학적이고 현실적인 학습환경을 유아들에게 제공해주어야 한다. 특히 교구를 철저히 알고 있어야 하고, 또 교구의 제시에 적합한 시기를 알고 있어야 한다고 하였다. 몬테소리는 유아가 올바른 교재 · 교구의 사용을 통하여 자신의 기존 개념에 새로운 개념을 일치시키는 것을 돕기 위하여 Seguin이 세운 3단계 교수법을 단순화하여 제시하였다.

영상 7-1 몬테소리 프로그램
출처: 유튜브 | https://www.youtube.com/watch?v=_Irls2eYYbk

제1단계는 대상물을 제시하고 사물의 이름을 설명 없이 단순하게 구성해주는 단계이다. 예를 들면, "이것이 빨강이다"라고 말하면서 빨간색을 보인다. 제2단계는 유아의 마음속에 추상적인 개념이 습득되었나를 시험해보는 단계이다. 예를 들면, "빨간색을 선생님에게 보여줄 수 있겠니?"라고 말한다. 제3단계는 대상물의 명칭을 기억시키고 발음시켜보는 단계이다. 예를 들면, "이것은 무슨 색이니?"라고 묻는 단계이다. 이 단계에서 교사는 유아가 자발적인 관찰자가 되어 새로운 감각을 탐구하도록 해야 하고 나아가 스스로가 만족감과 자기존중감을 갖도록 도와주어야 한다.

(3) 자유를 보장하는 역할

몬테소리는 자유는 유아가 환경 내의 규칙들을 스스로 내면화해서 자립의 길로 나가는 것을 가능하게 해준다고 하였다.

(4) 가치세계로의 안내자로서의 역할

'준비된 환경'과 '자유의 보장'만으로는 유아가 지닌 본래의 활동욕구가 반드시 가치 있는 방향으로 나아간다고 할 수 없다. 따라서 그것이 가치 있는 활동이 되기 위해서는 자신이 신뢰하는 교사나 부모로부터의 애정 어린 자극이 필요하다.

(5) 집중현상으로 이끌어가는 역할

몬테소리 교사는 환경의 준비와 제공뿐만 아니라, 유아가 '준비된 환경'에서 작업을 통하여 '정상화'되도록 지도해야 한다. 즉, 교사는 일탈된 유아를 집중현상으로 끌어들여 정상화될 수 있도록 노력해야 한다.

2. 프로젝트 접근법

William Heard Kilpatrick

Kilpatrick(1925)은 John Dewey(1987)의 이론적 바탕 위에서 그 당시까지 연구해오던 프로젝트에 의한 활동을 중심으로 컬럼비아 대학교의 논문집에 「프로젝트 접근법(The Project Method)」이라는 논문을 발표함으로써 프로젝트 접근법을 체계화하였다.

이후 많은 학자들이 프로젝트에 대해 연구했지만, 프로젝트 학습법 자체가 과학과 탐구에 미흡하고 무계획한 교육과정이라는 점, 학습활동에 대한 강화요인이 없다는 점 때문에 비판을 받았고 1930년대 급성장을 보였던 진보주의 교육의 쇠퇴와 함께 프로젝트 접근법도 쇠퇴하기 시작하였다.

하지만 1960~1970년대에 영국과 미국 등에서 개방교육이 활발해지면서 프로젝트 방법은 다시 개방교육의 핵심이 되었다. 이는 1960년대 미국의 뱅크 스트리트 프로그램과 영국의 유아학교에서 널리 실시되었던 '열린 교육'에서 맥을 찾아볼 수 있다. 그 후 프로젝트법은 1980년대 말부터 Katz와 Chard(1989)에 의해 미국과 캐나다를 중심으로 세계 각국에 널리 소개되었고, 'Project Approach'라는 용어로 오늘날 유아교육 현장에 맞게 재조직화되었다.

프로젝트 접근법을 제안한 Katz와 Chard에 의하면 프로젝트를 통한 통합교육은 유아교육목표의 전 영역이라고 할 수 있는 새로운 지식, 기능, 성향, 느낌에 긍정적인 영향을 미친다고 하였다. 또한 그들은 프로젝트를 통한 통합교육으로 유아교육 내용 선정과 교수·학습 방법을 유아교육 현장에 적합하게 다양한 방법으로 운영할 수 있음을 강조하였다.

1) 프로젝트 접근법의 이론적 배경

프로젝트 접근법의 교육철학과 방법을 살펴보면 다음과 같다.

(1) 프로젝트 접근법의 교육철학

- 생활과 분리되지 않는 교육: 프로젝트 접근법은 "학교가 곧 생활이다"라고 하는 관점을 통해서 유아들이 교육기관을 노력하고 몰두하는 공간으로 인식하도록 시간과 공간적인 경험의 연계성을 강조한다.
- 전인발달의 도모: 프로젝트 접근법은 유아발달 영역 간의 균형과 조화가 이루어지는 전인발달을 도모하며 유아의 지적 · 정신적 능력을 개발한다.
- 유아와 교사 간의 균형과 조화가 이루어지는 교육: 교사는 계획과 준비, 기록과 평가를 하면서 유아의 능력과 흥미에 따라 교육과정을 조정하면서 진행시킨다. 이때 교사와 유아는 교육과정을 함께 공동으로 주도하면서 진행한다.
- 공동체 정신을 살리는 교육: 유아들이 같은 주제를 놓고 서로 질문도 하고 의문점도 가져보고 또 문제를 협의하고 협동하여 해결해나가게 함으로써 공동체 정신을 함양하게 해준다.
- 현실 상황에 대처하는 적극적 도전의식: 교사는 어려운 교육적 상황을 도전으로 받아들여 적극적으로 대처하고 긍정적인 측면에서 어려움을 해결하고 창의성을 가지도록 도와주는 교육을 실현한다.

(2) 프로젝트 접근법의 방법

- 집단토의: 다양한 문제와 아이디어에 대해 토의하기 위해서 학급 전체가 모이거나 몇 명씩 소집단으로 모이는 것은 교사의 지도와 서로의 의견 교환을 위해 유용하다. 유아들은 소집단으로 이야기를 나눌 때 보다 잘 참여할 수 있으며, 교사 또한 보다 쉽게 유아의 생각을 이끌어주고 바르게 사고하도록 도울 수 있다.
- 현장활동: 유아들은 보고, 듣고, 냄새 맡

사진 설명 집단토의 활동사진
출처: 부산 강서구 제일어린이집.

고, 기타의 감각을 이용한 직접 경험을 통하여 새로운 정보를 이해할 때 가장 잘 학습할 수 있다. 그러므로 유아의 연령이 낮을수록 프로젝트의 내용은 유아의 가정과 밀접하게 연관된 사물을 포함하도록 하는 것이 매우 중요하다.

- 표현: 유아들은 개인적 경험을 통해 획득한 정보를 검토하고 조직적으로 정리한다. 이들은 각자의 경험과 견해에 있어서의 차이점에 대해 논의하고 앞으로 조사해야 할 질문 사항을 작성한다. 유아들은 그림을 그리고 글을 쓰며 수학 기호를 사용하고 연극으로 꾸미며 모델을 구성하는 데 있어서의 기초적 기능을 습득해감에 따라, 점차 다양한 표현기법을 사용하여 자신의 경험 결과를 해석, 정리 및 표현할 수 있게 된다.
- 조사: 프로젝트 활동에서는 다양한 자원을 사용하면서 주제에 대해 조사한다. 이때 유아들은 자신들의 부모, 가족, 전문가들을 면담할 수 있다.
- 전시: 프로젝트 과정을 통해 유아들은 개인적으로 선택한 활동을 하기도 하고 연구의 여러 분야를 소집단으로 나누어 맡아 협동하면서 활동하기도 한다. 유아들의 활동에 관한 내용을 벽면이나 게시판에 전시하는 것은 유용한 자원을 제공할 뿐 아니라, 다른 친구들과 함께 각각의 활동이나 아이디어에 대해 상호 공유할 수 있도록 한다.

2) 프로젝트 접근법의 교육과정

프로젝트 접근법은 다음과 같은 4단계로 구성된다(〈표 7-1〉 참조).

〈표 7-1〉 프로젝트 프로그램의 각 단계별 활동

활동	1, 2단계 프로젝트의 준비와 시작	3단계 프로젝트의 전개	4단계 프로젝트의 마무리
토의	• 주제에 대한 현재의 지식과 경험 나누기	• 현장견학과 이차적 자원을 통한 활동계획 • 현장견학에 대한 검토	• 행사를 위한 활동계획 • 프로젝트 활동에 대한 검토와 평가
현장 활동	• 부모와 함께 주제망에 대한 경험하기 또는 의사소통하기	• 현장견학 • 전문가와의 면담	• 외부 사람을 초청하여 프로젝트 활동 평가

표현	• 주제에 대한 이전의 경험을 그리기, 쓰기, 구성활동, 역할놀이 등	• 현장스케치 • 그리기, 쓰기, 수활동, 지도 만들기	• 프로젝트 활동과정 요약, 정리하기
조사	• 주제에 대해 알아보고 싶은 질문 만들기	• 작성했던 질문거리 조사 • 현장학습과 이차적 자원을 통한 조사 연구 • 심화된 질문 만들기	• 관심과 질문의 확장
전시	• 주제에 대한 개인적 표현을 전시하거나 함께 이야기 나누기	• 주제에 대한 새로운 지식과 경험을 표현하여 전시하거나 함께 이야기 나누기 • 프로젝트 활동과 기록하기	• 프로젝트의 전체 과정을 통한 학습 결과를 요약하여 전시하며, 발표하기

(1) 준비 단계

1단계는 프로젝트를 계획하고 준비하는 단계이다. 1단계에서 유아들과의 협력 연구를 위해 적합한 주제를 선정하는 일은 매우 중요하며, 주제 선정에 대한 결정권은 일차적으로 교사가 가진다. 교사는 주제가 유아들의 '지금 바로'의 생활과 관심사를 반영하는지, 지역적으로 적합한지를 고려해야 한다.

영상 7-2 프로젝트 접근법
출처: 유튜브 | https://www.youtube.com/watch?v=R-BgL36272g

(2) 시작 단계

주제가 선정되면 교사는 자기 학급의 유아들에게 경험, 흥미, 자료제공 및 현장경험의 가능성들을 생각하면서 예비프로젝트망(web) 또는 개념지도(conceptmap)를 미리 조직해본다. 이때 교사는 프로젝트의 구상과정에 유아들을 참여시킨다. 즉, 각자 프로젝트에 대해 무엇을 알고 있는지, 무엇을 알고 싶은지, 무엇을 해보고 싶은지 그리고 무엇을 할 수 있는지에 대해 의논한다.

(3) 전개 단계

이 단계에서 유아들은 지역의 특정 장소를 견학하고, 사물 또는 사건 등을 관찰 · 발견한 것을 다양한 방법(그리기, 쓰기, 읽기, 그래프 차트, 도표, 벽의 장식, 모형 만들기, 극놀이 등)으로 표현한다.

현장견학 후 토의시간을 갖고 유아들은 견학 내용에 대해 이야기를 나눈다. 토의하는 동안 어디서 어떤 일이 일어났고, 누구와 무슨 이야기를 나누었는지, 어떤 것을 보고 배우고 느꼈는지에 대해 공통적 · 개별적 경험을 재확인한다. 현장에서 그린 스케치는 보다 상세한 그림으로 완성시키거나, 도표를 작성하여 비교하거나, 조형물을 구성하는 데 사용한다. 유아들은 관찰한 것을 그리거나, 조형물로 만들고, 관찰 · 발견한 것에 대하여 기록하고, 예측하고, 결과를 토론하고, 새롭게 이해된 것을 극놀이로 표현한다. 서적들을 조사하여 새로운 질문을 제기할 수 있다.

(4) 마무리 단계

마무리 단계는 프로젝트를 마무리하고, 최종 결과물을 발표하고 평가하는 단계이다. 프로젝트를 진행하는 동안 만든 여러 결과물(예: 주제망, 주제와 관련한 질문 목록, 그림, 도표, 관찰 보고서, 저널, 조형품, 프로젝트 활동과정에 관한 사진 등)을 교실의 벽이나 선반에 전시한다. 어린 유아들의 경우에 주로 자신들이 만든 구성물을 이용하여 극놀이를 한다.

사진 설명 프로젝트 접근법 활동사진
출처: 부산 강서구 제일어린이집.

3) 프로젝트 접근법에서 교사의 역할

프로젝트 접근법에서의 교사의 역할은 다음과 같다.

(1) 프로젝트 준비 단계에서의 교사의 역할

- 유아들과 주제를 진행하기 전에 주제망을 구성해본다.
- 주제에 관한 기본 어휘와 중심 개념을 정리한다.
- 주제와 관련된 학습활동, 활동 목록안을 작성한다.
- 자원 목록을 구체적으로 작성하고 준비할 자원을 미리 준비한다.
- 부모들에게 프로젝트에 대해 알리고 협조를 구한다.

(2) 프로젝트 시작 단계에서의 교사의 역할

- 교사와 유아, 유아들 간에 주제에 대한 경험과 지식 공유가 충분히 이루어지도록 한다.
- 유아의 이전 경험을 말, 그림, 신체 등 다양한 방식으로 표현하도록 한다.
- 유아의 이해 수준이나 프로젝트에 숙달된 정도를 고려하여 브레인스토밍과 유목화, 주제망 구성하기를 진행한다.
- 주제에 대해 궁금함을 갖고 유아 스스로 조사해보도록 격려한다.

(3) 프로젝트 전개 단계에서의 교사의 역할

- 유아의 특성에 맞게 활동에 참여하도록 한다.
- 유아들의 활동과정을 지속적으로 관찰하고 그에 적절한 지도를 한다.
- 활동에 필요한 학습자료를 잘 준비한다.
- 현장견학 또는 전문가 초빙 시 유아들과 사전계획을 잘 세운다.
- 프로젝트의 방향이 올바른 방향으로 가고 있는지 수시로 확인하고 안내한다.

(4) 프로젝트 마무리 단계에서의 교사의 역할

- 주제망과 질문 목록을 검토하여 다루어진 내용을 평가해본다.
- 프로젝트 진행과정에서 유아들이 계획한 활동이 잘 마무리되었는지 알아본다.
- 전시회나 발표회를 준비할 때 모든 유아가 골고루 참여하도록 안배한다.
- 전시회가 끝난 후에는 유아들의 작품을 잘 보관한다.

3. 레지오 에밀리아 프로그램

Loris Malaguzzi

'레지오 에밀리아(Reggio Emilia) 접근법'은 이탈리아 북부 Emilia-Romagna 지방의 레지오 에밀리아 시에서 현재 22개의 유아학교(preschool)와 13개의 영유아센터로 구성된 시립유아교육체제가 운영하는 교육과 사회적 서비스의 개념을 연합한 질 높은 통합프로그램이다. 1945년 이탈리아의 레지오 에밀리아에서 제2차 세계 대전이 끝나던 당시 부모공동조합형태의 학교를 설립

사진 설명 레지오 에밀리아 교실에서 어린이들이 관심을 끄는 주제를 탐색하고 있다.

하고자 하는 자발적인 시도로 '탱크유치원'이라는 최초의 학교가 지어졌다. 이를 본 Loris Malaguzzi는 1994년 사망하기까지 레지오 학교를 시립유아교육체제로 전환, 운영, 발전시켰다. 이러한 레지오 에밀리아 접근법에서는 특별히 계획된 교육목표가 없다. 교육목표가 미리 계획되기보다는 지역의 사회문화적인 요인과 적절히 조화되어, 유아, 교사, 부모, 지역사회 구성원 간의 관계를 통해 상호 협력적으로 이루어진다.

프로젝트 중심의 학습, 발현적 교육과정의 운영, 다상징적 교수법, 협동적 상호작용을 통한 학습, 기록화(documentation)의 교육적 활용, 프로젝트에 부모의 공동참여, 지역사회 중심의 운영, 학습을 자극하는 물리적 환경, 전문적 교사 현직교육 등 새로운 교육방법을 계속적으로 개발하여 실제 현장에 적용해오고 있다.

1) 레지오 에밀리아 프로그램의 이론적 배경

레지오 에밀리아 프로그램의 기본원리를 살펴보면 다음과 같다.

(1) 유아관

모든 유아는 사회적 상호작용에 개입하고 관계를 맺고 자신들의 학습을 구성하고 주변 환경에 흥미와 호기심을 가지고 있으며, 이를 탐색할 준비가 되어 있다.

(2) 체제의 관계성

모든 유아는 가족과 또래뿐 아니라 교사, 학교환경, 지역사회, 더 나아가 사회문화적 관계 안에 소속되어 있다. 따라서 교육은 이들 체제와의 협력과 연계 속에서 이루어진다.

(3) 교육의 주체는 유아, 부모, 교사이다

- 유아의 복지는 부모와 교사의 복지와 연결되어 있으며 유아의 요구만 인식하는 것이 아니라 부모와 교사 모두의 권리까지 인식해야 한다.

- 부모는 기본적인 원칙에 자발적으로 동조하고 자신의 아이들의 성장, 보살핌과 발달에 능동적으로 참여해야 한다.
- 교사는 교육적 내용, 목표, 실제를 결정하는 개념적 모델을 연구하고 준비하는 데 기여해야 한다.

(4) 핵심적 부모역할

레지오 에밀리아 프로그램은 제2차 세계 대전 직후 부모공동조합 형태로 출발하였다. 또한 부모들의 적극적인 지원과 후원하에 지금까지 운영되고 있다. 따라서 부모역할은 이 프로그램의 핵심적인 부분이다.

사진 설명 소집단 내에서의 상호작용 활동사진
출처: 부산 강서구 제일어린이집.

(5) 공간은 제3의 교사

유아들 간의 상호작용을 촉진시키기 위해 공간은 단지 활동적인 시간을 보내는 데 유용하고 안전한 장소 이상의 역할을 하도록 설계된다.

(6) 소집단 내에서의 상호작용

2~5명으로 이루어진 소집단은 주의집중, 타인의 말 경청, 호기심과 흥미 등을 발전시키고 의문에 대해 질문하고 반응할 수 있게 한다. 또한 유아가 새로운 학습과 발달을 동시에 할 수 있는 인지적 갈등의 출현을 촉진시킨다.

(7) 시간의 역할과 연속성의 중요성

시간제한으로 유아의 활동이 방해받아서는 안 되며, 짜여진 스케줄 속에서 참여를 강요하기보다는 풍부한 환경에서 또래들과 만족스럽게 활동하도록 충분한 시간을 마련해준다.

(8) 파트너로서의 교사

교사는 가르치는 사람이 아닌 유아와 함께 즐기면서 경험을 쌓아가는 유아의 든든한 파트너이다. 아울러 가족, 지역사회와 함께 연합하여 유아의 발달을 돕는 부모와 지역사회 파트너이기도 하다.

(9) 협동과 협력

각 학교에는 페다고지스타로 불리는 교육조정자가 있어 교사와 스태프들 간의 강력한 협동체계를 확장시키고 뒷받침해주며, 교사로서 전문성을 향상시키기 위해 훈련을 위한 새 주제와 경험들을 지속적으로 교사와 함께 확인하고 토론한다.

(10) 아틀리에리스타와 아틀리에

시각 디자인 분야에서 교육받은 선생님인 아틀리에리스타는 모든 유치원에서 다른 교사들 및 유아들과 함께 작업을 한다. 또한 아틀리에라고 하는 특별한 스튜디오가 구비되어 있어 모든 유아들과 교사들, 아틀리에리스타가 사용한다.

(11) 기록의 힘

유아들의 활동과정과 결과물 등을 기록해둠으로써 다음과 같은 부분에 기여한다.

- 아동의 학습의욕을 고취시킨다. 아동들의 프로젝트와 다른 작품들을 통해 아동들이 광범위하고 깊이 있는 학습을 할 수 있도록 해준다.
- 아동들의 아이디어와 활동을 신중하게 여기도록 해준다.
- 교사가 아동에 대한 교육과정 계획과 평가를 가능하게 해준다.
- 교사가 아동을 깊이 있게 이해하는 정도에 따라 교수전략 수립과 개정을 위한 기본적인 토대와 새로운 전략 마련을 위한 자료를 제공한다.
- 아동의 학습을 가시화할 수 있게 되며, 이는 어린 아동들의 지적 능력에 대한 객관적인 증거를 확보할 수 있도록 촉구하는 방법일 수 있다.

2) 레지오 에밀리아 프로그램의 교육과정

영상 7-3 레지오 에밀리아 영상 1
출처: 유튜브 | https://www.youtube.com/watch?v=ZHDSRPrgCyE

(1) 프로젝트 중심의 발현적 교육과정

2~5명의 소집단 활동 형태를 활용하여 계획된 교육과정 없이 장·단기 프로젝트를 수행하며 미리 정해진 주제나 활동에 따라 운영되는 것이 아니라 유아의 관심이나 학습진행 상태와 교사의 관찰에 따른 판단에 근거해 경험 속에서 상호협상 과정을 통해 주제가 선정된다. 발현적 교육과정은 이전 활동이나 탐

색에서 단순히 다음 단계로 넘어가는 것이 아니라 관찰과 재관찰을 통해 깊이 있는 표상과 재표상을 기대하는 것이다.

(2) 상징화 주기를 통한 다상징화

유아가 탐색할 주제를 관찰, 재관찰, 표상, 재표상해가면서 유아의 반영적 사고능력을 향상시키며 나선형적으로 전개한다.

실제 경험 후 다시 그림으로 표상하는 재표상은 유아가 자신의 지식을 강화하고 잘못된 개념을 재정의하고 수정하여 지식의 일관성을 갖도록 돕는다.

영상 7-4 레지오 에밀리아 영상 2
출처: 유튜브 | https://www.youtube.com/watch?v=ByutW9gjf1A

(3) 다양한 매체를 활용한 다상징화

표상매체는 매체마다의 표상적 잠재력이 있기 때문에 주제에 대해 서로 다른 측면에서 사고하도록 돕는다. 언어적 설명은 유아의 가설적 이론이 되고 프로젝트에서 다루어질 개념의 맥락과 동기 역할을 한다. 이차원적인 그리기는 유아의 탐색을 돕고 유아와 교사로 하여금 주제에서 다루는 개념의 이해 정도를 읽을 수 있게 하는 중요한 단서가 된다. 삼차원적인 모형 만들기는 유아의 아이디어를 기능적 맥락에서 사고하도록 자극하며 이론을 검증하게 한다.

(4) 표상을 학습의 수단으로 활용

학습과정에서 유아가 자신의 사고를 표현하고 스스로 변화시키는 기회를 가질 수 있도록 그리기를 활용하며, 의사소통의 도구, 학습을 위한 수단으로 작용하기 때문에 이를 '학습을 위한 그리기'라고 한다.

(5) 의사소통 맥락의 표상을 격려

교사는 유아가 자신의 생각을 다른 사람이 이해할 수 있도록 표현하는 표상활동을 강조하며 이는 프로젝트에 참여하지 않은 학급의 다른 유아에게 발표하게 하거나 어린 유아들을 위한 사용지침서를 만드는 단계를 반드시 포함시킨다.

영상 7-5 레지오 에밀리아 영상 3
출처: 유튜브 | https://www.youtube.com/watch?v=El0cxlmccGI

영상 7-6 레지오 에밀리아 영상 4
출처: 유튜브 | https://www.youtube.com/watch?v=dY2nQvLsiI0

(6) 사회적 상호작용을 활성화

또래집단 간, 유아와 성인 간 그리고 환경적 맥락과의 사회적 상호작용이 이루어질 수 있는 학습 상황을 계획하여 제시한다.

(7) 활동과정과 표상물을 기록화하여 학습에 활용

유아의 대화와 그룹토의 내용을 녹음하고 전사하여 활자화하거나 슬라이드, 사진기, 비디오로 찍고, 유아들이 만든 결과물과 구성물을 수집, 조직하여 기록화한다.

3) 레지오 에밀리아 프로그램에서 교사의 역할

레지오 에밀리아의 교육체제에서 일하는 사람들은 크게 페다고지스타, 교사, 아틀리에리스타의 세 유형으로 나눌 수 있다.

(1) 교사와 아동 간의 관계성

아동중심의 교육과정이 일정 부분 교사에 의해 미리 준비되고 계획되지 않으면 바람직한 결과를 낳기 어렵다. 다시 말하면 레지오 교사들은 아동들의 프로젝트 과정을 옆에서 관찰하고 보조한다. 동시에 아동들이 당황스러워하는 부분이나 어려워하는 원인을 발견하게 될 때 실험방법이나 접근방법을 수정함으로써 아동들이 당혹감이나 어려움을 잘 극복할 수 있도록 돕는 역할을 한다.

(2) 교사와 교사 간의 관계성

교사는 아동들의 파트너이자 안내자이고 양육자이다. 그러나 교사 개인적인 관점에서 레지오 교사는 연구자인 동시에 '평생 학습자'이다. 레지오 교사는 끊임없이 연구하고 공부하는 사람들이며, 이러한 교사들 간의 관계는 자신의 학습과정, 목표, 결과 그리고 연구내용과 과정을 서로 나눌 수 있어야 한다.

(3) 교사와 부모 간의 관계성

레지오 교육에서 교사는 부모의 이해뿐만 아니라 부모의 적극적이고 다양한 형태의 참여를 유도한다. 교사와 부모의 긴밀하고 우호적인 관계 수립은 가정과 학교가 일관성 있는 교육을 유지하고 발전시켜갈 수 있는 발판을 마련하기 위한 것이다. 교사와 부모는 아동을 매개로 하여 '확대가족'의 일원으로 함께 활동할 수 있게 되고, 교사와 부모의 가족구성원으로서의 관계는 아동의 바람직한 신체적 · 인지적 발달은 물론 심적 · 정신적 안정감을 지속적으로 갖도록 하는 데 많은 도움이 된다.

(4) 페다고지스타(Pedagogista, 교육조정자)

페다고지스타의 역할은 유치원에서 일어나는 모든 일, 이론과 실제의 새로운 경향 그리고 정치적이거나 행정적인 문제들에 대한 정보를 끊임없이 전달하고 교환하며 상호작용을 통하여 스스로 변하고 성장하는 것이다. 페다고지스타는 교사의 태도를 변화시키고 유아의 생활과 관련된 모든 문제를 상담하고 해결하는 중재자로서의 역할을 하기도 한다.

(5) 아틀리에리스타(Atelierista, teacher in art education, 예술 담당 교사)

아틀리에리스타는 아틀리에를 책임지는 교사이다. 아틀리에는 아동들이 모든 상징적 언어를 페인팅, 드로잉, 진흙놀이와 같은 예술적 행위 등을 통해 습득하는 장소임과 동시에 아동들의 학습과정을 성인들이 이해할 수 있도록 돕는 기능을 하는 곳이다. 아틀리에의 또 다른 주요 기능은 기록화를 위한 워크숍을 제공하는 것이다. 아동들의 손과 머리를 이용하여 탄생되는 작품들과 활동들이 이루어지는 곳이 아틀리에이며 여기서 기록화의 기초가 마련된다.

4. 뱅크 스트리트 프로그램

Lucy Sprague Mitchell

뱅크 스트리트 프로그램(Bank Street Program)은 미국의 대표적인 영유아보육 프로그램이지만 아직 우리나라에는 잘 알려지지 않았다. 뱅크 스트리트 프로그램은 Mitchell과 Biber에 의해 시작되어 지금까지 계속되고 있는 미국에서 가장 오랜 역사를 가진 유아교육 프로그램이다. 이는 1916년 뉴욕에 창설된 교육실험국에서 비롯된 것으로, 1943년 뉴욕 교육위원회와 뱅크 스트리트 대학교와의 협력하에 아동발달에 대한 지식과 교육과정을 통합하

Barbara Biber

는 프로그램으로 발전되었으며, 이를 통해 발달적 상호 접근방법이 보급되기 시작했다. 그 후 1960년대와 1970년대를 거치면서 헤드스타트 프로그램의 일환으로 더욱 발전되어 현재는 뉴욕뿐 아니라 뉴잉글랜드, 콜로라도, 하와이 등 여러 주의 저소득층 유치원과 공립학교 저학년 아동들에게 적용되고 있다.

뱅크 스트리트 프로그램은 미국 연방정부의 헤드스타트(Head Start)와 팔로우 스루(Follow Through) 프로젝트의 교육모델 중 하나로 선택되면서 미국 전역에 널리 보급되었다. 이 프로그램의 교육적 효과가 인정되면서 전통적인 교육 프로그램을 고집하던 미국의 여러 공립학교에서도 뱅크 스트리트 프로그램을 받아들이게 되었고, 점차 초등학교를 비롯해 다양한 연령, 계층, 인종의 유아를 위한 교육 프로그램으로 발전해나갔다. 최근 뱅크 스트리트는 뉴저지의 공립학교와 함께 유아교육을 개혁하는 데 기여하고 있다.

뱅크 스트리트에서 강조하는 것은 발달적 상호작용으로, 이는 심리학자들이 인지발달만 강조하고 정서적 발달에는 관심을 두지 않는 것에 반대한다. 뱅크 스트리트 접근법이라는 용어보다는 발달적 상호작용 접근법이라는 용어가 교사들 사이에서는 더 보편적으로 사용되며, 특히 유아에게 민주적 태도, 가치와 신념을 길러주는 것을 중요하게 강조하고 있다.

사진 설명 뉴욕 소재의 Bank Street School for Children 홈페이지
출처: https://school.bankstreet.edu

뱅크 스트리트의 교육연령은 3세부터 13/14세(유아원에서 초등학교 8학년까지)이며, 발달단계에 따라 상이한 교육내용을 필요로 하는 아동의 욕구를 충족시키기 위해 세 단계로 나뉘어 운영된다. 1단계(Lower School)는 3세, 4/5세, 5/6세 반, 2단계(Middle School)는 6/7세, 7/8세, 8/9세, 9/10세 반으로, 3단계(Upper School)는 10~14세 반으로 나누어져 있다(http://School.bankstreet.edu).

1) 뱅크 스트리트 프로그램의 이론적 배경

(1) 교육의 목적

뱅크 스트리트 교육에서는 자유로운 민주사회를 유지하고 발전시켜 나갈 수 있는 창조적인 능력을 지닌 인간상을 추구한다. 여기서 유아교육의 목적은 유능하고 자율적이며 자아존중감을 지니는 인간으로 성장하고, 자기 자신에 대한 올바른 정체성을 형성함과 동시에 다른 사람들과 협동하면서 조화로운 삶을 살아가기 위한 기초를 제공하는 것이다.

영상 7-7 뱅크 스트리트
출처: 유튜브 | https://www.youtube.com/watch?v=S28utEMmQpM

(2) 교육목표

- 환경과 직접적으로 상호작용하기를 원하는 유아의 요구와 흥미에 부응한다.
- 자신의 경험을 인지적 과정을 통해서 재구성할 수 있는 능력을 촉진시킨다.
- 환경(물리적 · 사회적 환경)에 대한 유아의 지식을 향상시키도록 도와준다.
- 자신의 경험을 놀이를 통해서 표현할 수 있도록 돕는다.
- 자신의 충동을 조절할 수 있도록 돕는다.
- 유아기에 경험하게 되는 인지적 · 사회적 갈등을 해결하도록 돕는다.
- 유능하고 독특한 개인으로서 자신에 대한 긍정적인 자아상을 형성할 수 있도록 돕는다.

(3) 교육철학

뱅크 스트리트 프로그램은 미국의 가장 현대적 의미의 아동중심 교육 프로그램의 하나로 알려져 있으며, 특히 듀이의 진보주의 교육철학에 깊은 뿌리를 두고 있는 프로그램이다. 근본적으로 이 프로그램은 인간의 학습과 발달을 서로 관련된 것으로 보고 인간발달에서 환경적 요소를 중시했다.

그중에서도 프로이트의 정신역동적 이론의 영향을 직접적으로 받았으며, 자율적 자아형성 과정의 발달에 관심을 둔 에릭슨의 영향도 많이 받았다. 또한 피아제와 같이 인지발달에 주된 관심을 가진 학자들의 영향을 많이 받았다. 따라서 뱅크 스트리트 프로그램은 프로이트, 에릭슨, 피아제 이론 등 인간발달에 관한 이론과 상호작용론에 기초를 두고 있다는 점에서 발달적 상호작용 프로그램이라고 한다.

2) 뱅크 스트리트 프로그램의 교육과정

뱅크 스트리트 프로그램의 교육내용은 유아의 능력, 흥미, 요구 그리고 사전 경험

사진 설명 뱅크 스트리트
출처: verywell family | https://www.verywellfamily.com/bank-street-preschool-method-2764974

으로부터 출발해 통합적인 학습경험을 제공하는 것으로 구성된다. 언어, 사회, 수학, 과학, 음악, 미술을 포함하는 다양한 학습 영역이 독립된 교과목으로 다루어지는 것이 아니라, 유아에게 제공되는 모든 학습 경험에 이러한 영역들이 함께 포함되는 통합적 접근으로 이루어진다.

뱅크 스트리트 프로그램에서는 유아의 지식과 이해 수준을 보다 확장시켜주기 위한 새로운 경험은 이전의 경험과 의미 있게 연결되어야 한다. 뱅크 스트리트 프로그램에서 주로 다루어지는 교육과정은 다음과 같다.

(1) 언어교육

듣기, 말하기, 읽기, 쓰기와 같은 기초활동은 유아의 생활과 밀접한 연관성을 가지고 진행된다. 유아의 의사표현 능력을 기르기 위해 교사는 유아들이 서로 생각을 나눌 수 있는 시간을 마련하고, 동화를 듣고 자신의 경험과 연관된 생각을 표현하는 기회를 제공하며, 자유선택활동 시간에 또래 간의 언어적 상호작용을 장려한다.

(2) 사회생활교육

뱅크 스트리트 프로그램의 핵심 영역인 사회생활은 유아가 일차적으로 경험하게 되는 자신의 가족에 관한 것에서 출발해 자신이 살고 있는 지역, 그 지역이 속한 나라 그리고 세계 여러 나라에 관한 지식으로 확장된다.

(3) 수교육

수교육도 다른 영역의 교육내용과 마찬가지로 유아가 이미 알고 있는 지식에서 출발하고 유아에게 친숙한 맥락 속에서 이루어진다. 블록이나 구슬을 크기와 종류별로 분류해 바구니에 정리하는 활동, 퍼즐 조각을 형태에 따라 맞추어 보는 활동, 각 영역에서 놀이를 하는 유아의 수를 세어보는 활동 등과 같이 매일의 놀이 속에서 유아는 수학적 경험을 하게 된다.

(4) 과학교육

뱅크 스트리트 프로그램에서는 과학적 탐구활동이 진행되는 동안 유아와 물체 간의 상호작용 못지않게 유아와 유아, 교사와 유아 간에 이루어지는 사회적 상호작용도 강조한다. 소그룹 활동을 하는 동안 유아는 사전경험을 통해 이미 알고 있는 물에 대한 개념에 대해 이야기해보고, 각각의 물체를 물에 넣었을 때 일어날 일을 예측해보고, 서로의 생각을 비교해보며 결과를 알기 위해 함께 실험해보는 과정을 되풀이하면서 과학적 법칙을 발견하게 된다.

(5) 음악 · 극화놀이 · 미술교육

언어적 의사소통에 아직 익숙하지 않은 어린 유아들에게 몸짓은 주요한 의사소통과 표현의 수단이 된다. 유아들은 음률활동에 참여하면서 음악과 신체 움직임으로 자신의 생각이나 느낌을 전달할 수 있다는 것을 경험하게 된다. 또한 극화놀이를 통해 자신의 경험을 재구성하기도 하고, 타인의 입장을 보다 잘 이해할 수 있는 역할수용능력을 형성해나간다. 그림으로 표현하는 활동은 색과 모양에 대해서 탐색하는 경험을 제공할 뿐 아니라, 창의성과 미적 감각의 발달을 돕고, 유아의 상상력과 정서상태를 마음껏 드러낼 수 있는 기회를 제공한다.

(6) 감각운동교육

소근육과 대근육을 사용하는 활동들은 유아의 건강한 신체 및 정서발달을 위해서 뱅크 스트리트 프로그램의 교육과정에 포함된다. 사인펜이나 매직, 크레파스 등을 이용한 그림 그리기는 손과 눈의 협응력 및 손가락 근육의 힘을 기르기에 좋은 활동이다. 콜라주, 단추 잠그기, 지퍼 올리기와 같은 활동도 유아의 소근육 발달을 위한 내용이다.

실외활동은 유아의 대근육 발달과 신체적 유능감 형성을 위해 즐거운 경험을 제공한다. 미끄럼 타고 내려오기, 오르기, 구르기, 그네 타기, 걷기, 달리기, 뛰어오르기, 한 발로 걷기, 자전거 타기 등 실외에서 할 수 있는 대근육 활동은 매우 다양하다.

3) 뱅크 스트리트 프로그램에서 교사의 역할

뱅크 스트리트 프로그램을 실시하는 교사는 발달에 대한 지식이 있어야 하고, 각

사진 설명 뱅크 스트리트 프로그램
출처: 구글이미지 | https://www.google.com/search?q=bank+street+program&source=lnms&tbm=isch&sa=X&ved=2ahUKEwjdh5Ko0tH1AhXEc3AKHRlLCxgQ_AUoAXoECAEQAw&biw=1680&bih=907&dpr=1

아동의 개별성을 이해해야 한다. 또한 교과과정 내용을 깊이 이해하고 매일의 교실활동에 대하여 내용이나 방법, 시간, 장소를 의미 있게 통합하고 분석하고 이해해야 하는 의무가 있다. 교사는 아동들에게 의미 있는 질문에 답하고 해결하기 위해 이용 가능한 자원을 인지하고 있어야 하며, 연구의 발전을 평가하기 위하여 필요한 지식과 내용 또한 숙지해야 한다.

(1) 현장학습

현장학습은 초기부터 아동의 학습을 심화시키기 위해, 직접경험의 중요성을 알기 위해, 개념을 구체화시키기 위해, 적극적인 탐색활동을 북돋아주기 위해 이용된다.

(2) 사회 교과목에 대한 강조

사회교육을 통해 사회적 · 물리적 환경에 대한 이해와 문제해결능력 그리고 다양한 상호작용 기회를 갖게 되고 이를 통해 아동은 자신과 세상에 대한 이해를 넓혀 가게 된다.

(3) 언어의 역할 강조

말하기와 쓰기 모두 즐겁고 유용한 수단으로 제시되어야 한다. 다양한 책과 그림을 제공하고, 읽기를 의사소통의 수단으로 가르쳐 아동이 언어발달과 사고발달을 상호연결된 것으로 이해하도록 해야 한다.

(4) 과학과 수학에 대한 접근

뱅크 스트리트 프로그램에서는 수학과 과학을 사고하는 방법과 실제 문제해결을 중심으로 접근한다. 수학은 실생활에 기반을 두고 있다는 것을 강조하여 유아로 하여금 구체적인 자료 및 교구와 상호작용하면서 수학적 경험에 대해 스스로 유능하다고 느끼게 한다.

(5) 통합된 교과과정

아동 스스로 의미를 창출하는 존재로 여기도록 도와주며, 통합된 교과과정을 통해 경험과 아이디어를 상호 연결해보게 한다. 사회 교과목 프로그램은 통합된 교육을 이룰 수 있는 가장 중요한 과목이다.

(6) 환경구성과 교사역할

교실은 읽기, 듣기, 쓰기, 수학, 과학, 미술을 위한 영역 및 교구 영역으로 구성되어 있다. 교사는 아동의 개인적 관심사와 경험을 객관적이고 질서 있는 영역의 세계와 연결시켜주는 역할을 한다. 따라서 교사는 발달에 대한 지식을 가져야 하고 각 아동의 개별성을 이해하여야 하며 교과과정의 내용을 깊이 있게 이해하여야 한다.

(7) 평가

평가는 참 평가와 학습자중심의 평가로 이루어진다. 평가를 할 때는 정책적인 차원에서 평가의 질을 가늠하며 수행에 대한 적절한 질문을 하여야 한다. 또한 교실 환경에서 평가는 시간의 경과에 따른 아동의 행동이나 활동을 엄격하고 체계적이며 반영적으로 관찰하고 기록해야 한다.

5. 우리나라의 보육 프로그램

우리나라의 대표적인 유아교육 및 보육 프로그램으로는 고려대학교의 주제통합 프로그램, 덕성여자대학교의 상호작용이론 프로그램, 부산대학교의 생태유아교육 프로그램, 서울대학교의 주제탐구 표현활동 프로그램, 연세대학교의 개방주의 교육과정, 이화여자대학교의 생활주제(단원중심) 프로그램과 중앙대학교의 활동중심 통합교육과정이 있다. 그 가운데 여기서는 고려대학교의 주제통합 프로그램, 부산대학교의 생태유아교육 프로그램, 이화여자대학교의 생활주제(단원중심) 프로그램과 중앙대학교의 활동중심 통합교육과정에 대해 살펴보기로 한다.

1) 주제통합 프로그램

사진 설명 주제통합 프로그램 활동사진
출처: 부산 강서구 제일어린이집.

고려대학교 사범대학 가정교육과 부속 어린이집인 고려대학교 의료원 안암병원 직장어린이집은 2002년 3월에 설립되었다. 이를 모태로 하여 2008년 4월 구로병원 직장어린이집이 개원하였고, 안산병원 직장어린이집이 2008년 9월 개원하였다. 고려대학교 안암병원 어린이집의 보육과정은 생활주제를 중심으로 이루어지는 통합적 보육과정으로, 2007년 고려대학교 사회정서발달연구소가 설립되면서 지난 5년간의 기존 보육 프로그램을 수정 · 보완하여 고대-주제통합보육 프로그램으로 발전시켰다. 주제통합 프로그램의 궁극적인 목적은 영유아의 전인적인 발달을 도모하여 영유아들이 건강하고 행복하게 생활하도록 하는 것이다. 그중 특히 영유아기 발달의 핵심이라고 할 수 있는 사회정서 능력을 고양시키는 데 중점을 두고 있다.

(1) 주제통합 프로그램의 이론적 배경

최근 보육의 개념은 가족의 자녀양육을 지원함과 동시에 단순히 영유아를 보호한다는 개념에서 벗어나 영유아의 건강과 안전을 도모하고 발달 특성에 맞는 적절한 교육을 제공하고, 궁극적으로는 아동의 신체, 정서, 사회, 인지의 전인적 발달을 도모하고자 하는 포괄적 양육을 강조하고 있다. 특히, 아주 어린 시기부터 부모와 떨어져 장시간 어린이집에서 생활하는 영유아들의 경우 정서적인 안정감과 신뢰를 형성하는 것이 가장 우선시되므로 이를 도모할 수 있는 심리적 · 물리적 환경을 제공하는 데 역점을 두고 있다.

(2) 주제통합 프로그램의 교육목표

주제통합 프로그램의 궁극적인 목적은 영유아의 전인적인 발달을 도모하여 영유아들이 건강하고 행복하게 생활하도록 하는 것이다. 이에 주제통합 프로그램의 교육목표는 어릴 적부터 몸과 마음이 바르고 건강하며 가슴이 따뜻한 사람이 되어 장차 이 사회를 건강하게 이끌어나갈 수 있는 사람으로 성장할 수 있도록 돕는 것이다. '바른 어린이-지(智), 따뜻한 어린이-덕(德), 건강한 어린이-체(體)'를 중심으로 이 세 가지가 조화를 이룰 수 있도록 주제통합 프로그램에 반영하였다.

(3) 주제통합 프로그램의 교육내용 및 활동 특성

① 발달에 적합한 단계별 접근

주제통합 프로그램의 교육내용은 1년 동안 '씨앗 뿌리기 → 싹 트기 → 꽃 피우기 → 열매 맺기'인 네 단계를 거쳐 이루어지도록 구성되어 있다. 각 단계별 명칭에서 나타나듯이 교육내용은 가장 기초적인 단계부터 시작하여(씨앗 뿌리기) 확산적으로 전개해나가며(싹 트기, 꽃 피우기), 마지막에는 지금까지 해온 결과를 수렴하여 산출물을 확인하는 활동(열매 맺기)으로 마무리를 짓게 된다. 또한 모든 단계에서 같은 주제를 선정하되 연령별 발달을 고려하여 각각 수준을 다르게 함으로써(수준 I, II, III), 각 연령별로 상호연계성을 가지도록 고안하였다(〈표 7-2〉 참조).

〈표 7-2〉 연령별 발달수준을 고려한 교육목표

대주제	소주제	수준 I (1세)		수준 II (2세)		수준 III (3, 4세)	
		주 제목	주 목표	주 제목	주 목표	주 제목	주 목표
나	나	나는 이름이 있어요	내 이름을 말할 수 있다	나는 ○○예요	나 자신에 대해 다양하게 표현할 수 있다	특별한 나	나는 사랑받는 존재라는 것을 알 수 있다
		내 몸을 탐색해요	내 몸의 여러 부분을 탐색한다	나는 느껴요	내 몸의 느낄 수 있는 오감을 알고, 여러 가지 방법으로 표현할 수 있다	나는 자라요	몸도 마음도 자란 멋진 형님이 되었음을 알 수 있다
		내 몸을 움직여요	스스로 신체의 각 부분을 움직일 수 있다	내 몸을 움직여서 ○○를 할 수 있어요	신체를 사용하여 다양한 동작(소리)을 할 수 있다	나는 도울 수 있어요	다른 사람을 도와주는 즐거움을 느낄 수 있다
		내가 좋아하는 것이 있어요 I	내가 좋아하는 것을 말과 행동으로 표현한다	내가 좋아하는 것이 있어요 II	내가 좋아하는 것을 말과 행동으로 표현할 수 있다	나는 ○○가 좋아요. 왜냐하면	내가 좋아하는 것들에 대해 다양하게 설명할 수 있다

출처: 고려대학교 안암병원 어린이집(http://cafe.daum.net/KoreaKids).

② 주제통합적 접근

주제통합 프로그램에서는 하나의 주제에 대해 표준보육과정의 각 영역별(기본생활, 신체운동, 사회관계, 의사소통, 자연탐구, 예술경험)로 주제통합 활동을 진행한다. 예를 들면, '나'라는 주제를 가지고 기본생활(어른이 내 이름을 부르면 공손하게 대답해요), 신체운동(내 몸을 자유롭게 움직일 수 있어요), 사회관계(나의 부모님에 대해 알아요), 의사소통(나의 부모님이 말씀할 때에는 잘 들어요), 자연탐구(나는 어디에서 왔을까?), 예술경험(엄마와 함께 내 몸으로 그림을 그려요) 등의 각 영역을 통합적으로 다루게 된다. 그리고 이러한 활동이 앞서 밝힌 씨앗 뿌리기, 싹 트기, 꽃 피우기, 열매 맺기로 이루어진 네 단계로 점차 확장해감으로써 더 깊이 있는 내용을 학습할 수 있도록 이루어져 있다.

이렇게 각 주제에 따른 영역별로 통합된 접근을 하는 과정에서 유아는 분리된 존재로서의 '나'가 아니라 나와 관계된 이웃, 그리고 우리나라로 발전하여 궁극적으로는 세계 속의 나로 발전할 수 있는 사고의 틀을 형성하게 된다. 이러한 과정 속에서 유아는 나의 변화가 세상의 변화를 이끌 수 있다는 자신감을 갖게 되고, 어떠한 문제에 부딪혔을 때 문제의 일부분을 보기보다는 전체를 보고 판단할 수 있는 능력을 키울 수 있게 된다(〈그림 7-1〉 참조).

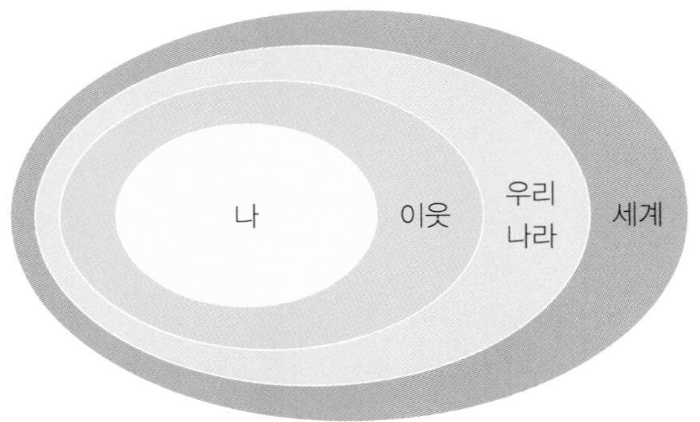

〈그림 7-1〉 부분에서 전체를 바라보는 사고의 확장

③ 산책활동

고려대학교 의료원 안암병원 직장어린이집은 고려대학교 뒷산인 북악산 자락에 위치하고 있다. 이러한 지리적 위치를 잘 활용하여 되도록이면 일상생활에서 유아들이 자연과 친숙해질 수 있는 기회를 제공하고자 하였다. 매일 주제와 관련된 산책

활동을 하면서 유아들은 자연을 직접 만지고 탐색하는 경험을 갖는다. 산책은 맑은 날뿐 아니라 비가 오면 오는 대로, 눈이 오면 오는 대로 자연의 모습이 다르기 때문에 매일의 일과 속에 포함되어 있다.

④ 부모협동 프로그램

주제통합 프로그램에서는 가정과 같은 편안한 정서경험을 제공하고 최대한 가정적인 분위기를 느낄 수 있도록 하는 데 주안점을 두고 있으므로 부모협동 프로그램의 특성이 강하다. 정기적인 부모교육과 안암병원 어린이집 활동집 「호롱이 이야기」를 발간함으로써 부모들에게 어린이집의 교육목표와 내용을 알려주고 부모역할에 대한 인식을 고취시킴으로써 어린이집의 교육활동과 가정에서의 교육활동이 연계성을 가지고 이루어지는 것을 강조하고 있다.

(4) 주제통합 프로그램의 일과운영

주제통합 프로그램의 일과운영 예는 〈표 7-3〉과 같다.

〈표 7-3〉 주제통합 프로그램의 하루 일과

시간	활동내용	비고
07:00~08:00	• 등원 및 자유놀이 활동	아침 당직 교사
08:00~09:30	• 자유선택활동(개별 흥미에 따라 영역별 놀이를 함) • 정리 정돈	각 반 교실
09:30~10:00	• 오전 간식(식단에 따라 직접 조리한 죽, 수프, 주먹밥 등)	장소: 식당
10:00~10:30	• 주제통합 활동: 주제별 학습활동이 이루어짐	교재 · 교구 사용 대 · 소집단 활동
10:30~11:30	• 주제통합 산책활동: 사전활동과 연계하여 산책활동이 이루어짐	발현학습
11:30~12:00	• 산책 후 정리 및 손 씻기 • 산책활동 내용 정리	기본생활습관 익히기
12:00~12:40	• 점심식사(식당)	유기농 식단
12:40~13:00	• 자유놀이(자동차 타기, 미끄럼 타기, 덤블링 등 대근육 활동 중심으로 놀이가 이루어짐) • 낮잠 준비(잠옷 갈아입기)	장소: 거실
13:00~13:30	• 영어 그림책 테이프 듣기	영어 프로그램

13:30~15:00	• 낮잠	
15:00~15:30	• 기상 및 잠자리 정리	기본생활습관 익히기
15:30~16:00	• 오후 간식	장소: 식당
16:00~17:30	• 영어활동(주 1회 고려대학교 국제어학원 원어민교사에게 영어 그림책을 통한 영어활동 실시) • 체육활동(주 1회 고려대학교 대학원 체육교육과 교사에게 놀이를 통한 체육활동 실시) • 주제통합-사후활동(사전활동 및 산책활동과 연계하여 활동이 이루어짐) • 자유선택활동 : 언어 영역: 도서, 언어자료 활동 : 탐구 영역: 유니트, 퍼즐, 쌓기, 레고 블록, 실험 및 관찰 : 미술 영역: 다양한 재료를 사용한 표현활동 : 역할놀이 영역: 소꿉, 인형, 역할 의상 • 하루 일과 회상 및 평가하기	대 · 소집단 활동 우리 콩, 건멸치 먹기 (측두엽, 치아발달)
17:30~18:00	• 귀가(부모님과 함께)	귀가 준비

출처: 고려대학교 안암병원 어린이집(2008). 호롱이 이야기.

2) 생태유아교육 프로그램

사진 설명 생태유아교육 프로그램 활동사진
출처: 부산 강서구 제일어린이집.

1995년 3월 보육아동 218명으로 개원한 부산대학교 부설 어린이집의 생태유아교육 프로그램은 영유아들의 연령과 발달수준에 적합한 환경을 마련해주고, 그들이 자발적, 능동적으로 주변 환경과 상호작용할 수 있는 분위기와 경험을 제공해주고 있다. 이를 통해 지적 · 도덕적 자율성과 전인적인 발달이 이루어지도록 도와줌으로써, 보호자들이 안심하고 직장생활을 할 수 있도록 지원해주는 종일제 보호 · 교육 프로그램이다.

(1) 생태유아교육 프로그램의 이론적 배경

생태유아교육의 배경이 된 철학요소들은 매우 다양하다. 먼저, 자식이 귀한 집에서 아이를 뒷산 큰 바위나 나무에 파는 '아기 팔기' 풍속인 민간신앙과 조부모의 영향과 부모, 이웃사람들의 사랑과 지혜가 녹아 있는 전통육아가 있다. 그리고 단군사상과 풍류사상에 바탕을 두고 있는 상고사상과 한국에서 자생한 민족종교(증산교, 대종교, 원불교)의 사상, 동학, 천도교, 동양사상(유교, 불교, 도교), 마지막으로 그리스도교의 생명사상이 생태유아교육이 탄생하는 데 영향을 주었다(임재택, 2002).

① 생태유아교육의 기본 체계

생태유아교육에서 기본 틀을 상징하는 소재는 '나무(木)'이다. 나무는 자연의 일부이고 매우 자연친화적인 것이며, 주역에서 말하는 오행인 목(木), 화(火), 토(土), 금(金), 수(水) 중의 하나로 우주만물을 생성하는 주요소이다.

〈그림 7-2〉에서 보듯이 생태유아교육이라는 생명수는 아이살림 · 교육살림 · 생명살림을 통해 사람과 자연이 하나 되는 생명공동체, 사람과 사람이 더불어 사는 사람 공동체, 아이들이 행복하게 사는 세상을 꿈꾸면서 크게 자랄 수 있도록 기대한다(임재택, 2002).

② 생태유아교육의 방향

유아교육은 본래 가정에서 부모나 가족의 몫이었다. 산업문명의 피해자인 지금 우리 아이들은 산업화 이후 많은 것을 잃었고, 특히 '자연'과 '놀이'와 '아이다움'을 잃어버린 채 자라고 있다. 따라서 생태유아교육은 아이들에게 잃어버린 자연과 놀이와 아이다움을 되찾아주는 길을 모색해야 한다(임재택, 하정연, 2004).

(2) 생태유아교육 프로그램의 교육과정

- 생명가치를 지향하는 교육과정이다.
- 자연이 시간과 흐름에 따르는 기다림과 느림의 교육과정이다.
- '지금 여기'에서의 아이들의 행복한 삶을 지향하는 교육과정이다.
- 시간, 공간, 사람, 자연 등의 조화와 통합을 지향하는 교육과정이다.
- 사람, 사회 및 자연의 모든 것들과 만남과 관계를 중요시하는 관계 지향적 교육과정이다.

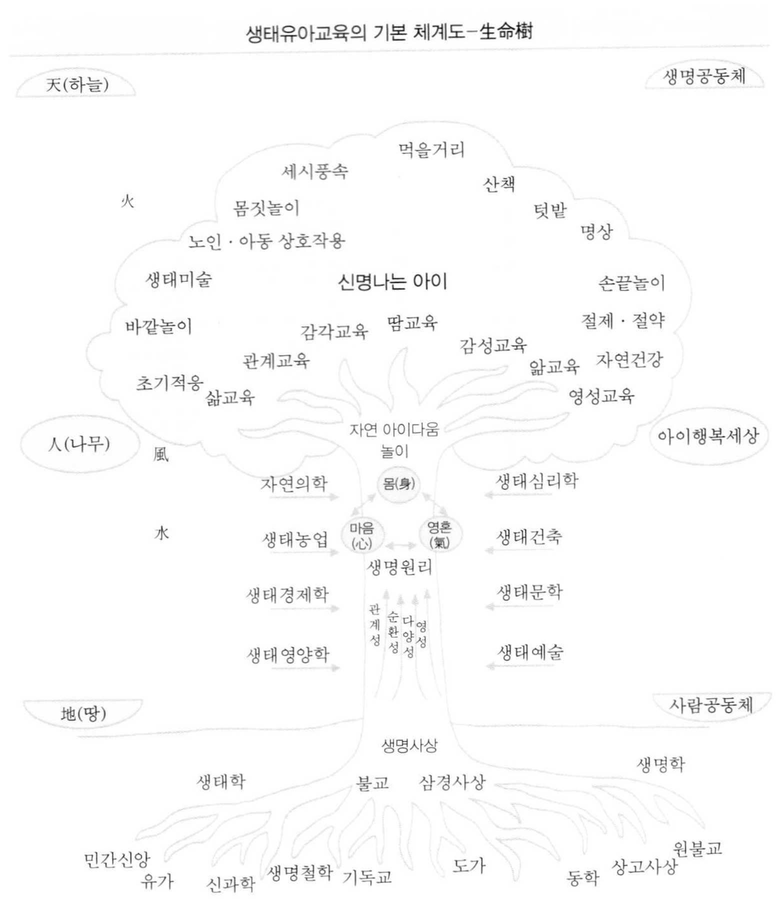

〈그림 7-2〉 부분에서 전체를 바라보는 사고의 확장

생태유아교육 프로그램의 활동은 다음과 같은 영역에 초점을 두고 있다.

- 삶교육: 일상적인 삶의 현실과 관련된 모든 것
- 땀교육: 몸을 움직이면서 땀의 소중함을 체험하는 활동
- 관계교육: 사람과의 관계, 사물과의 관계, 자연과의 관계 등을 경험하는 것
- 감각교육: 자연과의 교감을 통해 잃어버린 감각을 찾아보는 것
- 앎교육: 일상적인 삶에 유익한 지혜교육이며 자연 속에서 사람들과 함께 더불어 살아가려면 반드시 알아야 하는 것
- 감성교육: 자연을 통해서 감성을 기르고 감성적 예술행위를 통해 자연의 이치를 느껴보는 것

• 영성교육: 생명의 궁극적 존재 이유인 영성을 키워주기 위한 교육을 하는 것

(3) 생태유아교육 프로그램의 구성

① 산책 프로그램

산책을 계획하는 것은 매달, 매주, 매일의 삶 속에서 이루어진다. 그리고 교사는 월별 계획 속에서 산책의 여정과 모양을 계획하며 이를 가정통신문을 통해 부모나 지역사회에 미리 알리고 산책과 관련된 정보와 도움을 받는다.

② 텃밭 가꾸기 프로그램

텃밭 가꾸기에 동참하는 사람들은 유아뿐만 아니라 교사, 학부모, 자원봉사자, 노인 봉사자 등 유아주변의 모든 사람들의 참여가 가능하다. 만약 텃밭을 가꿀 만한 땅이 유치원에 없다면 인근의 자연학습장이나 농장, 유치원 주변의 땅이나 교외, 가까운 시골 밭을 임대해도 좋으며 유치원의 옥상이나 베란다에 화분을 이용해 텃밭으로 활용하는 것도 좋은 방법이다.

③ 생태미술 프로그램

생태미술은 관계성, 순환성, 다양성, 영성의 방법에 따르는 것이 바람직하다. 먼저, 자연 혹은 사람 간의 관계성을 터득할 수 있도록 해야 한다. 바깥놀이나 산책, 텃밭 가꾸기를 하면서 자연 속에서의 다양한 경험을 할 필요가 있다. 또한 또래들끼리 어울리는 공동 작업이나 주변 사람들과 어울려 미술을 해보는 경험도 중요하다.

④ 노인 · 아동 상호작용 프로그램

노인들이 유치원이나 어린이집의 영유아 보육활동에 자원봉사자로 참여하여 영유아들과 함께 생활하면서 노인 · 아동 간의 상호작용 기회를 체계적으로 제공하는 세대간 프로그램(intergenerational program)이다.

⑤ 세시풍속 프로그램

세시풍속은 아이들에게 계절의 변화에 따른 생활의 주기성을 알게 하고, 우리의 건강한 먹거리를 알게 하며 더불어 즐길 수 있는 놀이와 조상들의 삶의 지혜를 알

수 있게 한다.

⑥ 동물교감 프로그램

생태유아교육 프로그램에서는 유아와 동물 간의 교감을 통해 유아와 자연이 만날 수 있다고 본다. 따라서 동물 우리를 원 내에 두고 유아가 동물을 길러보고 친밀하게 지낼 수 있도록 한다.

⑦ 명상 프로그램

특히 유아를 위한 명상활동은 연령적 발달특성을 고려하여 일상생활 속에서 체험활동으로 접근하는 것이 중요하다.

⑧ 절제 · 절약 프로그램

절제 · 절약 프로그램은 아이들에게 생태의 기본 핵심인 순환과 돌림의 경제를 인식시키고 실천하도록 도와주는 데 목적이 있다. 구체적인 실천방법은 '아나바다 운동'에서 찾고 있다.

즉, 아껴 쓰고 나눠 쓰고 바꿔 쓰며 다시 쓰는 생활로 현대 경제가 가져온 문제를 실천적인 면에서 해결해가려 한다.

⑨ 먹을거리 프로그램

먹을거리 프로그램 실천의 첫 단계는 유치원과 어린이집의 먹을거리부터 바꾸어 가는 것이다. 급식과 간식거리부터 생명력이 깃든 먹을거리로 바꾸어 간다. 또 아이들과 함께 제철에 근처에 나는 야채와 생명의 먹을거리를 키워보는 경험을 할 수 있는 텃밭을 마련한다.

⑩ 도시 · 농촌 교류 프로그램

도시 · 농촌 교류 프로그램은 '농촌이 살아야 도시가 살고, 나아가 사람과 자연생태계가 살 수 있다'는 취지에서 전개되는 프로그램이다. 실천 가능한 프로그램으로 먼저 농사체험을 들 수 있고 그 외에도 농악교실과 고유음식 만들기, 전통 농기구 사용법 교육, 미곡종합처리장과 각 지역의 특산품을 가공 처리하는 농산물 가공공장 견학, 문화유적지 탐사, 갯벌체험, 습지관찰 등의 프로그램을 비롯하여 농촌 아이들과 친구 맺기와 편지 나누기, 민박, 도서대여 프로그램 등도 있다.

⑪ 손끝놀이 프로그램

손끝놀이란 말 그대로 아이들이 손끝을 사용해서 할 수 있는 놀이를 말한다. 손놀림은 단순한 육체적인 과정이 아니라 정신적인 과정이어서 손의 사용을 통하여 머리(Head), 마음(Heart), 손(Hand)이 조화롭게 발달하는 전인적인 존재가 될 수 있다. 손끝놀이는 공간적인 제약을 별로 받지 않는 활동이다. 교실 안에서, 바깥놀이터에서 혹은 산책 가서도 할 수 있다.

⑫ 몸짓놀이 프로그램

몸짓놀이란 몸을 이용해서 할 수 있는 놀이를 말한다. 몸짓놀이는 몸을 자극함으로써 오장육부를 튼튼하게 하고 몸을 유연하게 한다. 몸짓의 원형은 우리의 전통 육아방식에서 찾아볼 수 있다. 도리도리, 짝짜꿍, 곤지곤지, 잼잼, 고네고네, 따로따로, 불무불무, 목마타기, 단지팔기, 까꿍, 에비에비 등 전통사회에서 즐겼던 아이체조는 단순한 놀이가 아니고, 아이의 몸을 유연하게 하고 기(氣)의 흐름을 왕성하게 한다. 몸짓놀이는 단순한 춤이 아니다. 춤에서 한층 더 발전된 것으로서 움직임을 통해서 자신의 마음속 깊은 정서를 표현한다.

3) 생활주제(단원중심) 프로그램

이화여자대학교 부속유치원인 이화유치원은 1914년 미국인 선교사 브라운 리에 의해 설립된 한국 최초의 유치원이다. 이화유치원은 한국 최초의 유치원인 동시에 최초로 유치원 자격교사를 배출하는 교사교육기관과 실습유치원의 역할을 수행하였으며 아울러 우리나라 유치원 교육의 모델을 제시하였다는 점에서 우리나라 유아교육에 큰 영향을 미쳤다. 이화유치원의 교육과정은 생활주제를 중심으로 이루어지는 통합적 교육과정으로, 유아의 전인적인 발달을 도모하며 그중에서도 사회정서적인 발달을 중시하는 교육을 진행하고 있다.

사진 설명 생활주제 프로그램 활동사진
출처: 부산 강서구 제일어린이집.

(1) 생활주제(단원중심) 프로그램의 이론적 배경

이화유치원의 생활중심 통합교육과정은 기독교 정신을 바탕으로 참된 민주시민을 육성하는 것을 목적으로, 듀이의 진보주의이론, 피아제의 구성주의, 비고츠키의 사회문화이론 등의 철학과 아동중심 발달이론 그리고 우리나라 전통적인 사상과 경험을 토대로 이루어져 있다.

이화유치원의 교육과정은 생활주제를 중심으로 이루어지는 통합적 교육과정이다. 여기에서 생활주제란 〈나와 유치원〉 〈봄〉 〈가족〉 등과 같이 유아가 생활하는 동안 경험할 수 있는 내용을 비슷한 주제끼리 모아 선정한 것이다. 초기에는 '단원중심'의 교육과정을 진행하다가, 1995년 이후 교육부의 의뢰로 제5차 유치원 교육활동 지도자료집을 발간하면서 '단원' 대신 '생활주제'라는 용어를 사용하고 있다. '단원'과 '생활주제'는 서로 유사한 개념으로 학습내용을 비슷한 주제끼리 결합한 후 흥미 영역 활동을 중심으로 교육한다. 생활주제의 전개는 유아에게 가장 친숙하고 구체적이며 자주 경험하는 것으로부터 점차 먼 환경(예: 〈나〉에서 〈가족〉 〈지역사회〉 〈우리나라〉 등)에 대한 것으로 확대해간다.

(2) 생활주제(단원중심) 프로그램의 목표

생활중심 통합교육과정은 특별한 인지이론이나 언어이론에 기초하기보다는 아동발달에 대한 일반적 지식과 전통적인 경험 및 지혜를 바탕으로 한다. 그것은 한 가지 기능이나 어떤 독특한 이론에 기초를 둔 특정 활동이나 언어훈련, 인지훈련이 우리나라 아동에게는 큰 의의를 갖지 않는다고 보고 있기 때문이다. 따라서 생활중심 통합교육과정은 전통적인 아동중심 프로그램을 통한 유아의 전인적인 발달을 추구한다. 교육이념은 기독교 정신을 토대로 유아의 성장, 발달에 요구되는 적절한 환경과 교육과정을 통해 건전한 인간을 육성하는 것이다.

(3) 생활주제(단원중심) 프로그램의 교육내용 및 활동 특성

생활(단원)중심 통합교육과정에서는 유아의 연령별 단계에 적합한 생활주제를 선정하여 교육한다. 선정된 생활주제들은 개방적이고 허용적이며, 유아의 습관 형성이나 집단생활의 질서를 따르는 일반적인 태도들을 강조하고 긍정적인 자아개념, 창의성, 또래 유아와의 상호작용 능력, 집중력, 통제력, 대소근육의 발달을 증진시키는 데 목표를 둔다. 다음은 생활(단원)중심 통합교육과정의 연간교육계획안이다(〈표 7-4〉 참조).

〈표 7-4〉 생활주제(단원중심) 교육과정의 5세아 연간교육계획안

월	주	생활주제			행사
3	2	즐거운 유치원	봄	개나리반에서의 나의 역할	7(화) 신입부모 안내모임
				개나리반의 친구, 동생, 선생님	
				이화유치원	
	3			유치원에서의 즐거운 생활	8(수) 유아사전교육
	4			개나리반(종일반)에서의 즐거운 하루	9(목) 2006학년도 개학일
				유치원과 주변의 안전한 생활	11(토), 18(토) 학습준비도 검사 (2일 중 택 1)
	5	나		봄철 자연의 변화	17(금) 집단면담 1차 소방안전교육
4	1			봄철 사람들의 생활 모습	4(화) 부모회 총회
				봄철 안전한 생활	12(수)~17(월) 부활절 기념활동
	2			한식	22(토) 아버지 참여일
				부활절	2차 소방안전교육
				장애인의 날	
	3			나의 몸	
				나의 중요성	
	4	가족		나의 역할	
				가족의 구성과 역할	
5	5/1			가족 간의 사랑과 예절	3(수) 부모회
	2			가족의 문화	12(금) 봄소풍
	3			가족과 이웃(나를 돌보아주시는 분에 대한 예의)	24(수) 조부모님 모시는 날
				단오	31(수) 이화 창립 120주년 기념일 31(수) 단오
	4	지역사회		내가 사는 동네	3차 소방안전교육
6	6/1			지역사회의 여러 기관	7(수) 부모회 및 어머니 참여수업
	2			여러 종류의 직업	22(목) 개나리반 연구수업
	3			현충일	
				월드컵	
				통일의 꿈(6 · 25)	
	4	여름		여름철 자연의 변화	

7	1			여름철 사람들의 생활 모습	5(수) 참관 및 부모회
				여름철 안전한 생활	12(수)~14(금) 개인면담
	2			제헌절	13(목) 1학기 종업일
	3			여름방학	5차 소방안전교육
9	1	즐거웠던 여름방학		여름방학 동안의 생활	8.29(화) 2학기 개학일
	2			다시 시작하는 유치원 생활	이화여대 유아교육과 4학년 교육실습 (미정)
				여름철 생물	
	3	우리나라	가을		6(수) 부모회
	4			우리나라의 상징	6차 소방안전교육
	5			우리나라의 전통 문화	
10	1			개천절	2(월) 이화유치원 창립 92주년 기념일
	2			추석	13(금) 이화가족 가을놀이마당
				이화가족 가을놀이마당	
	3	환경		환경의 중요성	19(목) 벼룩시장
	4			환경오염의 실태	20(금) 알뜰바자회
				환경보호의 방안 및 실천	7차 소방안전교육
11	5/1				8(수) 참관 및 부모회
				가을철 자연의 변화	
	2			가을철 사람들의 생활모습	15(수) 작은 음악회
				가을철 안전한 생활	22(수) 추수감사예배
				추수감사절	
	3	겨울		겨울철 자연의 변화	24(금) 김장하는 날
				겨울철 사람들의 생활모습	29(수)~12.1(금) 개인면담
	4			겨울철 안전한 생활	8차 소방안전교육
				성탄절	
12	5/1			겨울방학	13(수) 부모회 및 어머니 참여수업
	2				21(목) 성탄축하 및 2학기 종업일
	3				
2	1	초등학교에 가려면		즐거웠던 겨울방학	1.29(월) 3학기 개학일
	2			즐거웠던 유치원 생활	7(수) 참관 및 부모회
				초등학교에 가려면	12(월) 형 · 동생 송별회
	3			동생과 헤어지며	14(수) 졸업식 예행연습
				설	15(목) 2006학년도 제92회 졸업식

출처: 이화여자대학교 부속유치원(http://www.ewha-kids.com).

생활(단원)중심 통합교육과정의 활동 특성은 다음과 같다. 첫째, 교육활동을 계획, 실행, 평가하는 과정에서 유아의 발달수준, 흥미, 관심 등의 개인차를 최대한 반영한다. 둘째, 유아-유아, 유아-교사, 유아-교구 간에 최적의 상호작용이 이루어지도록 한다. 셋째, 놀이는 유아가 자신과 세상에 대해 학습하는 가장 기초적이면서도 중요한 수단이므로 다양한 양질의 놀이를 할 수 있도록 한다. 넷째, 유아의 현재와 미래의 삶에 의미 있는 생활주제를 중심으로 교육활동을 통합적으로 운영한다. 다섯째, 유아의 성장과 학습에 요구되는 다양한 지원을 최적의 순간에 적절히 지원한다.

(4) 생활주제(단원중심) 프로그램의 일과운영

생활주제 통합교육과정에서는 유아들의 발달수준과 흥미, 교육적 필요성을 고려하여 선정된 생활주제를 여러 교육활동을 통해 통합적으로 경험하도록 하고 있다. 활동은 크게 자유선택활동과 대・소집단활동으로 나누어진다.

생활주제 통합교육과정은 반일제 프로그램 중심으로 이루어지다가, 취업모의 증가에 따른 사회적 환경의 변화로 종일제 프로그램으로 실시되고 있다(〈표 7-5〉 참조).

〈표 7-5〉 생활주제(단원중심) 프로그램의 하루 일과(종일제)

시간	활동 종류
8:30~	등원 및 계획하기
	실내 자유선택활동/개별간식
9:00~10:50	연령별 소집단 활동
10:50~11:00	정리 정돈 및 화장실 다녀오기
11:00~11:20	놀이평가 및 대집단 활동
11:20~12:00	실외 자유선택활동
12:00~12:15	동화
12:25~1:40	손 씻기 및 점심식사 준비
1:00~	점심식사 및 시차를 이용한 조용한 놀이
1:40~	휴식 및 낮잠
2:10~3:20	실내 자유선택 활동
3:20~3:30	연령별 소집단 활동 및 개별 활동
3:30~4:00	정리 정돈 및 화장실 다녀오기
4:00~4:45	간식
4:45~5:00	대집단 활동 및 평가
5:00~	귀가 지도

출처: 이화여자대학교 사범대학 부속 이화유치원(2002). 이화유치원 교육과정. 경기: 교문사.

4) 활동중심 통합교육과정

사진 설명 활동중심 통합교육과정 활동사진
출처: 부산 강서구 제일어린이집.

중앙대학교 부속유치원은 1916년 정동교회 부설 중앙유치원으로 시작되어 1965년 중앙대학교 사범대학 부속유치원으로 이름이 변경되어 오늘날까지 운영되고 있는 우리나라의 대표적인 유아교육기관 중 하나이다. 활동중심 통합교육과정은 중앙대학교 부속유치원의 교육과정으로서, 우리나라 유치원 현장에서 보편화되지 못한 아동중심 교육철학을 현장에 실현해보고자 한 일종의 교수법개선운동이라 할 수 있다.

(1) 활동중심 통합교육의 이론적 배경

활동중심 통합교육과정에서는 그동안 우리나라에 소개되었던 코메니우스, 루소, 프뢰벨, 듀이, 몬테소리, 피아제 등의 이론 중 유아들에게 적절한 개념인 놀이와 활동, 감각교육, 개별성, 창의성, 책임감 및 독립심, 자유와 선택, 자아존중감, 개념발달, 상호작용의 중요성 등의 내용이 현장에 있는 원장과 교사들에게 이론적으로는 공감하면서도 실제 운영면에 있어서는 지켜지지 못하고 있음을 지적하면서 이들 아동중심 교육철학을 우리나라 유아교육 현장에 적용하는 데 중점을 두고 있다.

활동중심 통합교육과정에서 '통합'은 매우 다양한 의미를 내포하고 있다. 주제활동 내용을 전개해갈 때 단편적으로 분리하여 교육하는 것이 아니라 교육내용을 통합하고 발달 영역 간에 통합이 이루어지며, 유아 개개인이 갖고 있는 지식이나 개념을 통합하는 전인교육을 의미한다(중앙대학교 부속유치원 편, 1999).

(2) 활동중심 통합교육의 교육목표

활동중심 통합교육의 궁극적인 교육목적은 어린이들이 여러 가지 품성을 갖춘 전인, 즉 건강하고 창의적이며 슬기로운 어린이, 자신이 속한 사회에서 행복하고 즐겁게 지내면서 동시에 책임감 있고 협동하는 어린이로 성장할 수 있도록 돕는 것이다.

(3) 활동중심 통합교육의 교육내용 및 활동 특성

활동중심 통합교육과정의 교육내용과 활동 특성은 다음과 같다.

첫째, 사물이나 사건에 대한 개념 또는 지식을 획득하는 일을 교육과정의 기본으로 삼는다.

아동중심 교육철학을 가진 교사에게 교육을 받은 유아도 생활을 영위해가는 데 필요한 개념이나 지식을 갖고 있어야 한다. 아동중심적 교육을 한다는 것은 어린이들이 현재 홍미 있어 하고 또 그들이 필요로 하는 것에서 시작하되 그 홍미가 현재보다 높은 수준의 개념으로 연결되도록 해주는 것을 의미한다.

둘째, 교육내용은 유아의 발달 단계에 부합되게 선정한다.

유아에게 사물에 대한 개념을 형성시키는 일이 중요하다 할지라도 그 내용이 유아의 성장 및 발달에 적합하지 않으면 교육적인 효과를 얻을 수 없다. 따라서 교사는 어린이의 성장수준을 파악한 후, 구체적인 경험과 다양한 활동을 마련해 주어 어린이들이 홍미 있게 활동할 수 있도록 돕는다.

셋째, 유아 개개인의 필요와 각종 교육내용이 갖고 있는 특수성에 맞추어 내용 및 활동을 선정한다.

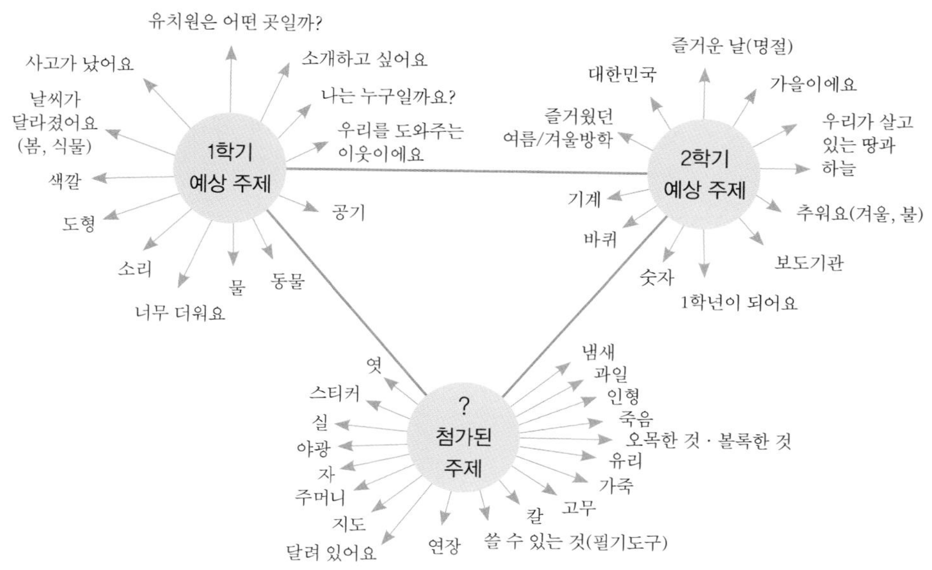

〈그림 7-3〉 활동중심 통합교육과정의 연간 교육주제 목록

출처: 중앙대학교 사범대학 부속유치원(1999). 활동중심 통합교육자료집. 서울: 양서원.

활동중심 통합교육에서는 유아의 개별성을 최대한으로 고려한다. 따라서 유아 개개인이 가지고 있는 흥미는 교육의 출발점이다. 유아의 흥미를 교육의 시작으로 생각하기 때문에, 활동중심 통합교육과정에서는 교육경험을 다양하게 마련해주고 선택의 기회를 많이 주는 방안을 모색한다. 아울러 교사는 각각의 교육활동들이 갖고 있는 특수성을 고려하여 경험이나 활동을 계획한다.

〈그림 7-3〉은 활동중심 통합교육과정의 연간 교육주제 목록(연안)이다. 활동중심 통합교육과정에서는 선정된 주제의 도입과 전개시기를 특정한 월·주·일로 명시하지 않는 특징이 있다. 그것은 어린이들의 자연스러운 흥미 유발, 어린이의 제안과 합의, 교사의 제안과 합의에 따라 융통성 있게 결정되기 때문이다.

(4) 활동중심 통합교육의 일과운영

중앙대학교 부속유치원의 하루 일과 시간표는 일정한 시간구획을 두고 같은 시간대에 같은 내용과 활동이 이루어지는 종적인 시간표가 아니라 같은 시간대에 다양한 내용과 활동이 이루어지는 횡적인 시간표이다. 같은 시간대에 학급마다 다루어지는 내용이 다르고 한 학급 내에서도 여러 가지 활동이 이루어지는 특징을 갖는다. 이러한 시간차 일과운영은 한 학급당 교사 대 유아의 비율이 1:30인 상황에서 교사 대 유아의 비율을 낮추고 가능한 한 소그룹화하여 개별화 교육이 원활히 일어나도록 하고자 하는 활동중심 통합교육과정의 독특한 운영방법이다.

하루 일과 활동유형은 크게 함께 모이기, 실내 자유선택활동, 회상하기, 실외 자유선택활동, 집단활동 등으로 나누어지는데, 어린이의 제안과 흥미에 따라 융통성과 가변성을 가지며 집단의 크기 또한 상황에 따라 다양하게 구성한다. 시간차 일과운영에 따른 하루의 일과를 살펴보면 다음과 같다(〈표 7-6〉 참조).

이러한 시간차 운영은 유치원의 하루 일과 시간 중 일부를 소집단으로 개별화할 수 있다는 점이다. 하루 일과 중 모든 시간을 소집단화할 수는 없지만 시간차를 두는 시간의 양만큼은 개별화가 높은 교육을 할 수 있다. 즉, 하루 일과 3~4시간 중 40분만큼은 가능한 한 소집단 개별화가 활발히 이루어질 수 있다.

〈표 7-6〉 중앙대학교 활동중심 통합교육과정의 하루 일과

A 별님 코스		B 달님 코스	
9:10	이야기 나누기 및 일과 계획		
9:50	실외놀이	이야기 나누기 및 일과 계획	9:50
10:30	실내 자유선택활동 정리 정돈	실내 자유선택활동 정리 정돈	10:30
11:30	회상하기	회상하기	11:30
11:40	집단활동	집단활동	11:40
12:20	평가	평가	12:20
12:30	귀가 지도 및 귀가	실외놀이	12:30
		귀가 지도 및 귀가	13:10

종일반(오후 연장제)

	4세아	5세아
9:10	반일반 시간표와 동일함	
13:10	인사 나누기 및 일과계획	
13:20	손 씻기 및 점심식사	
13:50	정리 정돈 및 양치질	
14:00	실외놀이	
14:40	휴식 및 낮잠 자기, 자유선택활동 중 택일	
15:30	간식 및 정리 정돈	
16:00	특색 활동(음악, 미술, 문학활동, 신체활동 및 현장견학)	
16:50~17:00	회상하기 및 귀가	

출처: 중앙대학교 부속유치원(http://www.cau-kindergarten.or.kr).

제8장 보육환경

발달에 적합한 환경은 영유아의 긍정적인 발달을 이끌며, 영유아가 놀이 및 상호작용에 활발히 참여하고 탐구하도록 하는 것이다. 공간이나 교구들이 잘 배열되어 있으면 영유아가 쉽게 이용 가능하고 자율적으로 선택하여 놀이할 수 있으며, 자신감 있고 능숙하게 다룸으로써 자립심도 발달할 수 있게 된다. 교사들도 환경이 잘 계획되어 있으면 쾌적한 환경에서 보육에 전념할 수 있다.

발달에 적합한 환경을 구성하기 위해서는 여러 가지 고려해야 할 사항들이 많다. 전체적으로 어린이집의 설치 · 운영과 연관하여 관련법을 살펴보는 것이 필요하다. 그리고 영유아의 연령에 따른 발달특성에 관한 지식을 잘 숙지하고 이해해야 하며, 국가 수준 교육과정의 방향성을 잘 반영하도록 해야 한다.

일반적으로 보육환경은 물리적인 환경만을 생각하기 쉽다. 그러나 보육환경은 물리적인 차원 이외에 상호작용적인 측면과 시간적 측면까지도 함께 고려해야만 영유아의 발달에 적합하면서 완전한 환경을 구성할 수 있다. 장시간 어린이집에서 생활하는 영유아들을 생각해 보면, 이들이 지내는 환경이 얼마나 중요하며 영유아들에게 미치는 환경의 영향이 얼마나 큰지를 짐작할 수 있을 것이다.

이 장에서는 보육환경의 의미를 생각해 보고, 보육환경이 영유아에게 미치는 영향을 살펴볼 것이다. 그리고 「영유아보육법」과 관련하여 어린이집의 설치기준을 점검해 보고, 개정된 유아 중심 · 놀이 중심의 보육과정에 따른 놀이환경의 구성에서 필요한 교사의 역할을 정립하면서 보육환경 구성 시 고려해야 하는 여러 요인들을 살펴보고자 한다.

1. 보육환경의 의미

보육환경은 영유아를 둘러싼 모든 환경을 말한다. 그러나 보육환경에 대한 정의를 정확히 내리기는 쉽지 않은데, 이는 어느 정도까지를 환경으로 봐야 하는지에 따라서 그 정의가 달라지기 때문이다. 일반적으로 보육실의 구성과 같은 물리적인 환경만을 보육환경으로 보기 쉽다. 그러나 물리적인 환경과 영향을 주고받을 수 있는 대인 간의 상호작용, 보육환경의 분위기와 같은 심리적인 환경도 함께 고려해야만 보육환경을 전체적으로 이해하는 데 도움이 될 것이다.

Estes(2004)는 보육환경을 다음과 같은 세 가지 차원으로 구분하였다. 첫째, 상호작용 차원이다. 상호작용은 영유아와 교사, 영유아와 영유아, 교사와 부모 등 여러 구성원 간에 일어나는 것을 말한다. 영유아는 놀이를 통해 또래, 교사 그리고 환경과 적극적으로 상호작용하면서 세상을 이해하고 배워나가게 된다. 유아가 주도하는 놀이 중심의 개정 보육과정에서는 유아와 유아 간의 상호작용이 더 빈번하고 활발하게 일어나게 된다. 따라서 교사는 유아가 놀이를 통해 만나는 다양한 관계에 관심을 기울이고 함께 상호작용하면서 필요한 자료를 제공하거나 공간을 조정하는 등의 지원을 제공할 필요가 있다.

둘째, 물리적인 차원이다. 이는 여러 가지 교재·교구, 장난감 등을 선택하고, 실내·실외 공간에 배열하는 것을 통해 영유아의 발달적 요구를 지원해 주는 것을 의미한다. 이것은 단순히 크기가 작고, 여러 가지 색상의 가구로 꾸미는 것만을 말하는 것이 아니라, 보육과 환경을 역동적이고 반응적인 구조로 보아야 함을 의미하는 것이다. 특히 유아 중심·놀이 중심의 개정 보육과정에서는 유아와 환경 간의 상호작용이 매우 중요한데, 그 이유는 환경이 유아의 놀이가 활성화되는 배경이자 유아가 다양한 배움을 경험하는 원천이 되기 때문이다. 그러므로 교사는 다양한 실내외 놀이환경과 풍부한 놀이자료를 제공하여 유아의 놀이가 활성화되도록 도와야 한다 (사진 참조).

셋째, 시간적 차원이다. 물리적인 환경과 상호작용 차원이 영유아의 발달에 적합해야 하는 것과 마찬가지로 이 시간적인 차원도 영유아의 발달적 요구를 고려해야 한다. 이 차원에 속하는 것으로는 하루 일과의 계획, 여러 가지 활동에 분배되는 시간, 활동과 활동 사이의 전이 시간, 놀이시간 등을 들 수 있다. 예를 들어, 놀이시간이나 일상생활 및 활동시간의 분배가 영유아의 발달과 활동수준에 적합하지 않으면 유아와 교사에게 스트레스를 주게 되고, 불필요한 문제행동을 일으키는 원인이 될 수 있다. 특히, 개정된 보육과정에서 교사는 유아들이 하는 놀이의 흐름이 끊이지 않고 충분히 놀았다는 느낌이 들 수 있도록 일과를 편성하는 것이 중요하다. 일과의 순서는 일관성이 있어야 하지만 융통성 있게 운영되어야 하며, 일과의 융통성 있는 운영은 유아로 하여금 주도적으로 경험을 구성해 볼 수 있는 기회를 제공해 준다.

사진 설명 자연환경에서 교사와 상호작용하는 영유아의 모습

영유아들이 생활하는 보육기관은 물리적인 건축물 이상의 의미를 가지며, 내부에서 함께 생활하는 구성원들과의 상호작용을 통해 의미를 부여받는 장소가 된다(교육부, 보건복지부, 2019a). 따라서 보육환경은 좁게는 물리적 환경에서, 넓게는 상호작용과 시간적인 차원까지도 영유아의 연령과 발달수준을 고려해야만 완전한 환경이 된다고 볼 수 있다.

2. 보육환경의 영향

일반적으로 사람들이 다시 가고 싶어하는 장소의 특징들을 살펴보면, 환영받거나 안전하다는 느낌과 함께 그곳에서 만난 사람들, 색상, 따뜻하고 편안한 분위기, 안락한 가구 등이 떠오를 것이다. 이에 반해 가고 싶지 않은 장소를 떠올린다면 그곳은 대부분 시끄럽거나 위험하고, 예측할 수 없거나 불편하며, 때로는 환영받지 못하는 기분 등이 느껴지기 때문이다. 이처럼 환경은 우리가 어떻게 느끼고, 무엇을 하며, 우리가 반응하는 방식에 영향을 미치게 된다. 성인과 마찬가지로 영유아도 장소에서 느끼는 기분을 똑같이 느끼고 있으나 단지 성인처럼 말로 정확하게 표현하

사진 설명 기구를 사용하여 유아의 운동능력 발달을 촉진할 수 있다.

기가 어려울 뿐이다.

영유아는 보육환경에 대해서 직접 말하는 것보다 행동으로 반응한다. 환경은 영유아들이 서로에게 상호작용하는 방식에도 직·간접적으로 영향을 줄 수 있다. 예를 들어, 긍정적인 상호작용은 원아들의 수가 적고, 다양한 교구가 많을 때 촉진된다(Essa, 1996). 또한 보육실에 영유아의 발달에 적합한 기구 등을 설치함으로써 운동능력의 발달을 촉진시킬 수 있고, 대근육과 소근육 발달에도 도움이 될 수 있다(사진 참조).

공간이나 교구들이 잘 배열되어 있으면 영유아가 쉽게 이용할 수 있고 놀이로 연결할 수 있다. 영유아는 교구들을 분류하기도 하고, 교구들 간의 관계를 찾아보고, 측정하고 비교함으로써 인지능력을 발달시키게 된다(Weinstein, 1987). 또한 교구를 자율적으로 선택하고, 자신감 있고 능숙하게 다룸으로써 자립심도 발달시킬 수 있다(Click, 1996; Essa, 1996; Segal, Bardige, Woika, & Leinfelder, 2006). 이와 동시에 책임감도 느끼게 되어 다 놀고 난 뒤에는 장난감을 제자리에 두기도 한다(사진 참조). 유아는 놀이를 통해 하나의 공간에 새로운 목적을 부여하여 자신의 놀이와 적합한 공간으로 사용하기도 하고, 스스로 놀이할 공간을 찾아내거나 만들어 사용하기도 한다.

사진 설명 교구의 사진을 찍어 교구장에 부착하면 영유아가 훨씬 쉽게 정리할 수 있다.

보육환경이 영유아에게만 적용된다고 생각하기 쉬우나, 어린이집에서 근무하는 보육교사에게도 중요하기 때문에 건강하고 쾌적하게 생활할 수 있도록 배려해야 한다. 어린이집이 영유아들뿐 아니라 교사에게도 특별한 장소가 되어야 하는데, 그렇게 되기 위해서는 많은 노력이 필요하다. 예를 들어, 교사가 쾌적한 환경에서 일하고 휴식을 취하며 활동을 계획할 수 있다면 더 즐겁게 일할 수 있을 것이다. 또한 잘 구성된 환경은 영유아의 문제행동을 줄일 수 있으며, 싸우기보다는 협동하거나 새로운 기술을 익히고 놀이를 하는 데 더 많은 시간을 보낼 수 있다(Segal et al., 2006). 따라서 여러 가지 요인들을 잘 고려하여 공간을 구성한다면, 교사가 영유아에게 그 보육실의 목적을 일일이 설명하거나 혹은 보육환경을 쾌적하게 만들기 위해 시간을 낭비하는 것을 막을 수 있다(Essa, 1996). 그리고 환경을 잘 계획하면 교사들은 쾌적한 환경에서 보육에 전념할 수 있고, 영유아들도 주변을 탐색하는 데 더 많은 시간을 보낼 수 있다.

어린이집에 12시간 운영원칙(07:30~19:30)이 적용되면서 기본보육과 연장보육까지 이루어지는 경우, 영유아가 많은 시간을 보육기관에서 보내게 되므로 환경은 영유아의 발달과 배움에 중요한 역할을 한다. 영유아에게 지원적인 환경은 영유아로 하여금 이곳이 좋은 곳이고 소속감 및 신뢰감을 느끼게 하며, 혼자 있고 싶을 때 혼자 있을 수 있고 혼자서 많은 활동을 할 수 있으며, 자신의 아이디어를 탐구하고 시험하기에 안전하다는 긍정적인 메시지를 줄 수 있다(Dodge et al., 2010). 이처럼 환경은 영유아가 느끼는 방식에 영향을 미치고 행동하는 방법에 대한 메시지를 줄 뿐 아니라 영유아의 배움에도 영향을 줄 수 있기 때문에 그 중요성이 커지는 상황이며, 이는 레지오 에밀리아(Reggio Emilia) 접근법에서도 환경을 '제3의 교사'로 인식할 만큼 그 중요성을 강조하고 있다.

3. 어린이집 설치기준

나라마다 어린이집의 조건이나 기준에 대한 관련법들이 있으며, 우리나라도 마찬가지이다. 개인적으로 이상적인 보육환경을 만든다고 할지라도 정해진 법률을 따르지 않고 보육환경을 구성할 수는 없다. 「영유아보육법」 제15조 어린이집 설치기준에 따르면, 어린이집을 설치・운영하려는 자는 보건복지부령으로 정하는 설치기준을 갖추어야 한다고 되어 있다. 따라서 보육환경의 설치기준과 관련하여 「영유아보육법」 및 관련법에서 규정한 사항을 충분히 숙지해야만 불필요한 시행착오와 시간 낭비를 막을 수 있다.

여기서는 최근에 개정된 「영유아보육법 시행규칙」([시행 2022. 2. 10.] [보건복지부령 제862호, 2022. 2. 10., 일부개정])과 「영유아보육법 시행규칙」 제9조 관련 별표1(〈개정 2021. 6. 30.〉)을 참고하여 설치기준 차원에서 보육환경에 대한 전반적인 이해를 돕고자 한다.

1) 어린이집의 입지조건

어린이집은 보육수요, 보건, 위생, 급수, 안전, 교통, 환경 및 교통편의 등을 충분히 고려하여 쾌적한 환경 부지를 선정하여야 하므로 영유아의 신체적 · 사회적 안전에 위험하다고 판단되는 시설 인근에 어린이집이 입지하지 않도록 인가를 제한할 수 있으며, 위험시설 또한 어린이집 인근에 입지하지 않도록 노력해야 한다.

어린이집은 위험시설로부터 50m 이상 떨어진 곳에 위치하여야 한다. 이 경우 위험시설이라 함은 「주택건설기준 등에 관한 규정」 제9조의2 제1항(〈표 8-1〉 참조) 각 호의 시설을 말한다. 어린이집의 범위는 건물뿐만 아니라 전용 부수 공간(놀이터 · 주차장)을 포함하며, 위험시설의 범위는 충전 · 저장 · 설비 등의 시설물만이 아닌 이들 시설이 설치되어 있는 장소 등을 포함한다. 지방자치단체의 장은 보육부서와 건축 및 기타 부서 간 긴밀한 협조체계를 구축하여 어린이집의 인가 또는 위험시설의 신축을 위한 건축 허가 시 어린이집의 입지조건을 충분히 고려하도록 조치하여야 한다.

어린이집은 「건축법 시행령」 별표1에 따라 각 어린이집을 설치할 수 있는 곳에 설치한다. 다만, 영유아 20명 이하를 보육하는 직장어린이집, 협동어린이집 및 국공립어린이집(제40조 제2항에 따른 지역에 설치된 어린이집으로서 같은 조 제2항에 따라 특별자치도지사, 시장, 군수, 구청장이 지방보육정책위원회의 심의를 거친 국공립어린이집과 국가나 지방자치단체가 법 제12조에 따라 국공립어린이집을 우선적으로 설치하여야 하는 지역에 해당 부지, 건물을 매입하거나 기부채납을 받아 설치하는 국공립어린이집만 해당한다)은 가정어린이집을 설치할 수 있는 곳에도 설치할 수 있다.

〈표 8-1〉 주택건설기준 등에 관한 규정 [시행 2022. 2. 11.] [대통령령 제32411호, 2022. 2. 11., 타법개정]

제9조의2(소음 등으로부터의 보호) ① 공동주택ㆍ어린이놀이터ㆍ의료시설(약국은 제외한다)ㆍ유치원ㆍ어린이집 및 경로당(이하 이 조에서 "공동주택등"이라 한다)은 다음 각호의 시설로부터 수평거리 50미터 이상 떨어진 곳에 배치해야 한다. 다만, 위험물 저장 및 처리 시설 중 주유소(석유판매취급소를 포함한다) 또는 시내버스 차고지에 설치된 자동차용 천연가스 충전소(가스저장 압력용기 내용적의 총합이 20세제곱미터 이하인 경우만 해당한다)의 경우에는 해당 주유소 또는 충전소로부터 수평거리 25미터 이상 떨어진 곳에 공동주택등(유치원 및 어린이집은 제외한다)을 배치할 수 있다. 〈개정 2014. 10. 28., 2016. 3. 29., 2018. 2. 9., 2021. 1. 5.〉

1. 다음 각 목의 어느 하나에 해당하는 공장[「산업집적활성화 및 공장설립에 관한 법률」에 따라 이전이 확정되어 인근에 공동주택등을 건설하여도 지장이 없다고 사업계획승인권자가 인정하여 고시한 공장은 제외하며, 「국토의 계획 및 이용에 관한 법률」 제36조 제1항 제1호가목에 따른 주거지역 또는 같은 법 제51조 제3항에 따른 지구단위계획구역(주거형만 해당한다) 안의 경우에는 사업계획승인권자가 주거환경에 위해하다고 인정하여 고시한 공장만 해당한다]
   가. 「대기환경보전법」 제2조 제9호에 따른 특정대기유해물질을 배출하는 공장
   나. 「대기환경보전법」 제2조 제11호에 따른 대기오염물질배출시설이 설치되어 있는 공장으로서 같은 법 시행령 별표 1에 따른 제1종사업장부터 제3종사업장까지의 규모에 해당하는 공장
   다. 「대기환경보전법 시행령」 별표 1의3에 따른 제4종사업장 및 제5종사업장 규모에 해당하는 공장으로서 국토교통부장관이 산업통상자원부장관 및 환경부장관과 협의하여 고시한 업종의 공장. 다만, 「도시 및 주거환경정비법」 제2조 제2호 다목에 따른 재건축사업(1982년 6월 5월 전에 법률 제6916호 주택법중개정법률로 개정되기 전의 「주택건설촉진법」에 따라 사업계획승인을 신청하여 건설된 주택에 대한 재건축사업으로 한정한다)에 따라 공동주택등을 건설하는 경우로서 제5종사업장 규모에 해당하는 공장 중에서 해당 공동주택등의 주거환경에 위험하거나 해롭지 아니하다고 사업계획승인권자가 인정하여 고시한 공장은 제외한다.
   라. 「소음ㆍ진동관리법」 제2조 제3호에 따른 소음배출시설이 설치되어 있는 공장. 다만, 공동주택등을 배치하려는 지점에서 소음ㆍ진동관리 법령으로 정하는 바에 따라 측정한 해당 공장의 소음도가 50데시벨 이하로서 공동주택등에 영향을 미치지 않거나 방음벽ㆍ방음림 등의 방음시설을 설치하여 50데시벨 이하가 될 수 있는 경우는 제외한다.
2. 「건축법 시행령」 별표 1에 따른 위험물 저장 및 처리 시설
3. 그 밖에 사업계획승인권자가 주거환경에 특히 위해하다고 인정하는 시설(설치계획이 확정된 시설을 포함한다)

② 제1항에 따라 공동주택등을 배치하는 경우 공동주택등과 제1항 각 호의 시설 사이의 주택단지 부분에는 방음림을 설치해야 한다. 다만, 다른 시설물이 있는 경우에는 그렇지 않다. 〈개정 2021. 1. 5.〉

[본조신설 2013. 6. 17.]

출처: 보건복지부(2022i). 주택건설기준 등에 관한 규정 제9조의2(소음 등으로부터의 보호). 법제처 국가법령정보센터.

2) 어린이집의 규모

어린이집은 각 어린이집 유형에 적합한 인원을 보육할 수 있는 시설을 갖추어야 하며, 정원은 총 300명을 초과할 수 없다(〈표 8-2〉 참조).

〈표 8-2〉 어린이집 유형에 적합한 상시 영유아 보육인원 규모

시설 유형	상시 영유아 보육인원 규모
국공립어린이집	11명 이상
직장어린이집	5명 이상
사회복지법인, 법인 · 단체 등, 민간어린이집	21명 이상
가정어린이집	5명 이상 20명 이하
협동어린이집	영유아 11명 이상

3) 어린이집의 구조 및 설비기준

일반기준에 따른 어린이집의 구조와 설비는 그 시설을 이용하는 영유아의 특성에 맞도록 하여야 하며 사적 용도를 위한 시설 등 영유아의 보육목적에 부합하지 않는 시설은 설치할 수 없다. 다만, 관할 특별자치시장 · 특별자치도지사 · 시장 · 군수 · 구청장이 지역적 특수성을 고려하여 필요하다고 인정하는 경우에는 어린이집이 설치된 건물 내에 보육교직원의 기숙시설이나 지역아동센터를 설치할 수 있다.

어린이집은 하나의 건물에 설치하여야 한다. 다만, 담 또는 울타리로 둘러싸인 동일 대지 안에 여러 개의 건물(모두 5층 이하이어야 한다)이 있는 경우 모든 건물의 전체가 어린이집으로 사용되고, 보육정원 50명 이상인 어린이집(12개월 미만의 영아만을 보육하는 어린이집은 제외)은 영유아 1명당 3.5m^2 이상의 규모로 실외놀이터를 설치하는 것을 원칙으로 한다.

어린이집은 다음의 설비를 하여야 한다. 이 경우 보육실을 포함한 시설면적(놀이터 면적은 제외)은 영유아 1명당 4.29m^2 이상으로 한다.

(1) 보육실

보육실은 영유아가 주로 생활하는 실내공간으로 반별 정원을 고려하여 별도로

구획된 공간을 의미한다. 보육실의 크기는 아동의 수나 교구들이 어느 정도 들어갈 수 있는지를 결정하는 중요한 요인이다. 너무나 많은 수의 아동이 밀집되어 있는 것은 공격성을 유발하고, 사회적 상호작용과 참여를 감소시킨다. 보육실의 모양도 정사각형보다는 직사각형이 바람직하며 L자형은 감독상의 문제가 발생하므로 피해야 한다(Mayesky, 1995). 보육실 설치에서 고려해야 할 세부사항을 살펴보면 다음과 같다.

① 보육실은 건축법령상의 층수와 관계없이 해당 층 4면의 100분의 80 이상이 지상에 노출되어 있고, 해당 층 주 출입구의 하단이 지표면부터 1미터 이내인 층(이하 "1층"이라 한다)에 설치하여야 한다. 다만 다음 중 어느 하나에 해당하는 경우는 예외로 한다.
- 해당 층 4면의 100분의 50이상 100분의 80미만이 지상에 노출되고, 해당 층 주 출입구의 하단이 지표면으로부터 1m 내외이며, 지방보육정책위원회의 심의를 거쳐 채광 · 환기 · 습도 · 침수 등 영유아의 건강과 안전에 문제가 없는 것으로 확인된 해당 층에 어린이집을 설치하는 경우
- 건물 전체를 하나의 어린이집으로 사용하면서 1층 이상 5층 이하에 보육실을 설치하는 경우, 다만 영아를 위한 보육실은 1층에 우선적으로 배치하여야 한다.
- 건물의 1층 이상 5층 이하에 직장어린이집을 설치하는 경우, 이 경우 해당 건물은 외부인의 출입을 제한할 수 있는 등 영유아의 안전관리가 가능한 건물이어야 한다.
- 300세대 이상의 아파트단지 전체가 「건축법 시행령」 제119조 제1항 제3호 다목에 따른 필로티나 그 밖에 이와 비슷한 구조인 경우에 그 위층에 어린이집을 설치하는 경우(필로티나 그 밖에 이와 비슷한 구조인 층에 거주공간이 없는 경우에만 해당)
- 산업단지에 있는 건물의 1층 이상 5층 이하에 제5조의4에 따른 어린이집을 설치하는 경우
- 산업단지에 있는 「산업집적활성화 및 공장설립에 관한 법률」에 따른 지식산업센터 건물의 1층 이상 5층 이하에 어린이집을 설치하는 경우
- 「주택법」 제2조 제3호에 따른 공동주택에 '주택건설기준 등에 관한 규정'

제55조의2에 따라 설치하여야 하는 주민공동시설 건물의 1층 이상 2층 이하에 국공립어린이집을 설치하는 경우

– 지방보육정책위원회의 심의를 거쳐 장애인 등을 위한 편의시설을 1층에 설치하여야 하는 등 1층에 어린이집을 설치할 수 없는 불가피한 사유가 있다고 시장 · 군수 · 구청장이 인정하는 경우로서 「건축법 시행령」 별표1 제14호 가목에 따른 공공업무시설 건물의 1층 이상 5층 이하에 국공립어린이집을 설치하는 경우

② 보육실은 영유아 1명당 2.64m^2 이상의 공간을 확보하여야 하며, 전체 정원 및 면적 산정 시에는 보육실, 거실, 공동놀이실을 포함하여 산정한다.

예를 들어, 해당 보육실의 면적에 대한 영유아의 수를 확인하고자 한다면 다음과 같이 계산해 볼 수 있다. 보육실 면적이 42m^2(7m × 6m)일 경우, 42m^2÷2.64m^2=15.91이므로 약 15명 정도가 가능하다. 주의할 점은 어린이집의 영유아 정원을 산정할 때에는 어린이집 면적(영유아 1인당 4.29m^2)과 보육실 면적(영유아 1인당 2.64m^2)을 둘 다 고려해야 한다. 즉, 어린이집 전체 면적을 4.29m^{2}로 나눈 인원수와, 보육실 면적을 2.64m^{2}로 나눈 인원수 중에서 적은 인원수로 어린이집 전체의 정원이 결정되는 것이다.

③ 보육실에는 침구, 놀이기구 및 쌓기놀이활동, 소꿉놀이활동, 미술활동, 언어활동, 수 · 과학활동, 음률활동 등에 필요한 교재 · 교구를 갖추어야 한다.

④ 어린이집은 환기 · 채광 · 조명 · 온도 및 습도가 적절히 유지 · 관리되도록 하여야 한다.

⑤ 보육실은 바닥 난방시설을 갖추어야 한다.

⑥ 그 밖에 보육실 설치에 필요한 구체적인 기준은 보건복지부장관이 정한다.

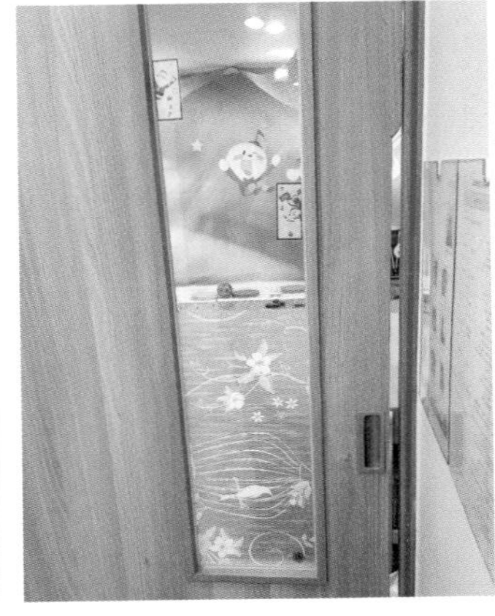

사진 설명 손끼임 방지 장치가 설치된 출입문

보육실의 출입문은 가벼운 목재를 사용하여 영유아가 혼자 열고 닫을 수 있도록 하며, 손끼임을 방지하는 장치를 설

치하도록 한다(사진 참조). 창문은 방충망을 설치하고 이중창으로 해야 소음이나 열손실이 적게 된다. 바닥은 탄력성이 좋아 충격을 흡수하는 바닥재를 사용함으로써 위험에 대비할 수 있으며, 화장실은 보육실 가까이에 있어야 영유아들이 손쉽게 이용할 수 있다.

(2) 조리실

조리실은 채광이 잘되도록 하고, 기계 환기시설을 하여 청정한 실내 환경을 유지하도록 하며, 창문에는 방충망을 설치하여야 한다. 그리고 식기를 소독하고 위생적으로 취사 · 조리할 수 있는 설비를 갖추어야 한다.

공공기관이나 사회복지관 안에 설치된 어린이집의 경우에는 동일 건물에 있는 조리실을 함께 사용할 수 있으며, 유치원과 같은 건물에 설치된 어린이집은 유치원의 조리실을 함께 사용할 수 있다.

사업주가 직장어린이집을 설치한 경우로서 직장어린이집이 설치된 건물에 집단급식소를 운영하는 경우에는 조리실을 별도로 설치하지 않을 수 있다. 이 경우 영유아를 위한 음식의 조리공간은 분리(별도의 방을 분리함에 있어 벽이나 층 등으로 구분하는 경우) 또는 구획(칸막이 · 커튼 등으로 구분하는 경우)되어 있어야 한다.

사진 설명 식기를 소독할 수 있는 설비

조리실 옆에는 조리에 필요한 물품을 보관할 수 있는 부식창고가 있으면 좋다. 식기는 가급적 플라스틱보다는 스테인리스 재질의 식기를 쓰도록 하며, 소독할 수 있는 설비를 갖추어야 한다(사진 참조). 또한 아이들이 식당이 아닌 보육실에서 식사하는 경우 음식물 반입이 용이하도록 운반대를 사용하거나, 층이 다른 경우에는 음식전용 엘리베이터를 설치하면 편리하다. 식당이 있어서 식사하는 경우 조리대와 식사공간이 구분되어 있어야 안전사고가 발생할 위험을 줄일 수 있다.

(3) 목욕실

목욕실은 난방을 하여야 하며, 바닥에는 미끄럼 방지 장치를 하여야 한다. 샤워설비, 세면설비 및 냉 · 온수 공급을 위한 설비를 갖추어야 하며, 수도꼭지는 온수 사용 시 화상을 입지 않도록 온도를 조정 및 고정할 수 있어야 한다. 또한 목욕실은 보육실과 인접한 공간에 위치하여야 한다.

(4) 화장실

화장실 바닥은 미끄럼 방지 장치를 하여야 한다. 또한 세정장치와 수도꼭지 등은 냉·온수의 온도를 조정하고 고정할 수 있게 설치되어야 한다. 화장실에는 유아의 키와 눈높이에 맞추어 수세식 유아용 변기와 세면대를 설치하고(사진 참조), 보육실과 같은 층의 인접한 공간에 설치하여야 한다. 다만 가정어린이집의 경우, 성인용 변기에 디딤판과 탈부착식 유아용 변기를 설치하고 이동식 유아용 변기를 갖춘 경우에는 유아용 변기를 설치하지 않을 수 있다.

사진 설명 미끄럼 방지 장치가 되어있으며, 유아의 키와 눈높이에 맞는 세면대와 변기의 모습

(5) 교사실

보육정원이 21명 이상인 어린이집은 교사가 교육활동을 계획·준비하고 자료제작 등을 할 수 있도록 구획된 교사실을 설치하여야 한다. 교사실에는 교육 활동 준비와 행정사무, 휴식 등에 필요한 설비를 갖추어야 한다.

(6) 놀이터

① 보육정원 50명 이상인 어린이집(12개월 미만의 영아반을 보육하는 어린이집은 제

외)은 영유아 1명당 3.5m^2 이상의 규모로 실외놀이터를 설치하는 것을 원칙으로 한다. 다만 보건복지부장관이 어린이집 규모(정원)에 따라 같은 시간대에 놀이 활동에 참여하는 최대 영유아 수 및 면적의 기준을 정하는 경우에는 그 기준에 따라 놀이터를 설치할 수 있다.

사진 설명 고무매트 바닥의 놀이터

② 실외놀이터에는 모래밭(천연 및 인공 잔디, 고무매트, 폐타이어 블록 또는 「어린이놀이시설 안전관리법」에서 정하는 기준에 적합한 것을 포함)에 6세 미만의 영유아가 이용할 수 있는 대근육활동을 위한 놀이기구 1종 이상을 포함하여 놀이기구 3종 이상이 설치된 실외놀이터를 설치하여야 한다(사진 참조). 다만, 사업주가 직장어린이집을 설치하는 경우 및 업무용시설 밀집지역 등 지역적 특수성에 따라 실외놀이터를 설치하는 것이 불가능한 경우에는 실내놀이터를 설치하거나(지하층에는 설치할 수 없다), 「어린이놀이시설 안전관리법」에 따라 설치 · 관리되는 인근의 놀이터(놀이터 관리주체의 사용 승낙을 받고, 6세 미만의 영유아가 이용할 수 있는 놀이기구가 3종 이상 설치되어 있는 경우로 한정)를 활용할 수 있다.

③ 실내놀이터는 다음과 같이 설치한다.

- 실내놀이터는 놀이터로 사용하는 공간 및 그 주변에 소음 · 분진 · 폭발 · 화재의 위험이 없어야 하며, 실내공간을 활용하는 경우 조명 · 채광 · 환기 · 온도 · 습도가 적정하여야 한다.
- 어린이집에 엘리베이터가 설치되지 않은 경우 실내놀이터는 보육실로부터 5층 이내에 설치하며, 층간 이동을 위하여 아동용 손잡이 레일을 설치하는 등 안전에 필요한 장비를 구비하여야 한다. 이 경우 아동용 손잡이 레일은 영유아가 잡거나 짚고 올라갈 수 없는 구조이어야 하며, 영유아의 신체가 빠지거나 끼는 사고가 없도록 설치한다.
- 실내놀이터를 어린이집으로 사용하는 건물 내의 실외공간에 설치하는 경우에는 울타리나 보호난간을 최소 1.5m 이상으로 설치하되 놀이기구의 높이 등에 맞춰 안전을 확보할 수 있는 높이로 설치하여야 하고, 그 밖에 안전에 필요한 장비를 구비하여야 한다. 이 경우 울타리나 보호난간의 재질은 부

식·파손의 위험이 없어야 하며, 영유아가 잡거나 짚고 올라갈 수 없는 구조로 설치하되, 난간 사이에 간격이 있는 경우 그 안치수는 80mm 이하로 하여야 한다.

- 실내놀이터를 어린이집 최상층 바닥면에 설치하는 경우, 울타리나 보호난간은 바닥면 최하단으로부터 1.2m까지는 콘크리트·조적(벽돌 등) 또는 강화유리 등으로 설치하여야 하고, 고정식 놀이기구는 해당 층 바닥이 설치하고자 하는 놀이시설의 하중을 견딜 수 있도록 건축되어 있고, 「어린이놀이시설 안전관리법」에서 정한 기준에 적합한 경우에 설치할 수 있다.
- 건물 2층 이상에 실내놀이터를 설치하는 경우, 「영유아보육법」령에서 정하는 비상재해 대비시설을 갖추어야 한다.

④ 어린이집의 놀이터, 놀이기구 및 어린이용품은 「전기용품 및 생활용품 안전관리법」「어린이놀이시설 안전관리법」 및 「환경보건법」에서 정한 기준을 준수하여야 한다. 그 밖에 놀이터 설치에 필요한 구체적인 기준은 보건복지부장관이 정한 것을 따른다.

실외놀이터에 설치하는 놀이시설물은 「품질경영 및 공산품안전관리법」에 의하여 놀이기구 안전검사를 필한 제품을 사용하여야 한다. 놀이터에 설치하는 놀이시설물은 안전을 고려하여 다음과 같이 설치하여야 한다. 첫째, 놀이시설물은 영유아의 신장 및 체중을 고려하고, 표면도색의 독성 여부를 확인하여야 한다. 둘째, 영유아가 추락할 가능성이 있는 놀이시설물 아래와 주변의 공간은 충격을 흡수할 수 있도록 안전장치를 설치하여야 하며, 영유아가 걸려 넘어지거나 부딪칠 수 있는 방해물이 없도록 하여야 한다. 셋째, 놀이시설물의 어떠한 부분에도 영유아의 살을 베거나 찌를 수 있는 날카로운 부분, 모서리, 뾰족한 부분이 없도록 하여야 한다. 넷째, 놀이시설물의 돌출 부분인 볼트와 너트는 위로 튀어나오지 않도록 하여야 하며, 볼트와 너트가 위를 향하고 있을 때에는 그 높이가 3.2mm를 넘지 않도록 하여야 한다. 다섯째, 놀이시설물에 구멍이나 틈이 있는 경우 영유아의 몸이 빠지거나 끼는 사고가 없도록 조치하여야 한다. 여섯째, 놀이시설물은 안전하게 설치하여야 하며, 제조업자의 취급설명서에 따라 설치하여야 한다.

(7) 급배수시설

어린이집에서 상수도 또는 간이상수도에 의하여 먹는 물을 공급하는 경우에는 저수조를 경유하지 아니하고 직접 수도꼭지에 연결하여 공급하여야 한다. 다만 직접 수도꼭지에 연결하기가 곤란한 경우는 제외한다.

어린이집에서 지하수를 음용수로 사용할 경우에는 저수조 등의 시설을 경유하여야 한다. 그리고 더러운 물, 빗물 등이 잘 처리되도록 배수설비를 하여야 한다.

(8) 비상재해 대비시설

어린이집을 설치·운영하는 자는 소화용 기구를 갖춰두고 비상구를 설치하는 등 비상재해에 대비한 시설을 갖추어야 한다(사진 참조). 이 경우 비상구는 상단에 비상구 유도등을 달고(사진 참조) 잠금장치를 문 안쪽에 설치하여야 한다. 어린이집은 비상시 양방향으로 피난할 수 있어야 하며, 각 층별 출구 및 피난시설 등은 다음의 구분에 따른다.

사진 설명 비상구 유도등이 설치된 어린이집

① 어린이집이 건물 1층인 경우: 주 출입구 외에 도로 등 안전한 외부 지상과 연결이 가능한 1개 이상의 출구(비상구 또는 유사시 사람의 출입이 가능한 창 또는 開口

사진 설명 비상재해에 대비한 여러 시설들을 어린이집에 갖추어야 한다.

部)를 어린이집 주 출입구의 반대방향에 설치하거나 장변길이의 2분의 1 이상을 이격하여 설치하되, 출구의 규격은 유효폭 0.75m 이상 유효높이 1.75m 이상이고, 출구의 최하단은 안전한 외부 지표면으로부터 1.2m 이하이어야 하며, 「화재예방, 소방시설 설치 · 유지 및 안전관리에 관한 법률 시행령」 별표6에 따라 면제되는 경우를 제외하고는 「화재예방, 소방시설 설치 · 유지 및 안전관리에 관한 법률」 제9조 제1항에 따라 소방청장이 정하여 고시하는 단독경보형 감지기의 화재안전기준에 따른 단독경보형 감지기를 설치한다.

② 어린이집이 2층과 3층인 경우: 비상계단 또는 대피용 미끄럼대를 영유아용으로 설치하고 '화재예방, 소방시설 설치 · 유지 및 안전관리에 관한 법률 시행령' 별표6에 따라 면제되는 경우를 제외하고는 「화재예방, 소방시설 설치 · 유지 및 안전관리에 관한 법률」 제9조 제1항에 따라 소방청장이 정하여 고시하는 단독경보형 감지기의 화재안전기준에 따른 단독경보형 감지기를 설치하여야 하며, 그 밖에 안전사고 및 비상재해에 대비한 피난시설, 장비 등을 구비한다. 다만 「건축법 시행령」 제34조 제2항에 따라 어린이집 내부에 작동계단을 2개소 이상 설치하거나, 「화재예방, 소방시설 설치 · 유지 및 안전관리에 관한 법률 시행령」 별표1에 따른 스프링클러설비(간이스프링클러설비를 포함)를 '스프링설비의 화재안전기준(NFSC 103)' 또는 '간이스프링클러설비의 화재안전기준(NFSC 103A)' 등 관련 기준에 따라 건물 전체에 걸쳐 유효하게 설치하고, 「화재예방, 소방시설 설치 · 유지 및 안전관리에 관한 법률」 제9조 제1항에 따라 소방청장이 정하여 고시하는 피난기구의 화재안전기준에 따른 피난기구를 「화재예방, 소방시설 설치 · 유지 및 안전관리에 관한 법률 시행령」 별표5에 따라 설치한 경우에는 비상계단 또는 대피용 미끄럼대를 설치하지 않을 수 있다.

③ 어린이집이 4층과 5층인 경우: 「화재예방, 소방시설 설치 · 유지 및 안전관리에 관한 법률 시행령」 별표1에 따른 스프링클러설비 및 자동화재탐지설비를 '스프링설비의 화재안전기준(NFSC 103)' 및 '자동화재탐지설비 및 시각경보장치의 화재안전기준(NFSC 203)'에 따라 건물 전체에 걸쳐 유효하게 설치하고, 건물 내에 양방향 피난이 가능한 2개소 이상의 직통계단을 설치하며(2개 이상의 직통계단 설치가 곤란한 경우에는 직통계단 1개소는 건물외부에 비상계단을 설치하여 이를 대신), 보육실의 주출입구는 직통계단 또는 비상계단까지의 보행거리가 30m 이내가 되도록 설치한다. 건물의 천장, 바닥과 벽체 등의 내부마감

재는 불연재로 설치하며, 벽체 등에는 가연성 장식물을 부착하지 않는다. 조리실은 내화구조로 된 바닥, 벽 및 「건축법 시행령」 제64조에 따른 방화문으로 외부와 구획하며, 「화재예방, 소방시설 설치 · 유지 및 안전관리에 관한 법률 시행규칙」 제7조에 따른 연소우려가 있는 건축물의 구조가 아니어야 하고, 2급 이상의 소방안전관리자를 고용(직원 중 소방안전관리자로 선임할 수 있는 자격증을 가진 자가 있을 경우에는 그러하지 아니함)하여 방화관리를 한다.

그 밖의 소방시설의 설치는 「화재예방, 소방시설 설치 · 유지 및 안전관리에 관한 법률 시행령」 제15조에 따른다.

가스를 사용하는 경우에는 「도시가스사업법」 「액화석유가스의 안전관리 및 사업법」에서 정한 규정에 따라 설치하고 관리하여야 한다. 그 밖에 비상재해대비시설 설치에 필요한 구체적인 기준은 보건복지부장관이 정한다.

(9) 폐쇄회로 텔레비전(CCTV)

어린이집을 설치 · 운영하는 자는 아동학대방지 등 영유아의 안전과 어린이집의 보호를 위하여 「개인정보 보호법」 및 관련 법령에 따른 폐쇄회로 텔레비전을 설치 · 관리하여야 한다(사진 참조). 단, 보호자 전원으로부터 서면동의를 받으면 영상정보처리기기를 설치 · 운영하지 않을 수 있다(「영유아보육법」 15조의 4 제1항 제1호). 그러나 CCTV 미설치 또는 운영면제 기간은 1년 동안 이루어지며, 다음 연도에 다시 동의를 받아야 한다.

사진 설명 보육실에 설치된 폐쇄회로 텔레비전

폐쇄회로 텔레비전은 「개인정보 보호법 시행령」 제3조 제1호에 따른 장치로서 보육실 등을 촬영하고 모니터를 통하여 그 영상을 구현할 수 있으며, 그 영상정보를 녹화 · 저장할 수 있는 기능을 갖추어야 한다. 폐쇄회로 텔레비전은 각 보육실, 공동놀이실, 놀이터(인근 놀이터는 제외) 및 식당(별도로 구획된 공간으로 마련되어 있는 경우에 한정), 강당(별도로 구획된 공간으로 마련되어 있는 경우에 한정)에 1대 이상씩 설치하되 사각지대의 발생을 최소화할 수 있도록 설치되어야 한다.

폐쇄회로 텔레비전은 보육실 등 일정한 장소에 일정한 방향을 지속적으로 촬영할 수 있도록 설치되어야 하고, 임의로 조작이 가능하거나 녹음기능이 있도록 설치되어서는 안 된다. 폐쇄회로 텔레비전은 화면 속 인물의 행동 등이 용이하게 식별될 수 있도록 고해상도(HD: High Definition)급 이상(보건복지부장관이 정하여 고시하는 해상도 이상을 의미, 100만 화소 이상)의 성능을 보유하여야 한다. 저장장치는 영상정보를 폐쇄회로 텔레비전의 화질 기준 이상의 화질로 60일 이상 저장할 수 있는 용량을 갖춘 것으로 하여야 한다. 또한 어린이집을 설치, 운영하는 자는 출입구 등 잘 보이는 곳에 폐쇄회로 텔레비전의 설치목적, 설치장소, 촬영범위 및 촬영시간, 관리책임자의 성명 및 연락처 등이 포함된 안내판을 설치하여야 한다. 폐쇄회로 텔레비전의 설치와 관련하여 이 규칙에 규정하고 있지 않은 사항은 「개인정보 보호법」 및 「정보통신공사업법」의 관련 내용을 준용한다.

「영유아보육법 시행규칙」 별표1의2에 따르면 폐쇄회로 텔레비전의 관리책임자는 어린이집 원장이 된다. 다만 지정된 직원(관리자)에게 폐쇄회로 텔레비전의 일상적인 관리를 하게 할 수 있고, 관리자로 지정된 직원은 장비를 정기적으로 확인하고 적절히 유지하여야 한다(〈표 8-3〉 참조). 폐쇄회로 텔레비전의 관리책임자는 개인정보 유출이나 정보 오용 · 남용을 예방 · 관리하기 위하여 관련 소프트웨어 프로그램을 장착하여 운영할 수 있다.

〈표 8-3〉 폐쇄회로 텔레비전의 책임자 구분

구분	내용
설치책임자	어린이집 대표자 또는 원장
관리책임자	• 어린이집 원장 • 운영담당자 및 실시간 모니터링 전담자 지정 가능 • 설치 · 운영, 열람 요청 접수 및 처리, 영상정보의 수집 · 처리 관련 업무 총괄
운영담당자	• 영상정보처리기기 설치 · 운영 및 관련 업무의 수행 • 설치 · 운영, 열람 요청의 접수 및 처리, 영상정보의 수집 · 처리 등
실시간 모니터링 전담자	• 영상정보처리기기 관제 및 특이사항 발생 시 보고 • 영상자료 녹화 및 검색, 기타 책임자 및 운영담당자가 지시한 사항 등의 업무 수행

출처: 서울시육아종합지원센터(2016). 어린이집 영상정보처리기기의 열람 및 관리안내서.

폐쇄회로 텔레비전의 영상정보는 설치목적 외의 다른 목적으로 사용될 수 없으며, 임의로 조작하거나 삭제되어서는 안 된다. 녹화(저장)된 영상정보는 잠금장치가 있는 공간에 독립적으로 보관되어야 하고, 허가된 직원에 한정하여 접근할 수 있도록 하여야 한다. 그 밖에 폐쇄회로 텔레비전의 관리에 관하여 필요한 사항은 보건복지부장관이 정한다.

(10) 기타 실내설비 기준

그 밖에 실내설비는 다음의 기준을 갖추어야 한다.

① 영유아가 접근할 수 없는 안전한 장소에 응급조치를 위한 비상약품 및 간이 의료기구 등을 비치하여야 한다(사진 참조).

② 비상구를 제외한 모든 출입문 및 창문은 안쪽에서 잠길 우려가 없어야 하고 밖에서 쉽게 열 수 있어야 하며, 출입문 및 창문의 가장자리에는 영유아의 손이 끼지 않도록 손끼임 방지 고무패킹이나 완충장치를 설치하여야 한다.

사진 설명 유아의 손이 닿지 않도록 보관된 비상약품

③ 돌출형 방열기(라디에이터)는 영유아의 신체가 직접 닿지 않도록 울타리를 설치하여야 하며, 이와 유사한 온열기를 사용하는 경우에는 영유아가 직접 온열기에 닿지 않도록 적절한 보호장치를 설치하여야 한다.

④ 책상, 의자 등 가구의 모서리는 둥글고 표면이 매끄럽게 처리된 것이나 고무 등으로 모서리에 보호장치를 설치하여야 한다(사진 참조).

⑤ 보육실에 설치된 교구장, 수납장 등은 안전을 위하여 아랫부분에 무거운 비품을 보관하여야 하고, 선반을 설치할 때에는 물건이 추락하지 않도록 지지대를 설치하여야 하며, 무거운 물건은 너무 많이 쌓아 놓아서는 안 된다.

사진 설명 모서리가 둥글고 매끄럽게 처리된 교구장

사진 설명 방염 필증이 부착된 블라인드

⑥ 보일러 설비, 퓨즈박스(두꺼비집), 화기, 소독수, 살충제, 조리실의 칼, 가위, 포크, 랩 등은 영유아의 손이 닿지 않는 위치에 배치하여야 한다.

⑦ 어린이집 내부(벽, 천장 등)의 마감재료는 「건축법 시행령」 제2조에 따른 불연재료, 준불연재료 또는 난연재료를 사용하여야 하며, 보육실은 「환경보건법 시행령」 제16조에 따른 환경안전관리기준을 준수하여 설치하여야 한다. 실내장식물과 창문에 설치하는 커튼류 및 카펫 등 「소방시설 설치유지 및 안전관리에 관한 법률」 제12조의 규정에 의한 방염대상 물품은 소방시설설치유지 및 안전관리에 관한 법령의 규정에 준하여 방염성능이 있는 것으로 설치하여야 한다(사진 참조).

(11) 장애아 전문어린이집의 설치

장애아 12명 이상을 보육할 수 있는 시설을 갖춘 장애아 전문어린이집을 설치하는 경우에는 「장애인 · 노인 · 임산부 등의 편의증진보장에 관한 법률」에서 정한 시설 및 설비 외에 다음의 설비를 갖추어야 한다.

① 장애아가 활동하기에 충분하도록 어린이집의 시설(놀이터는 제외)은 장애아 1명당 7.83m^2 이상, 보육실(교실, 거실, 포복실, 유희실, 치료교실, 집단활동실을 포함)은 장애아 1명당 6.6m^2 이상의 면적을 확보하여야 한다. 다만, 비장애아를 함께 보육하는 경우에는 어린이집의 시설면적(놀이터 면적 제외)은 비장애아 1명당 4.29m^2 이상, 보육실(교실, 거실, 포복실, 유희실, 치료교실, 집단활동실을 포함)은 비장애아 1명당 2.64m^2 이상의 면적을 확보하여야 한다.

② 집단활동실(강당, 놀이실)은 문턱 없이 접근이 가능한 통로에 연결되어야 하고 휠체어 · 보행기 등의 출입에 장애가 없어야 한다.

③ 출입구는 비상재해 시 대피하기 쉽도록 복도 또는 넓은 공간에 직접 연결되게 설계되어야 하고, 시각장애아를 위한 점자블록이나 유도장치를 갖추어야 한다.

④ 실외 피난계단의 유효폭은 0.9m 이상이 되도록 한다.

⑤ 회전문과 자재문(문턱이 없이 양방향으로 열리는 문)은 금하며 자동문 설치 시 문의 개폐 시간은 3초 이상을 확보하여야 한다.

⑥ 휠체어에 앉은 영유아가 문의 손잡이를 잡을 수 있어야 한다.
⑦ 계단 외에 엘리베이터 또는 기울기 $1/12$ 이하의 경사로를 설치하여야 한다.

(12) 장애아 통합 어린이집

장애아 3명 이상을 보육하는 장애아 통합 어린이집은 다음과 같은 설비를 갖추도록 노력하여야 한다.

① 2층 이상의 시설에는 엘리베이터를 설치하거나 적어도 한 곳 이상에 기울기 $1/12$ 이하의 경사로를 설치하여야 한다.
② 출입구는 비상재해 시 대피하기 쉽도록 복도 또는 넓은 공간에 직접 연결되도록 하고, 시각장애아를 위한 점자블록이나 유도장치를 설치하여야 한다.
③ 복도, 문, 화장실은 휠체어의 출입에 장애가 없어야 한다.
④ 실외 피난계단의 유효폭은 0.9m 이상이어야 한다.

4. 보육환경 구성 시 고려할 사항

영유아를 위한 최적의 놀이 · 배움 환경을 만들기 위해서는 여러 가지 고려해야 할 요소들이 있으며, 이 요소들 간의 균형이 잘 이루어지도록 해야 한다. 그러기 위해서는 국가 수준의 교육과정과 영유아의 발달에 관한 지식을 잘 숙지하고, 영유아들이 놀이하며 배워가는 과정에 대한 이해가 선행될 필요가 있다.

1) 국가 수준의 교육과정

국가 수준의 교육과정은 국가가 주체가 되어 제정 · 개정하고 고시하는 교육과정을 의미한다. 국가가 고시하는 교육과정은 학교에서 교육과정을 편성 · 운영할 때 필요한 공통적이고 일반적인 기준을 제시한 것이다.

2019년 누리과정의 개정을 필두로 2020년에 개정된 표준보육과정은 국가가 고시한 교육과정으로 0~5세 영유아를 위한 국가 수준의 보육과정이며, 0~1세 보육과정, 2세 보육과정, 3~5세 보육과정(누리과정)으로 구성되었다(사진 참조). 개정된 보

사진 설명 2019 개정 누리과정 해설서

사진 설명 주변에서 발견한 자연물에 대해서 호기심을 보이는 유아들의 모습

육과정은 어린이집을 편성 · 운영할 때 필요한 공통적이고 일반적인 기준을 제시하고 있으며, 이와 동시에 지역 및 기관, 개인 수준의 다양성도 강조하였다.

개정 보육과정은 유아가 중심이 되고 놀이가 살아나는 교육과정을 추구하고 있다. 개정 보육과정이 '놀이 중심'을 추구한다는 것은 유아가 주도하는 놀이를 중심으로 교육과정을 구성하고 운영한다는 것을 의미한다. 유아는 놀이하면서 세상을 탐색하고 자신을 표현하며 다른 사람과 교류한다. 또한 유아는 자신의 흥미와 관심에 따라 즐겁게 놀이하는 과정에서 자연스럽게 배우게 된다. 개정 보육과정은 교사가 계획하여 주도하는 교육과정에서 유아가 주도적으로 놀이하며 배우는 교육과정으로의 변화를 추구한다(교육부, 보건복지부, 2019b). 따라서 기관은 개정된 교육과정의 취지를 반영하여 유아 주도적인 놀이가 충분히 이루어질 수 있도록 보육과정을 구성하고 운영해야 한다.

유아 · 놀이 중심 교육과정은 유아와 환경 간의 상호작용을 매우 중요하게 보고 있다. 환경은 유아의 놀이가 활성화되는 배경이자 유아가 다양한 배움을 경험하는 원천이 된다. 유아와 환경 간의 상호작용은 유아 주변의 친근한 공간, 자료, 일상생활에서 자연스럽게 접하는 모든 환경과의 교감을 포함한다(사진 참조). 유아는 놀이에서 다양한 사물, 자료, 자연물 등을 만지고 움직여 보며 새로운 흥미와 관심을 가지게 되고, 이는 창작적 표현으로 이어지기도 한다(교육부 · 보건복지부, 2019c).

교사는 유아가 공간에 부여하는 의미를 이해하기 위해 놀이의 전개를 지켜보면서 유아의 놀이를 방해하는 요인이 무엇인지를 관찰하고, 유아의 의견을 반영하여 놀이공간을 구성하고 운영해 나가는 자율성을 가질 수 있다. 교사는 기관의 실내공간을 어떻게 구성할지, 그리고 실외 공간을 어떻게 활용할지를 고민하게 되는데 이를 위해 다음과 같은 점들을 고민해 볼 수 있다(교육부, 보건복지부, 2019a).

첫째, 놀이공간을 융통성 있게 배치해 볼 수 있다. 교실 내에 반드시 배치해야 되는 특정 영역이 고정되어 있는 것이 아니므로 유아의 놀이를 지원할 수 있도록 공간을 융통성 있게 구성한다. 둘째, 놀이하는 공간을 넓혀 볼 수 있다. 교사는 유아의 놀이를 관찰한 결과, 좁은 공간이 놀이를 방해하는 요소라고 판단되었거나 유아가 놀이공간을 넓히고 싶다고 스스로 요구한다면, 교사는 놀이를 방해하는 가구와 설비를 치우거나, 유아에게 관심이 적은 놀잇감을 제거함으로써 놀이할 수 있는 충분한 공간을 만들어 줄 수 있다. 셋째, 유아에게 공간배치의 주도권을 주어 본다. 교사만 환경을 구성하는 것이 아니며 놀이공간은 모든 구성원의 삶이 반영되는 곳이므로, 다수와 개인의 놀이가 고루 존중되는 교실의 문화를 만드는 것이 좋다. 넷째, 다른 놀이공간을 찾아본다. 교사는 교실이나 실외 놀이터 외에 복도, 현관 입구, 교실과 교실 사이의 공유 공간, 계단 밑 등도 안전하다면 유아의 놀이공간으로 허용할 수 있다.

사진 설명 산책하면서 즐거워하는 영아

실외공간 또한 유아가 마음껏 뛰어놀며, 자연과 계절의 변화를 만나고 탐색할 수 있는 놀이 환경이다(사진 참조). 교사는 유아가 몸을 충분히 움직여 즐겁게 놀이하고 위험으로부터 자신을 안전하게 보호하는 능력을 기를 수 있도록 지원해야 한다.

2) 지역, 기관, 개인 수준의 다양성

앞서 언급하였듯이, 개정 보육과정은 국가 수준에서 교육과정에 대한 공통적 기준을 제시하는 한편, 지역, 기관 및 개인 수준의 특성을 반영하여 교육과정을 다양하게 운영하는 것을 추구하고 있다. 국가 수준의 공통성이 유치원과 어린이집에서 교육과정을 구성하고 운영할 때 고려해야 할 공통적이고 일반적 기준을 의미한다면, 지역 수준의 다양성은 국가 수준의 교육과정을 바탕으로 각 시 · 도 교육청이나 시 · 군 · 구청에서 그 지역사회의 상황과 여건을 고려하여 보육과정을 특색 있게 운영하는 것을 의미한다. 또한 기관 수준의 다양성은 각 유치원과 어린이집이 국가 수준 교육과정과 지역 수준 교육과정의 특성을 반영하는 동시에 각 기관의 철학, 학급(반) 및 학부모의 특성에 따라 보육과정을 자율적으로 운영하는 것을 의미한다.

개인 수준의 다양성은 교사가 담당 학급(반) 영유아의 연령 및 개별 특성, 발달수준 등 개인차를 교육과정에 반영하여 운영하는 것을 의미한다. 교사는 유아를 개별적 특성을 가진 고유한 존재로 인정하며, 유아의 흥미와 관심을 교육과정에 반영하여 자율적으로 운영할 수 있다.

이와 같이 개정된 보육과정은 국가 수준 교육과정의 기준을 상세하게 제시하는 대신 최소한의 기준을 제시하고 있으며, 이는 교사의 자율성과 다양성을 최대한 존중하기 위한 것이다. 따라서 국가 수준의 교육과정이 제시하는 공통적이고 일반적 기준을 바탕으로 교사가 자율성을 가지고 유아와 교사, 유치원과 어린이집, 각 기관이 속한 지역사회와 가정의 협력 및 참여를 통해 다양성을 추구하며 보육과정을 만들어가면서 환경을 구성할 필요가 있음을 강조하고 있다.

3) 영유아의 발달특성

교실에 있는 놀잇감과 재료는 발달에 적절해야 하며, 이는 교사가 맡은 반 영유아의 발달 단계에 일치하는 것을 의미한다. 동시에 영유아 개개인은 각기 다른 속도로 발달하기 때문에 발달에 적합한 재료를 선택한다는 것은 개별 영유아의 운동능력, 관심 및 특성 간의 차이를 수용할 수 있는 다양한 장난감들을 구비하는 것을 말한다.

영유아기는 환경을 탐색하고 배우고자 모든 감각을 사용하는 시기이므로 이에 맞게 여러 가지 감각 경험을 할 수 있는 환경을 제공하도록 한다. 직접 만지고, 느끼고, 두드려 볼 수 있는 기회를 많이 제공해 주는 것이 필요하다. 또한 15개월 정도의 영아는 간단한 구조를 올라가는 것을 좋아하므로 낮은 미끄럼대와 같이 오르내릴 수 있는 기구들을 제공해 주면 좋다. 그리고 영유아기는 아직 나누어 갖는 것을 이해하지 못하는 시기이기 때문에 영유아가 좋아하는 장난감을 여러 개 준비하여 불필요한 다툼이 일어나지 않도록 한다(사진 참조). 같이 사용할 재료가 충분하다면 영유아들이 함께 의미 있는 놀이를 할 가능성이 커진다. 또한 깨지지 않는 거울을 영아의 눈높이에 맞게 제시하거나, 색상이 다채로운 장난감, 튀어나오는(pop-

사진 설명 영유아에게 인기 있는 장난감은 여러 개 준비함으로써 다툼을 방지할 수 있다.

up) 장난감, 누를 수 있거나 헝겊으로 이루어진 부드러운 장난감을 제시한다.

교사는 영유아가 새로운 경험을 할 수 있도록 자료를 추가하거나 정기적으로 자료를 순환할 필요가 있다. 항상 영유아의 놀이를 관찰하면서 각 영역에서 영유아의 놀이와 배움을 지원할 수 있는 그림, 전시물, 인쇄물과 같은 자료들도 같이 배치하는 것을 고려해 볼 필요가 있다.

영유아의 두뇌와 신체는 계속 발달하기 때문에 신체를 움직이게 하고 신체발달을 촉진하는 놀잇감과 교구들이 필요하다. 특히 영아기에 비해 유아기에는 대근육 · 소근육 운동기술이 더 발달하는 시기이므로 몸을 마음껏 움직일 수 있는 대근육 활동이 필요하다. 따라서 유아가 신체활동을 충분히 할 수 있도록 다양한 실내외 환경을 준비하도록 한다. 기관에 실외 놀이터가 없는 경우에는 인근의 놀이터를 방문하거나 산책 활동을 계획하여 풍부한 활동이 이루어지도록 할 수 있다(사진 참조).

사진 설명 어린이집에 놀이터가 없더라도 주변의 공간을 활용하여 신체활동을 계획할 수 있다.

영아반은 일상적인 일과(예: 기저귀 갈기, 배변훈련, 잠자기, 수유하기 등)를 주로 수용하는 공간이 대부분이기 때문에 유아반과는 달리 분명하게 영역을 구분할 필요는 없지만, 특정한 활동을 할 수 있도록 공간을 계획하는 것이 좋다. 영유아는 환경이 너무 자주, 많이 바뀌는 것을 불안해할 수 있다. 일단 환경을 질서정연하게 구성하였으면 기본 구성은 가능한 한 변경하지 않아야 한다. 모든 것이 그 자리에 계속 있다는 것을 알아야 안정감을 느낄 수 있으므로, 특히 개인적인 공간은 되도록 변경하지 않는 것이 좋다(Segal et al., 2006).

동일연령반과는 달리 혼합연령반에서의 환경구성은 보다 어려움이 많다. 어린 영아는 큰 유아와는 사용하는 공간의 규모나 교구가 다르기 때문이다. 예를 들어, 영아반의 실내공간은 보다 안전성에 신경을 써야 하고, 공간이 너무 넓거나 너무 많은 교구들로 가득 채울 필요가 없다. 반대로 유아반은 활발한 신체적인 활동을 할 수 있는 넓은 공간이 필요하다. 따라서 기관의 혼합연령반에서는 여러 발달 범위를 모두 고려한다는 것이 그리 간단한 문제가 아니다(Segal et al., 2006). 왜냐하면 나이 든 유아에게는 그 호기심과 도전을 수용할 수 있는 환경이 필요한 반면, 어린 영유아의 경우는 안전성을 중요하게 생각해야만 되기 때문이다. 그래서 이런 혼합연령반의 경우 여러 구조가 고정되어 있기보다는 변경할 수 있고 움직일 수 있도록 하는 것이 좋다. 실외에서도 혼합된 연령의 영유아들이 있는 경우, 변경이 가능한 울타리 등으로 영역을 설치함으로써 어린 영아를 보다 안전하게 보호할 수 있다. 그렇게 되면 유아들도 어린 영아를 보호하기 위한 교사의 제재를 계속 받지 않게 되어 보다 신나게 마음껏 놀 수 있다.

영아는 모든 것을 입에 넣고 빨려고 하는 특성을 가지고 있으므로 되도록 씻을 수 있는 장난감을 마련하는 것이 좋다. 작은 부속으로 이루어진 장난감은 삼킬 위험이 있으므로 피해야 하며, 위생상 청결을 유지하기 쉬운 환경이 무엇보다 중요하다. 특히 영유아기는 상황 인지능력이 미흡하고 주변 사물에 대한 호기심이 강하여 안전사고가 발생할 가능성이 크기 때문에 적절한 관리·감독이 필요하다.

2020년 한국소비자원 소비자위해감시시스템(CISS)을 통해 접수된 어린이 안전사고 건수는 18,494건으로 2019년(24,971건)에 비해 25.9% 감소한 것으로 보고되었으나, 이는 COVID 19에 따른 내원 환자 급감이 원인으로 분석되었다(한국소비자원,

〈표 8-4〉 어린이 안전사고 현황 (단위: 건, %)

구분	2016년	2017년	2018년	2019년	2020년
전체 안전사고 건수	69,018	71,000	72,013	73,007	70,022
어린이 안전사고 건수	22,545	25,699	24,097	24,971	18,494
전년대비 증감률	–	14.0	▽6.2	3.6	▽25.9
어린이 안전사고 비율*	32.7	36.2	33.5	34.2	26.4

* 전체 안전사고 중에서 어린이 안전사고가 차지하는 비율

출처: 한국소비자원(2021). 2020년 어린이 안전사고 동향 분석.

2021). 실제로 살펴보면, 우리나라 총인구 대비 어린이 비율이 12.2%인 데 반해, 어린이 안전사고는 전체 안전사고의 26.4%로 높아 대표적 안전 취약계층으로 나타났다. 일반적으로 어린이 안전사고는 발달 단계에 따라 일정한 경향이 있기 때문에 보호자 및 교사 등이 주의를 기울일 경우 예방할 수 있으므로, 영유아의 연령에 따른 발달특성을 숙지하며 안전에 특히 신경 써야 한다.

4) 움직임의 흐름

유아에 따라 조용한 혼자만의 놀이공간이 필요할 수도 있고, 혹은 놀이에 따라 넓은 공간이 필요하기도 하고 분리된 작은 공간이 필요하기도 하다. 따라서 영역의 크기는 무조건 넓게 하는 것이 아니라, 유아의 흥미와 놀이 흐름에 따라 축소하거나 확장하기도 하고 구석진 곳이나 조용한 곳으로 옮겨 주는 등 교사는 놀이가 서로 연결될 수 있도록 조정할 수 있다. 이처럼 공간을 계획할 때 교사는 영유아 움직임의 흐름을 생각해야 한다. 놀이공간과 동선을 분명하게 구성하면, 혼란을 줄일 수 있고 보다 목표지향적인 행동을 이끌어낼 수 있다(Essa, 1996).

어린이집을 새로 신축한다면 보육실로 들어오고 나가는 데 편리한 위치에 출입문을 설치하도록 한다. 그리고 입구 쪽에는 흐름을 방해하지 않도록 가구나 교구를 놓을 때 주의해야 하며, 위급한 상황에서 영유아들이 재빨리 나갈 수 있도록 신경 써야 한다.

커다란 가구나 기구들은 움직임의 흐름을 변화시키므로 충분히 고려하여 배치함으로써 이러한 가구들이 영유아의 움직임을 방해하지 않도록 한다. 또한 이러한 가구들을 활용하여 영유아의 활동영역을 분리하여 서로 방해하는 것을 막을 수 있다. 예를 들어, 독서 영역은 매우 아늑하고 조용한 공간으로 한쪽 구석에 구성하면 지나가면서 쉽게 접근하지 않게 되어 개인적인 공간이 방해받지 않는다.

특정한 영역으로 이동하는 통로가 다른 활동영역을 가로지르게 해서는 안 된다. 블록 영역은 여러 명의 영유아들이 한 번에 활동할 수 있도록 충분히 넓어야만 만들어놓은 작품들이 지나다니는 영유아들로 인해 망가지지 않게 되어 불필요한 싸움을 일으키지 않게 된다. 이렇게 영역별 경로는 분명하고 방해받지 않도록 해야 하지만, 특정 영역에 접근하기가 지나치게 어려우면 영유아도 좋아하지 않을 수 있으므로 주의해야 한다.

지나치게 많은 놀잇감, 교구장, 책상과 의자로 가득 찬 교실은 정작 유아가 놀이할 수 있는 공간이 충분하지 않은 경우가 많다. 모든 흥미영역을 배치하고 놀이 인원수를 제한하거나 공간이 좁아 놀이 결과물을 즉시 치워야 한다면 놀이의 흐름이 중단될 수 있다. 교사는 유아의 놀이를 관찰하면서 좁은 공간이 유아의 놀이를 방해한다면 이를 방해하는 가구와 설비를 치우거나, 유아에게 관심이 적은 놀잇감을 제거함으로써 놀이할 수 있는 충분한 공간을 만들어 줄 수 있다(교육부, 보건복지부, 2019a).

실내에서와 마찬가지로 실외공간도 독립적이고 사용하기 쉽게 구성되어 있는지 확인해야 영유아가 재료와 장비에 쉽게 접근할 수 있다. 실외 경로, 보도 및 계단은 명확하게 표시되어야 하고 장애물이 없어야 한다. 다른 지역의 놀이를 방해하지 않고 한 지역에서 대근육 운동 놀이가 안전하게 일어날 수 있도록 하는 것이 중요하다.

5) 소음 수준

공간을 계획할 때 각기 다른 활동들의 소음이 어느 정도인지를 고려해야 한다. 시끄러운 활동 영역들은 나란히 옆에 두지 않는 것이 좋다. 보통 블록 영역이나 음악 영역과 같은 시끄러운 영역은 보육실에서 떨어진 곳에 위치하도록 분리한다. 미술 영역이나 역할놀이 영역은 비교적 조용한 활동이면서 주의집중을 그다지 요하는 활동이 아니므로, 이 영역을 조용한 영역과 시끄러운 영역을 완충시킬 수 있는 공간으로 활용하는 것이 좋다. 과학영역이나 책 읽는 영역, 개인적인 공간 등은 조용한 활동에 속한다. 이렇게 주의집중을 요하는 활동을 하는 공간은 보육실에서 한쪽 구석에 마련하는 것이 좋다. 이와 같은 구성은 실내에서뿐 아니라 실외 공간을 구성할 때에도 마찬가지로 적용된다.

사진 설명 어린이용 매트를 사용하여 소음을 줄일 수 있다.

소음을 줄이기 위해서 천정이나 바닥, 벽이 소음을 흡수하도록 설계하면 좋으나 비용이 많이 드는 어려움이 있다. 그러므로 카펫이나 매트 등을 사용하여 소음을 줄일 수 있도록 한다(사진 참조). 카펫이나 매트 등은 영역을 구분 지을 때도 유용하다. 그리고 교구장을 이용하여 영유아의 동선을 조절해서 서로의 영역을 침범하지 않도록 조절하는 것도 하나의 방법이다. 이때 교사가 모든 영역을 다 볼 수 있도록 지나치게 높은 교구장이나 칸막이는 피하도록 해야 한다.

실외공간에서도 소음 수준을 고려해야 한다. 예를 들어, 자전거 길은 아이들이 분필로 그림을 그리는 곳을 지나쳐서는 안 되며, 조용한 활동(미술, 분필, 블록, 모래)과 시끄럽고 활동적인 활동(공놀이, 자전거, 달리기)을 분리할 필요가 있다.

6) 수납공간

어린이집이 아무리 아름답게 꾸며져 있다고 하더라도 수납공간이 충분하지 않다면 좋은 환경이라고 말할 수 없다. 어린이집의 실내뿐 아니라 어린이집 전체에 수납공간이 충분하게 있어야 한다. 그리고 중앙 수납공간이 별도로 있어서 교수 · 학습에 필요한 재료들이나 기타 교구 · 교재, 혹은 모든 연령에서 사용할 수 있는 공이나 장난감 자동차, 미술도구 등을 보관할 수 있으면 좋다.

사진 설명 개방형 교구장에 장난감을 보관하면 영유아가 쉽게 접근 가능하다.

Dodge와 동료들(2010)은 교실에서 최소한 세 가지 종류의 수납공간을 계획하는 것이 필요하다고 하였다. 첫째, 개방형 수납(open storage)이다. 현재 사용 중인 도구의 경우, 이름표(라벨)가 있는 개방형 선반에 보관하는 것이 필요하며, 이러한 개방형 수납은 영유아의 접근성을 높일 수 있다. 그러므로 문이 없는 개방형 교구장은 영유아들의 눈높이 수준에 맞추어서 스스로 꺼낼 수 있는 높이로 만들어서 날마다 사용하는 교구나 장난감을 보관하도록 한다. 주로 퍼즐이나 블록 같은 것을 저장하며 영유아가 쉽게 접근할 수 있고 이용할 수 있도록 하는 것이 좋다(사진 참조). 그래야 영유아가 스스로 선택하고 정리함으로써 자립심과 책임감을 느끼게 된다. 영역별로도 블록 영역이나 소꿉놀이 영역은 여러 명의 영유아들이 함께 활동하는 곳이기 때문에 관련 교구를 수납할 수 있는 충분한 수납공간이 필요하다.

둘째, 밀폐형 수납(closed storage)이다. 사무용품, 의약품, 세제류 및 날카로운 물

사진 설명 밀폐형 수납장을 사용하여 물품을 안전하게 보관할 수 있다.

품 등과 같은 도구는 사용하지 않을 때 안전하게 보관해야 한다(사진 참조). 이러한 품목들의 안전한 위치를 지정하고 그 위험 수준을 정하는 것이 중요한데 이렇게 하면 재고를 유지하면서 영유아의 안전을 보장하는 데 도움이 된다. 이러한 수납공간은 주로 문이 있는 형태의 교구장이며, 교사가 사용하는 교재 · 교구들이나, 가끔 사용하는 물품들을 보관하는 데에도 사용 가능하다. 이러한 교구장의 높이는 영유아의 키 수준보다 높게 하는 것이 영유아가 쉽게 접근하는 것을 차단할 수 있다. 그리고 안전을 위하여 무거운 물건은 아래에 보관하고 가벼운 것들은 위에 놓으며, 여러 물건을 쌓아 놓지 않도록 한다.

셋째, 개인용 수납(personal storage)이다. 영유아와 교사 모두 개인 소지품을 보관할 공간이 필요하다. 영유아의 개인용 수납공간에는 사진이나 이름표를 붙임으로써 각자 여기에 속해 있다는 메시지를 보내는 데 도움이 될 수 있다. 또한 영유아가 하원할 때 용이하게 자신의 물품을 챙기는 데 도움이 되기도 한다. 영유아를 위한 개인용 수납공간은 필요할 때 개인 물품(예: 야외 활동을 위한 우비, 모자 및 장갑 등)에 쉽게 접근할 수 있도록 하여 자율성을 지원할 수 있다. 교사의 개인 보관의 경우 지갑이나 가방과 같은 품목에는 어린이에게 안전하지 않은 재료(예: 화장품 또는 약)가 포함될 수 있으므로 영유아의 손이 닿지 않는 곳에 보관하는 것이 중요하다.

이 밖에 영유아 평가자료와 미술품의 보관 및 전시공간을 계획하는 것도 중요하다. 영유아가 만든 작품과 포트폴리오를 저장하고 전시하면 영유아에게 자신의 작품 가치에 대한 긍정적인 의미를 줄 수 있을 것이다. 이러한 공간은 영유아가 자신의 아이디어를 시험하고 영유아의 발달 진행 상황을 쉽게 추적할 수 있도록 도와주는 곳이 될 수 있다.

7) 개인 영역

성인과 마찬가지로 영유아도 때때로 혼자 쉴 수 있는 시간과 공간이 필요하다. 한두 명의 영유아로 제한된 공간을 제공하여 영유아의 욕구를 충족하도록 할 수 있다.

부드러운 물체는 영유아에게 환경이 따뜻하고, 부드럽다는 느낌을 주게 되므로, 러그나 쿠션, 부드러운 카펫 같은 것들로 개인 영역을 꾸민다면 이 곳에서 영유아는 따뜻함과 아늑함을 느낄 수 있고, 스스로 진정시키는 데 도움이 될 것이다.

하루 종일 밝은 조명이나 색상으로 이루어진 시각적으로 압도적인 공간에서 지내게 되는 영유아를 생각한다면 집과 같은 환경을 조성하는 것이 중요하다. 영유아가 장시간 집단활동을 계속한다면 피곤함과 긴장감을 느끼게 된다. 집과 같은 환경 속에서 영유아는 편히 쉴 수 있으며 소속감도 가질 수 있다. 집과 같은 느낌을 주기 위해서는 교실에 개인적인 느낌을 더할 수 있도록 소파와 안락의자 같은 부드러운 가구, 식물(화분), 부드러운 조명 혹은 자연광, 쿠션 및 러그, 가족사진, 파스텔톤 색상의 벽지 등을 사용하여 개인적인 공간을 꾸민다면, 영유아에게 사생활을 보호하고 고요함을 찾을 수 있는 기회와 공간을 제공할 수 있을 것이다.

사진 설명 부드러운 모래를 이용하여 놀이하는 영유아의 모습

사회적으로 발달장애가 있는 유아의 경우는 자신을 진정시키는 데 도움이 되는 자료에 쉽게 접근할 수 있고 혼자 몇 분을 보낼 수 있는 지정된 공간이 있으면 도움이 된다. 이 공간에 다양한 감정을 표현하는 유아들의 사진과 함께 흥분된 감정을 진정시킬 수 있는 전략을 단어나 그림으로 표현하여 제공하면 유아에게 도움이 될 수 있다.

이것은 실외환경을 구성하고자 할 때에도 마찬가지로 적용된다. 비록 대부분의 실외기구들이나 구조물들이 고정되어 있지만, 딱딱한 표면과 함께 모래, 잔디와 같이 부드러운 표면 등을 고루 배치하도록 하는 것이 좋다(사진 참조). 개인 공간을 비롯한 모든 영역은 영유아의 안전이 중요하기 때문에 교사가 감독할 수 있는지를 확인해 봐야 한다.

8) 보육실의 다양성

보육환경을 구성할 때 고민해야 할 요인 중 하나는 보육환경이 다양한 배경을 가진 영유아를 따뜻하게 맞이하는 환경인지를 고려해야 한다는 것이다. 특히 개정된 교육과정에서도 개인 수준의 다양성을 말하고 있는데, 이는 교사가 담당 학급(반) 유아의 연령 및 개별 특성, 발달수준 등 개인차를 교육과정에 반영하여 운영하는 것을 의미한다. 따라서 모든 영유아는 성, 신체적 특성, 장애, 종교, 가족 및 문화적 배경 등으로 인한 차별을 받지 않아야 하며 각자의 개별성을 인정하고 또래와 함께 생활하고 놀이할 수 있도록 지원해야 한다.

보육실에서의 다양성이란 자료 선택이 교실에 있는 다양한 영유아의 배경, 지식 및 경험을 반영해야 함을 의미한다. 다양한 자료를 선택함으로써 영유아와 가정을 이어주는 다리 역할을 할 뿐 아니라, 다양한 배경에 대한 긍정적인 메시지를 보여줄 수 있다. 예를 들어, 다양한 직업군에 종사하는 남녀의 사진들과 함께, 극놀이 영역에 여러 벌의 옷을 준비하고(사진 참조), 다양한 연령대, 인종, 장애를 가진 인형들도 준비한다. 그리고 전세계 문화를 나타낼 수 있는 여러 항목들(예: 전통기구, 요리책, 전통의상 등)을 구비하는데, 만약 구하기 힘들면 다문화가족의 부모에게 부탁해서 잠시 빌릴 수도 있다.

동화책은 나이, 성별, 문화, 인종, 능력, 가족 유형 등에 대한 긍정적인 메시지를 주는 내용을 가진 책으로 선정해서 갖추는 것이 필요하다. 교사가 아동과 상호작용할 때에도 특정 직업에 대해서 어느 한 가지 성별로만 구분하여 이야기하기(예: 소방관 아저씨, 경찰관 아저씨 등)보다는 다양하게 접근하도록 신경을 써야 한다(Estes, 2004). 이처럼 어린 영유아일수록 다양한 경험이 필요하며, 교사는 다양한 교실 환경구성에 있어서 가족들의 참여가 무엇보다 중요함을 인식하고 가족의 참여를 이

사진 설명 극놀이 영역에 여러 나라의 전통의상과 함께 다양한 직업군의 옷을 여러 벌 준비한다.

끌어 내도록 노력해야 한다.

모든 영유아는 각자 자신의 흥미와 능력에 맞게 자발적으로 주변을 탐색하며 놀이할 수 있으며 놀이를 통해 자율성과 창의성을 기를 수 있으므로, 교사는 장애 영유아가 무엇에 흥미를 보이는지 파악하고 스스로 놀이할 수 있는 환경을 구성해 주어야 한다. 장애 특성을 고려하여 안전상 위험한 요소가 없는지 확인하고, 안전사고의 위험이 있다면 미리 조정하는 것이 필요하다. 고정적인 공간배치보다 융통성 있게 공간을 배치해야 하며 안전에 주의를 기울여야 하지만, 장애 영유아의 경우 상황에 따라 구조화된 공간이 필요할 수 있으므로 교사는 장애 영유아의 접근이 편리하고, 공간과 사물에 대한 인지를 돕는 표시가 있는 공간을 구성하도록 한다. 장애 영유아를 위한 놀이 공간은 운동능력이 지체된 장애 영유아에 대한 환경적 수정이 필요하며, 휠체어를 이용하는 장애 영유아에게는 충분한 공간이 확보되어야 하고 운동능력의 지체로 선반에 기대는 경우도 있기 때문에 선반은 견고하고 안전한지를 살펴봐야 한다(서울시육아정보지원센터, 2021). 또한 소근육 힘이 부족한 장애 유아를 위해서는 힘을 키울 수 있는 다양한 감각교구나, 적은 힘으로도 활동할 수 있는 다양한 놀이자료를 함께 제공해 주어 불편함을 겪지 않도록 한다(교육부, 보건복지부, 2019a).

9) 실외공간

개정된 보육과정에서는 하루 일과에서 바깥 놀이를 포함하여 유아의 놀이가 충분히 이루어지도록 편성하여 운영하도록 하고 있다. 영유아는 산책을 하거나 놀이터, 바깥놀이 등을 통하여 자연을 보고, 만지고, 느끼면서 세상을 탐구해 나간다. 영유아는 자연물로 놀이하는 과정에서 색, 모양, 선, 질감과 같은 자연물의 속성과 아름다움에 대한 감성, 생명의 존귀함 등을 스스로 배우게 된다. 눈, 비, 햇빛, 그림자, 구름 등과 같은 자연현상도 놀이의 주제가 될 수 있다. 이처럼 자연은 매일의 생활 속에서 탐색, 관찰, 몰입을 통해 배움이 일어나도록 매개하는 소중한 자료가 되기 때문에(사진 참조) 자연과 접하는 기회를 자주 제공해야 한다.

사진 설명 산책길에 물고기를 발견하고 유아들이 흥미를 보이고 있다.

영유아가 교실에서 할 수 있는 놀이의 대부분은 실외에서도 가능하므로, 실내와 마찬가지로 실외에서도 관심영역을 계획해 볼 수 있다. 실외의 조용한 활동영역은 나무그늘이나 천막 아래에서 책을 읽을 수 있도록 구성할 수 있고, 실외 극놀이 영역에는 여러 가지 소꿉놀잇감 및 의상을 준비할 수도 있다. 또한 분필이나 붓을 마련하여 유아가 쉽게 쓰고 지울 수 있는 언어영역을 구성할 수 있으며, 유아가 발견한 것을 관찰하고 조작할 수 있도록 돋보기나 가위 등을 준비해서 과학영역을 계획할 수도 있다. 실내에서 제공하는 것과 동일한 모든 재료들은 실외에서 영유아의 참여를 촉진하기 위해 사용될 수 있으며, 모래, 물, 재활용품과 같은 개방형 놀이재료는 영유아의 창의적인 놀이를 촉진하기도 한다.

실외에서의 활동은 영유아의 대근육 운동기술을 연마하는 데 도움이 된다. 대근육 운동기술은 신체의 큰 근육 운동을 포함하여 달리기, 점프, 던지기 및 균형 유지를 포함하는 기술을 말한다. 대근육 운동 장비의 크기와 수준은 영유아에게 발달적으로 적절해야 하며, 영유아가 오래 기다리지 않고 장비를 사용할 수 있도록 충분한 대근육 운동 장비(예: 영유아에게 인기 있는 세발자전거의 경우)가 있어야 한다. 유아가 실외에서 높은 수준의 신체활동을 경험하기 위해 반드시 고정된 놀이터 장비가 필요한 것은 아니다. 특별한 교재·교구가 없어도 몸을 이용한 놀이가 가능하다. 실제로 유아들은 공, 자전거, 훌라후프 등과 같은 휴대용 장비를 가지고 놀 때 가장 신체적으로 활동적인 경우가 많다(Kreichauf et al., 2012).

실외공간에서는 안전이 매우 중요한데 이는 미리 교사가 유아들에게 안전교육을 실시하여 자세히 설명하고 의견을 나누는 것이 필요하다. 또한 울타리로 보호되어

사진 설명 그늘막이 있는 실외 놀이터의 모습

있는 놀이터라고 하더라도 위험한 물질이 놀이터로 유입될 가능성이 있으므로 항상 주의깊게 점검해야 한다.

일반적으로 실외공간에는 모래, 물, 바퀴 달린 장난감, 게임, 건설, 목공, 조용한 활동, 과학 및 자연이 포함될 수 있다(Dodge et al., 2010). 실외 놀이터에 그늘막이 있으면 영유아가 날씨와 상관없이 바깥놀이를 할 수 있으므로 매우 유용하다(사진 참조).

실외공간에서도 일부 영유아, 특히 장애가 있거나 특별한 도움이 필요한 영유아는 야외 환경에서 어려움을 겪을 수 있다. 그러므로 실내에서처럼 이 영유아들의 필요에 잘 맞도록 재료와 공간을 조정하는 것도 고려해봐야 한다(예: 휠체어가 접근 가능한 그네 설치, 난간 설치 등).

사진 설명 어린이집 근처의 체력단련시설을 이용해 보는 유아들

10) 지역사회

개정 보육과정은 영유아를 포함한 다양한 주체가 협력하여 함께 만들어가는 교육과정을 지향하고 있다. 지역사회는 영유아의 놀이를 지원하는 다양한 물적 · 인적 자원을 갖추고 있으므로 영유아 삶의 경험을 풍부하게 해주고 영유아가 지역 공동체의 일원임을 느끼게 할 수 있다(교육부, 보건복지부, 2019a). 개정된 보육과정에서 정의된 놀이환경도 영유아가 놀이하는 실내외 모든 공간 및 놀이자료와 함께 기관 밖의 지역사회 공간까지 포함하고 있다. 따라서 교사는 지역사회의 다양한 자원 및 시설을 활용하여 영유아의 놀이와 경험이 풍성하게 이루어질 수 있도록 지원할 필요가 있다.

사진 설명 대형마트의 수족관 코너에서 열대어를 보고 신기해하는 유아들

보육기관이 위치하고 있는 지역사회에는 여러 공공기관, 마트와 재래시장, 다양한 상가, 놀이터, (대)학교, 공원, 체육시설, 숲 등의 다양한 시설과 함께 풍부한 자연환경과 전문지식을 갖춘 전문가들이 있다(사진 참조). 유아들의 놀이가 이루어지고 있는 중에 필요하다면 교사는

지역 자원을 방문하는 현장체험 활동을 하거나 지역사회의 다양한 전문 인력을 활용하여 유아 경험의 폭을 넓혀줄 수 있다.

11) 기타

보육환경이 영유아나 교사에게 심미적으로 아름다운 느낌을 준다면 더 좋을 것이다. 그리고 가구는 지나치게 복잡하지 않고 단순하며 잘 디자인된 것을 사용한다. 성인과 달리 영유아의 키가 작기 때문에 가구 높이도 이런 수준을 고려하여 영유아의 눈높이에 맞추어야 한다. 가구를 구입할 때에는 기존의 가구들과 잘 조화를 이룰 수 있는 가구를 고른다. 보통은 자연적인 나무 재질이나 밝은색으로 이루어진 플라스틱 재질이 주를 이루고 있으며, 청소와 관리가 편한 제품을 선택하도록 한다. 벽의 색을 선택할 수 있다면 중성이나 밝은 파스텔색을 사용하고, 그림이나 사진 자료를 이용하여 포인트를 주거나 색을 더한다면 좋을 것이다(Segal et al., 2006).

교실에 기존의 영역이 구성되어 있다고 하더라도 교사는 학급의 원아 수, 성별의 비율, 유아들의 전반적인 놀이 성향을 고려하여 적합성을 고려해 보아야 한다. 학기 초에는 놀이자료를 구분하기 위한 기본적인 영역을 구분하고 각 영역이 지나치게 협소해지지 않도록 가구를 배치해 보는 것이 좋다. 또한 교사는 한번 정한 영역을 한 학기 내내 고정할 필요는 없으며 영유아들의 놀이에 따라 즉각적으로 재배치해 주려는 융통성을 가지는 것이 중요하고, 영유아의 놀이를 위해 실내외 전체공간을 다양하게 활용하려는 노력이 필요하다.

제9장 보육교직원

보육교직원은 크게 원장과 보육교사로 구분되며, 어린이집의 크기, 목적, 재정 지원에 따라 조리원(조리사), 간호사, 영양사, 특수교사, 치료사 등이 포함되기도 한다. 우리나라의 경우, 「영유아보육법」 제2조에 의하면 보육교직원이라 함은 어린이집에서 영유아의 보육, 건강관리 및 보호자와의 상담 그 밖에 어린이집의 관리, 운영 등의 업무를 담당하는 자로서 어린이집의 원장 및 보육교사와 그 밖의 교직원을 말한다.

QR코드 설명 한국보육진흥원 보육교직원 통합정보

보육교직원은 영유아의 보호와 교육을 담당하고 있으며, 직간접적으로 발달에 영향을 미치고 있으므로 기본적인 자질과 자격을 갖추어야 한다. 보육교직원 자격은 개정된 「영유아보육법」에 의해 보육교사 국가자격증 제도는 2005년 1월 30일 이후부터, 어린이집 원장 국가자격증 제도는 2006년 12월 30일 이후부터 시행되고 있다.

보육의 질에서 가장 중요한 요소는 교사의 전문성이라고 할 수 있다. 보육교직원의 전문성은 영유아에게 질 높은 서비스를 제공해주기 위해서 보육교직원이 갖추어야 할 자질로, 일정 기간의 사전교육과 더불어 교육현장에서의 다양한 경험과 지속적인 보수교육을 통해 발달해간다.

이 장에서는 보육교직원에 대한 이해를 돕기 위해 보육교직원의 역할과 자질, 관리 그리고 교육에 대해 살펴보도록 한다.

1. 보육교직원의 역할과 자질

보육교직원에는 원장, 보육교사, 특수교사, 간호사, 영양사, 조리원(조리사) 등이 포함되며, 이들 각자가 맡은 바 직무를 충실히 할 때 보육의 효과가 극대화될 수 있다.

1) 원장

원장은 어린이집의 운영방향을 결정하고, 전반적인 관리 및 책임 등에 관련된 다양한 역할을 맡고 있다. 이러한 역할을 제대로 수행하기 위해서는 올바른 자질을 갖추어야 한다.

(1) 원장의 역할

「영유아보육법」 제18조에서는 어린이집 원장의 직무에 대해 어린이집을 총괄하고 보육교사와 그 밖의 직원을 지도, 감독하며 영유아를 보육하는 것으로 규정하고 있다. 또한 원장은 예산편성, 시설관리, 보육교직원 관리, 기록보관, 원아모집 및 접수업무, 프로그램 개발과 운영, 지역사회와의 협력, 영유아 건강 및 안전관리 등의 광범위한 역할을 담당한다. 이를 토대로 원장의 역할을 구체적으로 살펴보면 다음과 같다.

첫째, 원장은 올바른 아동관과 보육에 대한 확고한 철학을 가지고 어린이집을 운영해야 한다. 즉, 영유아의 인격과 개성을 존중하는 아동관을 근간으로 어린이집의 기본적 운영목표인 교육철학을 설정하고, 이러한 철학을 반영한 장 · 단기 교육목표를 계획하고 관리한다. 예를 들면, 기본적인 학급편성 및 연간 · 월간 · 주간 · 일일 보육계획과 실행, 평가는 물론이고, 현장견학 및 발표회, 부모참여수업 등과 같은 중요한 연간행사에 대한 계획을 세운다. 그리고 계획이 세워지면 그 구체적인 보육내용을 교사와 협의하여 정하고, 효율적으로 실행한다.

둘째, 영유아의 요구를 관찰하고 적절하게 반응함으로써 신체 · 인지 · 사회정서 발달을 도모한다. 일반적으로 원장은 영유아를 직접 지도하기보다는 어린이집 전체를 조직, 운영하며 감독하는 역할만 하는 것으로 인식하기 쉽다. 하지만 원장은 원아의 입 · 퇴소를 상담하고 결정하면서 영유아가 어린이집의 생활에 잘 적응해나갈 수 있도록 돕는다. 뿐만 아니라 등 · 하원 시 원아들을 따뜻하게 맞이하면서 영유아의 건강 및 기분 상태를 점검한 후 영유아의 요구에 민감하게 반응하는 역할도 담당한다.

셋째, 우수한 보육교직원의 채용과 인력관리 및 근무환경 개선에도 힘써야 한다. 이를 위해 원장은 유쾌한 분위기에서 능률적으로 일할 수 있도록 교직원들에 관한 원칙과 기준을 세워야 한다. 구체적으로는 교직원의 채용 및 인사관리, 임금 · 고용 · 퇴직 조건 등의 마련, 공정한 업무분담, 교직원들의 소신 있는 근무조건 보장 등을 통해 교직원들을 격려한다. 나아가 교직원의 능력 개발을 위한 업무상 연수 기회를 제공하는 등 전문성 향상에도 기여해야 한다.

넷째, 체계적으로 행정적인 사무와 운영을 담당하고, 예산 및 재정 관리를 투명하고 합리적으로 처리해야 한다. 먼저 원아들의 입 · 퇴소 및 교직원들의 채용 · 복무와 관련된 서류를 확보하고 보관한다. 그리고 보육료 수납 및 예산편성과 집행을 하며, 이에 필요한 회계서류를 구비하고 기록 · 유지한다. 더불어 필요한 교재 · 교구 구입, 분류 및 관리 등의 업무도 수행한다.

다섯째, 원장은 부모와 지역사회와의 상호협력적인 관계를 구축해야 하는 역할을 맡고 있다. 부모와의 밀접한 관계를 유지하기 위해서 영유아의 성장과 발달에 대해 학부모와 상의하고, 부모교육 및 상담, 부모 건의사항 및 불만 등에 관한 관리 등을 실시한다. 또한 보육의 효과를 높이기 위해 부모의 요구를 파악하여 프로그램에 반영하는 노력도 기울여야 한다. 뿐만 아니라 지역사회에 보육 프로그램을 소개하고 필요한 경우 지역사회 인사의 보육활동 참여 및 지역사회의 자원을 효율적으로 사용할 수 있도록 지역사회와의 계속적인 교류를 추진한다.

원장은 원내의 업무를 담당하고 어린이집을 대표하는 기관의 얼굴이며, 원장의 자세는 어린이집의 이미지를 심어준다. 어린이집 보육업무가 판단과 문제해결과정의 연속이라고 볼 때 최종 책임자이자 의사결정자로서의 권한을 갖고 있는 원장의 역할은 매우 중요하다(오경석, 박화윤, 조도현, 2012).

(2) 원장의 자질

Paula Jorde-Bloom

원장이 영유아 관찰자로서, 행정가로서, 운영관리자로서, 대외 홍보자로서 그리고 교사와 학부모의 동반자이자 중재자로서의 역할을 효율적으로 수행하기 위해서는 다음과 같은 자질이 요구된다(Jorde-Bloom, 1989; Simons, 1998).

첫째, 원장은 영유아를 진정으로 사랑하고 보호해야 하며, 보육교직원들을 항상 따뜻하게 신뢰하며 존중하는 태도를 지녀야 한다. 이러한 자질은 영유아, 보육교사와 학부모 그리고 지역사회 인사들과 원만한 인간관계를 유지하고 발전시켜 나가는 데 기반이 된다.

둘째, 늘 자기개발과 자기발전에 힘써야 한다. 원장은 반복되는 일상생활로 지치고 무료해지는 삶에서 벗어나 새로운 도전을 하기 위한 자기관리능력이 요구된다. 예를 들어, 의무적으로 참여해야 하는 원장 보수교육뿐만 아니라 영유아와 관련된 각종 재교육을 통한 배움의 시간을 가급적 자주 가져야 한다.

셋째, 원장은 어린이집 운영을 통한 영리를 추구하기보다는 국가와 사회에 봉사한다는 자세와 신념을 가져야 한다. 영유아의 건강한 성장과 발달을 도모하기 위해서 흥미 및 욕구 변화에 부응하는 교재·교구 구입, 환경의 구성 및 시설의 개보수, 양질의 먹을거리 등을 확보하는 데 아낌없이 투자해야 한다.

넷째, 원장은 어린이집을 운영하는 과정에서 수많은 의사결정을 해야 할 사항에 직면하게 되는데, 이 경우에는 교사, 학부모, 지역 인사 등의 의견을 충분히 수렴하여 보다 민주적이고 합리적인 실현 가능한 의사결정을 할 수 있는 자질이 요구된다.

이외에도 원장은 일에 대한 열정과 도전의식, 개방성, 긍정적 사고, 안정적인 성품, 융통성 등의 기본적인 자질들을 갖추고 있어야 한다.

2) 보육교사

보육교사의 역할이나 자질은 영유아를 위한 프로그램의 질적 수준을 좌우하는 가장 중요한 요소이다. 보육교사의 역할은 학자들의 관점에 따라 다양하게 제시되고 있으며, 교사의 자질은 아동의 민감성을 촉진시키고 긍정적인 발달을 도모할 수 있다(Harms, Clifford, & Cryer, 1998).

QR코드 설명 보육교사의 일상' 어린이집 교사

Thelma Harms

Richard M. Clifford

Debby Cryer

(1) 보육교사의 역할

Olivia N. Saracho

Alice Sterling Honig

보육교사는 일반적으로 영유아 보호와 양육, 보육과정 및 교수, 영유아의 관찰 · 기록 · 평가, 상담 및 정서적 지원, 훈육, 영유아의 가족과 지역사회와의 유대관계 형성, 전문성 강화 등의 역할을 수행해야 한다(Hertzberg & Stone, 1971; Jalongo, 1986; Saracho, 1988; Spodek, 1975). 이러한 복합적 보육서비스를 제공해야 하는 보육교사의 역할을 크게 양육자로서의 역할, 촉진자로서의 역할, 관찰자로서의 역할 그리고 전문적인 지지자로서의 역할로 구분한다(Estes, 2004).

첫째, 영유아의 신체적 · 심리적 요구에 대해 민감하게 반응하는 것은 양육자로서의 교사가 해야 할 가장 기본적인 역할이다. 우선적으로 교사는 영유아의 생리적 욕구충족과 건강관리 및 신체적으로 안전한 환경을 제공해야 한다. 예를 들어, 영유아는 뛰고 올라가는 등의 대근육을 사용하는 활동을 많이 하지만 정작 이러한 활동에 수반되는 위험성은 잘 인식하지 못한다. 그러므로 교사는 오르내리기 기구 밑에 부드럽고 탄력성 있는 바닥재를 깔아주고, 교사가 쉽게 접근할 수 있고, 관찰할 수 있는 곳에 놀이기구를 배치하는 등 세심한 주의를 기울여야 한다. 그리고 신체적 안정뿐만 아니라 심리적인 안정에 대해서도 주목해야 한다. 왜냐하면 어린 영아일수록 교사가 자주 바뀌거나 교사가 영유아의 요구에 변덕스럽게 반응하는 경우, 쉽게 분노하고 환경을 탐색하는 활동을 덜 하는 경향을 보이기 때문이다(Honig, 2002). 따라서 교사는 영유아에게 관심과 애정을 표현하며, 긍정적으로 대화를 나눔으로써 영유아와의 정서적 관계를 견고히 해야 한다.

둘째, 촉진자로서의 교사는 영유아의 행동에 적절하게 반응해주고, 적합한 활동과 경험을 제공함으로써 자신과 주변에 대해 배울 수 있도록 도와야 한다(Bredekamp & Copple, 1997). 구체적으로 혼자서 하기 힘든 과제는 도와주고, 다양한 교재와 교구를 사용하도록 격려하며, 발달에 적합한 놀이와 학습기회를 제공해주기 위해 교실 공간을 효율적으로 구획하여야 한다. 또한 촉진자로서의 교사 역할에는 결정자로서의 교사 역할도 포함되어 있다. Berliner(1987)에 따르면 30명 정도의 유아를 가르치는 교사는 하루에 약 1,500건의 상호작용을 하며 한 시간에 평균 10여 가지의 중요한 결정을 내린다고 하였다. 따라서 효과적인 촉진자로서의 교사는 영유아와 관련된 일상생활에서의 결정을 잘 내려야 한다. 예를 들면, 이야기 나누기 시간에 사용할 책을 선택할 때에도 영유아의 나이와 요구, 경험, 성별, 발달수준 등을 신중히 고려해야 한다.

셋째, 영유아에 대한 주의깊은 관찰은 신체활동, 인지, 사회정서 등과 관련해서 중요한 정보를 제공한다. 그리고 관찰은 아동의 현재 발달 상황에 대한 보고뿐만 아니라 미래의 학습경험에 대한 결정에도 중요한 정보를 제공하며, 이러한 관찰에 대한 정보는 가족에게도 큰 도움을 줄 수 있다. 따라서 관찰자로서 교사는 영유아 행동에 방해되지 않도록 주의깊게 관찰을 시도해야 한다. 이를 위해 교사는 자연스러운 상황 안에서 다양한 방법(예: 녹음기, 비디오카메라 등)을 사용하여 영유아가 아직 하지 못하는 것보다는 잘하는 행동에 우선적으로 초점을 두고 관찰해야 한다. 또한 관찰 시 영유아의 건강상태, 하루 일과 등을 고려하고, 말과 행동에 대해서도 매우 상세하게 기록해야 한다.

넷째, 전문적인 지지자로서의 교사는 영유아에 관한 전문적인 지식과 기술 그리고 능력을 유지하고 확장시켜 나갈 수 있는 전문성을 갖추어야 한다. 예를 들면, 영유아를 이해하고 성장발달에 적합한 양질의 프로그램을 진행할 수 있는 보육교사가 질 높은 보육환경을 마련해줄 수 있다. 따라서 보육교사는 효율적으로 업무를 수행하기 위해 전문적인 훈련을 거쳐 전문가로서의 역할수행을 해야 할 뿐만 아니라 끊임없는 자기발전을 위한 성찰과 노력이 요구된다.

(2) 보육교사의 자질

Bernard Spodek

보육교사가 양육과 교육자로서 바람직한 역할을 수행하기 위해서는 다음의 기본 자질을 갖추어야 한다(보건복지부, 1997; 한국보육시설연합회, 2002; Estes, 2004; Morrison, 1976; Spodek, 1994).

첫째, 보육교사는 하루 종일 영유아와 생활하기 위해서 신체적, 정신적으로 건강해야 한다. 교사의 건강은 영유아의 발달에 직접적인 영향을 미칠 뿐만 아니라, 호기심이 왕성하고 활동량이 풍부한 영유아와 밀도 있게 상호작용을 하기 위해서는 우선적으로 교사의 심신이 건강해야만 한다.

둘째, 영유아기는 발달적 요구와 능력에서 개인차가 비교적 큰 시기로 교사가 이러한 발달적 특성과 요구를 이해하고, 여기에 효과적으로 대응하기 위해서 보육교사는 이해심과 인내심 그리고 융통성이 필요하다.

셋째, 보육교사는 영유아를 대상으로 교육적 기능과 보호적 기능을 동시에 수행해야 한다. 따라서 교사는 영유아의 교육과 보호에 있어 최선의 방법이라고 선택한 것에 대한 확신감, 추진력 그리고 책임감을 보여주어야 한다.

넷째, 보육교사는 원장, 동료교사, 기타 보육교직원 그리고 부모와 원만한 관계를 유지하기 위해 노력해야 한다. 어떤 조직이든 조직 내의 구성원들 간의 인간관계에 따라 조직의 효율적 운영이 좌우된다. 따라서 보육교사에게는 타인을 항상 따뜻하게 보호하고 신뢰하며 존중할 수 있는 대인관계능력이 요구된다.

이외에도 보육교사는 인내심, 따뜻함, 친근감, 생동감, 성실함, 관용, 낙천주의, 융통성, 온화함, 창의성 그리고 독창성 등의 개인적 자질이 필요하다.

(3) 보육교사의 윤리강령

윤리강령이란 전문직의 이상, 가치, 책무를 설명한 것으로 전문직 단체들에 의해 공식적으로 받아들여지는 문서를 의미한다(조필수, 2008). 의사, 변호사 등 사회적 이익과 봉사를 지향하는 대부분의 전문직들은 윤리강령을 가지고 있으며, 그들이 채택한 윤리강령의 정신에 따라 자신들의 행동을 규제하면서 전문인으로서의 사회적 위치를 다져나간다. 교사는 가르치는 사람이기 때문에 다른 어떤 직업인보다도 더 높은 윤리의식이 필요하고 또 강화되어야 한다(김지민, 서영숙, 2009). 특히 영유아는 스스로 의사표현 능력이나 방어할 수 있는 능력이 부족하기 때문에 영유아를 담당하는 교사에게는 윤리강령이 더욱 필요하다(Katz, 1995).

① 미국유아교육협회의 윤리강령(NAEYC's Code of Ethical Conduct)

미국유아교육협회(National Association for the Education of Young Children: NAEYC, 이하 NAEYC)에서는 1999년 유아교사를 위한 윤리강령을 제정하고, 2005년에는 이를 확대하여 개정하였다(심정선, 2011). 이 윤리강령은 영유아, 가정, 동료, 지역사회와 공동체로 영역을 나누어 각 맥락에서 유아교육자들의 기본적인 책임을 설명하고, 각 영역별로 교사의 기본적 책임과 본보기가 될 만한 직업의 실천을 위한 이상(ideas)과 요구사항, 금기사항, 허가사항 등의 실천 원리(principles)를 제시하고 있다(김지민, 서영숙, 2009). 〈표 9-1〉에 제시된 바와 같이 4개 영역, 이상 40항목, 원칙 57항목으로 구성되어 있다.

〈표 9-1〉 NAEYC 윤리강령의 구성

영역		이상 (Ideas)	원칙 (Principles)
영유아에 대한 윤리적 책임		12항목	11항목
가정에 대한 윤리적 책임		9항목	15항목
동료교사에 대한 윤리적 책임	동료	4항목	4항목
	고용인	2항목	5항목
	고용주	4항목	9항목
지역사회 및 공동체에 대한 윤리적 책임	개인수준	1항목	10항목
	집단수준	8항목	3항목

• 영유아에 대한 윤리적 책임

영유아와 상호작용을 하는 교사의 가장 중요한 책임은 영유아에게 안전하고, 건강하고, 양육적이고, 반응적인 환경 안에서 보호와 교육을 제공하는 것이다. 또한 교사는 영유아의 발달과 학습을 지지해주기 위해 개인차를 존중해주고, 함께 사는 법을 배울 수 있도록 격려해야 한다. 더불어 아동의 자아의식, 자기가치, 활력, 신체적 건강 등도 증진시켜 나갈 수 있도록 도와야 한다.

• 가정에 대한 윤리적 책임

가정은 영유아의 발달과정에 매우 중요한 영향을 미친다. 왜냐하면 가족구성원들은 교사와 마찬가지로 아동의 복지에 대해 공통의 관심을 가지고 있기 때문이다. 따라서 교사는 영유아의 발달을 향상시키기 위하여 가족구성원과 서로 대화하고 협력해나가야 할 책임이 있다.

사진 설명 교사들이 함께 힘을 모아 환경판을 꾸미고 있다.

• 동료교사에 대한 윤리적 책임

동료교사에 대한 윤리적 책임의 범주에는 동료교사에 대한 책임과 고용주의 책임이 명시되어 있다. 먼저 서로 돌보고 협조하는 환경 안에서 인간의 존엄성은 증대되고 직업의 만족도도 높아지게 된다(사진 참조). 따라서 교사는 동료교사와 서로 긍정적인 관계를 형성하고 유지해나가야 할 책임이 있다. 그리고 고용주는 교사들의 요구를 지지해주는 환경을 조성하는 데 노력을 기울여야 함을 명시하고 있다.

• 지역사회와 공동체에 대한 윤리적 책임

영유아 프로그램은 가정과 지역사회가 협력 관계를 유지할 때 그 효과를 발휘한다. 따라서 교사는 영유아에 대한 공동의 책임을 지고 있는 지역사회와 협조해서 일해야 할 책임이 있다. 이를 위해 교사는 가족과 지역사회의 다양한 요구에 부응하는 프로그램을 제공해야 한다. 또한 교사는 정직과 성실을 바탕으로 영유아의 관심을 최대로 반영하고, 나아가 그들의 보호와 교육을 위한 최선의 프로그램을 제공하도록 노력해야 한다.

② 우리나라 어린이집 원장 · 교사 윤리강령

우리나라에서는 NAEYC(2005)가 선포한 내용을 토대로 보육교사의 교직윤리 의식과 실천에 대한 연구에서 보육교사 윤리강령 제정을 제안하였으며(조필수, 2008), 2010년 한국보육시설연합회의 위탁으로 육아정책연구소에서 원장 및 보육교사의 교직 윤리강령 개발 연구가 이루어졌다(심정선, 2011). 이 윤리강령은 영유아에 대한 윤리, 가정에 대한 윤리, 동료에 대한 윤리, 사회에 대한 윤리 등 총 4장으로 구성

〈표 9-2〉 보육인 윤리선언

나는 영유아의 건강한 성장과 발달을 지원하는 보육교사(원장)로서, 직무상의 윤리적 책임을 다하여 다음 사항들을 지킬 것을 다짐합니다.

1. 나는 내가 영유아에게 지대한 영향을 미치는 존재임을 잊지 않으며, 항상 스스로의 말과 행동에 신중을 기한다.
1. 나는 영유아의 인격과 권리를 존중하며, 어떠한 경우에도 영유아에게 해가 되는 일을 하지 않는다.
1. 나는 영유아 가정의 다양성을 이해하고 존중하며, 상호 신뢰하는 동반자적 관계를 유지한다.
1. 나는 동료를 존중하고 지지하며, 서로 협력하여 최상의 보육서비스를 제공하기 위해 노력한다.
1. 나는 보육의 사회적 책임과 역할을 인식하고, 영유아의 권익과 복지를 위한 활동에 앞장선다.
1. 나는 「보육교직원 윤리강령」을 직무수행의 도덕적 규준으로 삼아 진심을 다하여 충실히 이행한다.

출처: 김은설, 박수연(2010). **보육 시설장 · 교사 윤리강령 개발 연구**. 한국보육시설연합회 · 육아정책연구소 수탁보고.

되어 있다. 뿐만 아니라 윤리강령의 부속물로서 보육인 윤리선언을 제작하였다(〈표 9-2〉 참조). 윤리강령이 보다 구체적이고 다양한 내용을 세부적으로 다룬 데 비해 보육인 윤리선언은 행사나, 필요한 경우 구어로 읽고 다짐하는 데 활용할 수 있게 작성되었다(김은설, 박수연, 2010).

• 영유아에 대한 윤리

1. 영유아의 인격을 존중하고, 개인의 잠재력과 개성을 인정한다.
2. 영유아에게 고른 영양과 충분한 휴식을 제공하여, 몸과 마음이 건강한 사람으로 자라도록 돕는다.
3. 성별, 지역, 종교, 인종, 장애 등 어떤 이유에서도 영유아를 차별하지 않고, 공평한 기회를 제공한다.
4. 영유아는 다치기 쉬운 존재임을 인식하여 항상 안전하게 보호한다.
5. 영유아에 대한 정서적, 언어적, 신체적 학대를 행하지 않는다.
6. 기관 내외에서의 영유아 학대나 방임을 민감하게 관찰하며, 필요한 경우 관련 기관('아동보호전문기관' 등)에 보고하고 조치를 취한다.
7. 개별적 상호작용 속에서 영유아의 요구를 수용하기 위해 노력한다.

8. 영유아의 사회 · 정서 · 인지 · 신체발달을 통합적으로 지원하는 보육프로그램을 실시한다.
9. 특별한 도움을 필요로 하는 경우, 전문가와 협력하여 영유아의 입장에서 최선의 대안을 찾는다.
10. 보육활동을 계획, 실행, 평가하는 모든 과정에 영유아의 흥미와 의사를 반영한다.
11. 영유아의 개인적 기록과 정보에 대해 비밀을 보장한다.

• 가정에 대한 윤리

1. 상호 신뢰를 바탕으로 영유아의 가정과 동반자적인 관계를 유지한다.
2. 각 가정의 양육가치와 의사결정을 존중한다.
3. 경제적 수준, 가족형태, 지역, 문화, 관습, 종교, 언어 등 어떤 것에 의해서도 영유아의 가정을 차별 대우하지 않는다.
4. 보육활동 및 발달 상황에 관한 정보를 정확하게 제공하여 영유아에 대한 가정의 이해를 돕는다. 다문화, 심신장애 등으로 의사소통에 도움이 필요한 경우 문제를 해결할 최선의 방법을 도모한다.
5. 기관 운영 전반에 관한 정보를 공개하여 영유아 가정의 알 권리에 응한다.
6. 보육프로그램과 주요 의사결정에 영유아의 가정이 참여하도록 안내한다.
7. 필요한 사회적 지원, 전문서비스 등 관련 정보를 제공하여 영유아 가정의 복리증진을 돕는다.
8. 영유아 가정의 사생활을 보호하고 익명성을 보장한다.

• 동료에 대한 윤리

원장

1. 최상의 보육서비스 제공에 필요한 인적, 물적 환경의 조성 및 유지를 위해 노력한다.
2. 보육교사를 신뢰하고 존중하며 전문성과 자율성을 인정한다.
3. 성별, 학연, 지연, 인종, 종교 등에 따라 보육교사를 차별하지 않는다.
4. 업무 관련 의사결정이 필요한 경우, 보육교사의 의견 개진 기회를 보장한다.

5. 보육교사에게 지속적 재교육 등 전문적 역량 제고의 기회를 부여한다.
6. 보육교사에게 적정 수준의 보상(보험, 급여 등)을 안정적으로 제공하며, 복지 증진에 힘쓴다.
7. 보육교사 개인의 기록과 정보에 대한 비밀을 보장한다.

보육교사

1. 존중과 신뢰를 바탕으로 협력하며, 서로의 전문성과 자율성을 인정한다.
2. 상호 간 역량계발과 복지증진에 부합하는 근무환경이 되도록 힘쓴다.
3. 원장 및 동료와 영유아 보육에 대한 신념을 공유한다.
4. 보육교사로서의 전문성 향상을 위해 스스로 노력한다.
5. 기관 내에서 영유아 및 보육교사의 인권과 복지를 위협하는 비윤리적 사태가 발생한 경우, 법률규정이나 윤리기준('한국보육시설연합회 윤리강령위원회' 참조)에 따라 조치한다.

• 사회에 대한 윤리

1. 공보육에 대한 책임을 인식하고, 항상 질 좋은 보육서비스를 제공한다.
2. 영유아의 안전을 위협하는 환경이나 정책이 발견될 시, 관계기관과 협의하여 개선한다.
3. 공적 책임이 있는 기관으로서 재정의 투명성을 유지하고, 부정한 방법으로 사적 이익을 취하지 않는다.
4. 영유아의 권익보호를 위해 관련 정책 결정 및 법률 제정에 적극 참여하며, 사회적으로 이를 널리 알리는 데 앞장선다.
5. 지역사회 실정에 맞는 기관의 책임과 역할을 인지하고, 실천하고자 노력한다.

3) 기타 교직원

「영유아보육법」에 따르면 보육교직원에는 원장과 보육교사뿐만 아니라, 특수교사, 영양사, 간호사, 조리원(조리사) 등이 포함된다. 어린이집에 근무하는 모든 교직원은 원칙적으로 영유아들의 보호자로서 신체적, 정신적으로 건강해야 하며, 영유아를 진정으로 이해하고 사랑할 수 있고 그리고 대인관계가 원만한 사람이어야 한다.

(1) 특수교사 및 장애영유아를 위한 보육교사

「장애아동복지지원법」 제32조에 따른 장애영유아를 위한 어린이집은 동법 시행령 제5조 제1항의 자격을 갖춘 특수교사 및 동법 시행령 제5조 제2항의 자격을 갖춘 장애영유아를 위한 보육교사를 2016년 3월 1일부터 순차적으로 배치해야 한다.

장애아 3인당 보육교사 1인, 3인을 초과할 때마다 1인씩 증원해야 한다. 「영유아보육법」에 따라 보육교사 3인 중 1명은 특수교사 자격소지자로 배치하며, 「장애아동복지지원법」에 따라 취학하지 않은 만 3세 이상 장애아반의 특수교사 및 장애영유아를 위한 보육교사 2명당 1명 이상은 유치원과정 특수교사이어야 한다. 단, 장애영유아의 수가 2명 이하인 경우 장애영유아를 위한 보육교사나 특수교사를 배치하지 않을 수도 있다.

적용 예시

- 만 3~5세 장애아 2명: 장애아전담보육교사 1명
- 만 3~5세 장애아 3명: 장애영유아를 위한 보육교사 1명
- 만 3~5세 장애아 4명: 장애영유아를 위한 보육교사 1명, 유치원과정 특수교사 1명
- 만 3~5세 장애아 9명, 만 2세 장애아 6명: 장애영유아를 위한 보육교사 2명, 유치원과정 특수교사 1명, 장애아전담보육교사 2명
- 만 3~5세 장애아 9명, 만 2세 장애아 9명: 장애영유아를 위한 보육교사 2명, 유치원과정 특수교사 1명, 장애아전담보육교사 2명, 특수교사 1명

※ 장애아전담보육교사: 보육교사 자격을 가지고 장애아보육 직무교육과정을 이수한 자

※ 장애영유아를 위한 보육교사는 유치원과정의 특수교사가 대체 가능, 장애아전담교사는 특수교사가 대체 가능

※ 만 3~5세 장애아가 여러 반으로 나누어져 편성된 경우에는 장애영유아를 위한 보육교사나 유치원과정 특수교사는 만 3~5세 아동이 포함된 반에 배치

출처: 보건복지부(2021a). 2021년도 보육사업 안내.

장애영유아를 위한 어린이집 특수교사의 자격기준의 경우 만 0~2세 장애아 대상 특수교사와 만 3세 이상 장애아 대상 특수교사로 구분된다(〈표 9-3〉 참조).

〈표 9-3〉 장애영유아를 위한 어린이집 특수교사 자격기준

	자격의 인정범위	자격의 적격성 판단 기준
만 0~2세 장애아 대상 특수교사	• 만 3세 이상 장애아 대상 특수교사 자격에 해당하는 자 • 「초 · 중등교육법」 제21조 제2항에 의한 교사 자격기준 중 특수학교 정교사 1급 및 2급, 준교사 자격증을 취득한 자 • 「초 · 중등교육법」 제21조 제2항에 의한 교사 자격기준 중 치료교육 과목의 특수학교 실기교사 자격증을 취득한 자 • 「고등교육법」 제2조에 따른 대학 등(대학원 포함)에서 특수교육 또는 재활관련학과를 전공하고 졸업한 자	• 특수학교 정교사, 준교사, 치료교육 과목의 특수학교 실기교사에 대해서는 교육부장관이 발급하는 자격증을 소지한 경우 자격의 적격성 인정 • 「고등교육법」 제2조에 따른 대학 등(대학원 포함)에서 특수교육 또는 재활관련학과를 전공하고 졸업한 자에 대해서는 자격증빙서류를 제출 받아 관련 교과목 이수 여부를 확인하고 자격의 적격성 인정
만 3세 이상 장애아 대상 특수교사[1]	• 「초 · 중등교육법」 제21조 제2항에 따른 특수학교 정교사 2급 이상의 자격증(유치원 과정만 해당)을 소지한 사람	• 교육부장관이 발급하는 특수학교 정교사 2급 이상의 자격증(유치원 과정만 해당)을 소지한 경우 자격의 적격성 인정

주 1) 「장애아동복지지원법 시행령」 제5조 제1항의 특수교사 자격기준을 따름.

「장애아동복지지원법」이 시행되기 이전까지 어린이집에서 장애아를 보육할 경우 장애아 9인당 1인의 특수교사를 배치해야 하며, 어린이집 및 시 · 군 · 구청에서 특수교사 자격의 적격성 여부를 확인해 왔다. 그 결과 자격기준에 대한 통일된 해석이 불가능했고 장애영유아 보육서비스의 질적 수준에도 영향을 미친 바 있다. 이에 장애아동의 특별한 복지적 욕구에 적합한 지원을 통합적으로 제공하여 장애아동의 건강한 성장 및 활발한 사회참여와 가족을 지원하려는 목적으로 「장애아동복지지원법」이 제정(2011. 8. 4.), 시행(2012. 8. 5.)되었으며, 시행령 제정(2012. 8. 3.) 및 시행(2012. 8. 5.)으로 특수교사 및 장애영유아를 위한 보육교사의 자격 및 배치에 대한 법률적 근거를 마련하였다. 보건복지부 고시(제2015-121호, 2015. 7. 1.) 「장애영유아를 위한 보육교사 자격검정을 위한 업무 위탁기관 지정 및 자격검정절차 등에 관한 고시」에 따라 2015년 7월 1일부터 장애영유아를 위한 보육교사 자격확인서 제도를 도입했고 장애영유아를 위한 보육교사 자격 검정 및 자격확인서 발급은 한국보육진흥원을 통해 진행된다.

장애영유아를 위한 보육교사 자격요건은 「장애아동복지지원법 시행령」 제5조

제2항의 규정에 의해 「영유아보육법」 제21조 제3항에 따른 보육교사 2급 이상의 자격증을 소지한 사람으로, 보건복지부령으로 정하는 특수교육 또는 재활관련 교과목 및 학점을 「고등교육법」 제2조에 따른 학교에서 이수하거나 「학점인정 등에 관한 법률」 제7조에 따라 인정받은 사람이어야 한다.

(2) 간호사

「영유아보육법」 제17조 및 시행규칙 제10조 [별표 2]에 따르면 영유아 100명 이상을 보육하는 어린이집에서는 간호사(간호조무사를 포함한다) 1명을 두도록 규정하고 있다. 간호사의 자격을 갖추기 위해서는 「의료법」 제7조에 의하면 첫째, 평가인증기구의 인증을 받은 간호학을 전공하는 대학이나 전문대학[구제(舊制) 전문학교와 간호학교를 포함한다]을 졸업한 자, 둘째, 외국의 제1호에 해당하는 학교(보건복지부장관이 정하여 고시하는 인정기준에 해당하는 학교를 말한다)를 졸업하고 외국의 간호사 면허를 받은 자 가운데 어느 하나에 해당하는 자로서 간호사 국가시험에 합격한 후 보건복지부장관의 면허를 받아야 한다.

간호사는 영유아의 신체적 성장(신장, 체중, 가슴둘레 등)과 운동발달에 관한 정기적인 검사, 건강진단, 전염성 질환 예방, 안전사고의 예방과 치료, 투약, 응급처치를 위한 비상약품 및 의료기구의 구비 및 관리, 보육교직원과 학부모를 대상으로 한 응급처치요령에 대한 교육 등의 역할을 담당한다.

(3) 영양사

「영유아보육법」 제17조 및 시행규칙 제10조 [별표 2]에 따르면 영유아 100명 이상을 보육하는 어린이집의 경우 영양사 1명을 두는 것을 원칙으로 하고 있다. 단 영유아 100명 이상 200명 미만을 보육하는 어린이집이 단독으로 영양사를 두는 것이 곤란한 경우에는 같거나 인접한 시 · 군 · 구의 2개 이내 어린이집이 공동으로 영양사를 둘 수 있다.

영양사의 자격은 「국민영양관리법」 제15조에 의해 첫째, 「고등교육법」에 따른 대학, 산업대학, 전문대학 또는 방송통신대학에서 식품학 또는 영양학을 전공한 자로서 교과목 및 학점이수 등에 관하여 보건복지부령으로 정하는 요건을 갖춘 사람, 둘째, 외국에서 영양사면허(보건복지부장관이 정하여 고시하는 인정기준에 해당하는 면허를 말한다)를 받은 사람, 셋째, 외국의 영양사 양성학교(보건복지부장관이 정하여 고시하는 인정기준에 해당하는 학교를 말한다)를 졸업한 사람 중에서 어느 하나에 해당하는 사람으로서 영양사 국가시험에 합격한 뒤 보건복지부장관의 면허를 받아야 한다고 규정하고 있다.

「식품위생법」 제52조에 의하면 영양사는 첫째, 식단 작성, 검식 및 배식관리, 둘째, 구매식품의 검수 및 관리, 셋째, 급식시설의 위생적 관리, 넷째, 집단급식소의 운영일지 작성, 다섯째, 종업원에 대한 영양지도 및 식품위생 교육의 직무를 담당한다. 특히 어린이집에 종사하는 영양사는 영유아의 건강 증진을 위해 양질의 영양을 공급하는 데 주의를 기울여야 할 뿐만 아니라 영양 및 식생활 개선에 관한 교육과 보육교직원들과 학부모를 대상으로 영유아의 건강·영양·식습관에 관한 상담 등의 역할도 수행해야 한다.

(4) 조리원(조리사)

「영유아보육법」 제17조 및 시행규칙 제10조 [별표 2]에 따르면 영유아 40명 이상 80명 이하를 보육하는 어린이집의 경우 조리원 1명을 두어야 하며, 영유아가 80명을 초과할 때마다 1명씩 증원해야 한다. 또한 「식품위생법」 제51조 및 제53조에 따라 상시 1회 50인 이상에게 식사를 제공하는 어린이집의 조리원 중 1인 이상은 조리사면허소자이어야 한다.

조리원의 경우, 자격사항에 대한 특별한 제도적 자격기준이 명시되어 있지는 않지만 영유아에 대한 사랑과 관심은 물론 건강과 안전, 영양에 대해 기본적인 소양을 갖추고 있어야 한다. 또한 조리활동에 지장이 없도록 위생관리와 조리직무를 충실히 수행할 수 있는 능력이 요구된다. 조리원은 정성이 담긴 식사와 간식을 직접 만들어 제공하며, 주방의 식기와 식재료 등을 위생적으로 보관하고 관리할 뿐만 아니라 영양사와의 충분한 의사소통을 통해 영유아들이 음식을 잘 먹도록 새로운 조리법 연구 및 개발 등의 업무 등을 수행한다.

2. 보육교직원의 관리

보육교직원 관리는 교직원의 배치기준, 자격 그리고 후생복지에 이르기까지 포괄적으로 이루어진다.

1) 보육교직원의 배치

「영유아보육법」 제17조 및 시행규칙 제10조에 의거한 보육교직원의 일반 배치기준을 살펴보면 〈표 9-4〉와 같다.

〈표 9-4〉 보육교직원 배치기준

구분	배치기준	자격기준	비고
원장[1]	전 어린이집별 1인 ※ 다만, 영유아 20인 이하를 보육하는 어린이집은 어린이집의 원장이 보육교사를 겸임할 수 있음	「영유아보육법 시행규칙」 제10조[별표2]	정원기준
보육교사	• 만1세 미만 → 영아 3인당 1인 • 만1세 이상 만2세 미만 → 영아 5인당 1인 • 만2세 이상 만3세 미만 → 영아 7인당 1인 • 만3세 이상 만4세 미만 → 유아 15인당 1인 • 만4세 이상 미취학 유아 → 유아 20인당 1인 ※ 유아 40인당 1인은 보육교사 1급 자격자여야 함 • 취학아동 → 20인당 1인 • 장애아 3인당 1인 ※ 장애아 9인당 보육교사 1인은 특수교사 자격소지자여야 함 • 연장반 만3세 미만 → 영아 5인당 1인 • 연장반 만3세 이상 → 유아 15인당 1인 ※ 연장반의 만1세 미만 및 장애아 → 3인당 1인	「영유아보육법 시행규칙」 제10조[별표2]	현원기준
간호사[2]	• 영유아 100인 이상을 보육하는 어린이집	–	현원기준
영양사[3]	• 영유아 100인 이상을 보육하는 어린이집	–	현원기준
조리원 (조리사)[4]	• 영유아 40인 이상을 보육하는 어린이집	–	현원기준 (방과후 제외)

주 1) 원장이 보육교사 겸직 시 원장 자격증과 보육교사 자격증을 모두 소지해야 함
2) 간호조무사도 가능함
3) 어린이집 단독으로 영양사를 두는 것이 곤란한 때에는 동일 시·군·구의 5개 이내 어린이집이 공동으로 영양사를 둘 수 있으며, 영양사 채용 시 현원을 기준으로 함
※100인 미만 어린이집이 자체 채용한 영양사에 대하여 동일 시·군·구 5개 이내 어린이집이 공동 활용 가능함
※(개정 시행규칙 시행, '21.10.1.) 영유아 100명 이상 보육하는 어린이집은 영양사 1명을 두는 것을 원칙으로 하며, 영유아 100명 이상 200명 미만 보육하는 어린이집이 단독으로 두는 것이 곤란한 경우에는 같거나 인접한 시군구의 2개 이내 어린이집이 공동으로 영양사를 둘 수 있음(영유아 200명 이상 어린이집은 단독 배치 필수)

4) 영유아 40인 이상 80인 이하를 보육하는 어린이집의 경우 조리원 1인을 두며, 영유아 매 80인을 초과할 때마다 1인씩 증원, 영유아 현원은 방과후 아동을 제외한 영유아를 기준으로 함

※보육교직원 배치기준에 따라 근무하는 조리원의 경우에는 취사 업무에 지장을 주지 않는 범위 내에서 8시간 미만 근무도 가능함. 다만, 정부에서 인건비를 지원받는 경우에는 평일 8시간 근무를 해야 함

(조리원 채용기준 예시)

조리원 수	1인	2인	3인	4인	5인
영유아 수	40~80인	81~160인	161~240인	241~320인	320인 이상

※300인 이상의 어린이집은 2005. 1. 29 이전에 한해 설치 가능하였음

※식품위생법에 따라 상시 1회 50인 이상에게 식사를 제공하는 어린이집은 시·군·구청 위생관련 부서에 집단 급식소로 신고·운영하고 조리사 면허를 갖춘 조리원을 배치

5) 원장은 어린이집의 규모와 특성에 따라 의사(또는 촉탁의사), 사회복지사, 사무원, 관리인, 위생원, 운전기사, 치료사 등의 교직원을 둘 수 있으며, 원장이 간호사 또는 영양사 자격이 있는 경우에는 겸직이 가능하며, 원장은 정원을 기준으로 함

※어린이집 설치·운영자는 의무적으로 배치해야 하는 교직원 이외에 어린이집의 여건에 따라 어린이집부담으로 보육교사 등의 교직원을 추가적으로 배치할 수 있음. 다만, 어린이집 원장은 1인만 둘 수 있음

6) 「영유아보육법 시행규칙」 제10조(보육교직원 배치기준)에도 불구하고, 「근로기준법」 제54조에 따른 휴게시간 부여를 위해 영유아의 안전을 저해하지 않는 특정시간(낮잠시간 등)동안에 한하여 예외적으로 아래의 배치기준에 따라 운영할 수 있음

※다만, 담임교사 1인당 아동 수를 예외 적용한 경우에도 가급적 성인 1인당 아동 수는 일반기준을 준수할 수 있도록 원장, 보조교사 등이 해당 시간에 순환 근무하여 영유아를 관찰·보호하도록 노력해야 함

(교사 대 아동비율 적용예시)

구분	교사 1인당 아동 수	
	일반기준	보육교사 휴게시간 시 예외
0세	3명	최대 6명
1세	5명	최대 10명
2세	7명	최대 14명
3세	15명	최대 30명
4세 이상	20명	최대 40명

출처: 보건복지부(2021a). 2021년도 보육사업 안내.

교사 대 영유아 비율은 영유아에게 양질의 교육을 제공하기 위한 가장 기본적인 요소 중 하나이다. 교사 1인당 아동의 수가 많으면 아동과의 접촉이 줄어드는 대신에 통제량이 많아지는 등 상호작용에 지장을 초래한다(곽덕영, 1992). 따라서 이러한 문제를 해결하기 위하여 2005년에 개정된 「영유아보육법」에서는 보육교직원 배치기준이 보다 강화되었다. 구체적으로는 0세는 교사 1인당 영아 5명에서 영아 3명으로, 3세는 교사 1인당 유아 20명에서 유아 15명으로, 방과후보육 대상아동은 교사 1인당 아동 30명에서 20명으로, 그리고 장애아는 교사 1인당 아동 5명에서 3명으로 변경되었다.

2) 보육교직원의 자격

2004년 개정된 「영유아보육법」 이전에는 보육교직원 자격을 구체적인 직무수행에 필요한 능력을 일정한 기준과 절차에 따라서 평가, 인정하는 '자격인증제(또는 인정자격제)'[1]를 시행했으나, 현재는 일정 자격기준에 따라 국가자격증이 발급되고 있다. 이처럼 국가자격증 제도가 도입된 배경으로는 보육교직원의 전문성 향상을 도모하고, 교직원 자격관리의 체계화 및 투명성을 강화하기 위함이다.

「영유아보육법」에서는 보육교직원의 전문성 제고를 위한 자격기준을 다음과 같이 명시하고 있다. 첫째, 어린이집 원장의 자격은 '보육 등 아동복지업무 경력이 있는 자' 그리고 보육교사의 자격은 '보육업무의 경력이 있는 자'로 한정하였다. 둘째, 어린이집 원장 경력요건 강화 및 사전직무교육이 필수이다. 2014년 3월 1일부터는 일반기준의 경우, 보육교사 1급 자격을 취득한 후 3년 이상의 보육 등 아동복지업무 경력이 요구되며, 가정어린이집 원장 역시 보육교사 1급 자격을 취득한 후 1년 이상의 보육업무 경력이 필요하다. 더불어 반드시 사전직무교육(80시간)을 이수해야 어린이집 원장 자격을 취득할 수 있다. 셋째, 보육교사 승급 시 보육업무 경력이 요구되고 있다. 구체적으로 보육교사 3급에서 2급은 2년, 보육교사 2급에서 1급은 3년의 보육업무 경력이 필요하다. 넷째, 인성과 전문성을 갖춘 보육교사 양성을 위해 2016년 1월 개정된 「영유아보육법 시행규칙」에 따르면 보육교사 자격기준이 보다 강화되었다. 구체적으로 보육교사 자격 취득에 필요한 대학 등에서 이수하여야 하는 보육 관련 교과목 및 학점의 영역을 보육필수, 발달 및 지도, 영유아교육, 건강 · 영양 및 안전, 가족 및 지역사회협력, 보육실습 등 6개에서 교사 인성, 보육 지식과 기술, 보육실무 등 3개로 변경되었다. 또한 보육현장 적응을 위한 실습시간을 4주 160시간에서 6주 240시간으로 확대하고 평가인증유지 우수어린이집에서 실습을 받도록 실습기준이 변경된 바 있다.

원장과 보육교사의 자격검정 및 자격증 발급에 관한 업무는 한국보육진흥원에서 수행한다. 자격검정은 무시험을 원칙으로 하며 자격기준에 해당하는 자가 제출한 서류를 근거로 자격을 검정하고, 합격할 경우 자격증을 발급한다.

1) 별도의 자격증 발급 없이 교육기관의 수료증과 관련 대학의 졸업증서 등이 자격증을 대신한다.

(1) 원장의 자격기준

어린이집 원장 자격기준(시행령 제21조[별표 1])에 해당하는 자로서 보건복지부장관이 검정 · 수여하는 자격증을 받아야 한다(「영유아보육법」 제21조). 자격증은 일반기준, 가정어린이집, 영아전담어린이집, 장애아전문어린이집, 고등교육법에 따른 대학(전문대학을 포함한다) 또는 법 제21조 제2항 제2호에 따른 규정에 의한 교육훈련시설이 운영(위탁 또는 부설 운영을 말한다)하는 어린이집 등으로 세분화시켜 어린이집 유형별로 자격의 전문화를 꾀하도록 했다(〈그림 9-1〉 참조).

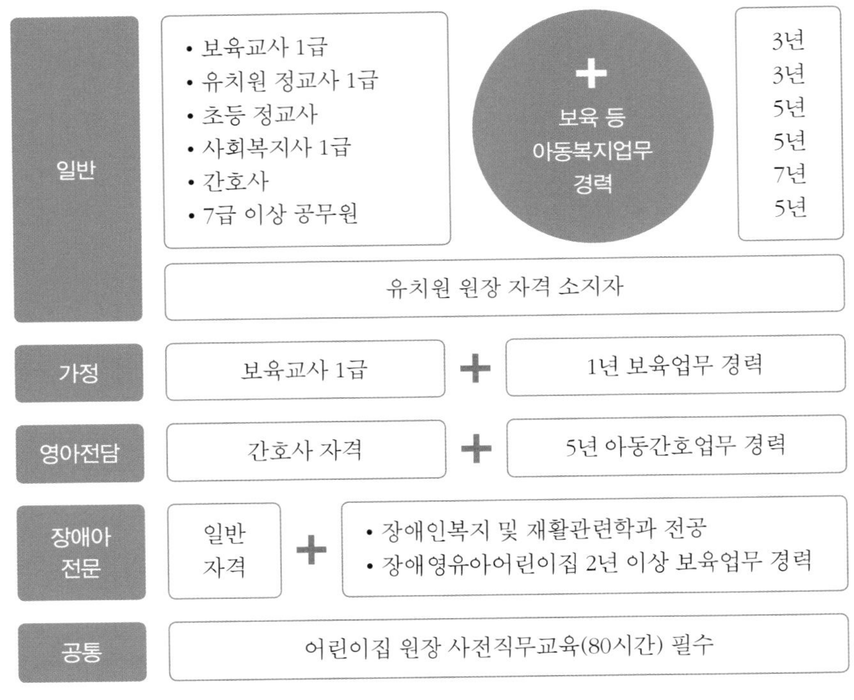

〈그림 9-1〉 어린이집 원장 경력요건 강화 및 사전직무교육

출처: 보건복지부, 한국보육진흥원(2014). 보육교직원 자격기준 변경사항 안내 리플렛.

① 일반기준

• 보육교사 1급 자격을 취득한 후 3년 이상의 보육 등 아동복지업무 경력이 있는 사람
• 「유아교육법」에 따른 유치원정교사 1급 자격 또는 같은 법에 따른 특수학교(유치원 과정을 말함)의 정교사 자격을 취득한 후 3년 이상의 보육 등 아동복지업무

경력이 있는 사람

- 유치원 원장의 자격을 가진 사람
- 「초·중등교육법」에 따른 초등학교 정교사 자격 또는 같은 법에 따른 특수학교(초등학교 과정을 말함)의 정교사 자격을 취득한 후 5년 이상의 보육 등 아동복지업무 경력이 있는 사람
- 「사회복지사업법」에 따른 사회복지사 1급 자격을 취득한 후 5년 이상의 보육 등 아동복지업무 경력이 있는 사람
- 「의료법」에 따른 간호사 면허를 취득한 후 7년 이상의 보육 등 아동복지업무 경력이 있는 사람
- 국가 또는 지방자치단체에서 7급 이상의 공무원으로 보육 등 아동복지업무에 5년 이상의 근무한 경력이 있는 사람

보육 등 아동복지업무 경력

가. 다음의 어느 하나에 해당하는 경력

1) 어린이집에서 어린이집의 원장, 보육교사, 특수교사[「초·중등교육법」 제21조 제2항에 따라 특수학교의 정교사, 준교사 또는 실기교사(담당과목이 재활복지과목인 경우만 해당한다)의 자격증을 가진 사람과 이에 준하는 사람으로 보건복지부장관이 인정하는 사람을 말한다. 이하 같다] 또는 치료사로 근무한 경력

2) 육아종합지원센터에서 육아종합지원센터의 장, 보육전문요원, 특수교사, 대체교사 또는 일시보육 담당 보육교사로 근무한 경력

3) 법 제26조의2 제2항에 따른 일시보육서비스 지정기관에서 기관의 장 또는 일시보육 담당 보육교사로 근무한 경력

나. 「유아교육법」에 따른 유치원에서 원장, 원감, 수석교사 또는 교사로 근무한 경력

다. 「아동복지법」에 따른 아동복지시설에서 시설장, 총무, 보육사, 생활복지사, 상담지도원 또는 자립지원 전담요원으로 근무한 경력

라. 「장애인복지법」에 따른 장애 영유아 거주시설에서 장애영유아와 관련된 업무에 종사한 경력

마. 「유아교육법」 및 「초·중등교육법」에 따른 특수학교(유치원 과정)에서 특수학교 교원으로 근무한 경력

바. 법률 제7120호「유아교육법」제정으로 폐지되기 전「유아교육진흥법」에 따른 새마을유아원에서 근무한 경력

사. 가목부터 바목까지의 아동복지업무를 수행하는 시설 등에서 간호사로 근무한 경력

아. 국가 또는 지방자치단체에서 7급 이상의 공무원으로 보육 등 아동복지에 관한 행정업무에 종사한 경력

※「유아교육법」제20조 규정에 따라 유치원에서 교원(원장, 원감, 수석교사, 교사)으로 근무한 경력 및 같은 법 제23조에 의해 유치원에서 기간제 교사(「교육공무원법」제32조 제1호-5호에 따른 기간제 교원)로 근무한 경력은 인정하되, 강사·명예교사 등으로 근무한 경력은 해당하지 않음

※ 자격취득 및 승급을 위한 경력으로, 호봉인정 근무경력과는 다른 개념임

※「남여고용평등과 일·가정 양립 지원에 관한 법률」에 따른 육아휴직 기간 및 육아기 근로시간 단축의 사용으로 실제 근무하지 않은 시간,「근로기준법」및「산업재해보상보험법」에 따른 업무상 재해로 인한 병가기간(1개월 이상)은 보육 등 아동복지업무 경력에서 제외

② 가정어린이집

- 일반기준에서 정한 자격을 갖춘 사람
- 보육교사 1급 이상 자격을 취득한 후 1년 이상의 보육업무 경력이 있는 사람

보육업무 경력

가. 다음의 어느 하나에 해당하는 경력

1) 어린이집에서 어린이집의 원장, 보육교사, 특수교사 또는 치료사로 근무한 경력
2) 육아종합지원센터에서 육아종합지원센터의 장, 보육전문요원, 특수교사, 대체교사 또는 일시보육 담당 보육교사로 근무한 경력
3) 법 제26조의2 제2항에 따른 일시보육서비스 지정기관에서 기관의 장 또는 일시보육 담당 보육교사로 근무한 경력

나. 「유아교육법」에 따른 교육과정과 방과후 과정을 운영하는 유치원에서 원장, 원감, 수석교사 또는 교사로 근무한 경력

※ 「유아교육법」 제20조 규정에 따라 유치원에서 교원(원장, 원감, 수석교사, 교사)으로 근무한 경력 및 같은 법 제23조에 의해 유치원에서 기간제 교사(「교육공무원법」 제32조 제1호-5호에 따라 기간제 교원)로 근무한 경력은 인정하되, 강사 · 명예교사 등으로 근무한 경력은 해당하지 않음

※ 자격취득 및 승급을 위한 경력으로, 호봉인정 근무경력과는 다른 개념임

※ 「남여고용평등과 일 · 가정 양립 지원에 관한 법률」에 따른 육아휴직 기간 및 육아기 근로시간 단축의 사용으로 실제 근무하지 않은 시간, 「근로기준법」 및 「산업재해보상보험법」에 따른 업무상 재해로 인한 병가기간(1개월 이상)은 보육 등 아동복지업무 경력에서 제외

③ 영아전담어린이집[2)]

- 일반기준에서 정한 자격을 갖춘 사람
- 간호사 면허를 취득한 후 5년 이상의 아동간호업무 경력이 있는 사람

아동간호업무 경력

- 병원의 소아청소년과나 신생아실, 보건소 모자보건센터, 초등학교 보건실 등에서 근무한 경력

※ 「남여고용평등과 일 · 가정 양립 지원에 관한 법률」에 따른 육아휴직 기간 및 육아기 근로시간 단축의 사용으로 실제 근무하지 않은 시간, 「근로기준법」 및 「산업재해보상보험법」에 따른 업무상 재해로 인한 병가기간(1개월 이상)은 보육 등 아동복지업무 경력에서 제외

2) 3세 미만의 영아만을 20인 이상 보육하는 시설이다.

④ 장애아전문어린이집[3)]

- 일반기준에서 정한 자격을 갖춘 사람으로서 다음의 어느 하나에 해당하는 사람
  - 대학(전문대학을 포함)에서 장애인복지 및 재활관련학과를 전공한 사람
  - 장애영유아 어린이집에서 2년 이상의 보육업무 경력이 있는 사람

⑤ 고등교육법에 따른 대학(전문대학을 포함) 또는 법 제21조 제2항 제2호에 따른 규정에 의한 교육훈련시설이 운영(위탁 또는 부설운영)하는 어린이집

- 일반기준에서 정한 자격을 갖춘 사람
- 어린이집을 운영하는 대학의 조교수 또는 교육훈련시설의 전임교수 이상으로서 보육관련 교과목에 대하여 3년 이상의 교육경력이 있는 사람

※ 조건부 어린이집 원장 자격을 부여받을 수 있으나, 겸임제한 규정에 따라 어린이집 원장을 겸임할 수 없음

⑥ ①~④까지의 어느 하나에 해당하는 사람은 보건복지부령으로 정하는 사전 직무교육을 받아야 함

※ 2014.3.1. 이후 원장 자격증 신청자는 사전직무교육 이수가 원칙(단, 「영유아보육법」 부칙〈법률 제7153호, 2004. 1. 29.〉에 따라 자격이 인정되는 자는 예외)

※ 1회 사전직무교육을 이수한 경우, 시행령[별표1] 제1호의 타 원장 자격 취득을 위한 사전직무교육 중복이수 불필요

(2) 보육교사 자격기준

보육교사는 자격기준(시행령 제21조[별표 1])에 해당하는 자로서 보건복지부 장관이 검정 · 수여하는 국가자격증을 받은 자이어야 한다(「영유아보육법」 제21조).

3) 「장애아동복지지원법」 제32조에 따른 장애영유아 어린이집 중 12명 이상의 장애영유아를 보육할 수 있는 어린이집으로, 2012년부터 시행 중인 「장애아동복지지원법」에 의해 '장애아전담'에서 '장애아전문'으로 명칭이 변경되었다.

〈표 9-5〉 보육교사 등급별 자격기준

등급	자격 기준
보육교사 1급	① 보육교사 2급 자격을 취득한 후 3년 이상의 보육업무 경력이 있는 사람으로서 보건복지부장관이 정하는 승급교육을 받은 사람 ② 보육교사 2급 자격을 취득한 후 보육관련 대학원에서 석사학위 이상을 취득하고 1년 이상의 보육업무 경력이 있는 사람으로서 보건복지부장관이 정하는 승급교육을 받은 사람
보육교사 2급	① 전문대학 또는 이와 같은 수준 이상의 학교에서 보건복지부령으로 정하는 보육관련 교과목 및 학점을 이수하고 졸업한 사람 ② 보육교사 3급 자격을 취득한 후 2년 이상의 보육업무 경력이 있는 사람으로서 보건복지부장관이 정하는 승급교육을 받은 사람
보육교사 3급	고등학교 또는 이와 같은 수준 이상의 학교를 졸업한 사람으로서 보건복지부령으로 정하는 교육훈련시설에서 정해진 교육과정을 수료한 사람

보육관련 대학원

① 학과(전공) 및 학위명에 '보육, (영)유아, 아동'의 단어가 포함된 대학원

② ①의 경우가 해당되지 않을 경우 보육관련 교과목 이수기준으로 인정(보육관련 교과목 최소 15학점 이상 이수 여부를 확인하여 인정)

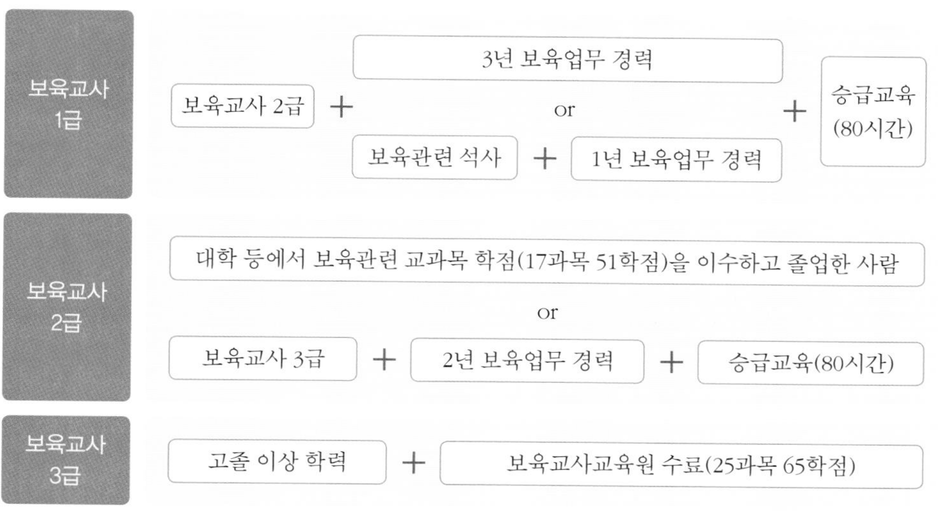

〈그림 9-2〉 보육교사 자격기준

출처: 보건복지부, 한국보육진흥원(2014). 보육교직원 자격기준 변경사항 안내 리플렛.

3~5세 유아에게 공통적으로 적용되는 누리과정의 담당교사는 1급과 2급 보육교사, 특수교사를 원칙으로 하고 있다. 즉, 경력 등 자질을 고려한 후 1급 보육교사가 우선이며, 누리과정 장애아반을 담당할 교사는 「초·중등교육법」의 특수교사 자격(유치원 과정) 또는 장애영유아를 위한 보육교사 자격 소지자가 할 수 있다.

3) 보육교직원의 후생복지

어린이집의 대표자 및 원장은 교직원의 고용 및 계약, 복무, 휴가, 보수 등을 통해 후생복지에 관심을 가져야 한다.

(1) 고용 및 계약

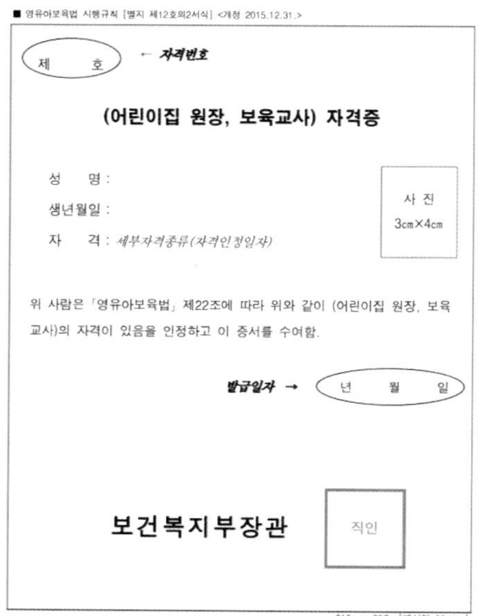

■ 영유아보육법 시행규칙 [별지 제12호의2서식] <개정 2015.12.31.>

제 호 ← *자격번호*

(어린이집 원장, 보육교사) 자격증

성 명 :
생년월일 :
자 격 : *세부자격종류(자격인정일자)*

사 진
3㎝×4㎝

위 사람은 「영유아보육법」 제22조에 따라 위와 같이 (어린이집 원장, 보육교사)의 자격이 있음을 인정하고 이 증서를 수여함.

발급일자 → 년 월 일

보건복지부장관 직인

210㎜× 297㎜[백상지 80g/㎡]

어린이집 원장과 보육교사는 「영유아보육법 시행령」 제21조 [별표1]의 해당 자격기준을 갖춘 자로서 국가자격증을 발급받은 자를 채용해야 한다. 다만, 자격증 발급을 신청하고 자격검정이 완료되어 자격증 발급이 예정된 자(자격번호가 부여된 자)[4]는 자격증 발급 조건부로 채용이 가능하다. 국가 또는 지방자치단체로부터 보육교직원의 인건비를 보조받는 어린이집의 경우 보육교직원의 채용은 공개경쟁을 원칙으로 하며, 국·공립어린이집의 경우 국가 또는 지방자치단체의 장이 선발고사 등을 통하여 별도로 보육교사를 채용·배치할 수 있다.

근로계약은 가능한 한 '기간의 정함이 없는 근로계약' 체결을 원칙으로 하며, 교직원 채용 시 임금, 근로시간 및 그 밖의 근로조건 등을 명시한 근로계약을 체결해야 한다. 이 경우 근로계약과 관련하여 부당한 내용(결혼, 출산, 육아휴직 등으로 인한 퇴직요구 등)이 포함될 수 없으며, 관할 행정기관은 이를 적극 지도·감독해야 한다.

임면권자가 보육교직원을 채용할 경우에는 해당 자격증(면허증) 사본, 인사기록

4) 국가자격증 발급 여부는 보육통합정보시스템에 보육교직원 등록 시 조회 가능하다.

카드, 주민등록등본, 채용신체검사서(공무원 채용 신체검사서 준용 가능)[5], 보수교육 수료증(또는 '장기미종사자 직무교육 이수증') 등의 서류를 제출받아 자격의 적격 여부를 판단하고, 관련 서류를 보관해야 한다. 어린이집 원장은 보육교직원의 채용, 휴직, 출산전후휴가, 육아휴직, 육아기 단축근무, 1개월 이상의 장기병가 · 연수 · 휴가, 퇴직 등의 임면사항을 보육통합정보시스템에 즉시 등록하고, 이를 14일 이내에 관할 시 · 군 · 구청장에게 보고해야 한다.

2018년 전국보육실태조사(보건복지부, 육아정책연구소, 2018)에 따르면 보육교사를 대상으로 임용 시 복무규정 안내 여부를 조사한 결과, 전체 안내 받음(90.8%), 일부만 안내 받음(7.0%), 안내받지 않음(1.4%), 복무 규정 없음(0.8%) 순으로 나타났다. 또한 임금, 근로시간, 기타 근로조건 등이 명시된 근로계약서 작성 여부의 경우에는 작성함(98.7%), 작성 안 함(1.3%)으로 조사되었다.

특히 복무규정은 근무 조건의 이해를 높여 이후 불필요한 분쟁을 예방하는 데 도움을 주기에, 보육교직원은 복무규정 안내의 중요성을 인식할 필요가 있다.

(2) 복무

어린이집 원장의 근무시간은 평일 8시간이 원칙이나 어린이집의 운영시간(평일 12시간 원칙)을 고려하여 연장 근무할 수 있다. 또한 보육교사 등 기타 교직원의 근무시간은 평일 8시간이 원칙이며, 연장보육 전담교사의 근무시간은 평일 4시간을 원칙으로 한다.

「근로기준법」 제54조(휴게)에 따라 사용자(어린이집 원장 또는 대표자)는 근로자(보육교직원)의 근로시간이 4시간인 경우에는 30분 이상, 8시간인 경우에는 1시간 이상의 휴게시간을 근로시간 도중에 주어야 한다. 단, 휴게시간은 조기퇴근 또는 수당지

5) ※ 채용기간이 1개월 미만인 대체교사(임시교사) 등 단기간 근로자, 보육실습생, 특별활동강사, 노인일자리 파견자는 보건소의 감염성질환(폐결핵, 장티푸스, 전염성피부질환 등)에 대한 건강진단결과서(구 보건증)로 갈음할 수 있다.

※ 채용신체검사서는 감염성질환 및 정신질환 등에 대한 검사를 포함하고 있는 경우에는 명칭에 관계없이 채용신체검사서로 인정 가능하다.

※「식품위생법」 제40조 제1항 및 동법 시행규칙 제49조에 의한 건강진단 대상자(영양사, 조리사, 조리원, 배식인력)는 감염성 질환(폐결핵, 전염성 피부질환 내용은 반드시 실시, 장티푸스의 경우 집단급식소인 어린이집 종사자는 필수 실시, 집단급식소 아닌 어린이집관련 종사자는 권장)에 대한 검사결과를 포함하여 제출한다(검사결과 유효기간은 검진일 기준 1년 이내).

급으로 대체할 수 없으며(고용노동부 유권해석, 근로기준정책과-4040, '18. 6. 26.), 담임교사가 휴게시간을 사용하는 동안 원장 또는 보조교사가 담임교사의 업무 대행이 가능하다.

중간 경력자인 보육교사를 대상으로 한 2018년 전국보육실태조사(보건복지부, 육아정책연구소, 2018)에 따르면 보육업무에 사용하는 보육 시간 7시간 32분, 보육준비 및 기타업무시간 50분, 점심시간 7분, 휴게시간은 37분으로, 보육교사의 1일 총 근로시간은 9시간 7분으로 나타났다. 휴게장소로는 별도 휴게장소 없음(39.7%), 교사실(31.9%), 휴게실(21.7%), 외부(8.6%), 기타(5.2%) 순으로 조사되었다.

일반 근로자의 경우, 점심시간만큼은 자유롭게 개인 시간으로 사용할 수 있지만 어린이집은 그 특성상 일반근로자와는 정반대로 가장 힘든 하루 일과시간이다(송경섭, 2007). 이처럼 보육교사의 근무시간은 매우 길고, 점심시간을 포함한 휴게시간은 1시간에도 미치지 못함으로 이에 대한 개선이 시급히 요구된다.

(3) 휴가

보육교직원의 휴가는 보육 공백을 최소화할 수 있도록 순번제로 실시하고, 보수교육, 출산휴가 등으로 어린이집의 원장, 보육교사 또는 그 밖의 보육교직원의 공백이 생기는 경우에는 이를 대체할 수 있는 대체원장, 대체교사 또는 그 밖의 인력을 각각 배치하여야 한다. 교직원의 휴가, 휴일, 휴식 등 근로시간과 관련이 있는 사항에 대하여서는 「근로기준법」 등 노동관련 법령에 따르며, 고용, 산전후휴가, 육아휴직 등과 관련이 있는 사항에 대하여서는 「남녀 고용평등과 일 · 가정 양립 지원에 관한 법률」의 규정 준용해야 한다.

어린이집은 연중 운영이 원칙(공휴일 제외)이므로 교사의 하계휴가사용 등을 이유로 임시휴원(일명 '방학')은 불가하다. 임시휴원 시 보육공백을 최소화하고 보육에 지장을 주지 않는 범위 내에서 반구성 교사 대 아동비율을 달리하여 운영할 수 있으며 이 경우 반드시 보호자의 보육수요조사를 거쳐야 한다. 또한 맞벌이 가정 등 긴급보육이 필요한 아동을 위하여 당번교사를 배치해야 한다.

2018년 전국보육실태조사(보건복지부, 육아정책연구소, 2018)에 따르면 보육교사들은 연월차 휴가사용 비율은 95.7%이며, 실제 사용한 연월차 휴가 일수(여름, 겨울 정기휴가 포함)는 평균 10.5일로 나타났다. 기타 휴가(생리휴가 등)를 사용한 비율은 전체 교사 중 14.8%로 평균 0.5일 사용하였다. 산전후휴가와 육아휴직의 이용 가능 여부를 조사한 결과, 산전후휴가는 이용가능(53.2%), 잘 모름(36.8%), 이용불가(10.0%), 육아휴직은 이용가능(56.6%), 잘 모름(33.8%), 이용불가(9.6%) 순으로 나타났다. 즉, 휴가 시에 대체인력 문제로 동료교사에게 일의 부담을 주고 원에 지장을 초래한다고 생각, 휴가 사용에 대해 소극적인 모습을 보였다.

(4) 보수

보수는 자신이 일한 것에 대한 보상체계에 대해 교사가 만족하는 정도의 급여, 상여금, 수당 등을 포함한 정규급여를 의미하며, 개인의 직업 선택에 있어서 가장 중요한 요인으로 작용할 뿐만 아니라 교직원의 직무만족과 능률에 결정적인 영향을 미치는 요소로 인정되고 있다(임재택, 1992). 따라서 적정한 보수를 받지 못할 때에는 사기저하와 의욕상실을 야기하며 보육교사의 전문성, 성실성, 직무수행능력 향상에 영향을 미친다(강민경, 2002).

국고보조어린이집(정부인건비지원어린이집, 직장어린이집)을 운영하는 자는 보육교직원 인건비 지급기준에 따라 원장, 보육교사, 조리원(조리사)으로 교직원을 구분하여 보수를 지급하고 있다. 반면에 국고보조 미지원 어린이집은 보육교직원 인건비 지급기준을 참고하여 자율적으로 정할 수 있으나, 교직원의 보수를 불리하게 책정해서는 안 된다. 〈표 9-6〉을 살펴보면 2022년 현재 원장 1호봉 기준 연봉이 25,904,400원(월 2,158,700원)이고 보육교사 연봉은 24,220,800원(월 2,018,400원)으로 책정되어 있다.

〈표 9-6〉 2022년도 보육교직원 인건비 지급기준

(단위: 원)

호봉	원장		보육교사		조리원	
	보수총액	월지급액	보수총액	월지급액	보수총액	월지급액
1	25,904,400	2,158,700	24,220,800	2,018,400	22,999,200	1,916,600
2	26,498,400	2,208,200	24,421,200	2,035,100	23,132,400	1,927,700
3	27,232,800	2,269,400	24,640,800	2,053,400	23,265,600	1,938,800
4	27,993,600	2,332,800	25,023,600	2,085,300	23,397,600	1,949,800
5	28,762,800	2,396,900	25,476,000	2,123,000	23,528,400	1,960,700
6	29,910,000	2,492,500	26,203,200	2,183,600	23,656,800	1,971,400
7	30,955,200	2,579,600	26,775,600	2,231,300	23,782,800	1,981,900

8	32,083,200	2,673,600	27,205,200	2,267,100	23,911,200	1,992,600
9	32,884,800	2,740,400	27,759,600	2,313,300	24,032,400	2,002,700
10	33,783,600	2,815,300	28,406,400	2,367,200	24,164,400	2,013,700
11	34,779,600	2,898,300	29,253,600	2,437,800	24,397,200	2,033,100
12	35,762,400	2,980,200	30,121,200	2,510,100	24,716,400	2,059,700
13	36,500,400	3,041,700	30,879,600	2,573,300	25,190,400	2,099,200
14	37,287,600	3,107,300	31,524,000	2,627,000	25,742,400	2,145,200
15	38,331,600	3,194,300	32,198,400	2,683,200	26,259,600	2,188,300
16	39,106,800	3,258,900	33,154,800	2,762,900	27,100,800	2,258,400
17	39,864,000	3,322,000	33,854,400	2,821,200	27,741,600	2,311,800
18	40,704,000	3,392,000	34,554,000	2,879,500	28,410,000	2,367,500
19	41,517,600	3,459,800	35,218,800	2,934,900	29,049,600	2,420,800
20	42,222,000	3,518,500	35,917,200	2,993,100	29,713,200	2,476,100
21	43,377,600	3,614,800	37,057,200	3,088,100	30,777,600	2,564,800
22	44,144,400	3,678,700	37,742,400	3,145,200	31,388,400	2,615,700
23	44,827,200	3,735,600	38,346,000	3,195,500	31,995,600	2,666,300
24	45,516,000	3,793,000	39,031,200	3,252,600	32,575,200	2,714,600
25	46,293,600	3,857,800	39,657,600	3,304,800	33,210,000	2,767,500
26	47,013,600	3,917,800	40,284,000	3,357,000	33,788,400	2,815,700
27	47,679,600	3,973,300	40,827,600	3,402,300	34,218,000	2,851,500
28	48,372,000	4,031,000	41,424,000	3,452,000	34,794,000	2,899,500
29	49,008,000	4,084,000	42,076,800	3,506,400	35,343,600	2,945,300
30	49,704,000	4,142,000	42,644,400	3,553,700	35,917,200	2,993,100

* 간호사, 영양사, 특수교사, 치료사는 보육교사 인건비 지급기준 적용

2018년 전국보육실태조사(보건복지부, 육아정책연구소, 2018)에 따르면 보육교사의 월평균 급여는 기본급 평균 약 170만원, 기관 제수당 평균 약 6만원, 정부 및 지자체 지원 수당 38만 4천원을 합친 213만원으로 나타났다. 시설유형별로 교사의 월평균 급여에 차이가 있어, 국공립, 법인, 직장어린이집 교사는 평균 240만원 이상을 받았고, 가정과 민간어린이집은 평균 190~200만원대로 조사되었다. 기관 현원 규모가 클수록 교사의 급여 수준이 높고 영아반 교사에 비해 유아반 교사의 급여 수준

이 높은 것으로 나타났다.

한편 한국경영자총협회(경총)가 고용노동부의 고용형태별근로실태조사 원자료를 분석해 발표한 '2020 국내 대졸초임 분석 및 한 · 일 대졸초임 비교와 시사점'에 따르면, 우리나라 300인 이상 사업체 정규직 대졸초임 임금 총액은 평균 5,084만원인 것으로 나타났다(천지일보, 2021. 10. 4.). 이에 반해 보육교직원의 인건비 지급기준은 동등한 학력, 유사직종에 비해 터무니없이 낮게 책정되어 있다고 볼 수 있다.

보육교사에게 정신적으로 보람과 긍지를 느끼도록 하고 물질적으로 노력에 상응한 적정한 보수가 주어져야 직무만족도가 높아진다. 그러므로 앞으로는 보다 현실적으로 임금수준을 일반기업의 보수수준을 고려하여 책정함으로써 안정된 생활을 기반으로 보육활동에 전념할 수 있도록 제도적으로 보완해나가야 할 것이다.

3. 보육교직원의 교육

보육교직원의 질적 수준을 확보하기 위해서는 사전교육과 보수교육이 전문적이고 체계적으로 이루어져야 한다. 사전교육은 양성교육을 의미하며 보수교육은 어린이집에 근무하는 동안 현직에서 받는 교육을 뜻한다. 현재 보수교육의 경우 '재교육' '현직교육' '현직훈련' '계속교육' '교원연수' 등의 용어와 혼용하여 사용되고 있다(김진숙, 2004; 이원영, 1989).

1) 사전교육

「영유아보육법」 제21조에서는 보육교사의 자격을 다음과 같이 크게 두 가지 사항으로 규정하고 있다. 첫째, 「고등교육법」 제2조에 따른 학교에서 보건복지부령으로 정하는 보육관련 교과목과 학점을 이수하고 전문학사학위 이상을 취득한 사람이다. 둘째, 고등학교 또는 이와 같은 수준 이상의 학교를 졸업한 자로서 시 · 도지사가 지정한 교육훈련시설에서 소정의 교육과정을 이수한 사람이다. 즉, 우리나라의 보육교사 사전교육은 고등교육법에 따른 학교와 교육훈련시설로 이원화되어 있다.

(1) 보육교사 2급

보육교사 2급을 취득하기 위해서는 전문대학 또는 이와 같은 수준 이상의 학교에서 보건복지부령으로 정하는 보육관련 교과목 및 학점을 이수하고 졸업하거나 보육교사 3급 자격을 취득한 후 2년 이상의 보육업무 경력과 보건복지부장관이 정하는 승급교육을 받아야 한다. 교과목에 의한 자격 취득의 경우, 「영유아보육법」 시행규칙 제12조 제1항 [별표4]의 규정에 따라 교사 인성 영역, 보육 지식과 기술 영역, 보육 실무 영역[6] 등 세 가지 영역에서 총 17과목 51학점 이상 이수하고 졸업하는 경우 보육교사 2급 자격증 취득이 가능하다(〈표 9-7〉, 〈표 9-8〉 참조).

〈표 9-7〉 대학 등에서 이수하여야 할 교육영역별 교과목 및 학점 기준

구분		교과목	이수과목(학점)
교사 인성 영역	필수 교과목	보육교사(인성)론, 아동권리와 복지	2과목(6학점)
보육 지식과 기술 영역	필수 교과목	보육학개론, 보육과정, 영유아발달, 영유아교수방법론, 놀이지도, 언어지도, 아동음악(또는 아동동작, 아동미술), 아동수학지도(또는 아동과학지도), 아동안전관리(또는 아동생활지도)	9과목(27학점)
	선택교과목	아동건강교육, 영유아 사회정서지도, 아동문학교육, 아동상담론, 장애아 지도, 특수아동 이해, 어린이집 운영관리, 영유아 보육프로그램 개발과 평가, 보육정책론, 정신건강론, 인간행동과 사회환경, 아동간호학, 아동영양학, 부모교육론, 가족복지론, 가족관계론, 지역사회복지론	4과목(12학점) 이상
보육 실무영역	필수 교과목	아동관찰 및 행동연구, 보육실습	2과목(6학점)
전체		17과목 51 학점 이상	

※각 과목은 3학점을 기준으로 하며 최소 2학점 이상이어야 함

※상기 교과목 이외에 교과목 명칭이 동일하지 아니하더라도 교과 내용이 동일하다고 인정받고자 하는 경우, 동일교과목 심의를 보육교직원 자격검정위원회로 요청하여 동일과목으로 인정받아야 하며, 심의절차는 자격검정위원회 운영규정에 따름. 단, 심의결과는 당해 대학에만 인정되고, 타 대학은 미적용(당해 사건에 개별적 효력만 인정)

〈표 9-8〉 대면교과목

구분	교과목
인성 영역	보육교사(인성)론, 아동권리와 복지
보육 지식과 기술 영역	놀이지도, 언어지도, 아동음악(또는 아동동작, 아동미술), 아동수학지도(또는 아동과학지도), 아동안전관리(또는 아동생활지도)
보육 실무 영역	아동관찰 및 행동연구, 보육실습

* 과목당 8시간 이상 출석수업, 1회 이상 출석 시험 실시

출처: 보건복지부(2021a). 2021년도 보육사업 안내.

2020년 보육통계에 따르면 보육교사 2급 자격 현황은 민간어린이집 28,176명, 가정어린이집 28,176명, 국공립어린이집 14,829명, 직장어린이집 6,646명, 사회복지법인어린이집 3,908명, 법인 · 단체 등 어린이집 1,573명, 협동어린이집 220명 순으로 높게 나타났다(〈표 9-9〉 참조).

〈표 9-9〉 보육교사 2급 자격 현황(성별 구분)

(단위: 명)

구분		계	국 · 공립 어린이집	사회복지 법인 어린이집	법인 · 단체 등 어린이집	민간 어린이집	가정 어린이집	협동 어린이집	직장 어린이집
계	계	74,297	14,829	3,908	1,573	28,176	18,945	220	6,646
	남	569	79	52	17	245	97	3	76
	여	73,728	14,750	3,856	1,556	27,931	18,848	217	6,570

출처: 보건복지부(2020c). 보육통계(2020. 12월 말 기준).

6) 보육실습에 관한 기준

가. 실습기관: 실습 시작 당시 정원 15인 이상이고 평가인증 유지(또는 평가제 평가결과 A, B등급) 어린이집 또는 교육과정과 방과후 과정을 운영하는 유치원

나. 실습기간: 6주, 240시간 이상을 원칙으로 하되, 2회에 나누어 실시할 수 있다.

다. 실습 인정시간: 평일 오전 9시부터 오후 7시 사이에 한 경우에만 인정하며, 보육실습시간은 1일 8시간으로 한다.

라. 실습 지도교사: 보육교사 1급 또는 유치원 정교사 1급 자격증을 소지한 사람. 실습 지도교사는 동일한 실습 기간 내에 1명당 보육실습생을 3명 이내로 지도해야 한다.

마. 실습평가: 보육실습 교과목은 반드시 3학점 이상으로 이수해야 하고, 평가점수가 80점 이상((B학점)인 경우에만 실습을 이수한 것으로 인정한다.

(2) 보육교사 3급

고등학교 또는 이와 같은 수준 이상의 학교를 졸업한 사람으로서 시·도지사가 지정한 교육훈련시설에서 소정의 교육과정을 이수한 사람은 보육교사 3급 자격증을 취득할 수 있다(〈표 9-10〉 참조). 보육실습의 기준은 보육교사 2급과 동일한 기준을 따르고 있다.

〈표 9-10〉 교육훈련시설의 교육과정(개정 2016. 1. 12.)

영역	교과목(학점)	이수과목(학점)
가. 교사 인성	보육교사(인성)론(3학점), 아동권리와 복지(3학점)	2과목 (6학점)
나. 보육 지식과 기술	보육학개론(3학점), 보육과정(3학점), 영유아 발달 및 지도(3학점), 아동생활지도(3학점), 영유아 문제행동지도 및 상담(3학점), 특수아동 이해와 지도(3학점), 놀이지도(3학점), 언어지도(3학점), 아동음악과 동작(3학점), 아동미술지도(3학점), 아동수학지도·아동과학지도(3학점), 영유아 교수방법론(3학점), 교재교구개발(3학점), 부모교육(3학점), 영유아 건강지도(3학점), 영유아 영양지도(2학점), 아동안전관리(3학점), 어린이집 운영관리(3학점)	18과목 (52학점)
다. 보육 실무	아동관찰 및 실습(3학점), 보육실습(4학점)	2과목 (7학점)
전체	22과목(65학점 이상)	

※ 비고

1. 각 교과목당 평가점수가 70점 이상인 경우에만 이수한 것으로 인정한다.
2. 학점당 시간은 15시간을 기준으로 한다.
3. 보육실습은 별표 4 비고 제2호에 따른 보육실습에 관한 기준을 준용한다.
4. 22과목 이상, 65학점 이상 이수하여야 한다.

출처: 보건복지부(2021a). 2021년도 보육사업 안내.

2020년 보육통계에 따르면 보육교사 3급 자격 현황은 민간어린이집 1,703명, 가정어린이집 1,497명, 국공립어린이집 457명, 사회복지법인어린이집 93명, 직장어린이집 76명, 법인·단체 등 어린이집 53명, 협동어린이집 13명 순으로 높게 나타났다(〈표 9-11〉 참조).

〈표 9-11〉 보육교사 3급 자격 현황(성별 구분)

(단위: 명)

구분	계		국·공립 어린이집	사회복지 법인 어린이집	법인·단체 등 어린이집	민간 어린이집	가정 어린이집	협동 어린이집	직장 어린이집
계	계	3,897	457	93	58	1,703	1,497	13	76
	남	15	0	0	0	9	6	0	0
	여	3,882	457	93	58	1,694	1,491	13	76

출처: 보건복지부(2020c). **보육통계**(2020. 12월 말 기준).

2) 보수교육

보수교육이란 일정한 자격과 경험을 가진 자들을 대상으로 「영유아보육법」 제23조에 의거 대학 등 전문교육기관에서 최신 보육이론과 기법 습득기회 및 승급기회를 제공함으로써, 보육교직원의 자질 향상과 사기를 진작시키고 나아가 보육서비스의 질 향상을 도모하기 위해 실시되는 것을 말한다. 우리나라 원장 및 보육교사를 위한 보수교육은 1992년부터 시작되었으며, 1996년부터는 승급 시 보수교육을 의무화하였다.

(1) 보수교육 과정 및 대상자

보수교육의 필요성은 구체적으로 다음과 같다(Conant, 1963). 첫째, 틀에 박힌 직업생활에서 벗어나 개인의 성장발전에 필요한 단체활동을 장려하고, 둘째, 교육신념 확립과 기능향상 그리고 협동적으로 교육문제를 해결하려는 태도와 실천력을 향상시키고, 셋째, 교사 자신의 지속적인 지적 성장과 새로운 사회변화에 효율적으로 대처하는 능력을 양성하기 위해서이다.

「영유아보육법」 제23조의 규정에 의하면 보수교육은 보육교직원이 정기적으로 받는 직무교육과 보육교사가 상위등급의 자격(3급 → 2급, 2급 → 1급)을 취득하기 위해 받아야 하는 승급교육 및 어린이집 원장의 자격을 갖추기 위하여 받아야 하는 사전직무교육이 있다(〈표 9-12〉 참조). 보수교육은 현직 보육교직원을 대상으로 실시하므로 어린이집 원장, 보육교사 등의 자격을 소지한 자라도 교육 개시 당시 어린이집에 근무하지 않는 자는 보수교육을 받을 수 없다. 어린이집 원장 사전직무교육은 어린이집에 근무하지 않는 경우라도 신청 및 이수 가능하고, 다만 교육비 전액 자비

〈표 9-12〉 보수교육과정

교육구분			교육대상	교육시간	비고
직무교육	일반직무교육	보육교사	현직에 종사하고 있는 보육교사로서 보육업무 경력이 만 2년을 경과한 자와 보육교사 직무교육(승급교육 포함)을 받은 해부터 만 2년이 경과한 자	40시간	매 3년마다
		원장	어린이집 원장의 직무를 담당한 때부터 만 2년이 지난 경우	40시간	매 3년마다
		장기 미종사자	만 2년 이상 보육업무를 수행하지 아니하다가 다시 보육업무를 수행하고자 하는 보육교사 또는 원장 자격 취득자	40시간	이수하고자 하는 자
	특별직무교육	영아보육	영아보육을 담당하고 있는 일반직무교육 대상자와 영아보육을 담당하고자 하는 보육교사 및 어린이집 원장	40시간	이수하고자 하는 자
		장애아 보육	장애아보육을 담당하고 있는 일반직무교육 대상자와 장애아보육을 담당하고자 하는 보육교사 및 어린이집 원장	40시간	이수하고자 하는 자
		방과후 보육	방과후보육을 담당하고 있는 일반직무교육 대상자와 방과후보육을 담당하고자 하는 보육교사 및 어린이집 원장	40시간	이수하고자 하는 자
승급교육	2급 승급교육		보육교사 3급의 자격을 취득한 후 보육업무 경력이 만 1년이 경과한 자	80시간	이수하고자 하는 자
	1급 승급교육		보육교사 2급의 자격을 취득한 후 보육업무 경력이 만 2년이 경과한 자 및 보육교사 2급의 자격을 취득한 후 보육 관련 대학원에서 석사 학위를 취득한 경우 보육업무 경력이 만 6개월이 경과한 자	80시간	이수하고자 하는 자
원장 사전 직무교육	–		「영유아보육법 시행령」 [별표1] 제1호의 가목부터 라목(일반, 가정, 영아전담, 장애아전담 어린이집 원장)까지 어느 하나의 자격을 취득하고자 하는 자	80시간	이수하고자 하는 자

※어린이집에서 특수교사나 치료사로 근무하는 자도 일반·특별직무교육대상으로서 보수교육을 이수해야 함(일반직무 교육이나 특별직무교육 중 선택적으로 이수할 수 있음)

※보수교육을 연속하여 3회 이상 받지 아니하는 경우 어린이집 원장 또는 보육교사 자격이 정지될 수 있으므로 보수교육 대상자는 필히 보수교육을 이수해야 함

예) 2017년에 직무교육을 이수한 어린이집 원장 및 보육교사의 경우 만 2년이 경과한 2019년에 직무교육을 이수해야 하며 그 해에 교육을 받지 못한 경우, 다음 해인 2020년 12월까지 받아야 함. 2020년에도 받지 않았다면 1회 위반, 2021년에도 받지 않았다면 2회 위반, 2022년도에도 받지 않았다면 3회 위반에 해당함

출처: 보건복지부(2021a). 2021년도 보육사업 안내.

부담을 전제로 비현직 교직원도 보수교육을 받을 수 있다(〈표 9-12〉 참조).

2018년 전국보육실태조사(보건복지부, 육아정책연구소, 2018)를 통한 우리나라 보수교육의 실시 현황을 살펴보면, 2017년 기준 보육교사를 위한 일반직무 보수교육 이수율 중 기본과정 92.8%(1,522개소), 심화과정 92.8%(345개소)로 나타났다. 원장을 위한 일반직무 보수교육 이수율 중 기본과정 93.1%(854개소), 심화과정 92.5%(324개소)였다.

특별직무교육은 영아보육 42.8%, 장애아보육 10.5%, 방과후보육 7.8% 순으로 나타났고, 시설유형으로는 사회복지법인, 법인 · 단체등, 국공립어린이집, 소재지별로는 읍면지역, 규모별로는 기관규모가 클수록 영아보육 이수율이 높았다. 장애아보육 이수율도 국공립어린이집, 대도시에 위치한 어린이집, 기관규모가 클수록 높은 것으로 나타났다.

승급교육의 경우, 2급 승급교육 대상자가 있는 어린이집은 11.0%, 1급 승급교육 대상자가 있는 어린이집은 39.7%로 나타났다. 이 중 교육대상자의 이수율은 2급 승급교육이 89.6%, 1급 승급교육이 88.9%로 나타났다. 기관유형에 따라 민간과 가정어린이집은 2급 승급교육 대상이 있는 시설이었으며, 1급 승급교육 대상자가 많은 곳은 직장어린이집과 기관규모가 클수록 많았다.

양질의 보육환경을 제공하기 위해서는 자격을 갖춘 우수교사의 확보와 더불어 재교육이 직급, 경력에 따라 다양하게 주어져야 한다. 그리고 보수교육의 교육과정도 획일적으로 실시되는 것이 아니라 보육교사의 경력과 요구에 따라 내용을 조정하여 연수하는 것이 필요하다.

(2) 일반 재교육

일반 재교육이란 의무 보수교육 외에 어린이집에서 원장이나 보육교사가 자발적인 필요에 의해 자체적으로 실시한 재교육을 의미한다. 따라서 교육 이수에 따른 소요비용을 지원받는 보수교육과는 달리 일반 재교육은 정부로부터의 지원이나 인센티브가 없는 실정이다. 하지만 보육교사는 일반 재교육을 통해 다양한 사회적 요구에 능동적으로 대처할 수 있고, 새로운 기술에 대한 전문지식을 보충할 수 있는 기회를 얻을 수 있다. 이러한 이유로 교육만족도도 의무교육인 보수교육보다 자발적 교육인 일반 재교육에서 더 높게 나타나고 있다(서문희 외, 2006).

2018년 전국보육실태조사(보건복지부, 육아정책연구소, 2018)에 따르면 2017년 한해 동안 자체 재교육을 실시한다는 응답은 81.4%였다. 재교육의 유형은 자체 별도 보수교육(54.2%)이 가장 많았으며, 동료 간 멘토링(36.2%), 기타(28.5%), 컨설팅(27.5%), 자율 공부모임(14.2%) 순이었다. 시설유형별로 국공립과 직장어린이집의 교육 실시율이 높았으며, 가정어린이집의 실시율이 가장 낮았다. 즉, 직장과 국공립 어린이집은 다양한 지원과 교육이 균형있게 제공되고, 교사들의 자율 공부모임도 지원되기에 높게 나타난 것으로 보인다.

재교육의 유형 중 가장 높게 나타난 자체 별도 보수교육의 교육내용에 대해 조사한 결과, 아동학대 예방이 84.2%로 가장 많았으며, 다음으로 안전(62%), 보육과정・상호작용(56.5%), 평가인증(48.6%)의 순으로 나타났다(〈표 9-13〉 참조).

〈표 9-13〉 자체 별도 보수교육의 교육내용

단위: % (개소)

구분	아동학대 예방	평가인증	안전	보육과정・상호작용	누리과정	기타	(수)
전체	84.2	48.6	62.0	56.5	11.5	6.9	(2,849)

출처: 보건복지부, 육아정책연구소(2018). 2018 전국보육실태조사.

제10장 어린이집 운영관리

어린이집을 운영함에 있어서 합리적이고 체계적인 운영관리계획을 세우는 것이 필요함에도 불구하고 일반적으로 규모가 작다는 이유로 그 필요성을 인식하지 못하고 있는 실정이다. 그러나 어린이집의 합리적이고 체계적인 운영관리는 그 기관의 목적이나 목표의 효과적인 달성을 위하여 필수적인 것이며, 교사와 유아 및 부모들의 요구를 만족시켜주고, 기존의 운영관리상의 문제점을 평가하고 보다 나은 계획의 수립이나 개선에 도움을 준다(임재택, 2005).

어린이집의 조직 인사 · 급여 · 회계 · 물품 및 그 밖의 시설에 대한 운영관리는 「영유아보육법」에 나와 있는 법적 기준을 근거로 운영하여야 한다. 그리고 어린이집 원장은 어린이집 운영의 자율성과 투명성을 높이고 지역사회와의 연계를 강화하여 지역 실정과 특성에 맞는 보육을 실시할 수 있다. 이를 위해서 어린이집은 어린이집운영위원회를 설치, 운영해야 한다. 어린이집 원장은 어린이집운영위원회를 통해 어린이집 운영 규정의 제정이나 개정에 관한 사항, 어린이집 예산 및 결산 보고에 관한 사항, 영유아의 건강 · 영양 · 안전 및 학대 예방에 관한 사항, 보육시간 · 보육과정의 운영방법 등 어린이집의 운영에 관한 사항, 보육교직원의 근무환경 개선에 관한 사항, 영유아의 보육환경 개선에 관한 사항, 보육교사의 권익 보호에 관한 사항, 보육료 외의 필요경비를 받는 경우 수납액 결정에 관한 사항, 그 밖의 어린이집 운영에 대한 제안 및 건의 사항을 심의할 수 있다. 하지만 실제로 운영되는 어린이집운영위원회는 심의 · 의결 기능보다는 자문의 성격이 강하다고 볼 수 있다.

일반적으로 어린이집의 운영관리 영역에는 행정, 인사, 급여, 회계, 물품, 안전, 시설 등 다양하게 있으나 이 장에서는 어린이집의 설치 및 설비관리, 운영관리, 원아모집 관리, 사무문서 관리, 재무회계 관리 등을 중심으로 살펴보고자 한다.

1. 설치 및 설비 관리

「영유아보육법」과 동법 시행령이 개정된 2006년 이후부터 어린이집의 설치운영은 신고제에서 인가제로 전환되었고, 어린이집의 설치인가에 관한 사항 및 어린이집 설치기준이 강화되었다. 이는 영유아보육에 대한 공공성을 강화함으로써 어린이집의 질적 수준을 향상시키고자 하는 목적을 담고 있기 때문이다.

1) 어린이집의 설치

우리나라는 어린이집을 운영하고자 하는 자를 위해서 미리 관할 관청과 어린이집 설치인가에 관한 상담을 할 수 있는 '어린이집 설치 사전상담'을 실시하고 있다. 어린이집 설치인가 관청은 어린이집을 설치하고자 하는 자에게 해당 지역의 보육수요, 어린이집 입지 조건 및 어린이집 설치기준 등에 관한 체계적이고 전문적인 상담을 제공해야 한다. 어린이집 설치에 대한 상담신청서가 시 · 군 · 구청 보육부서에 접수되면 상담은 보육부서 설치인가 담당자가 수행하며, 상담 결과에 대한 행정상 확정의 효력은 갖고 있지 않다.

어린이집을 설치하기 위해서는 설치인가에 필요한 구비 서류를 작성하여 제출한다(〈표 10-1〉 참조). 그리고 인가신청서를 받은 시장 · 군수 · 구청장은 어린이집의 설치기준의 적합성, 보육수요의 적절성 등을 기준으로 인가 여부를 결정한다(〈그림 10-1〉 참조). 이 경우 어린이집이 설치기준에 적합한지의 여부는 현장을 직접 방문하여 확인하여야 한다. 또한 지방자치단체의 장은 어린이집이 지역별로 균형 있게 배치될 수 있도록 지방보육정책위원회의 심의를 거쳐 어린이집 수급계획을 수립하여야 한다. 어린이집의 설치인가를 받은 자는 어린이집 방문자 등이 볼 수 있는 곳에 어린이집 인가증을 게시하여야 한다(사진 참조).

〈표 10-1〉 어린이집 설치인가에 필요한 서류

1. 법인의 정관 및 출연금 등에 관한 서류
2. 단체의 회칙 또는 규약
3. 임대차계약서
4. 어린이집의 구조별 면적이 표시된 평면도와 어린이집 및 설비 목록
5. 어린이집의 원장의 자격을 증명하는 서류
6. 보육교직원 채용계획서
7. 어린이집 운영계획서
8. 경비의 지급 및 변제 능력에 관한 서류
9. 인근 놀이터 이용계획서(영유아 50명 이상의 어린이집으로서 옥외놀이터나 옥내놀이터를 설치하지 않는 경우)
10. 「도시가스사업법 시행규칙」 제25조 및 「액화석유가스의 안전관리 및 사업법 시행규칙」 제71조에 따른 정기검사증명서
11. 「소방용품의 품질관리 등에 관한 규칙」 제5조에 따른 현장처리물품의 방염성능검사성적서 및 방염성능검사확인표시

출처: 보건복지부(2022b). 영유아보육법 시행규칙 제5조. 법제처 국가법령정보센터.

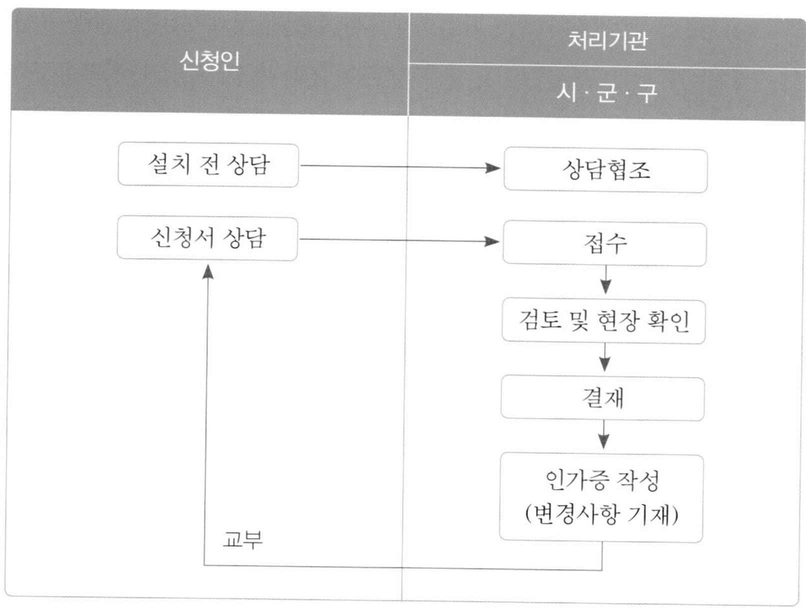

〈그림 10-1〉 어린이집 신규(변경)인가의 절차

출처: 보건복지부(2022a). 2022년도 보육사업 안내.

2) 어린이집의 설비관리

어린이집의 구조와 설비는 이용하는 아동들의 보호와 안전을 고려하여 쾌적한 환경을 제공해야 한다. 이를 위해서 어린이집은 법적 기준에 따라 실내외 환경을 설치하고 관리하여야 한다. 일반어린이집의 경우 영유아 1인당 시설면적은 4.29m^2 이상으로 규정한다. 어린이집은 보육실, 조리실, 목욕실, 화장실, 놀이터, 급배수시설, 비상재해대비시설에 대한 설비가 필요하며 채광, 환기, 온습도, 공간배치, 안전 등의 요소가 기준에 맞게 설치되어야 한다. 어린이집의 설비에 대한 지침은 앞서 제8장 보육환경에서 상세하게 논의한 바 있으므로, 여기에서는 장애아어린이집의 구조 및 설비기준에 대해서만 살펴보기로 한다.

[별지 제5호 서식]〈개정 2021. 6. 30.〉

제 호

어린이집 인가증

어린이집 명칭:
어린이집 종류:
소재지:
보육정원: 명
법인 · 단체명:
대표자 성명:
특기사항:

「영유아보육법 시행규칙」 제5조 제4항에 따라 어린이집 인가증을 발급합니다.

년 월 일

특별자치시장 · 특별자치도지사 · 시장 · 군수 · 구청장 직인

210mm × 297mm[백상지(150g/m^2)]

사진 설명 어린이집 인가증

일반어린이집에 비해 장애아전문어린이집의 경우 장애아 1인당 7.83m^2 이상으로 규정하고 있어 장애아가 활동하기에 충분한 면적을 확보하도록 하고 있다. 그리고 휠체어, 보행기 등의 출입에 장애가 없도록 하며 시각장애아를 위한 점자블록이나 유도장치를 설치하여야 한다(〈표 10-2〉 참조).

〈표 10-2〉 장애아어린이집의 구조 및 설비기준

구분	기준
장애아 전문 어린이집	① 장애아가 활동하기에 충분하도록 어린이집은 장애아 1명당 7.83m^2 이상, 보육실(교실, 거실, 포복실, 유희실, 치료교실, 집단활동실을 포함한다)은 장애아 1명당 6.6m^2 이상의 면적을 확보하여야 한다. 다만, 비장애아를 함께 보육하는 경우에는 어린이집을 비장애아 1명당 4.29m^2 이상, 보육실은 비장애아 1명당 2.64m^2 이상의 면적을 확보하여야 한다. ② 집단활동실(강당, 놀이실)은 문턱 없이 접근이 가능한 통로에 연결되어야 하고 휠체어 · 보행기 등의 출입에 장애가 없어야 한다.

	③ 출입구는 비상재해 시 대피하기 쉽도록 복도 또는 넓은 공간에 직접 연결되게 설계되어야 하며, 시각장애아를 위한 점자블록이나 유도장치를 갖추어야 한다. ④ 실외 피난계단의 유효폭은 0.9m 이상이어야 한다. ⑤ 회전문과 자재문은 금하며 자동문 설치 시 문의 개폐시간은 3초 이상을 확보하여야 한다. ⑥ 휠체어에 앉은 영유아가 문의 손잡이를 잡을 수 있어야 한다. ⑦ 계단 외에 엘리베이터 또는 기울기 $^{1}/_{12}$ 이하의 경사로를 설치하여야 한다.
장애아 통합 어린이집	① 2층 이상의 시설에는 엘리베이터를 설치하거나 적어도 한 곳 이상에 기울기 $^{1}/_{12}$ 이하의 경사로를 설치하여야 한다. ② 출입구는 비상재해 시 대피하기 쉽도록 복도 또는 넓은 공간에 직접 연결되도록 하고, 시각장애아를 위한 점자블록이나 유도장치를 설치하여야 한다. ③ 복도, 문, 화장실은 휠체어의 출입에 장애가 없어야 한다. ④ 실외 피난계단의 유효폭은 0.9m 이상이어야 한다.

출처: 보건복지부(2022c). 영유아보육법 시행규칙 제9조[별표 1]. 법제처 국가법령정보센터.

2. 운영관리

어린이집의 운영관리에 대해 앞서 상당부분 언급된 바 있으므로 여기에서는 운영시간과 보험 가입에 대해서만 알아보기로 한다.

1) 보육운영시간

어린이집은 주 6일 이상, 연중 계속[평일: 12시간(07:30-19:30), 토요일: 8시간(07:30-19:30)] 운영함을 원칙으로 하되, 보호자의 사전 동의를 받은 경우 보육에 지장을 주지 않는 범위 내에서 운영시간을 조정 · 운영할 수 있다. 어린이집은 공휴일을 제외하고 연중 계속 운영하여야 하며, 지역 및 시설 여건에 따라 보호자와 원장의 협의에 의하여 공휴일에도 운영할 수 있다. 토요일에도 어린이집을 운영하여야 하나 토요 휴무제 확대에 따라 보육아동 수가 감소할 경우에는 보육에 지장을 주지 않는 범위 내에서 교사배치를 달리할 수 있다.

보육교사의 근무시간은 1일 8시간을 원칙으로 하고, 어린이집의 운영시간을 고려하여 출퇴근 시간은 탄력적으로 할 수 있다. 1일 8시간을 초과하여 근무하는 경우에는 어린이집을 운영하는 자가 해당 교사에게 시간 외 수당을 지급하여야 한다.

2) 보험 가입

(1) 영유아 생명 · 신체 피해보상 관련 공제 가입

어린이집에 입소하는 아동 전원이 의무적으로 가입하여야 한다. 어린이집의 대표자는 영유아의 생명 · 신체 피해 등에 따른 보상 책임에 대비하기 위하여 어린이집안전공제회 '영유아 생명 · 신체 피해' 공제에 가입하여야 한다. 공제료 부담은 어린이집 부담을 원칙으로 한다.

(2) 화재보험(공제) 가입

모든 어린이집은 의무적으로 가입하여야 한다. 단, 어린이집이 어린이집안전공제회 '화재배상책임' 공제에 가입하는 경우 「사회복지사업법」 제34조의 3에 따라 화재보험에 가입해야 하는 의무를 이행한 것으로 본다. 공제료 부담은 어린이집 부담을 원칙으로 한다.

(3) 자동차보험 가입

어린이집에서 차량운행을 하는 경우는 자동차보험에 가입하여 교통사고로 인한 피해를 배상할 수 있도록 대비하여야 한다. 보험료 부담은 어린이집 부담을 원칙으로 한다.

(4) 기타 보육교직원 관련 보험

어린이집의 대표자는 보육교직원을 위하여 「국민연금법」에 따른 국민연금, 「국민건강보험법」에 따른 건강보험, 「고용보험법」에 따른 고용보험, 「산업재해보상보험법」에 따른 산재보험에 가입하여야 한다.

3. 원아모집 관리

어린이집 운영관리에서 원아모집은 중요한 부분이다. 어린이집에서 원아모집을 하는 경우, 시설, 교사, 교재 · 교구 및 프로그램 등의 측면에서 부모들에게 신뢰를 줄 수 있어야 한다. 이때 어린이집을 효과적으로 소개할 수 있는 준비와 홍보가 필요하다.

1) 어린이집의 입소대상

어린이집의 입소대상은 만 0~5세(장애 아동은 만 12세)의 취학전 아동들이며, 초등학교 저학년 아동을 대상으로 방과후보육을 운영하는 경우, 12세까지 연장할 수 있다.

원아를 모집하는 과정에서 국가는 어린이집과 저소득층 자녀와의 연계를 강화하여 저소득층 보육대상 자녀가 우선적으로 어린이집을 이용할 수 있도록 유도하고 있다(「영유아보육법」 제28조). 국가나 지방자치단체, 사회복지법인, 그 밖의 비영리법인이 설치한 어린이집과 대통령령으로 정하는 어린이집의 경우 첫째, 「국민기초생활보장법」에 따른 수급자, 둘째, 「한부모가족지원법」 제5조의 규정에 의한 보호대상자의 자녀, 셋째, 「국민기초생활보장법」 제24조의 규정에 의한 차상위계층의 자녀, 넷째, 「장애인복지법」 제2조에 따른 장애인 중 보건복지부령으로 정하는 장애등급 이상에 해당하는 자의 자녀, 다섯째, 「다문화가족지원법」 제2조 제1호의 규정에 의한 다문화가족의 자녀, 그 밖에 소득수준 등을 고려하여 보건복지부령으로 정하는 자의 자녀들이 우선적으로 어린이집을 이용할 수 있도록 규정하고 있다(〈표 10-3〉 참조). 이러한 점을 고려해서 어린이집 원장은 입소신청자에게 우선입소대상 순위, 저소득층보육료 지원제도, 세 자녀 이상 가정의 영유아 지원제도 등을 적극적으로 홍보하고 지원 혜택을 받을 수 있도록 하여야 한다.

어린이집은 원아모집이 결정되면, 학부모에게 선정사실을 통보하고 입학금 및 보육료 납입 고지서를 보낸다. 이때 보육료는 지자체에서 고시한 보육료 범위 내에서 수납토록 하며 보육료의 수납영수증을 학부모에게 발행해야 한다.

〈표 10-3〉 어린이집 우선입소대상 순위

순위	구분
1순위	국민기초생활보장법에 따른 수급자, 한부모가족, 차상위계층, 장애부모의 자녀 및 장애인인 형제자매의 영유아, 아동복지시설 생활 아동, 다문화가족, 제1형 당뇨아동, 국가유공자 자녀, 다자녀가구, 임신부, 맞벌이가구
2순위	조손 가족, 입양된 영유아, 가정위탁 보호아동, 동일 어린이집 재원중인 형제·자매

출처: 보건복지부(2022a). 2022년도 보육사업 안내. pp. 74-75.

2) 원아모집 관리의 준비

어린이집의 신학기는 3월 초이다. 따라서 매년 12월경부터 원아 정규모집이 시작된다. 원아모집과 관련한 홍보는 오프라인과 온라인을 통해 가능하다. 오프라인 방법으로는 원아모집 안내서 제작 및 배부, 현수막 제작, 지역 신문을 활용하는 방법 등이 있으며, 온라인 방법으로는 인터넷 홈페이지를 통해 홍보하는 것이 있다.

어린이집에 어린 자녀를 맡기려 할 때, 학부모의 입장에서는 어린이집의 위치, 보육료, 운영시간, 교사 대비 아동비율, 제공되는 보육 프로그램의 내용, 대기자 리스트 여부 등에 대한 기본 사항을 궁금해하며, 어린이집 환경에 대한 안전, 위생, 청결 등을 직접 점검하고 싶어한다.

어린이집 모집 계획 안내문을 제작할 때에는 이와 같은 상황을 고려하여 어린이집 안내(운영자 소개, 운영방침, 학급 소개, 보육 프로그램 내용), 모집대상, 모집인원, 원서교부 및 접수기간, 문의연락처(주소, 전화번호, 약도) 등에 대한 내용을 중심으로 구성·제작하여야 한다.

4. 사무문서 관리

어린이집에서 일어나는 사무를 수행하는 과정에서 문서관리는 문서의 사물화(私物化)를 방지하고, 문서의 적극적인 활용과 보관, 보존문서 및 활용문서의 조직적 관리, 불필요한 문서의 폐기로 인한 관리, 비용의 절감 등을 위해 매우 필수적인 요소가 된다. 실제로 보육활동의 수행과정에서 문서작성과 시행, 파일링, 문서보관,

폐기의 순으로 문서를 관리하게 된다(유희숙, 2005).

1) 문서의 작성과 시행

어린이집에서 문서작성에 쓰이는 용지 기본규격은 A4 용지로 하며 색깔은 흰색으로 하고 글자는 검은색 또는 푸른색으로 하되 수정이나 특별한 사항을 표기할 때는 다른 색을 사용할 수 있다. 일반적으로 문서의 내용을 둘 이상의 항목으로 구분할 필요가 있을 때는 1, 2, 3 …, 가, 나, 다 …, 1), 2), 3) …, 가), 나), 다) …, (1), (2), (3) …, (가), (나), (다) …, ① ② ③ …, …의 순서에 의하여 표시한다. 문서의 본문이 끝나면 한 자(2칸)를 띄우고 '끝'표시를 하며, 붙임물이 있을 때에는 붙임 표시를 한 다음에 한 자 띄우고 '끝'을 표시한다. 중앙육아종합지원센터는 어린이집 운영에 필요한 문서양식 제공서비스를 하고 있어 필요시에 편리하게 활용할 수 있도록 하고 있다(〈표 10-4〉 참조).

문서시행은 작성된 문서를 가지고 내부적으로 성립한 행정기관의 의사를 외부로 표시하는 단계로서 문서의 효력을 발생케 하는 절차를 의미하며, 문서시행의 방법으로는 인편, 우편, 팩스, 정보통신망에 의한 발송방법이 있다.

〈표 10-4〉 어린이집 관련 문서양식

구분	내용	
특수보육	• 특수어린이집 지정신청서 • 장애통합 유아정보 조사서 • 시간연장보육아동 현황	• 24시간 어린이집이용 동의서 • 24시간 보육아동 현황 • 장애아전문 · 24시간 어린이집 지정서
어린이집 관련 평가	• 학부모만족도 조사표 • 교사의 자기진단표 • 보육교사, 간호사/사무, 취사원 평가지 • 보육교사 자기평가척도 • 교사관리	• 어린이집 운영에 관한 부모만족도 조사 • 부모운영 평가 설문지 • 교사자기평가 • 교사 체크리스트

구분	장부	
회계관리	• 세입예산서 • 세출예산서 • 추가경정세입예산서 • 추가경정세출예산서 • 세입 · 세출총괄설명 • 세입결산서 • 세출결산서 • 위임자 • 현금출납부 • 총계정원장	• 봉급대장 • 보육료대장 • 비품대장 • 수입결의서 • 지출결의서 • 반납결의서 • 예비사용조서 • 과목전용조서 • 정부보조금명세서
어린이집 비치 장부	• 시설연혁 • 재산대장 • 시설운영일지 • 입소신청자 명부 • 입소아동 연명부	• 영유아보육일지 • 건강검진카드 • 건강기록부 • 인사기록카드 • 어린이집 이용 동의서
원아관리	• 입소신청서 • 졸업대장 • 아동퇴소처리부 • 추가보육아동일지 • 입학설문지 • 응급처치 동의서 • 기본진료 기록부	• 개인 예방접종 및 검사 • 월별 예방접종 계획표 • 건강일지 • 생활기록부 • 영유아사고 보고서 • 이용신청자 명부 • 입소확인서
시설관리	• 소방대피 훈련 평가표 • 활동실 실내 · 외 안전 점검부 • 방화관리 점검표 • 활동실 안전점검표 • 시설 설비 안전점검표 • 안전점검표	• 위생안전점검 • 보육사업 신축 · 리모델링 · 증개축 계획서 • 어린이집 장비구입계획서 • 어린이집 기자재 구입계획서 • 어린이집 개보수 계획서 • 어린이집 급식위생관리 체크리스트 • 시설기능 보강 사업변경 신청서
물품관리	• 도서대장 • 비품대장 • 소모품대장 • 교구대장	• 시청각교재대장 • 주요 물품 경제적 사용연한 • 어린이집 장비 구입 계획서
문서관리	• 문서접수대장 • 보존문서 기록대장	• 문서등록대장

사회보험 관련	• 원천징수 이행상황신고서 • 원천징수세액 환급신청서 • 소득자별 근로소득 원청징수부 • 고용보험 취득신고서 • 고용보험 상실신고서	• 국민연금 사업장 가입자 자격취득/상실 신고서 • 국민연금 사업장 내역변경 신고서 • 산재보험 보험관계성립 신고서 • 산재보험 보험관계 소멸신고 신청서
학급운영	• 부모상담기록부 • 양호일지 • 응급처치 동의서 • 투약의뢰서 및 보고서 • 학부모 상담기록부 • 일일 영 · 유아 보육계획안 • 주간 영 · 유아 보육계획안 • 출석부 • 가정환경조사지 • 면담기록용지	• 비상연락망 • 상담질문지 • 영아반 관찰일지 • 유아반 관찰일지 • 일일 보고서 • 귀가 및 외출동의서 • 아동관찰기록 • 부모상담기록서
보육교직원	• 보육교직원 명부 • 어린이집 보육교직원 관리대장 • 어린이집 보육교직원 채용현황 • 보육교직원 임용대장 • 보육교직원 임면 보고 • 재직증명서 • 경력증명서 • 근무상황부(관내출장) • 관외 출장 신청서 • 개인별 휴가카드 • 보육실습확인서 • 교육훈련시설입소신청서 • 산전후 휴가 확인서 • 실기교육신청서 • 어린이집 교사평가서	• 근로계약서 • 출근부 • 외출부관리대장 • 초과근무대장 • 휴가신청서 • 고용계약서 • 교사 업무 분담표 • 교사면담자료 • 면접질문지 • 면접조서 • 어린이집 원장, 보육교사 자격증 교부신청서 • 임면보고 서식 • 시기별 보육실습확인서 양식 • 보육교사 자격증 재교부신청서 • 유사교과목 확인서

출처: 중앙육아종합지원센터(http://central.childcare.go.kr).

2) 파일링

어린이집에서 일반적으로 사용하는 파일링(Filing)의 방법을 살펴보면, 첫째, 버티컬 파일링은 서류를 홀더에 삽입하고 견출지를 위쪽으로 하여 캐비닛 서랍에 나란히 세워놓는 방법이다. 서류를 세워서 정리하는 것보다 취급하기 편하고 찾기 쉬우며, 검색수납이 편하다. 둘째, 오픈 파일링은 견출지를 옆으로 향하게 하여 홀더를 나란히 세워서 관리하는 방법이다. 옆에서 모든 견출지의 내용을 식별할 수 있기 때문에 책장을 이용해서 손이 닿는 높이까지 수납이 가능하다. 셋째, 박스 파일링은 서류를 박스 파일에 넣고 캐비닛 또는 책장에 정리하는 보관방법으로 수직 방법 또는 오픈 방법의 겸용 형태이며 가장 효율적인 방법이다. 이 경우는 보관에서 보존, 폐기까지의 작업이 편리하다.

3) 문서보관

시 · 도지사 또는 시장 · 군수 · 구청장은 관계 공무원으로 하여금 관할 지역 내 어린이집의 운영전반에 관하여 매년 1회 이상 지도, 점검하도록 하고 있고, 보건복지부장관, 시 · 도지사 및 시장 · 군수 · 구청장은 어린이집을 설치 · 운영하는 자로 하여금 당해 시설에 관하여 필요한 보고를 하게 하거나, 관계 공무원으로 하여금 당해 시설의 운영상황을 조사하게 하거나, 장부 및 그 밖의 서류를 검사하게 할 수 있다. 이 경우 어린이집은 총 13종의 비치장부 및 서류를 비치해야 한다(〈표 10-5〉 참조). 단, 상시 영유아 20인 이하의 시설로 어린이집 원장이 보육교사를 겸임하는 시설의 경우 〈표 10-5〉의 2번, 7번, 10번, 13번 장부 및 서류는 비치하지 않을 수 있다.

〈표 10-5〉 어린이집의 비치 장부 및 서류

	구분	비고
1	재산목록과 그 소유를 증명하는 서류	
2	어린이집 운영일지 및 보육통합정보시스템의 전자출석부	영유아 20인 이하 시설은 제외
3	보육교직원의 인사기록카드	
4	예산서 및 결산서	

5	총계정원장 및 수입 · 지출 보조부	
6	금전 및 물품출납부와 그 증빙서류	
7	소속 법인의 정관 및 관계서류	영유아 20인 이하 시설은 제외
8	어린이집 이용신청자 명부	
9	생활기록부, 영유아보육일지	
10	보육교직원의 인사 · 복무 및 어린이집 운영에 관한 규정 등	영유아 20인 이하 시설은 제외
11	통합안전점검표	
12	영상정보 열람대장	
13	그 밖에 어린이집 운영에 필요한 서류	영유아 20인 이하 시설은 제외

출처: 보건복지부(2022d). 영유아보육법 시행규칙 제23조[별표 8]. 법제처 국가법령정보센터.

어린이집 비치 서류 가운데 모든 아동의 출석관리는 아동명, 출석일, 등 · 하원시간이 포함된 보육통합정보시스템 전자출석부를 사용한다. 그리고 재무회계를 처리하기 위해 컴퓨터 회계프로그램 또는 정보시스템에 의하여 전자 회계장부를 사용할 수 있다. 그 외 회계 관련 지출결의서, 세금계산서, 현금영수증 등 회계 서류 및 증빙서류는 비치해야 한다.

어린이집에 비치된 문서 가운데 보존 연한이 지난 서류는 폐기하여 관리한다. 어린이집 문서의 보존기간은 「공공기록물 관리에 관한 법률 시행령」 제26조 제1항에 준하여 하되, 전자적 문서로 보존할 수 있다(〈표 10-6〉 참조).

〈표 10-6〉 어린이집 문서 보존 연한

구분	보존기간
• 기관 및 단체의 신분, 재산, 권리, 의무를 증빙하는 서류 –인사기록카드, 보육교직원관리대장 등	준영구
• 공사 관련 장부 및 증빙서류	10년

• 회계 관련 장부 및 증빙서류 –현금출납부, 총계정원장, 재산대장, 비품관리대장 –과목전용조서, 수입 · 지출 원인행위 위임에 관한 위임장 –보육료대장, 봉급대장 –수입과 지출에 따른 증빙서류 등 • 영유아 생활기록부	5년
• 기타 어린이집 운영에 관한 서류 –어린이집 운영일지 –어린이집 이용신청자명부 및 이용아동연명부 –연간 · 월간 · 주간보육계획안, 보육일지 등	3년
• 기타 업무연락, 통보, 조회 등과 관련된 기록물	1년

출처: 보건복지부(2022a). 2022년도 보육사업 안내.

5. 재무회계 관리

어린이집의 재무회계 관리는 경영자의 재무활동을 의미하며, 「사회복지법인 및 사회복지시설 재무 · 회계 규칙」의 법적 기준에 따라 운영관리가 이루어진다. 보건복지부(2022a)는 어린이집 운영의 명확성, 공정성, 투명성을 제공하기 위하여 어린이집의 특성이 반영된 재무회계 절차를 마련하였다(〈표 10-7〉 참조). 정부가 어린이집의 재정관리를 위해 이와 같이 재무회계규칙을 제정한 이유는 첫째, 어린이집 회계관리가 간편해지고 전국적으로 통일화가 가능하다는 점, 어린이집의 수입, 지출 항목별 세부기준을 제시함으로써 보조금 지원에 따른 어린이집 운영의 투명성을 제고할 수 있다는 점을 들 수 있다.

〈표 10-7〉 재무회계 절차 총괄표

	예산편성	예산집행	결산
원칙	• 모든 세입과 세출은 예산에 포함	• 예산의 목적 외 사용금지/예산에 전용 • 수입 · 지출의 관리는 예금통장에 의해 행한다.	• 세출예산의 이월

관련 서류	• 사업계획서 • 세입 · 세출 예산서 • 준예산 • 추가경정예산	〈장부〉 • 현금출납부 • 총계정원장 • 봉급대장 • 보육료대장 • 비품관리대장 〈증빙서류〉 • 계좌입금증빙서류 • 수입 · 지출 결의서 • 반납결의서 • 과목전용조서 • 예비비 사용조서 • 정부보조금 명세서	• 세입 · 세출 결산총괄 설명 • 세입 · 세출 결산서 • 연도말 잔액증명 • 퇴직적립금 통장사본과 잔액증명서
과정	• 예산편성지침(2개월 전) • 예산안 제출(개시 5일 전)	• 수입 · 지출 사무의 관리책임자 선정	• 제출(다음연도 5월 31일까지)

출처: 보건복지부(2022a). 2022년도 보육사업 안내.

1) 수입 · 지출의 기본원칙

어린이집 원장은 보육료 납부고지서를 발급하여야 하고, 체신관서 및 금융기관을 통하여 수납하여야 한다(무통장 입금, 통장자동이체, 계좌이체, 지로, 신용카드 등 이용). 그 외에 수입 · 지출의 기본원칙을 살펴보면 다음과 같다.

- 어린이집의 재무회계에 관한 사항은 「사회복지법인 및 사회복지시설 재무 · 회계규칙」에 따라 실시하여야 하며, 주요 항목별 기준을 준수하도록 노력하여야 한다.
- 어린이집의 모든 수입 및 지출관리는 통장을 통해서 하여야 한다(어린이집의 수입, 지출만 관리하는 별도 어린이집 명의로 된 통장 개설).
- 수입과 지출 행위 시에는 수입, 지출 결의를 한 후 현금출납부, 총계정원장에 기록하고 청구서, 영수증, 지급내역서 등 관련 근거 서류를 반드시 첨부한다.
- 어린이집을 운영하면서 생기는 보육료 수입 잉여금은 보육교직원 보수 상향지

급, 보육교직원 성과급 지급, 교재 · 교구 구입, 어린이집 환경개선 등에 균형 있게 사용하여야 한다.

- 어린이집 재무회계 규칙에 의한 회계보고 의무화로 인해, 어린이집은 매월 보조금 신청 시 보육통합정보시스템에서 정한 형태와 내용에 따라 재무회계 관련 자료를 전송 또는 입력해야 한다. 보육통합정보시스템(CIS)에 입력(전송)하여야 하는 수입 · 지출 항목 등 재무회계 자료는 동 시스템에서 요구하는 바에 따라 시행하여야 한다.
- 어린이집의 원장은 보육교직원의 근로소득을 관할세무서에 신고하여야 한다.

2) 재무회계의 기준

어린이집의 경우 회계규모나 직원 수 등을 고려할 때 원장이 수입과 지출의 현금 출납 업무를 담당하되 필요할 경우 교사 등에게 회계업무를 겸임하게 할 수 있다.

어린이집의 재무회계 회계연도는 매년 3월 1일에 시작하여 다음 연도 2월 말일에 종료한다. 1회계연도에 속하는 어린이집의 세입 · 세출의 출납사무는 다음 연도 2월 말일까지 완결해야 한다. 지출은 지출사무를 관리하는 자(대표이사, 원장) 및 그 위임을 받은 자의 지출명령이 있는 것에 한하여 지출원이 행한다. 이 경우 지출은 계좌입금, 신용카드 또는 현금영수증을 통하여 행하는 것이 원칙이다. 단, 상용 경비 또는 소액의 경비지출은 현금으로 가능하며, 이를 위해 50만 원 이하의 현금을 보관할 수 있다. 상용경비 또는 소액의 경비 지출이라도 5만 원 이상 지출 시에는 신용카드를 사용하거나 현금영수증을 받아 지출근거를 마련해야 한다.

어린이집은 현금출납부, 총계정원장, 봉급대장, 보육료대장, 비품대장의 회계장부를 비치하여야 한다. 단, 컴퓨터회계 프로그램 또는 정보시스템에 의하여 전자장부를 사용하는 경우에는 그 출력물을 보관하는 것으로써 장부의 비치와 동일한 효력을 지닌다. 또한 어린이집은 시설의 수입과 지출에 따른 증빙서류로 계좌입금에 관한 증빙서류(신용카드전표, 현금영수증, 계좌입금증), 수입결의서, 지출결의서, 반납결의서, 예비비 사용조서, 과목전용조서, 정부보조금명세서를 비치하도록 한다.

3) 예산 편성 및 집행

어린이집의 예산은 다음 회계연도의 사업계획을 재정적인 용어와 금액으로 표시하여 예산안을 작성하는 것이다(〈표 10-8〉, 〈표 10-9〉 참조). 예산 편성은 예산총계주의 원칙에 따른다. 예산총계주의란 1회계연도의 모든 수입은 세입으로 하고 모든 지출은 세출로 하되, 세입과 세출은 모두 예산에 계정되어야 함을 의미한다.

예산 편성 및 집행과 관련한 원칙은 다음과 같다. 첫째, 준예산은 회계연도 개시 전까지 어린이집의 예산이 성립되지 않았을 경우 원장이 시장 · 군수 · 구청장에게 준예산 편성사유를 보고하고 예산 성립 시까지 일부 경비에 대해 전년도 예산에 준하여 집행이 가능하다. 이때 집행이 가능한 준예산은 보육교직원 보수, 어린이집 운영에 직접 사용되는 필수 경비, 법령상 지급의무 경비이다.

둘째, 추가경정예산은 예산 성립 후에 생긴 사유로 인하여 이미 성립된 예산에 변경을 가할 필요가 있을 경우 예산편성절차에 준하여 추가경정예산을 편성 · 확정하여 7일 이내에 시 · 군 · 구에 제출한다.

셋째, 예비비는 어린이집 원장이 예측할 수 없는 예산 외의 지출 또는 예산의 초과지출에 충당하기 위하여 예비비를 세출예산에 계상할 수 있으나 본 세출예산의 2% 범위 내에서 편성하며, 업무추진비로 지출해서는 안 된다.

넷째, 예산을 전용할 경우 관 · 항 간 전용은 법인이사회 의결 또는 어린이집 운영위원회의 보고를 거쳐 전용 가능하며, 동일항 내 목간 전용은 원장이 전용할 수 있다. 다만 업무추진비, 수익자부담금 등으로 전용을 제한하는 경우 또는 예산성립 과정에서 삭감된 관 · 항 · 목으로 전용하는 경우는 안 된다.

다섯째, 당해 회계연도 안에 지출을 마치지 못할 것으로 예측되는 경비, 지출원인 행위를 하고 불가피한 사유로 인하여 연도 내에 지출하지 못한 경비는 이월을 할 수 있다.

〈표 10-8〉 어린이집 시설회계 세입예산과목 구분

과목						내역
관		항		목		
01	보육료	11	보육료	111	정부지원 보육료	만 0~5세아, 장애아, 다문화·맞벌이가구 등에 지원되는 보육료 및 카드수수료 환급금 등
				112	부모부담 보육료	보호자로부터 받은 보육료
02	수익자부담 수입	21	선택적 보육활동비	211	특별활동비	보호자가 부담하는 특별활동 비용
		22	기타 필요경비	221	기타 필요경비	보호자가 부담하는 입학준비금, 현장학습비, 차량운행비, 아침·저녁급식비, 졸업앨범비, 행사비 등 기타 필요경비
03	보조금 및 지원금	31	인건비 보조금	311	인건비 보조금	국가 및 지방자치단체로부터 받은 인건비(어린이집으로 지원되는 처우개선비 등 포함)
		32	운영보조금	321	기관보육료	국가 및 지방자치단체가 보육비용의 일정부분을 어린이집에 지원하는 보조금
				322	연장보육료	국가 및 지방자치단체가 연장보육에 대해 어린이집에 지원하는 보조금
				323	공공형 운영비	국가 및 지방자치단체가 공공형 어린이집에 지원하는 운영 보조금
				324	그 밖의 지원금	국가 및 지방자치단체가 지원하는 급·간식비 및 냉난방비, 누리과정운영비 등
		33	자본 보조금	331	자본보조금	신증축비, 개·보수비, 장비비 등
04	전입금	41	전입금	411	전입금	법인, 단체, 개인 등 운영·경영자로부터의 운영지원금
		42	차입금	421	단기차입금	회계연도 내 상환을 원칙으로 시설운영에 필요한 비용을 금융기관 등으로부터 일시 차입한 단기차입금
				422	장기차입금	시설 개·보수 등을 위해 금융기관 등으로부터 차입한 장기차입금

05	기부금	51	기부금	511	지정후원금	국내외 민간단체 및 개인으로부터 후원명목으로 받은 기부금 · 결연후원금 · 위문금 · 찬조금 중 후원목적이 지정된 수입
				512	비지정후원금	국내외 민간단체 및 개인으로부터 후원명목으로 받은 기부금 · 결연후원금 · 위문금 · 찬조금 중 후원목적이 지정되지 않은 수입과 자선행사 등으로 얻어지는 수입
06	적립금	61	적립금	611	적립금 처분 수입	적립금 및 퇴직적립금에서 이전받은 금액
07	과년도 수입	71	과년도 수입	711	과년도 수입	전년도 출납정리기간 이후에 납입된 수입
08	잡수입	81	잡수입	811	이자수입	금융기관에 예치한 예금의 이자수입
				812	그 밖의 잡수입	차량 · 물품 등 어린이집 재산 매각수입, 변상금, 위약금 수입, 교육 외 수입(보증금 수입 등), 보육교사 실습비, 보험료 수령액 등
09	전년도 이월액	91	전년도 이월액	911	전년도 이월금	전년도 불용으로 이월된 금액
				912	전년도 이월사업비	전년도에 종료되지 못한 이월사업비

출처: 보건복지부(2022e). 사회복지법인 및 사회복지시설 재무 · 회계규칙 제10조 제3항 제2호[별표 7]. 법제처 국가법령정보센터.

〈표 10-9〉 어린이집 시설회계 세출예산과목 구분

과목						내역
관		항		목		
100	인건비	110	원장 인건비	111	원장급여	원장인건비 중 기본급 등
				112	원장수당	원장에게 지급하는 상여금과 제(諸)수당
		120	보육교직원 인건비	121	보육교직원급여	보육교직원 인건비 중 기본급 등
				122	보육교직원수당	보육교직원에게 지급하는 상여금과 제(諸)수당

		130	기타인건비	131	기타 인건비	기타 일급 또는 단기 채용 임시 · 일용직 급여
		140	기관부담금	141	법정부담금	어린이집에서 부담하는 법정부담금(건강보험, 국민연금, 고용보험, 산업재해보상보험 등)
				142	퇴직금 및 퇴직적립금	어린이집에서 부담하는 퇴직급여 및 퇴직적립금
200	운영비	210	관리 운영비	211	수용비 및 수수료	소모품 및 집기 구입비, 도서구입비, 인쇄비, 홍보물, 각종 사무용 및 교구 비품의 수선비, 수수료, 구급약품, 치료비, 대관 · 비품대여료, 협회비, 우편료, 광고료 등
				212	공공요금 및 제세공과금	세금 및 공과금, 안전공제회비, 전기료, 상 · 하수도료, 도시가스료, 자동차세, 각종 보험료(자동차 · 화재 등), 전신 · 전화료(통신비) 등
				213	연료비	보일러 및 난방시설연료비, 취사에 필요한 연료비
				214	여비	국내 · 외 출장여비
				215	차량비	차량 관련 유류대, 정비유지비, 소모품 등
				216	복리후생비	보육교직원 복리후생을 위한 현물 · 서비스 지급비(교직원 건강검진비 · 피복비 · 치료비 · 급량비 등)
				217	기타 운영비	그 밖에 운영경비로서 분류되지 않은 경비(건물임대료, 건물융자금 이자 등)
		220	업무 추진비	221	업무추진비	어린이집 운영 및 유관 기관과 업무협의, 종무식 등 공식적인 업무추진에 소요되는 제반경비
				222	직책급	어린이집 원장의 직책수행을 위하여 정기적으로 지급하는 경비
				223	회의비	어린이집운영위원회, 부모회의 등 각종 회의 등에 소요되는 경비

300	보육 활동비	310	기본 보육활동비	311	교직원연수 · 연구비	교직원에게 지급하는 연수비 및 연구비
				312	교재 · 교구 구입비	보육 기자재, 도서 등 구입 및 제작비
				313	행사비	아동과 직접 관련되어 발생하는 각종 행사경비
				314	영유아복리비	영유아 건강 및 안전관련 비용(건강검진 비용 등)
				315	급식 · 간식 재료비	정규보육시간 내 제공되는 주 · 부식 재료 구입비 및 간식비
400	수익자 부담 경비	410	선택적 보육 활동비	411	특별활동비지출	특별활동에 따라 지출하는 비용
		420	기타 필요경비	421	기타 필요경비 지출	입학준비금, 현장학습비, 차량운행비, 아침 · 저녁급식비, 졸업앨범비, 기타 필요경비
500	적립금	510	적립금	511	적립금	어린이집의 안정적인 기관운영 및 완성에 수년을 요하는 공사나 제조 등 특정목적사업을 위한 적립금
600	상환 · 반환금	610	차입금 상환	611	단기 차입금 상환	단기 차입금 원금 및 이자 상환액
				612	장기 차입금 상환	장기 차입금 원금 및 이자 상환액
		620	반환금	621	보조금 반환금	정부보조금 미사용분에 대한 반환금
				622	보호자 반환금	보호자 부담비 미사용분에 대한 반환금
				623	법인회계 전출금	법인에서 지원한 전입금과 연계하여 지출하는 법인회계로의 전출금
700	재산 조성비	710	시설비	711	시설비	시설 신 · 증축비 및 부대경비, 그 밖에 환경개선을 위한 개 · 보수비
				712	시설장비 유지비	시설, 장비 및 물품 등의 유지를 위한 수선경비
		720	자산 구입비	721	자산취득비	시설운영에 필요한 비품구입비, 노후업무용차량 교체 등 차량구입비(차량할부금 포함), 그 외 자산 취득비

800	과년도 지출	810	과년도 지출	811	과년도 지출	과년도 미지급금 및 과년도 사업비의 지출(지출대상 부도 등 부득이한 경우에 한해 제한적으로 인정)
900	잡지출	910	잡지출	911	잡지출	보상금 · 사례금 · 소송경비 및 원 단위 절사금 등
1000	예비비	1010	예비비	1011	예비비	예측할 수 없는 불가피한 지출소요

출처: 보건복지부(2022f). 사회복지법인 및 사회복지시설 재무 · 회계규칙 제10조 제3항 제2호[별표 8]. 법제처 국가법령정보센터.

4) 결산

어린이집은 매 회계연도 말에 결산을 의무적으로 해야 한다. 결산방법을 요약하면 첫째, 세입 · 세출을 예산의 과목별로 세분하여 실시한다. 둘째, 결산금액단위는 10원 미만은 절사한다. 셋째, 정부보조금 사용잔액은 결산 시 반납조치토록 하여야 하며 기타는 익년도에 이월하여 사용한다. 넷째, 결산보고 시 은행의 잔액증명을 첨부하여야 한다. 다섯째, 시설보강사업 정산보고서는 건물등기부등본, 건출물관리대장 및 완공건물사진 등을 첨부하여야 하며, 장비구입 시는 구입물품 명세서를 첨부하여야 한다.

세입 · 세출 결산보고서가 작성되면 이사회의 결산보고서 의결을 거쳐 시 · 군 · 구청장에게 결산보고서를 제출해야 한다. 이때 인건비 지원시설 및 40인 이상 모든 시설의 경우는 세입 · 세출 결산보고서가 작성되면 어린이집운영위원회에 그 내용을 보고해야 한다. 결산보고의 절차는 〈그림 10-2〉와 같다(보건복지부, 2022g).

내용	담당	시기
• 세입 · 세출 결산보고서 작성	어린이집 원장	출납완료 시
• 어린이집운영위원회 보고	어린이집 원장	해당 어린이집
• 이사회의 결산보고서 의결	사회복지법인	결산보고서 작성 시
• 시장 · 군수 · 구청장에게 결산보고서 제출	어린이집 원장	5.31까지
• 세입 · 세출 결산개요를 당해어린이집의 게시판이나 홈페이지에 20일 이상 공고	어린이집 원장	결산보고서 제출 후

〈그림 10-2〉 결산보고의 절차

출처: 보건복지부(2022g). 사회복지법인 및 사회복지시설 재무 · 회계규칙 제19조. 법제처 국가법령정보센터.

제11장 건강 · 영양 · 안전관리

영유아보육의 궁극적인 목표는 영유아의 건강한 신체 · 인지 · 사회정서 발달을 도모하는 것으로서, 각 시기별 최적의 발달상태를 유지하기 위해서는 영유아의 특성을 고려하여 균형 잡힌 영양을 공급하고, 적합한 활동 및 충분한 휴식을 제공하며, 적절한 위생상태를 유지하는 것이 무엇보다 필요하다. 특히 영아기는 제1성장 급등기로 다양한 영역에서 발달이 급속도로 이루어지며, 유아기 또한 꾸준한 성장을 지속해가는 시기이므로 이들의 건전한 발달을 돕기 위해서는 영유아의 건강 · 영양 · 안전에 관한 세심한 주의가 요구된다.

영유아의 건강 · 영양 · 안전에 관한 일차적 책임은 영유아의 양육을 담당하는 주양육자에게 있으며, 가정에서는 부모, 어린이집에서는 교사의 역할이 크다고 할 수 있다. 자기조절능력이 부족한 영유아의 경우, 자신의 건강한 발달에 있어 주체적 존재라기보다는 주변 환경의 영향을 받는 의존적 존재이므로 그들이 처한 환경에 따라 발달 양상이 좌우될 수 있다. 즉, 영유아를 둘러싸고 있는 환경조건이 부적절한 경우, 발달상의 장애를 초래할 수도 있다. 따라서 영유아의 건전한 성장을 돕기 위해 주양육자는 환경조건을 최적으로 마련하여야 하며, 무엇보다 영유아의 의 · 식 · 주를 중심으로 한 건강 · 영양 · 안전관리에 힘써야 할 것이다.

이 장에서는 영유아의 건강한 발달을 도모하기 위한 양질의 보육환경 구성을 위해 영유아의 건강 · 영양 · 안전의 개념을 중심으로 이들에 관한 관리의 필요성 및 어린이집에서의 관리체계를 고찰하고, 영유아의 건강 증진을 위한 교육방법 등에 대해 살펴보고자 한다.

1. 건강관리

영유아의 건강은 현재뿐 아니라 미래의 발달상태를 예측하는 중요한 지표로 작용하므로 영유아보육을 담당하는 양육자는 영유아의 건강에 대해 세심한 관심과 주의를 기울일 필요가 있다. 여기에서는 건강의 개념을 중심으로 건강관리의 필요성 및 보육현장에서의 실제 관리체계를 고찰하고, 영유아의 건강 증진을 위한 지도방안에 대해 살펴보고자 한다.

1) 건강의 개념

우리는 종종 건강한 것을 질병이 없는 것으로 간주한다. 질병으로부터 신체를 보호하는 올바른 건강습관을 익히지 않고서는 건강함을 유지할 수 없는 것이 사실이지만, 우리는 보다 넓은 의미의 건강에 대해 생각해볼 필요가 있다.

세계보건기구(World Health Organization: WHO)에 따르면, 건강은 단지 질병이 없거나 허약하지 않은 것만을 의미하는 것이 아니라, 신체적, 정서적, 사회적으로 완전한 안녕상태를 뜻한다. 한편 Smith는 건강을 임상적 건강개념(clinical health concept), 역할수행상의 건강개념(role performance health concept), 적응적 건강개념(adaptive health concept), 행복론적 건강개념(eudaimonistic health concept)으로 나누어 설명하였다. 임상적 건강개념은 질병, 질환, 증후, 장애 등이 없는 것을 의미하고, 역할수행상의 건강개념은 자신에게 주어진 역할을 수행하는 데 어려움이 없는 상태를 말하며, 적응적 건강개념은 물리적, 사회적으로 효과적인 상호작용을 통해 잘 적응하는 것을 의미하고, 행복론적 건강개념은 일반적인 안녕(well-being)과 자아실현을 이루는 것을 말한다(김일성, 이광원, 이재철, 정동옥, 2005, 재인용).

이와 같이 건강은 신체적, 정신적으로 질병이 없을 뿐 아니라 주어진 상황에서 자신이 맡은 역할을 잘 해내며 타인과의 관계가 원만하고 일상의 안녕을 느끼는 상태로 볼 수 있다. 또한 질병 혹은 상해로부터 회복되기 위한 내적 자원 및 풍요로운 삶을 위한 충분한 에너지를 지니고 있는 상태로 간주할 수 있다.

2) 건강관리의 필요성

영유아기는 발달의 결정적 시기로서, 이 시기 동안의 건강관리는 그 어느 때보다도 중요하다. 특히 영유아기에 발생한 건강 문제는 단순히 그 시기로 끝나는 것이 아니라 일생을 통해 지속될 수 있기 때문에 그 심각성이 크다고 할 수 있다. 따라서 영유아에 대한 보다 세심한 건강관리가 요구된다. 특히 양육자의 보살핌이 많이 요구되는 영아들의 경우, 면역성이 떨어지고 자생능력이 부족하므로 발달상태에 적합한 영양을 공급하고, 주변 물품에 대한 소독을 철저히 하며, 적절한 자극을 제시함으로써 건강한 발달을 촉진할 필요가 있다.

오늘날 여성의 사회진출이 급증하면서 어린이집에 맡겨지는 영유아가 늘어남에 따라 어린이집에서의 영유아 건강관리의 중요성이 대두되고 있다. 물론 영유아 건강관리의 일차적 책임은 부모에게 있으나 많은 시간을 어린이집에서 보내는 영유아에게 있어서 어린이집의 책임 또한 크다고 할 수 있다. 따라서 가정과 어린이집의 원활한 교류를 통해 영유아의 건강상태를 규칙적으로 체크하는 것이 무엇보다 필요하다.

〈표 11-1〉은 영유아의 건강관리를 위해 기본적으로 알아두어야 하는 주요 전염병으로 병명을 중심으로 감염시기, 주요 증상, 예방법 등에 대해 기술해놓은 것이다. 각 전염병마다 감염시기가 다르므로 감염 위험이 있는 영유아의 경우 어린이집에서는 휴원 조치를 취하는 것이 바람직하다. 한편 〈표 11-2〉는 우리나라 어린이를 대상으로 하는 표준예방접종일정표로, 질병관리청 예방접종도우미사이트에 국가예방접종 및 기타예방접종에 관한 내용이 대상 감염병, 백신종류 및 방법, 횟수, 연령에 따라 제시되어 있다. 국가예방접종은 국가에서 권장하는 필수예방접종으로 국가는 「감염병의 예방 및 관리에 관한 법률」을 통해 예방접종 대상 감염병과 예방접종 실시기준 및 방법을 정하고, 이를 근거로 재원을 마련하여 지원하고 있고, 기타예방접종은 예방접종 대상 감염병 및 지정감염병 이외 감염병으로 민간 의료기관에서 접종 가능한 유료 예방접종이다. 영유아의 건강한 발달을 도모하기 위해서는 가능한 한 예방접종시기를 철저히 지키는 것이 필요하다.

〈표 11-1〉 주요 전염병

병명	잠복기	감염시기	증상	발진	기간	예방
수두	4~21일	발진 전 1일, 발진 후 6일	• 발열 • 발진 • 가려움	수포가 생겨 몸 전체에 번지고, 넷째 날 정도 딱딱해짐	7~10일	Varicella
풍진	14~21일	증상 전 2일, 증상 후 3일	• 발열 • 경미한 추위 • 선(gland) 확대	첫째 날: 붉은 자줏빛 둘째 날: 주황색	3~5일	M.M.R. 백신
홍역	10~14일	발열 전 1일, 발진 없어질 때까지	• 발열 • 기침 • 결막염	머리로부터 아래쪽으로 번지는 붉은 자주빛 반점	7~10일	M.M.R. 백신
유행성 이하선염	12~24일	부어오르기 전 1일, 마지막 부어오를 때까지	• 발열 • 턱 아래 부어오름	없음	7~10일	M.M.R. 백신
성홍열	2~7일	처음 증상이 나타날 때부터 증상이 나타난 후 7일까지	• 발열 • 인후염 • 두통 • 구토	얼굴을 제외한 몸에 아주 작은 주황색 뾰루지	7~10일	없음
백일해	7~14일	3~4주 동안 기침	• 추위 • 쌕쌕거리는 기침 • 구토	없음	4~6일	D.P.T. 백신

출처: Segal, M., Bardige, B., Woika, M. J., & Leinfelder, J. (2006). *All about child care and early education*. New York: Allyn & Bacon.

〈표 11-2〉 표준예방접종일정표

	대상 감염병	백신종류 및 방법	횟수	출생~1개월이내	1개월	2개월	4개월	6개월	12개월	15개월	18개월	19~23개월	24~35개월	만4세	만6세	만11세	만12세
국가 예방 접종	결핵	BCG(피내용)	1	BCG 1회													
	B형간염	HepB	3	HepB 1차	HepB 2차			HepB 3차									
	디프테리아 파상풍 백일해	DTaP	5			DTaP 1차	DTaP 2차	DTaP 3차		DTaP 4차				DTaP 5차			
		Tdap/Td	1													Tdap/Td 6차	
	폴리오	IPV	4			IPV 1차	IPV 2차	IPV 3차						IPV 4차			
	b형헤모필루스 인플루엔자	Hib	4			Hib 1차	Hib 2차	Hib 3차	Hib 4차								
	폐렴구균	PCV	4			PCV 1차	PCV 2차	PCV 3차	PCV 4차								
		PPSV	-										고위험군에 한하여 접종				
	홍역 유행성이하선염 풍진	MMR	2						MMR 1차					MMR 2차			
	수두	VAR	1						VAR 1회								
	A형간염	HepA	2						HepA 1~2차								
	일본뇌염	IJEV(불활성화 백신)	5						IJEV 1~2차				IJEV 3차		IJEV 4차		IJEV 5차
		LJEV(약독화 생백신)	2						LJEV 1차				LJEV 2차				
	사람유두종 바이러스 감염증	HPV	2													HPV 1~2차	
	인플루엔자	IIV	-					IIV 매년 접종									
기타 예방 접종	로타바이러스 감염증	RV1	2			RV 1차	RV 2차										
		RV5	3			RV 1차	RV 2차	RV 3차									

출처: 질병관리청 예방접종도우미(https://nip.kdca.go.kr).

3) 어린이집에서의 건강관리

어린이집에서는 흔히 입학 전에 아동의 일반적 건강상태를 파악하기 위해 각 가정으로부터 아동의 건강사에 관한 자료를 수집한다. 만성천식, 발작, 잦은 코피와 같은 현재 진행 중인 문제를 기록함으로써 보육교사들은 아동 개개인의 요구에 대해 잘 파악할 수 있고, 아동의 수면습관(예: 고무젖꼭지 물고 자기, 좋아하는 담요 덮고 자기), 식습관(예: 선호 식품, 알레르기 식품)과 같은 일상에 대한 정보도 얻을 수 있다.

또한 대부분의 어린이집에서는 정기적으로 영유아의 건강을 평가한다. 간호사 및 기타 보육교직원은 정기적인 신체계측(신장, 체중)을 통해 영유아의 건강상태를 살피고, 등 · 하원 시 영유아의 건강상태를 체크한다. 예를 들어, 아동의 피부, 눈, 코, 입, 손바닥의 상태를 살펴보며 질병의 증상이 나타나는지 확인한다. 그리고 보육교사의 관찰을 통해 아동의 건강상태를 파악하기도 한다. 특히 보육교사는 다음 사항에 유의함으로써 영유아의 건강 증진을 도모할 수 있다(Segal, Bardige, Woika, & Leinfelder, 2006).

- 올바른 건강습관 관찰하기
- 어린이집에서의 건강 관련 규칙 지키기
- 질병의 증상 인지하기
- 건강교육 프로그램 개발하기

이와 같이 보육교사는 영유아의 건강에 있어 가정의 부모만큼이나 주요한 인물로서, 어린이집 내에서의 건강관리는 영유아의 건강 증진을 위해 보다 세밀하게 이루어져야 할 것이다.

〈표 11-3〉은 어린이집에서의 영유아 건강관리를 체크하는 항목을 서술해놓은 것으로, 연령별 영유아의 건강관리에 대한 내용을 담고 있다. 또한 〈표 11-4〉와 〈표 11-5〉는 등하원 시의 건강 체크리스트로 영유아 개인의 구체적인 건강상태를 파악해볼 수 있는 자료이다.

〈표 11-3〉 어린이집에서의 영유아를 위한 건강관리 체크

내용 연령	입소 시 Check Point	일일 Check Point	정기진단	건강 증진 방법
0세	• 출생 이후의 생육력 기록 • 예방접종 상태 파악	• 기분, 식욕, 표정, 안색, 피부색, 목소리, 원기, 숨소리, 체온, 대소변의 횟수 및 색	• 출생~6개월 (주 1회) • 7개월 이후 (월 1회)	• 영아체조 • 일광욕
1세	• 출생 이후의 생육력 기록 • 이유식 시작시기 및 진행 정도 파악 • 예방접종 상태 파악	• 기분, 식욕, 표정, 안색, 피부색, 목소리, 원기, 숨소리, 체온, 대소변의 횟수 및 색 • 행동 범위가 넓어짐에 따른 안전사고 주의 • 식사 후 양치(충치예방)	• 12개월 이후 (월 1회)	• 영아체조 • 일광욕 • 바깥바람 쐬기
2세	• 출생 이후의 생육력 기록	• 휴식시키기 • 음식물, 맛, 조리법에 적응하게 하기	• 24개월 이후 (3개월 1회)	• 일광욕 • 바깥바람 쐬기
3세 이상	• 취원 전의 몸무게와 키, 특별한 음식물에 대한 이상 반응 등을 기록	• 등원 시 건강상태 파악 • 하원 시 건강상태 파악	• 36개월 이후 (6개월 1회)	

출처: 박은혜, 김혜금, 남궁선혜(2005). 영 · 유아의 건강 및 안전보호. **보육시설 운영 매뉴얼 및 영 · 유아 보육프로그램 개발 (2)**. 서울특별시.

4) 영유아 건강교육

건강한 영유아는 놀이, 학습, 전반적 발달에 필요한 강인한 체력과 활력을 지닌다. 영유아의 건강은 영유아가 온전한 성인으로 성장하는 데 있어 중요하므로, 올바른 건강습관을 길러주는 것은 현재의 건강상태를 좋게 유지하는 것뿐만 아니라 미래의 건강까지 보장해주기 때문에 특히 중요하다고 할 수 있다.

다양한 분야의 학자들은 건강에 대해 좀 더 알아갈수록, 행동의 중요성을 깊이 인지한다. 유아기에 형성된 바르게 먹기, 운동하기, 위험으로부터 피하기, 청결 유지하기, 공중위생 실천하기, 스트레스 조절하기와 같은 행동은 성장해서도 꾸준히 유지되는 경향이 있다(Segal et al., 2006). 따라서 건강교육은 건강 관련 행동을 습관화

〈표 11-4〉 건강 체크리스트(등원)

_______년 ____월 ____일 반명 _______ 이름 _________

교사		
증상 및 증후		관찰 사항
얼굴 표정	• 인사를 명랑하게 하는가?	☐ 전혀 그렇지 않다 ☐ 보통이다 ☐ 아주 그렇다
	• 기운이 있어 보이는가?	☐ 전혀 그렇지 않다 ☐ 보통이다 ☐ 아주 그렇다
	• 울고 있지 않은가?	☐ 전혀 그렇지 않다 ☐ 보통이다 ☐ 아주 그렇다
	• 피곤해 보이지 않는가?	☐ 전혀 그렇지 않다 ☐ 보통이다 ☐ 아주 그렇다
병색	• 감기 증상은 없는가?	☐ 전혀 그렇지 않다 ☐ 보통이다 ☐ 아주 그렇다
	• 얼굴이 붉거나 몸이 뜨겁지 않은가?	☐ 전혀 그렇지 않다 ☐ 보통이다 ☐ 아주 그렇다
	• 몸에 식은땀이 나지 않는가?	☐ 전혀 그렇지 않다 ☐ 보통이다 ☐ 아주 그렇다
	• 찰과상은 없는가?	☐ 전혀 그렇지 않다 ☐ 보통이다 ☐ 아주 그렇다
	• 눈이 충혈되어 있지 않은가?	☐ 전혀 그렇지 않다 ☐ 보통이다 ☐ 아주 그렇다
	• 눈곱이 끼거나 속눈썹이 달라붙어 있지 않았는가?	☐ 전혀 그렇지 않다 ☐ 보통이다 ☐ 아주 그렇다
	• 콧물을 흘리거나 코가 막히지 않았는가?	☐ 전혀 그렇지 않다 ☐ 보통이다 ☐ 아주 그렇다
	• 목소리를 제대로 못 내지 않는가?	☐ 전혀 그렇지 않다 ☐ 보통이다 ☐ 아주 그렇다
	• 귀를 자주 만지거나 후비는가?	☐ 전혀 그렇지 않다 ☐ 보통이다 ☐ 아주 그렇다
	• 구역질을 하거나 어지러움을 호소하지 않는가?	☐ 전혀 그렇지 않다 ☐ 보통이다 ☐ 아주 그렇다
	• 걸음걸이가 비정상적이지 않는가?	☐ 전혀 그렇지 않다 ☐ 보통이다 ☐ 아주 그렇다
청결 상태	• 눈곱, 콧물은 없는가?	☐ 전혀 그렇지 않다 ☐ 보통이다 ☐ 아주 그렇다
	• 입언저리, 귀 주위는 깨끗한가?	☐ 전혀 그렇지 않다 ☐ 보통이다 ☐ 아주 그렇다
	• 머리, 손발, 손톱은 깨끗한가?	☐ 전혀 그렇지 않다 ☐ 보통이다 ☐ 아주 그렇다
	• 옷에 때가 묻어 있지 않은가?	☐ 전혀 그렇지 않다 ☐ 보통이다 ☐ 아주 그렇다
	• 옷을 기후에 맞게 입고 왔는가?	☐ 전혀 그렇지 않다 ☐ 보통이다 ☐ 아주 그렇다
	• 손수건을 가지고 왔는가?	☐ 전혀 그렇지 않다 ☐ 보통이다 ☐ 아주 그렇다
행동 변화	• 갑자기 말을 더듬지 않는가?	☐ 전혀 그렇지 않다 ☐ 보통이다 ☐ 아주 그렇다
	• 다른 아이들과 잘 어울리는가?	☐ 전혀 그렇지 않다 ☐ 보통이다 ☐ 아주 그렇다
	• 부모와 떨어졌을 때 울지 않는가?	☐ 전혀 그렇지 않다 ☐ 보통이다 ☐ 아주 그렇다
	• 교사가 시키는 활동에 잘 따르는가?	☐ 전혀 그렇지 않다 ☐ 보통이다 ☐ 아주 그렇다
	• 퉁명스럽게 말을 하지 않는가?	☐ 전혀 그렇지 않다 ☐ 보통이다 ☐ 아주 그렇다

출처: 박은혜 외(2005). 영 · 유아의 건강 및 안전보호. **보육시설 운영 매뉴얼 및 영 · 유아 보육프로그램 개발 (2)**. 서울특별시.

〈표 11-5〉 건강 체크리스트(하원)

_____년 ___월 ___일 반명 ______ 이름 ________

교사		
증상 및 증후		관찰 사항
얼굴 표정	• 교사와 떨어지기를 두려워하지 않는가?	□ 전혀 그렇지 않다 □ 보통이다 □ 아주 그렇다
	• 자주 찡그리는가?	□ 전혀 그렇지 않다 □ 보통이다 □ 아주 그렇다
	• 무표정하게 있지는 않은가?	□ 전혀 그렇지 않다 □ 보통이다 □ 아주 그렇다
	• 침울하거나 우울해 보이지 않는가?	□ 전혀 그렇지 않다 □ 보통이다 □ 아주 그렇다
병색	• 피부병 증상은 없는가?	□ 전혀 그렇지 않다 □ 보통이다 □ 아주 그렇다
	• 눈을 심하게 깜박이거나 문지르지는 않는가?	□ 전혀 그렇지 않다 □ 보통이다 □ 아주 그렇다
	• 잇몸에서 피가 나고 붓거나 입술이 붓지 않는가?	□ 전혀 그렇지 않다 □ 보통이다 □ 아주 그렇다
	• 호흡 시 입에서 악취가 나진 않는가?	□ 전혀 그렇지 않다 □ 보통이다 □ 아주 그렇다
	• 귀에서 농성분비물이 흐르지 않는가?	□ 전혀 그렇지 않다 □ 보통이다 □ 아주 그렇다
	• 청력장애 증상을 보이지 않는가?	□ 전혀 그렇지 않다 □ 보통이다 □ 아주 그렇다
	• 찰과상은 없는가?	□ 전혀 그렇지 않다 □ 보통이다 □ 아주 그렇다
	• 팔, 다리의 피부색이 청색이거나 창백하거나 부어 있지 않는가?	□ 전혀 그렇지 않다 □ 보통이다 □ 아주 그렇다
	• 고통을 호소하지 않는가?	□ 전혀 그렇지 않다 □ 보통이다 □ 아주 그렇다
	• 힘이 없어 보이지 않는가?	□ 전혀 그렇지 않다 □ 보통이다 □ 아주 그렇다
	• 불편해하거나 비정상적인 증후를 보이지 않는가?	□ 전혀 그렇지 않다 □ 보통이다 □ 아주 그렇다
청결 상태	• 식사 후 이를 깨끗이 닦았는가?	□ 전혀 그렇지 않다 □ 보통이다 □ 아주 그렇다
	• 용변 후 손을 깨끗이 닦았는가?	□ 전혀 그렇지 않다 □ 보통이다 □ 아주 그렇다
	• 머리는 잘 빗었는가?	□ 전혀 그렇지 않다 □ 보통이다 □ 아주 그렇다
	• 겉옷을 잘 입었는가?	□ 전혀 그렇지 않다 □ 보통이다 □ 아주 그렇다
	• 얼굴이 깨끗한가?	□ 전혀 그렇지 않다 □ 보통이다 □ 아주 그렇다
	• 옷에 이물질이 묻어 있지 않은가?	□ 전혀 그렇지 않다 □ 보통이다 □ 아주 그렇다
행동 변화	• 모든 활동에 무관심하지 않았는가?	□ 전혀 그렇지 않다 □ 보통이다 □ 아주 그렇다
	• 난폭한 행동을 하지 않았는가?	□ 전혀 그렇지 않다 □ 보통이다 □ 아주 그렇다
	• 간식이나 점심을 잘 먹으려 하지 않고 먹는 양이 변화하지는 않았는가?	□ 전혀 그렇지 않다 □ 보통이다 □ 아주 그렇다
	• 잠자는 데 문제를 보이지 않았는가?	□ 전혀 그렇지 않다 □ 보통이다 □ 아주 그렇다
	• 화장실에 자주 가지 않았는가?	□ 전혀 그렇지 않다 □ 보통이다 □ 아주 그렇다

출처: 박은혜 외(2005). 영 · 유아의 건강 및 안전보호. **보육시설 운영 매뉴얼 및 영 · 유아 보육프로그램 개발 (2)**. 서울특별시.

하는 것으로 생각해볼 수 있으므로 가능한 한 일찍 시작하는 것이 바람직하다. 우리 속담에 "세 살 버릇 여든 간다"라는 말이 있다. 즉, 한 번 몸에 밴 습관은 평생을 좌우할 정도로 그 영향력이 크다는 것을 의미하는 것으로, 바람직한 건강습관을 길들이기 위한 교육은 일찍 시작할수록 효과가 크다고 볼 수 있다. 특히 좋은 건강습관은 초기에 형성된다는 점에 비추어볼 때에 일상생활과 관련된 주제통합 프로그램을 통해 아동들로 하여금 건강한 삶의 필요성에 대해 인지하도록 장려할 필요가 있다(Lind, 1996).

다음은 건강관리의 필수요건인 '손 씻기 방법'에 대해 소개한 것이다.

효과적인 손 씻기 방법

- 흐르는 온수를 이용하여 손을 씻는다.
- 액체 비누를 사용한다.
- 손의 앞뒤, 손목을 문지르며 비누거품을 낸다(최소 20초 동안).
- 손가락과 손톱 아래 부분의 비누거품을 계속해서 문지른다.
- 흐르는 물 아래서 완전히 헹군다.
- 깨끗한 일회용 수건이나 공기건조기로 손을 말린다.
- 물을 잠그기 위해 일회용 수건을 이용한다.
- 뚜껑 달린 함에 사용한 수건을 넣는다.

출처: U.S. Food and Drug Administration/U.S. Department of Agriculture. (2002). *Healthy people 2010*. Washington, DC: U.S. Department of Health and Human Services.

올바른 손 씻기 방법을 통해 세균 번식 및 감염을 예방할 수 있으므로 효과적인 손 씻기 방법을 실천하는 것이 필요하다. 따라서 가정 및 어린이집에서는 다음의 사항을 아동이 잘 숙지할 수 있도록 교육해야 하며, 가족구성원 및 보육교직원 또한 이러한 방법으로 손을 씻는 것이 요구된다.

또한 코피 혹은 상처로 인한 혈액, 소변과 같은 체액은 조심히 다루어져야 하는데, 이를 처리하는 과정에서 감염 가능성이 있으므로 더욱 주의를 기울여야 한다. 다음은 영유아의 건강 증진을 위해 혈액과 기타 체액을 다루는 방법에 관해 기술한 것으로, 가정 및 어린이집에서는 다음의 사항에 유의하여 이물질을 다루어야 한다.

혈액과 기타 체액을 다룰 때, 감염 방지를 위한 예방법

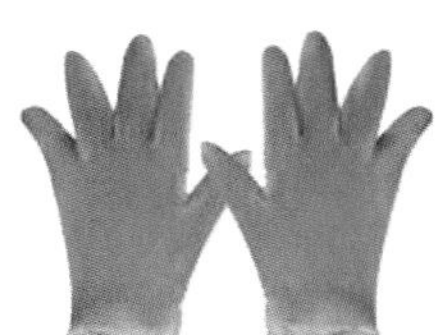

라텍스장갑

- 효과적인 손 씻기 방법을 이용하여, 비누로 손을 씻는다.
- 항상 잘 가공된 일회용 라텍스장갑을 낀다.
- 일회용 라텍스장갑은 사용 후 버려야 한다.
- 소맷부리를 잡고 장갑을 뒤집어 잡아당기며 벗는다.
- 뚜껑 달린 함에 사용한 장갑을 버린다.
- 효과적인 손 씻기 방법을 이용하여, 비누로 손을 씻는다.
- 오염 물질을 적절히 처리한다.
  - 집에서 세탁할 수 있도록 비닐 백에 얼룩진 옷을 넣고 봉한다.
  - 일회용 기저귀를 비닐 백에 안전하게 봉하여 버린다.
- 살균표백제로 모든 표면을 깨끗하게 한다.

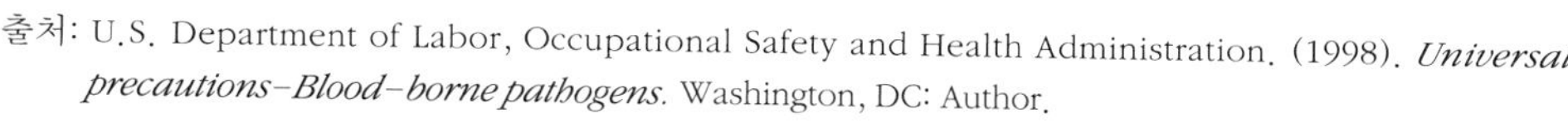

출처: U.S. Department of Labor, Occupational Safety and Health Administration. (1998). *Universal precautions–Blood–borne pathogens.* Washington, DC: Author.

2. 영양관리

영양은 건강과 직결되어 있으므로 매우 중요하다. 영유아기는 발달이 급속도로 이루어지는 시기이므로 충분하고 균형 잡힌 영양섭취를 하는 것이 필요하다. 다음에서는 영양의 개념을 중심으로 영양관리의 필요성 및 보육현장에서의 실제 관리 체계를 고찰하고, 영유아의 건강도모를 위한 영양교육에 대해 살펴보고자 한다.

1) 영양의 개념

살아가는 동안 건강은 우리가 먹는 음식의 종류와 양에 의해 많은 영향을 받는다. 식생활을 통해 섭취한 영양분은 우리의 건강 증진과 질병 예방에 있어 중요한 요소로 작용한다. 영양은 음식 그리고 신체가 음식을 처리하는 과정을 포함하는 개념으로, 음식물에는 탄수화물, 지방, 단백질, 미네랄, 비타민, 수분과 같은 영양소가 함유되어 있으며, 이런 영양소가 신체조직을 구성, 유지, 조절함으로써 건강에 기여하게 된다(Estes, 2004). 또한 영양은 식품, 즉 섭취하는 음식을 의미할 뿐 아니라, 음식을 섭취하여 소화 · 흡수 · 대사하는 전체적인 과정을 포괄한다. 더 나아가 영양은 사회, 문화, 경제 그리고 음식을 섭취할 때의 환경, 심리작용 등과 같은 다차원적인 문제와 함께 고려되어야 한다고 본다. 다시 말해서, 영양은 음식, 음식을 구성하는 영양소, 영양소의 화학적 기능뿐 아니라 우리를 둘러싸고 있는 환경, 우리의 심리상태에 영향을 받는 복합적 개념으로서, 영양섭취의 궁극적 목표는 건강한 발달을 도모하는 데 있다고 볼 수 있다(홍순명, 유리나, 최석영, 2013).

2) 영양관리의 필요성

급속한 성장과 발달이 이루어지는 영유아기는 특히 영양에 민감한 시기이다. 영유아가 적절한 영양을 섭취할 때, 그들의 신체와 두뇌는 정상적으로 발달할 수 있으며, 영양섭취가 제대로 이루어지지 못하면 성장은 늦어질 것이고, 운동기능 및 인지발달이 지연될 것이며, 에너지 부족으로 체력저하를 느낄 것이다(Brown & Marcotte, 2002). 부적절한 영양관리로 인한 두 가지 큰 문제는 영양실조와 비만으로, 이는 추후 발달에 부정적인 영향을 미치기 때문에 조기에 발견하여 적절히 조치해야 한다. 영양실조는 충분한 양의 음식을 섭취하지 못하거나 정상적인 성장과 발달에 필요한 영양소가 함유된 음식을 섭취하지 못하는 것에 기인한다. 반면, 비만은 정상 체중의 20%를 초과하는 경우를 말하며, 이는 종종 음식물을 과다섭취하는 것과 관련이 있다. 그러나 비만 아동들은 너무 많은 양의 음식을 먹기는 하지만 여전히 영양상태가 불균형을 이루므로 이들이 건강한 신체기능을 유지하기 위해 필요한 영양소가 함유된 음식을 제대로 섭취하지 못하고 있음을 알 수 있다. 영양상태가 좋지 않은 아동들은 종종 활력이 부족하여 신체활동에 대한 흥미가 줄어듦에 따라 체중이 증가하게 된다.

이처럼 영양상의 문제는 영유아의 신체발달을 저해할 뿐 아니라 왕따와 같은 사회정서발달의 문제를 야기할 수 있으므로 그 심각성이 크다(사진 참조). 따라서 영유아의 영양관리는 신체발달상의 질병 예방과 아동의 다양한 영역에서의 건강 증진을 도모하기 위해 필요한 것으로, 가정과 어린이집에서는 영유아가 충분한 양의 음식물을 섭취하도록 돕고, 고른 영양소를 얻도록 균형 잡힌 식사를 제공해야 한다.

〈표 11-6〉은 한국영양학회에서 명시한 영유아의 영양섭취기준으로, 영유아의 건강을 최적상태로 유지할 수 있는 영양소 섭취수준을 표시한 것이다. 〈표 11-6〉에 제시된 영양소 이외에도 n-6계 지방산, n-3계 지방산, 티아민, 리보플라빈, 비타민 B6, 비타민 B12, 판토텐산, 비오틴, 염소, 마그네슘, 아연, 불소, 망간, 셀레늄, 몰리브덴의 영양섭취기준이 제시되어 있다.

〈표 11-6〉 영유아 1일 영양섭취기준

구분 \ 연령		1~5개월	6~11개월	1~2세	3~5세
에너지(kcal)	필요추정량	500	600	900	1,400
탄수화물(g)	평균필요량			100	130
	권장섭취량			100	130
	충분섭취량	60	90		
지방(g)	충분섭취량	25	25		
단백질(g)	평균필요량		12	15	20
	권장섭취량		15	20	25
	충분섭취량	10			
식이섬유(g)	충분섭취량			15	20
수분(ml)	충분섭취량	700	800	1,000	1,500
비타민 A (ug RAE)	평균필요량			190	230
	권장섭취량			250	300
	충분섭취량	350	450		
	상한섭취량	600	600	600	750
비타민 D(ug)	충분섭취량	5	5	5	5
	상한섭취량	25	25	30	35
비타민 E (mg α-TE)	충분섭취량	3	4	5	6
	상한섭취량			100	150
비타민 K(ug)	충분섭취량	4	6	25	30
비타민 C (mg)	평균필요량			30	35
	권장섭취량			40	45
	충분섭취량	40	55		
	상한섭취량			340	510

니아신 (mg NE)	평균필요량			4	5
	권장섭취량			6	7
	충분섭취량	2	3		
	상한섭취량 1)			10	10
	상한섭취량 2)			180	250
엽산 (ug DFE)	평균필요량			120	150
	권장섭취량			150	180
	충분섭취량	65	90		
	상한섭취량			300	400
칼슘(mg)	평균필요량			400	500
	권장섭취량			500	600
	충분섭취량	250	300		
	상한섭취량			2,500	2,500
인(mg)	평균필요량			380	480
	권장섭취량			450	550
	충분섭취량	100	300		
	상한섭취량			3,000	3,000
나트륨(mg)	충분섭취량	110	370	810	1,000
칼륨(mg)	충분섭취량	400	700	1,900	2,400
철(mg)	평균필요량		4	4.5	5
	권장섭취량		6	6	7
	충분섭취량	0.3			
	상한섭취량	40	40	40	40
구리(ug)	평균필요량			220	270
	권장섭취량			290	350
	충분섭취량	240	330		
	상한섭취량			1,700	2,600
요오드(ug)	평균필요량			55	65
	권장섭취량			80	90
	충분섭취량	130	180		
	상한섭취량	250	250	300	300

출처: 한국영양학회(2020). 한국인 영양섭취기준.

영양섭취기준(Dietary Reference Intakes: DRIs)은 기존의 영양권장량이 필수영양소의 결핍 예방이라는 매우 제한적인 목적을 가지고 있었던 것을 보완하여, 건강에 좋은 영양소 섭취의 내용을 보다 다양하게 현대인의 식생활 문제에 대응할 수 있도록 개편한 것이다. 영양섭취기준은 평균필요량(Estimated Average Requirements: EAR), 권장섭취량(Recommended Intake: RI), 충분섭취량(Adequate Intake: AI), 상한섭취량(Tolerable Upper Intake Level: UL)의 네 가지로 구성되어 있다(한국영양학회, 2010). 평균필요량은 대상집단을 구성하는 건강한 사람들의 절반에 해당하는 사람들의 일일 필요량을 충족시키는 값을 말하고, 권장섭취량은 인구집단의 97.5%에 해당하는 사람들의 필요량을 섭취량으로 나타낸 값으로 평균필요량에 표준편차의 2배를 더하여 정한 값을 의미한다. 또한 충분섭취량은 영양소 필요량에 대한 정확한 자료가 부족하거나 필요량의 중앙값과 표준편차를 구하기 어려워 권장섭취량을 산출할 수 없는 경우에 역학조사에서 관찰된 건강한 사람들의 영양소 섭취수준을 기준으로 정한 값을 말한다. 상한섭취량은 인체 건강에 해로운 영향이 나타날 위험이 없는 최

〈그림 11-1〉 식품구성자전거

출처: 보건복지부, 한국영양학회(2015). 한국인 영양소 섭취기준.

대 영양소 섭취수준으로 과량 섭취하였을 때 건강에 위험이 있다는 자료가 있는 경우에 설정이 가능하다(최혜미 외, 2006; 한국영양학회, 2010).

한편 〈그림 11-1〉은 보건복지부와 한국영양학회에서 제시한 식품구성자전거이다. 이는 5개의 식품군에 권장식사 패턴의 섭취횟수와 분량에 맞추어 바퀴 면적을 배분한 것으로, 기존의 식품구성탑보다 다양한 식품섭취를 통한 균형 잡힌 식사와 수분섭취의 중요성 그리고 적절한 운동을 통한 비만 예방이라는 기본개념을 나타낸다.

3) 어린이집에서의 영양관리

영유아의 주요 활동 장소인 가정과 어린이집은 영유아 건강 증진의 주요 책임을 맡고 있으며, 영유아의 건강한 발달을 위해 청결상태를 유지하고 적절한 발달자극을 제시하며 충분한 영양공급을 해야 하는 의무를 지닌다. 특히 맞벌이 부부의 증가로 어린이집에 맡겨지는 영유아 수가 늘어나면서 영유아 건강에 대한 어린이집의 책임이 더욱 커지고 있다. 그럼에도 불구하고 우리나라 어린이집의 급식운영실태를 살펴보면, 어린이집은 설립형태에 따라 별도의 영양사 없이 운영되는 경우도 있고(강금녀, 2015; 보건복지부, 1998; 조미숙, 1998), 보육교사의 영유아에 대한 영양지식이 부족한 실정이다(박경애, 이지현, 2001). 영양은 건강과 직접적으로 연결되어 있으며, 충분한 양의 적절한 영양소를 섭취하는 것은 건강을 위해 무엇보다 중요하다. 따라서 영유아의 균형 잡힌 식이요법을 위해 어린이집에 영양사와 조리사를 별도로 두는 것이 당연하나 현실적으로 상황이 여의치 않은 경우가 많다. 그러나 적절한 영양섭취가 곧 건강한 발달과 연결됨을 감안할 때 영양사가 작성한 식단표 혹은 영양사의 감수를 거친 식단표를 활용하고 신선한 요리재료를 구입하며 위생적으로 재료를 다루고 적합한 요리법으로 급식을 준비하는 것이 필요하다.

한편 어린이집에서의 영양사와 조리사의 역할 이외에 보육교사는 식단을 공개하고, 영유아의 음식섭취량 및 식습관을 부모에게 알려줌으로써 어린이집에서 이루어지는 영양관리에 대한 정보를 가정에 제공할 수 있다. 또한 영유아의 효과적인 영양관리를 위하여 식사지도를 하는 것이 필요한데, 〈표 11-7〉은 어린이집에서의 영유아 영양관리를 위한 식사지도방법을 연령별로 식사 전, 식사 중, 식사 후로 나눠 지켜야 할 세부내용을 명시해놓은 것이다. 특히 영아들의 경우 직접 손을 씻고 닦는 것이 어렵고, 수저 사용 또한 용이하지 않으므로 보육교사의 세심한 보호 및 지도가 필요하다. 한편 기본생활습관을 형성해가는 유아들의 경우 적절한 식사예절을 지도함으로써 이후 일반적 생활습관의 초석을 마련해줄 수 있다.

〈표 11-7〉 영유아의 식사지도방법

연령	구분	내용
1~3세	식사 전	• 용변 후 손을 씻겨준다. • 식탁과 의자의 위치를 생각하여 자리에 앉힌다. • 각자 "잘 먹겠습니다"의 인사말을 하도록 한다.
	식사 중	• 한 손으로 식기를 잡고서 먹는 것을 가르친다. • 숟가락의 바른 사용법을 가르친다. • 남기지 않고 먹도록 돕거나 격려해준다. • 식사하는 상태를 관찰하여 식욕의 개인차를 안다.
	식사 후	• 자기의 물수건 또는 냅킨으로 손이나 입 주위를 깨끗이 닦게 한다. • 속도가 늦은 유아는 격려하며, 거의 반 정도 먹었으면 식후의 인사를 하게 시킨다.
3~5세	식사 전	• 식사 전에는 반드시 손을 씻도록 지도한다. • 식탁을 준비하거나 배식하는 것을 돕도록 지도한다. • 각자 "잘 먹겠습니다"의 인사말을 하도록 지도한다.
	식사 중	• 식사 중 예절을 지도한다(숟가락과 젓가락(또는 포크) 올바르게 사용하기, 입 안에 음식물 넣고 말하지 않기, 소리 내면서 먹지 않기, 식탁에 기대거나 비스듬한 자세로 먹지 않기). • 남기지 않고 먹는 습관을 들인다(유아의 식사량을 개별적으로 체크하고 먹을 수 있는 양을 제공한다). • 일정한 시간 내에 먹도록 가르친다.
	식사 후	• 먹다 남은 것은 정해진 그릇에 넣고 식기 치우는 일을 돕도록 한다. • 먹은 후 식탁 위 · 아래 등 주위를 깨끗이 정리할 수 있도록 한다. • 식사 후 감사의 인사를 하도록 한다. • 식사 후 양치질을 할 수 있도록 한다.

출처: 박은혜 외(2005). 영유아의 건강 및 안전보호. **보육시설 운영 매뉴얼 및 영 · 유아 보육프로그램 개발 (2)**. 서울특별시.

4) 영유아 영양교육

적절한 영양섭취는 영유아의 건강 증진 및 질병 예방에 있어 중요한 역할을 한다. 특히 영아기는 두뇌발달에 민감한 시기로 이 시기의 영양불균형은 성장, 발육에 문제를 초래하기 쉽다. 또한 꾸준히 성장해가는 유아기에도 균형 잡힌 영양섭취 및 충분한 양의 영양섭취는 그 시기의 건강뿐 아니라 이후에도 지속적인 영향을 미치므로 이를 담당하는 가정의 부모 및 보육교직원은 특별한 주의를 기울여야 한다. 영양교육은 건강교육의 한 부분으로, 식품과 영양에 관한 학습경험을 통해 교육받은 사람들의 지식, 태도, 나아가 행동의 변화를 바람직한 방향으로 유도하고자 하는 실천적 성격을 지닌다(이영미, 이민준, 2005). 따라서 영양교육 또한 건강교육과 같이 습관화가 중요하므로 일찍 시작하는 것이 좋다고 할 수 있다. 다음은 식습관과 관련하여 건강유지를 위해 지켜야 할 세 가지 요소를 언급한 것이다(김일성, 이광원, 이재철, 정동옥, 2005).

- 적당량을 알맞게 먹었는가? (과식 문제)
- 필요한 영양소를 균형 있게 먹었는가? (편식, 영양과잉 조절)
- 식사 횟수 및 시간은 규칙적인가? (올바른 식생활)

영양은 건강과 직결된 문제로, 올바른 식습관을 통한 균형 잡힌 영양상태를 유지하지 않고서는 건강을 기대할 수 없다. 따라서 영유아의 건강에 대한 책임을 맡고 있는 가정 및 어린이집에서는 이러한 사항의 점검을 통해 영유아가 어릴 때부터 올바른 식습관을 몸에 익힐 수 있도록 각별한 주의를 기울여야 할 것이다.

한편 보건복지부(2012a)의 생애주기별 식생활지침에 따르면, 임신수유부, 영유아, 어린이, 청소년, 성인을 대상으로 질병 예방 및 건강 증진, 나아가 개인의 삶의 질 향상을 도모하기 위한 실천지침을 제공하고 있는데, 〈그림 11-2〉는 영유아에 대한 내용을 담고 있다. 이 자료에 따르면 생후 6개월까지 모유를 먹이고, 이유식은 성장 단계에 맞춰 먹이며, 유아의 성장과 식욕에 따라 알맞게 먹이고, 곡류, 과일, 채소, 생선, 고기, 유제품 등 다양한 식품을 먹일 것을 권장하고 있다.

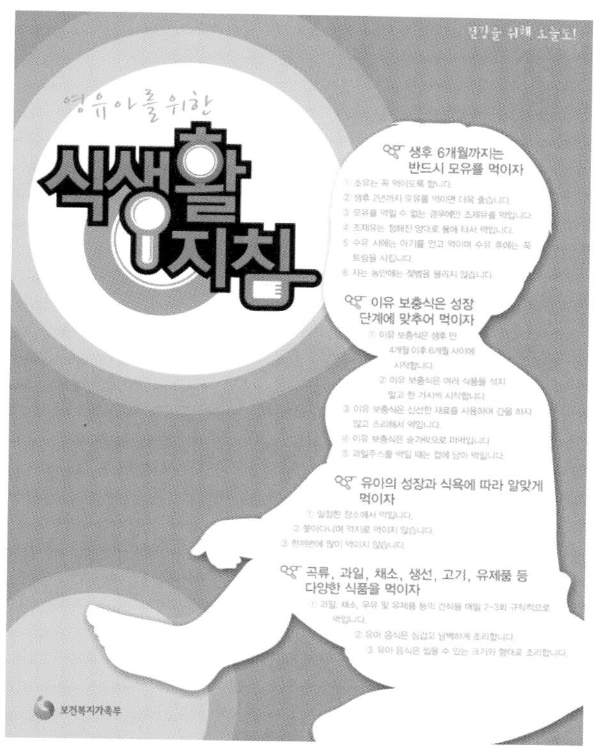

〈그림 11-2〉 영유아를 위한 식생활지침

출처: 보건복지부(2012a). 생애주기별 식생활지침 개정안 발표.

3. 안전관리

영유아는 자신의 신변에 대해 스스로 보호할 수 있는 능력의 부족으로 위험상황에 보다 많이 노출되어 있다. 따라서 영유아를 보호하는 양육자는 안전사고를 예방하기 위한 환경조성 및 안전교육에 주의를 기울여야 한다. 다음에서는 안전의 개념을 중심으로 안전관리의 필요성 및 보육현장에서의 실제 관리체계를 고찰하고, 영유아의 건강한 발달을 위한 안전교육에 대해 살펴보고자 한다.

1) 안전의 개념

우리는 항상 잠재된 위험 상황에 노출되어 있으며, 이를 얼마나 잘 예방하느냐가 사고를 줄이는 지름길임을 알고 있다. 안전은 아동과 성인을 상해로부터 보호하는 것을 의미하며, 특히 영유아의 경우 위험을 피하기 위한 지식, 기술, 판단능력이 부족하여 성인 양육자에 의지할 수밖에 없다(Segal et al., 2006). 또한 안전은 사고를 줄일 수 있도록 위험 예지능력을 키우는 것으로, 이를 실천하도록 형성된 습관에 의해서 얻어지는 결과물로 볼 수 있다(이인실, 최민수, 한국선, 2006). 한편 성인에 비해 안전 지각능력이 떨어지는 유아를 대상으로 한 연구에 따르면(곽은복, 2000), 유아 안전이란 모든 환경으로부터 사고를 예방하기 위한 것으로 유아가 사고의 위험과 신체적 손상을 최소화하기 위해 시도하는 역동적인 상태로 간주되며, 이러한 유아의 능동적인 행동 변화를 통하여 사고의 위험을 줄일 수 있다고 하였다. 이와 같이 안전은 예기치 않은 사고에 대처하는 방법으로, 위험을 예방하기 위한 지식, 기술, 태도 측면을 포괄하는 광범위한 개념으로 이해할 수 있다. 그리고 무엇보다 중요한 것은 안전사고에 대비하기 위한 예방 차원의 노력일 것이다.

2) 안전관리의 필요성

오늘날 도심의 팽창으로 인구밀집 지역이 생겨나고, 고층건물 수가 늘어나고, 이동수단의 증가로 인해 각종 사고가 늘어나는 것을 고려해볼 때 현대 사회에서의 안전관리는 과거 어느 때보다 더 많은 주의를 요한다. 특히 어린 영유아의 보육에 있어 안전은 중요한 요소로 작용하는데, 놀이공간의 부족, 놀이시설 및 놀잇감뿐 아니라 일반 시설물과 물품으로 인한 상해문제 등으로 아동은 위험에 쉽게 노출되어 있다. 따라서 영유아보육의 책임을 맡고 있는 가정과 어린이집은 아동을 둘러싼 환경에 대한 특별한 주의를 기울여야 한다.

영아의 경우 양육자와 대부분의 시간을 보내며 위험요소로부터 비교적 안전하게 보호되는 반면, 유아의 경우 신체기능의 발달로 활동 영역이 넓어지고 호기심의 발달로 탐색활동이 늘어나면서 위험에 노출될 가능성이 더욱 크다. 그럼에도 균형감각과 같은 운동기능 및 판단능력과 같은 인지기능이 미비하여 위험상황에 잘 대처하지 못하는 경우가 대부분이다. 따라서 유아기는 특히 안전사고의 위험성이 높은 시기임을 인식하고 이들을 보육하는 담당자의 세심한 주의가 필요하다.

한편 영아가 사망하는 이유 중의 하나인 영아돌연사 증후군(Sudden Infant Death Syndrome: SIDS)은 첫돌이 되기 전의 영아가 특별한 이유 없이 수면 중에 갑자기 사

사진 설명 '이쪽을 위로(This side up)'라는 문구가 쓰인 옷을 입은 영아들이 똑바로 누워 있다.

망하는 것을 말한다. 다음의 사진은 미국 버지니아 주 리치먼드 어린이박물관에서 열린 영아돌연사 방지를 위한 캠페인 자료로, '이쪽을 위로(This side up)'라는 문구가 쓰인 옷을 입은 아이들이 위쪽을 보고 똑바로 누워 있는 모습이다. 심폐기능이 좋아지고 머리 모양이 예뻐진다는 이유에서 많은 부모들이 아기를 엎드려 재운다. 그런데 미국에서 매년 SIDS로 사망하는 영아가 6,000여 명에 달하자 미국 정부와 소아과학회가 아기를 똑바로 눕혀 재울 것을 계몽하고 나선 것이다(중앙일보 2006년 3월 31일자). 이 또한 안전사고에 있어 예방의 중요성을 강조하는 것으로, 영아를 보살피는 양육자의 경우 아동의 조그만 움직임에도 각별한 관심을 갖고 사전에 안전사고에 대한 대비를 하여야 할 것이다.

3) 어린이집에서의 안전관리

영유아의 안전에 대한 일차적 책임은 가정에 있지만, 여성의 사회진출로 어린이집에 맡겨지는 아동 수가 늘어나면서 어린이집 또한 영유아의 안전에 대한 막중한 의무를 지닌다. 보육교직원은 어린이집 내 영유아의 보호자로서의 역할을 하며, 아동의 안전에 대한 의무를 지닌다. 안전은 보육환경의 여러 영역에 있어 중요한 요소이다. 실내외 공간에서의 신체적 · 정서적 위험으로부터 영유아를 보호하기 위해 보육교직원들은 안전을 위해 다양한 측면을 고려한다. 특히 보육교사는 상당한 시간을 영유아와 함께 보내므로 영유아의 안전에 대한 주요 책임을 맡고 있으며, 각 아동의 발달특성에 좀 더 주의하여 안전사고의 예방을 위해 노력해야 한다. 다음은 교실과 놀이터에서의 안전에 관한 내용으로, 보육교사는 다음의 사항에 유의하여 영유아를 보육하여야 할 것이다.

(1) 교실에서의 안전

교실에서의 안전사고를 예방하기 위해 유의해야 할 점은 다음과 같다(Segal et al., 2006).

- 위험가능성이 있는 모든 물건(예: 약품, 유해식물, 날카로운 가위나 칼, 전기코드, 뜨거운 음료 등)을 영유아의 손이 닿지 않는 곳에 안전하게 두었는가?
- 모든 전기콘센트에 덮개가 덮여 있는가?
- 영유아가 부딪칠 수 있는 끝이 날카로운 탁자나 선반이 없는가?
- 영유아가 미끄러지거나 발이 걸려 넘어질 수 있는 장애물, 끈 풀린 깔개, 젖은 얼룩이 바닥에 있지는 않은가?
- 무거운 가구(예: 책장, 식탁용 유아의자, 접이식 탁자)는 영유아가 기어오르고 밀고 당기고 흔듦에 따라 뒤집어질 수 없을 정도로 안전한 곳에 안정되게 놓여 있는가?
- 소화기의 위치와 사용법에 대해 알고 있고, 실제 작동할 수 있는가?
- 모든 장난감은 영유아의 발달연령에 적합하고 안전한 것인가?
- 3세 미만의 아동이 있다면, 그들이 삼킬 가능성이 있는 물체는 없는가?
- 모든 아동들을 한 번에 볼 수 있도록 칸막이가 낮게 설치되어 있는가?
- 알레르기 혹은 기타 건강상의 특별한 요구를 지닌 영유아를 위한 적절한 예방책과 개조물이 있는가?

(2) 놀이터에서의 안전

놀이터에서의 안전사고를 예방하기 위해 유의해야 할 점은 다음과 같다(Segal et al., 2006).

- 놀이터에 안전하게 울타리가 쳐져 있는가?
- 놀이터에 깨진 유리조각이나 다른 파편은 없는가?
- 미끄럼틀의 위쪽에 추락방지를 위한 난간과 여유 공간이 있는가?
- 그네는 S훅으로 단단하게 연결되어 있고, 쇠사슬과 줄이 잘 맞물려 있는가?
- 지나가는 아동이 빈 그네에 부딪쳐도 상처입지 않도록 그네가 부드럽고 가벼운 소재로 되어 있는가?
- 오르내리고, 흔들리는 놀이시설 아래에 최소 6인치(가능한 8인치) 높이의 모래, 짚, 풀이 있는가?
- 모든 시설물은 파편, 날카로운 소리, 녹슨 부분, 느슨한 나사와 볼트로 인해 위험하지는 않은가?

- 금속성 시설물은 그늘진 곳에 위치해 있는가?
- 놀이터 표면이 구멍 혹은 튀어나온 부분 없이 평평한가?
- 자전거 길의 경우 공간이 넓고, 굽어 있으며, 일방통행 표시가 되어 있는가?
- 부서진 시설물을 모두 제거하였는가?
- 놀이터의 유해식물 존재 여부를 체크하였는가?
- 알레르기 혹은 기타 건강상의 특별한 요구를 지닌 영유아를 위한 적절한 예방책과 개조물이 있는가?

〈표 11-8〉은 어린이집에서의 일일 안전 점검표로, 실내 · 실외 환경에 대한 안전사항을 명시해놓은 것이다. 이를 통해 점검상태가 불량으로 나온 경우는 빠른 조치를 취해야 하며 영유아의 안전에 대한 관심을 조금도 늦춰서는 안 될 것이다.

〈표 11-8〉 일일 안전 점검표

담당	원장

영역	일일 안전 점검 내용(　　　년　월　일)	점검상태		조치사항
		양호	불량	
실외 안전	• 놀이시설물 주변에 깨진 유리, 돌, 망가진 시설물 등 상해를 유발시킬 수 있는 위험요인이 없는가?			
	• 놀이시설물에 영유아의 살을 베거나 찌를 수 있는 날카로운 부분, 모서리, 뾰족한 부분이 없는가?			
	• 놀이터 바닥에 위험물이나 오물, 방치된 물웅덩이는 없는가?			
	• 놀이시설물의 돌출부분인 볼트와 너트가 위로 튀어나오지 않았는가? 볼트와 너트가 위로 향하고 있는 경우 그 높이가 3.2mm를 넘지 않는가?			
	• 놀이터 시설의 울타리에 이상이 없으며, 부식된 구조물은 없는가?			
실내 안전	• 모든 설비는 움직이거나 떨어지지 않도록 바닥과 벽면에 단단히 고정되어 있는가?			
	• 보육실 내 모든 설비의 모서리가 부드럽게 처리되어 있는가?			
	• 창문 주변에 영유아가 딛고 올라갈 수 있는 물건이 있는가?			
	• 창문 가장자리의 손끼임 방지장치는 제대로 작동하는가?			
	• 창 보호대 및 방충망의 상태는 어떠한가?			

	• 출입문의 여닫음 상태는 어떠한가?			
	• 출입문의 손끼임 방지장치는 제대로 작동하는가?			
	• 놀잇감의 크기와 놀이기구의 높이가 영유아들에게 적합한가?			
	• 놀잇감의 페인트 및 색이 벗겨진 것은 없는가?			
	• 영유아가 삼킬 만한 작은 놀잇감이나 위험한 놀잇감이 방치되지 않았는가?			
	• 보수가 필요한 놀잇감 및 기구가 방치되어 있지 않은가?			
	• 그네, 말타기, 보행기 등 움직이는 놀잇감은 부딪히지 않도록 배치되어 있는가?			
	• 움직이는 놀잇감의 바닥에는 충격을 흡수하고 미끄럼을 방지할 수 있는 고무매트 등을 깔아두었는가?			
	• 현관문의 손끼임 방지장치가 제대로 작동하고 있는가?			
	• 현관문의 잠금 장치는 어떠한가?			
	• 통로에 미끄럼을 방지할 수 있는 장치가 되어 있는가?			
	• 계단의 조명은 충분히 밝은가?			
실내 안전	• 계단 바닥은 미끄럽지 않은가?			
	• 계단 난간은 튼튼하며 보수가 필요한 곳은 없는가?			
	• 계단에 떨어질 만한 비품이 방치되어 있지는 않은가?			
	• 계단문의 안전상태는 어떠하며 항상 닫혀 있는가?			
	• 화장실에 비누와 치약 등은 제자리에 비치되어 있는가?			
	• 화장실 환기팬은 잘 작동되는가?			
	• 화장실의 방충망 상태는 어떠한가?			
	• 조리실의 채광 및 환기는 잘 되고 있는가?			
	• 조리실의 방충망 상태는 어떠한가?			
	• 조리용 칼이나 가위, 포크, 랩, 기타 위험한 주방기구는 지정된 안전한 장소에 보관하고 있는가?			
	• 조리실에 보수가 필요한 부분이 방치되어 있지 않은가?			
	• 냉장고 잠금 장치는 잘 부착되어 있는가?			
	• 조리기구와 식기는 사용 즉시 열탕 소독하고 있는가?			
	• 조리실의 배수구에는 덮개가 설치되어 있는가?			
	• 소독수, 살충제, 세제류 등은 영유아의 손이 닿지 않는 안전한 장소에 보관하고 있는가?			

• 차량운행 시 보육교사 등 영유아를 보호할 수 있는 사람이 동승하는가?			
• 36개월 미만 영아를 탑승시키는 때에는 보호자가 동반하거나 보호장구를 착용하는가?			
• 교사와 영 · 유아는 차량운행 시작 전 안전벨트를 착용하는가?			

출처: 박은혜 외(2005). 영유아의 건강 및 안전보호. **보육시설 운영 매뉴얼 및 영 · 유아 보육프로그램 개발 (2)**. 서울특별시.

4) 영유아 안전교육

일반적으로 영유아들은 가정과 어린이집에서 안전 관련 상황에 직면함으로써 이에 대해 학습할 기회를 갖는다. 예를 들어, 전기코드는 함부로 만지지 않으며, 계단을 오를 때 난간을 붙잡고, 아무거나 입속에 넣지 않도록 교육을 받는다. 안전교육이라 함은 일반적으로 안전을 위협하는 여러 요소로부터 건강한 생활을 유지하기 위한 적극적인 방법으로서, 사고의 위험을 사전에 방지하여 사고율을 낮추고 사고에 대한 대책을 마련하여 사고 발생 시 그 피해를 줄이기 위한 방법을 주된 내용으로 하는 교육을 의미한다(박은혜 외, 2005). 특히 어린이집의 아동들은 일련의 교육 프로그램을 통해 안전 관련 교육을 받는데, 안전교육은 영유아의 흥미를 유발하여 학습이라는 의미보다 자연스러운 의식, 하나의 습관으로 몸에 배일 수 있도록 교육하는 것이 바람직하다. 어린 아동들의 행동은 대체로 예측 불가능하므로 안전의식을 지닌 보육교사라 하더라도 모든 위험을 제거하거나 모든 낙상을 막을 수는 없다. 그러나 이러한 위험을 낮추기 위해서 보육교사는 아동에게 기본적인 안전습관과 안전한 행동요령을 가르칠 수 있다. 보육교사는 다음과 같은 행동을 통해 영유아의 안전에 대한 책임을 행사할 수 있다(Segal et al., 2006).

- 아동들을 항상 관리 · 감독하기
- 새로운 곳으로 이동할 때마다 아동 수를 확인하기
- 교실문을 닫힌 채로 유지하기(사람의 출입을 알리는 벨 설치)
- 안전한 행동 관련 모델되기
- 오르내리고, 그네에 앉고, 무거운 것을 나르고, 블록을 조립하고, 도구를 다루고, 놀이시설을 이용하는 안전한 방법 보여주기
- 팝콘, 포도, 견과류, 씨, 생 당근, 딱딱한 사탕, 콘칩과 같은 질식을 일으킬 수 있

는 음식물 주지 않기
- 소방훈련 계획하고 실행하기
- 하원 시 아동을 데려가도록 권한을 부여받은 사람을 통해 아동 귀가시키기

한편 다음은 욕실에서의 안전교육의 구체적인 내용을 명시한 것으로, 특히 미끄럼, 넘어짐, 화상 등의 사고를 예방하기 위해 부모와 보육교사는 영유아에게 다음 사항을 숙지하도록 교육을 실시해야 할 것이다(이인실 외, 2006).

욕실에서의 안전교육

- 욕실바닥은 미끄럽지 않은 재질을 사용하고, 바닥의 물기는 닦아주도록 한다.
- 욕조의 수도꼭지에 보호덮개를 씌워둔다.
- 유아들이 욕실 바닥에서 장난하지 않도록 한다.
- 세면대가 유아들 신체에 맞지 않으면 세숫대야에 물을 받아 사용하도록 한다.
- 비누, 치약, 샴푸, 세제, 헤어드라이, 전기면도기 등은 사용 후 제자리에 두고 유아의 손이 닿지 않는 곳에 보관한다.
- 3세 미만의 영아는 욕조에서 익사할 염려가 있으므로 영아를 욕조에 혼자 둔 채 부모가 자리를 비우지 않도록 한다.
- 욕실의 벽이나 욕조 옆에 손잡이 봉을 설치하여 미끄러질 때 잡을 수 있도록 한다.
- 욕실에서 사용하는 컵은 플라스틱이나 금속으로 된 제품을 사용하도록 한다.
- 욕실 온수의 온도를 잘 감지하여 영유아들이 화상을 입지 않도록 한다.
- 유아가 화장실 안에서 문의 잠금 장치를 사용하지 않도록 설치해야 한다. 만약 안에서 잠금 장치를 해야 할 필요가 있다면 밖에서 문을 열 수 있도록 열쇠를 항시 준비해놓아야 한다.

제12장 보육평가

평가라고 하면 누구나 긍정적인 감정보다는 부정적인 감정을 먼저 떠올린다. 평가를 받는 것도, 평가를 하는 것도 그리 즐겁거나 쉬운 일이 아니기 때문이다. 특히 어린이집에서 현재 이루어지고 있는 대부분의 평가는 단지 미리 설정한 특정 목표가 달성되었는지의 여부만을 알아보거나 유아나 기관의 현재 상태가 어떠하다는 보고에서 끝나는 것이 대부분이기 때문에 교사나 부모들의 경우 평가의 필요성이나 중요성을 제대로 인식하지 못하고 있다. 평가가 단지 평가로 끝나는 것이 아니라 그 평가 결과를 토대로 부족한 부분을 수정, 보완하여 다시 새로운 목표를 세우는 데 반영될 때, 평가는 진정한 의미를 갖는다고 볼 수 있다.

보육평가의 궁극적인 목적은 영유아에게 제공되는 보육의 질을 향상시키는 것이다. 보육의 질을 높이기 위해서는 각 유아의 특성을 제대로 파악하고 그에 맞는 적절한 프로그램이나 환경을 제공해야 한다. 더불어 영유아를 지도하는 교사의 자질뿐 아니라 원장의 자질 또한 보육의 질과 직결된다. 따라서 교사는 영유아의 발달수준과 어린이집 및 보육 프로그램에 대한 주기적인 평가와 교사 자신의 자질 및 전문성에 대한 자기평가 과정을 통해 각 영유아에게 제공되는 보육의 질을 높이도록 지속적으로 노력해야 할 것이다.

따라서 이 장에서는 보육평가의 목적과 보육평가의 대상에 따른 평가방법 및 보육의 질을 높이기 위한 평가의 적극적인 활용에 대해 알아보고자 한다. 특히 보육의 질적 향상을 위해 정부에서 적극적으로 권장·시행하고 있는 어린이집 평가제를 중심으로 살펴보고자 한다. 어린이집 평가제의 목적 및 필요성, 어린이집 평가제의 개념 및 구성, 국외 어린이집 평가인증의 현황에 대해 알아보고 평가인증의 효과에 대해서도 살펴보고자 한다.

1. 보육평가의 목적

평가는 계획된 목적에 맞게 정보를 체계적으로 수집하고 분석하는 과정이다. 무엇을 평가하느냐에 따라 수집되고 분석되는 정보에는 차이가 있지만 평가를 하는 목적은 유사하다. 평가과정을 통해 현재의 상태를 진단하거나 미리 계획했던 내용이 어느 정도 잘 수행되었는지를 확인함으로써 계획했던 내용의 적절성이나 타당성을 파악할 수 있고 더불어 더 좋은 내용을 구성할 수 있는 토대를 마련하게 된다. 이런 측면에서 평가는 복잡 다양한 실제를 다루어야 하며, 무엇이, 어떤 상황에서, 누구에게, 어떻게 적합한지를 분석함으로써 이후의 의사결정을 돕는 역할을 한다(Schwandt, 2003).

Sue Bredekamp

미국유아교육협회(NAEYC)와 주교육부 산하 유아교육전문가협회에서는 유아평가의 목적을 다음과 같이 세 가지로 제시하였다(NAEYC & NAECS/SDE, 1991). 첫째, 개별 유아 및 학급에 보다 적절한 수업을 고안하고 학부모와 원활한 의사소통을 하기 위해서이다. 유아평가를 통해 각 유아의 개별적인 요구에 맞도록 그리고 이상적으로는 유아의 연령과 개별적 적합성 간에 조화로운 균형을 이룰 수 있도록 수업이 구성되어야 한다(Bredekamp, 1987). 즉, 유아에게 제공되는 교육내용이나 환경이 유아에게 적절한 것인지 알아보기 위해 유아들의 호기심, 흥미, 발달수준, 이해 정도 등을 평가한 후 개별 유아에게 적절한 지도방법이나 활동 내용을 선별하게 된다. 둘째, 특수교육을 필요로 하는 유아를 진단하여 그 유아에게 필요한 서비스를 제공하기 위해서이다. 종합적인 평가를 통해 특별한 보호나 교육이 필요한 유아를 식별해내어 그 유아에게 꼭 필요하고 적절한 교육을 제공함으로써 유아의 정상적인 발달을 도모한다. 셋째, 유아교육 프로그램이 의도한 목적을 얼마나 잘 달성했는지 프로그램 자체를 평가하기 위해서이다. 유아교육 프로그램을 계획하고 실행하는 것에서부터 실제 프로그램을 진행하는 전 과정이 교육목표에 어느 정도 기여하는지를 알아보는 것이다. 이러한 목표는 각기 분리되어 있지만 궁극적으로는 유아의 발달 및 교육의 질을 향상하기 위한 것이다.

이와 유사하게 보육평가를 실시하는 목적 또한 영유아에게 제공되는 보육 및 교육의 질을 향상시키는 데 있다. 즉, 보육평가란 영유아의 발달을 촉진하고 영유아에게 질 높은 교육을 제공해주기 위한 제반 사항(예: 보육환경, 보육 프로그램, 교사의 질, 유아의 발달 상황 등)에 대해 평가하고 이러한 평가를 통해 보육의 질을 향상시키기 위한 것이다. 보육평가의 목적을 구체적으로 살펴보면, 첫째, 보육교직원이 유아의 현재 발달 상황을 객관적으로 평가함으로써 유아에게 발달적으로 적절한 보호 및 교육과 환경을 제공한다. 둘째, 보육교직원은 현재 실시하고 있거나 계획 중인 보육 프로그램의 적합성과 타당성을 평가함으로써 개별 유아에게 적합한 내용을 제공해줄 수 있다. 셋째, 보육교직원은 유아에게 제공되는 보육환경의 적절성을 평가함으로써 부족한 보육환경을 개선할 수 있다. 넷째, 보육교직원은 지속적인 자기평가를 통해 일에 대한 만족감을 느끼며 전문성을 인지할 수 있는 기회를 갖게 된다. 다섯째, 정부는 어린이집에 대한 평가를 통해 어린이집의 질적 수준을 파악할 수 있게 되며 이를 통해 점진적으로 보육의 질을 높일 수 있다.

특히 우리나라의 경우 어린이집의 유형 및 지역에 따라 보육교사의 질, 보육환경, 보육 프로그램 등에서 상당한 차이를 보인다. 보육에 대한 수요가 급증함에 따라 어린이집이 양적으로는 급증했지만 질적인 측면에서는 그다지 개선되지 못하였다. 질적인 측면에서 어린이집 간에 큰 차이를 보임에 따라, 유아에게 적절한 보호와 교육을 제공하는 어린이집인지에 대한 객관적인 평가를 하는 것은 어린이집이 현재 지니고 있는 부족한 점을 탐색하고 이를 개선해나갈 수 있는 기회를 제공해준다는 측면에서 의의가 있다.

더불어 보육이라는 것이 단순히 아동을 맡긴다는 '탁아'에서 벗어나 영유아의 건강과 안전을 도모하고 발달특성에 맞는 적절한 교육을 제공하는 서비스적인 성격을 띠게 되었다

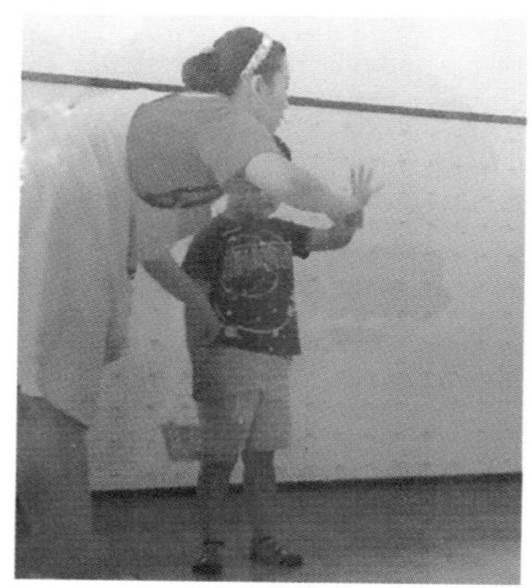

사진 설명 교사는 영유아의 발달에 적절한 교육을 제공한다.

(사진 참조). Goldberg(1999) 또한 질 높은 보육서비스란 아동의 신체, 정서, 사회, 인지발달을 도모하는 보육서비스이고 가족의 자녀양육을 지원하고 보충하는 보육서비스라고 하였다. 이러한 측면에서 볼 때 보육의 질적인 개선에 대한 요구는 지속적으로 높아질 것이고 이와 더불어 보육의 질의 평가에 대한 요구도도 높아질 것이다. 이와 같은 맥락에서 양질의 보육을 제공하기 위해서는 보육환경과 보육 프로그램에 대한 질적 개선이 뒤따라야 하며 무엇보다도 보육효과에 영향을 주는 다양한 변인의 탐색과 더불어 현재 제공되고 있는 환경과 프로그램에 대한 객관적인 평가가 이루어져야 한다(이기숙, 2002). 또한 평가 그 자체로 끝나는 것이 아니라 평가 결과를 다시 보육 프로그램에 반영시킴으로써 보육의 질을 높이기 위한 노력이 지속적으로 이루어져야 할 것이다.

2. 대상에 따른 보육평가방법

보육의 질을 높이기 위한 보육평가는 '무엇을 평가하느냐'와 '어떻게 평가하느냐' 혹은 '궁극적으로 변화시키고자 하는 바가 무엇이냐'에 따라 달라질 수 있다. 여기에서는 궁극적으로 보육의 질을 높이기 위한 목적 하에 '무엇을 평가하느냐', 즉 평가의 대상별로 구체적인 평가방법을 알아보고자 한다. 평가의 대상에 따라 크게 영유아평가, 보육인력평가 그리고 보육 프로그램 및 어린이집평가의 세 가지로 구분하고 각 대상에 대한 평가내용을 구체적으로 살펴보면 다음과 같다.

1) 영유아평가

영유아평가는 영유아가 무엇을 어떻게 하는지를 관찰하고 녹음하고 기술하는 과정으로 이를 통해 영유아를 위한 교육적인 결정을 내릴 수 있게 된다(Hills, 1993). 즉, 영유아평가를 통해 영유아의 관심사나 흥미, 이전 경험, 현재의 발달수준 및 성취에 대한 정보를 얻음으로써 영유아의 발달을 돕기 위해 무엇이 필요하며 어떠한 중재를 해야 하는지 또한 어떻게 가르쳐야 하는지에 대해 이해할 수 있다.

영유아를 평가하는 방법에는 관찰법, 면접법, 검사법, 포트폴리오 등이 있다. 자연스러운 상황에서 영유아를 관찰하는 관찰법, 영유아와의 면접을 통해 영유아를 평가하는 면접법, 표준화된 검사를 통해 측정하는 검사법, 영유아의 작품이나 영유아의 기록을 수집하여 평가하는 포트폴리오 등과 같은 여러 평가방법은 각기 장단점을 가지고 있으므로 평가를 시행할 때에는 평가하고자 하는 목적과 상황에 적합한 것을 선택해서 활용하는 것이 바람직하다. 영유아평가에서는 각 영유아에 대한 포괄적이고 종합적인 평가가 이루어져야 하므로 어느 한 가지 방법으로 평가하기보다는 여러 가지를 병행하여 평가하는 것이 중요하다.

사진 설명 Sue Bredekamp의 저서 『발달적으로 적합한 교과과정과 평가』

(1) 관찰법

자연스러운 상황에서 영유아를 관찰함으로써 영유아에 대한 정보를 수집하는 방법이다. 관찰법은 가장 자연스러운 상황에서 영유아를 측정할 수 있다는 장점을 갖는다. 영유아는 자연스러운 상황에서 가장 편안함을 느끼고 자신의 최상의 능력을 펼쳐 보일 수 있으므로(Weber, Behl, & Summers, 1994) 관찰법은 검사법에 비해 아동의 부족한 부분을 지적하기보다는 성공한 부분에 대한 정보를 얻는 데 더 유용하다. 즉, 발달적으로 적합한 환경에서 영유아를 관찰함으로써 관찰자는 아동이 환경 속에서 어떻게 기능하는지, 아동이 관심 있어 하는 것은 무엇인지, 아동의 성공수준을 높이기 위해 개선해야 하는 환경은 무엇인지에 대해 알게 된다(Miller, 1996). 하지만 이러한 관찰이 제대로 이루어지기 위해서는 관찰을 하기 전에 왜, 무엇을 관찰할 것인지에 대한 분명한 목적과 계획이 있어야 한다. 또한 관찰법의 경우 관찰자의 편견이나 선입견이 개입될 수도 있으므로 객관적이고 사실적으로 기록하도록 주의를 기울여야 한다.

이러한 관찰법의 종류로는 일화기록법, 체크리스트, 시간표집법, 사건표집법 등이 있다. 일화기록법은 영유아의 행동을 구체적으로 기술하는 것으로(Abraham, Morris, & Wald, 1993) 영유아의 행동이나 언어를 관찰한 시간, 날짜와 장소 등도 포함하여 기록한다. 일화기록법은 특별한 훈련 없이도 사용이 가능하고 아주 자연스러운 상황에서 형식의 제약을 받지 않고 기록할 수 있다는 장점을 가지고 있다. 〈표 12-1〉에서 보는 바와 같이 일상생활에서 영유아가 하는 말이나 행동들을 기록함으로써 영유아의 총체적인 발달을 파악하는 데 도움이 된다.

체크리스트는 관찰자가 미리 준비된 목록에 따라 특정 행동만을 관찰하여 그 행동이 나타났다고 판단하므로 매우 쉽게 사용할 수 있다. 보통 '예' 혹은 '아니요'로 대답하게 되어 있고 이 방법은 행동패턴, 활동 선호도 등을 평가하는 데 효율적이다. 〈표 12-2〉에 제시된 체크리스트는 아동이 어떠한 활동에 참여했으며 어떠한 과업을 마쳤는지, 활동에 소요된 시간은 얼마인지, 아동이 어느 정도 수행하였는지를 평가하는 자료의 예이다. 체크리스트는 아주 많은 행동을 관찰할 때 유용하게 사용되고 시간에 따른 발달과정을 보는 데 도움이 된다. 하지만 체크리스트에 포함되지 않은 행동을 평가할 수 없으므로 아동의 전반적인 발달을 평가할 수 없다는 단점

〈표 12-1〉 일화기록법의 예-어린이집 적응기의 유아관찰

유아 이름: ○○○ 연령: 2년 4개월	관찰자: ○○○ 관찰장소: 어린이집 현관 관찰시간: 2007년 8월 23일 오전 9시~9시 15분

○○는 어린이집 현관까지는 왔지만 신발을 벗지 않는다. 엄마의 얼굴도 쳐다보지 않은 채 땅바닥만 쳐다보고 있다. 엄마가 "들어가야지, 선생님이 기다리시네"라고 말을 해도 여전히 땅바닥만 쳐다본다. 선생님이 "멋진 ○○가 왔구나. 친구들이 기다리고 있어. 우리 가서 함께 놀자"라고 말을 하였지만 "싫어"라고 답을 한다. 여전히 엄마와 눈을 맞추지도 않고 선생님과도 눈을 맞추지 않는다. 엄마가 "엄마랑 함께 들어갈까?"라고 묻자 고개를 떨군 채로 신발을 더 세게 꽉 쥐고는 놓지 않는다. 선생님이 다시 "선생님이랑 가서 재미있게 놀자"라고 얘기를 했지만 고개를 세차게 저으며 "싫어요"라고 말하며 울음을 터트린다.

〈표 12-2〉 교실 관찰에서의 체크리스트

행동	아동 1	아동 2	아동 3	아동 4	아동 5	아동 6
활동에 참여했는가?	예	아니요	예	예	예	예
활동을 마쳤는가?	아니요	아니요	예	아니요	아니요	예
활동참여 시간	9:10~ 9:30	아니요	9:15~ 9:35	9:25~ 9:30	9:30~ 9:40	9:10~ 9:40
도움이 필요했는가?	아니요	아니요	아니요	예	아니요	아니요
또래와 상호작용했는가?	예	아니요	예	예	아니요	예

출처: Miller, R. (1996). *The developmentally appropriate inclusive classroom in early education*. Albany, New York: Delmar.

이 있다.

시간표집법은 특정 행동이 발생하는 빈도에 관심이 있을 때 그 행동에 대해 일정한 간격을 두고 반복적으로 관찰하여 기록하는 방법이다. 예를 들면, 영유아의 친사회적인 행동에 관심이 있을 때 영유아의 행동을 짧은 시간 동안(예: 30초, 1분 등) 여러 차례에 걸쳐 반복적으로 관찰하여 친사회적인 행동이 얼마나 자주 발생하는지에 대한 정보를 수집하게 된다.

〈표 12-3〉과 같이 일정 기간 동안 영유아의 행동을 관찰하여 영유아의 친사회적

〈표 12-3〉 시간표집법의 예–친사회적 행동에 대한 시간표집법

____________어린이집 ________반 이름 ________________
연령: ________________ 성별: ________________
관찰 시간: ______년 _____월 _____일 _____시 _____분 ~ _____시 _____분
관찰자: ○○○

	친사회적 행동						
	지도성	도움 주기	접근 시도하기	의사소통	배려	나누기	감정이입
9:10:01~ 9:11:00							
9:15:01~ 9:16:00							
9:20:01~ 9:21:00							
9:25:01~ 9:26:00							
9:30:01~ 9:31:00							
9:35:01~ 9:36:00							
9:40:01~ 9:41:00							
9:45:01~ 9:46:00							

행동의 빈도를 합산해 보면 영유아의 친사회성 정도를 파악해낼 수 있다. 이처럼 시간표집법은 짧은 시간 내에 행동의 발생빈도에 대한 많은 정보를 얻을 수 있고 수량화하기가 쉽다. 그러나 시간표집법을 사용할 때에는 관찰 가능한 외현적인 행동에 초점을 두기 때문에 겉으로 드러나지 않는 내면화된 행동이라면 다른 방법을 이용하는 것이 더 효과적이다. 또한 행동의 빈도는 알 수 있으나 행동 간의 상호관련성에 대한 정보를 제공해 주지 못하는 단점이 있다.

사건표집법은 관찰하고자 하는 행동이 자연스러운 사건을 단위로 구분되기 때문에 사건의 전체적인 맥락을 파악할 수 있다는 장점을 갖는다. 특히 관찰의 주요한 목적이 행동의 원인과 그에 따른 결과를 알아보는 것이라면 ABC 사건표집법을 사용하는 것이 효율적이다. 〈표 12-4〉에서 보는 바와 같이 아동의 친사회적인 행동이 나타나게 된 선행사건(antecedent event)과 친사회적인 행동(behavior), 이후의 결과(consequent event)를 기록함으로써 특정 행동이나 사건의 원인과 결과를 파악하는 데 도움이 된다. 〈표 12-4〉를 보면, 친사회적인 행동이 나타나는 것은 주로 교사

〈표 12-4〉 ABC 사건표집법의 예

__________어린이집 ______ 반 이름 __________
연령: __________ 성별: __________
관찰 시간: ____ 년 ____ 월 ____ 일 ____ 시 ____ 분 ~ ____ 시 ____ 분
관찰자: ○○○

관찰행동: 교실에서의 친사회적 행동

시간	사건 전(A)	행동(B)	사건 후(C)
10:15	민지가 현지에게 장난감을 같이 가지고 놀자고 한다. 교사가 민지에게 친구와 장난감을 함께 가지고 노는 것은 좋은 행동이라고 칭찬한다.	현지는 민지와 함께 사이좋게 인형을 가지고 소꿉놀이를 하며 논다.	현지는 옆에 있던 지희에게도 함께 놀자고 제안한다.
12:30	현지는 교사가 주원에게 다른 친구가 밥을 먹을 때까지 기다려주는 것에 대해 칭찬하는 것을 쳐다본다.	현지는 민지가 밥을 다 먹을 때까지 기다려준다.	현지는 모둠에서 함께 밥을 먹는 친구들이 다 먹을 때까지 앉아서 기다려준다.

가 친사회적 행동에 대한 긍정적인 피드백을 제공하였을 때라는 것을 알 수 있다. 그리고 친사회적인 행동은 주변에 있는 다른 친구들에게도 확산된다는 것을 알 수 있다. 그러나 이러한 사건표집법은 우선 관찰하고자 하는 행동이나 사건에 대해 충분히 숙지하고 있어야 하며, 자료를 수량화하는 데 어려움이 있고, 사건이나 행동이 발생할 때까지 기다려야 한다는 단점이 있다.

(2) 면접법

면접법은 영유아와 직접적인 상호작용을 통해 자료를 수집하는 방법으로 읽기나 쓰기가 어려운 영유아에게 적당한 평가방법이다.

〈표 12-5〉에서 보는 바와 같이 유치원 아동들의 경우 자신의 의견을 글로 쓰는 것이 불가능하기 때문에 면접을 통해 부모, 교사 및 또래로부터의 사회적 지지 정도를 측정한다. 이때 면접자는 면접에 앞서 아동의 부모, 형제나 또래의 이름 등에 관한 사전 지식을 통해 영유아와 라포(rapport)를 형성한다. 면접 시에는 '나의 가족과 친구들'이라는 도구를 이용하여 대화의 순서대로 면접을 실시하는데 보통 한 유아당 20~25분 정도 소요된다.

면접법(사진참조)은 면접자와 피면접자의 상호작용에 의해 평가가 이루어지므로 교사가 유아의 반응을 살펴가며 융통성 있게 질문을 변화시켜 유아의 다양한 사고수준을 측정할 수 있다는 장점이 있다. 따라서 면접이 제대로 이루어지기 위해서는 실시하기 전에 교사가 질문 내용에 대해 정확히 숙지하고 있어야 하고, 상세한 응답을 얻어내기 위한 추가적인 개방적 질문도 생각하고 있어야 하며, 면접 시 응답 내용을 정확하게 기록하는 것이 중요하다. 또한 유아와 편안한 상황에서 면접이 이루어질 수 있도록 배려해야 한다. 면접법의 경우 유아와 면접자 간의 라포가 형성되지 않으면 의사소통이 원활하게 이루어지지 않아 유아를 제대로 평가하기 힘들다는 단점이 있다.

〈표 12-5〉 면접법의 예-사회적 지지를 측정하기 위한 면접법('나의 가족과 친구들' 대화내용 면접지의 일부)

아동 이름: ______________	성별: ______________
아동 연령: ______________	
면접자: ______________	면접일: ____ 년 ____ 월 ____ 일

사회적 지지 형태와 대화순서	대화	사회적 상황과 만족도에 대한 질문
I. 정서적 지지 1	사회적 상황	-네 기분이 (좋거나, 슬픈 것 같은) 이러할 때, 이를 함께 나누고 싶으면 너는 누구에게 제일 많이 가니?
	만족도	-현 기분 상태를 너를 지지해주는(좋아해주는) 사람에게 말하면 네 기분이 얼마만큼 좋아지니?
II. 도구적 지지 2	사회적 상황	-읽기, 셈하기, 쓰기와 같은 숙제나 과제물을 하면서 네가 도움이 필요할 때, 넌 어떤 사람에게 제일 많이 가니?
	만족도	-도움을 받기 위해 특정 인물에게 가면 얼마만큼 도움을 얻을 수 있니?
III. 동료적 지지 3	사회적 상황	-재미있는 놀이를 하고 싶을 때 넌 어떤 사람에게 제일 많이 가니?
	만족도	-네가 선택한 그 사람에게 가면 얼마만큼 재미있니?

면접 시 사용되는 '나의 가족과 친구들'의 도구

(1) 유아의 관계망 안의 사람들의 사진이나 그림

(2) 유아가 지지만족도를 상대적으로 평가할 수 있는 온도계 그림판

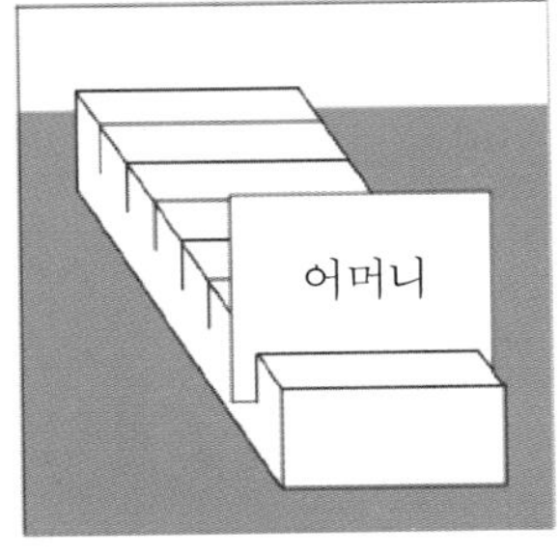

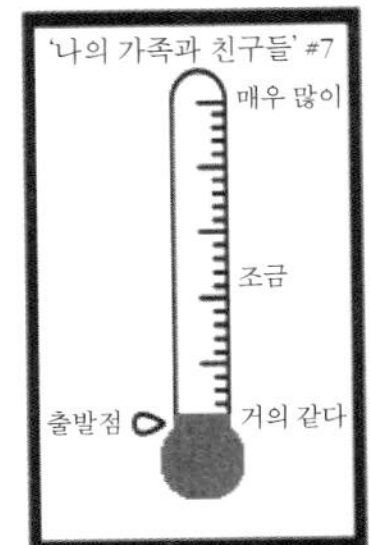

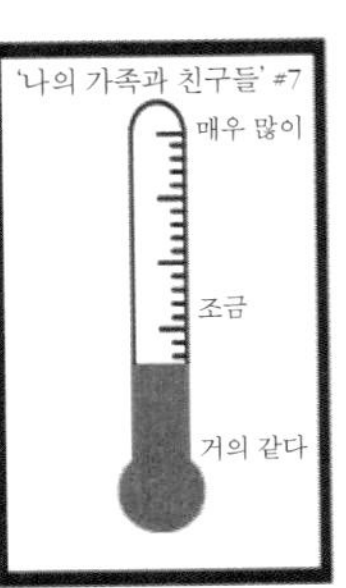

출처: 윤정진, 정옥분(1997). 아동이 지각한 사회적 능력. 아동학회지, 18(2), 311-331.

(3) 검사법

표준화검사는 영유아의 성취도를 표준화된 검사자료를 통해 측정하는 방법으로 검사의 목적, 내용, 대상, 실시절차, 채점 및 결과 해석이 표준화되어 있어 객관적인 자료를 수집하는 데 용이하다. 표준화된 검사들은 모든 피검사자에게 동일한 지시문으로 동일한 검사시간 동안 실시되고 객관적인 채점기준과 절차를 가지고 있으며 규준이 확립되어 있어 비표준화된 검사에 비해 높은 신뢰도와 타당도를 지니고 있다(장휘숙, 한건환, 2004). 하지만 검사법은 영유아의 전반적인 행동 모두를 한 번에 측정할 수 없으므로 특정한 행동 영역에 대한 평가로 세분화된다. 예를 들면, 검사의 영역이 인지 검사, 사회성 검사, 신체발달 검사 등으로 세부적으로 나뉘어 있어 아동의 전체적인 발달 양상을 한 번에 검사하기는 힘들다. 또한 검사법은 과정보다는 결과에 중점을 두어 영유아가 흥미를 느끼는지 혹은 영유아가 어떻게 학습하는지에 대한 정보를 얻을 수는 없으므로 여러 다른 방법과 함께 사용하는 것이 바람직하다.

영유아에게 주로 사용되는 검사는 발달의 이상 유무를 확인하는 선별 및 진단검사(screening test, diagnostic test)와 각 발달 영역(예: 인지발달, 성격발달 등)에서의 상대적인 수준을 파악하고자 하는 지능검사나 성격검사 등을 들 수 있다. 선별검사는 발달지체와 같이 특정한 위험에 노출된 영유아들을 빠르게 식별해낼 수 있는 방법으로 보통 10~15분 정도 소요된다. 가장 보편적으로 사용되는 것은 Denver II (Frankenburg, Dodds, Archer, Bresnick, Maschka, Edelman, & Shapiro, 1990)로 영아기에서 6세까지의 영유아들을 대상으로 자조기술(self-help), 사회성, 언어, 소근육 · 대근육 영역의 기능 등에 대한 검사를 통해 영유아의 발달지체 정도를 파악할 수 있다.

유아의 인지발달을 측정하는 데 가장 흔히 사용되는 지능검사로는 고대-비네검사(전용신, 1970), 한국 웩슬러 유아지능검사(박혜원, 곽금주, 박광배, 1996), 한국판 K-ABC(문수백, 변창진, 1997), 한국판 그림 지능검사(서봉연, 정보인, 최옥순, 1985) 등이 있다. 〈표 12-6〉에서 보는 바와 같이 지능의 구조와 정의를 어떻게 내리느냐에 따라 검사의 하위요인에서 약간의 차이를 보인다. 이러한 지능검사의 경우 학교에서의 수행 정도를 어느 정도 예언할 수 있는 척도이기 때문에 광범위하게 활용되고 있다. 하지만 교육에 대한 열의가 상당히 높은 우리나라의 경우 유아의 지능검사 결과에 대한 정확한 해석 및 전달이 필요하다. 그 결과가 부모에게 전달될 때에는 표

〈표 12-6〉 유아용 지능검사의 개요

<table>
<tr><th>지능검사</th><th>대상</th><th colspan="2">하위검사</th></tr>
<tr><td>고대-비네검사</td><td>만 4세 이상~
15세 미만의 청소년</td><td colspan="2">기억력, 계산능력, 어휘력, 지각운동 영역</td></tr>
<tr><td rowspan="2">한국 웩슬러
유아지능검사</td><td rowspan="2">만 3세~7세 3개월</td><td>언어성검사</td><td>상식, 이해, 산수, 어휘, 공통성, 문장</td></tr>
<tr><td>동작성검사</td><td>모양 맞추기, 도형, 토막 짜기,
미로, 빠진 곳 찾기, 동물 짝 짓기</td></tr>
<tr><td rowspan="3">한국판 K-ABC</td><td rowspan="3">만 2세 6개월~
12세 5개월</td><td>순차처리</td><td>손동작, 수회생, 단어배열</td></tr>
<tr><td>동시처리</td><td>마법의 창, 얼굴기억, 그림통합,
삼각형, 시각유추, 위치기억, 사진순서</td></tr>
<tr><td>습득도</td><td>표현어휘, 인물과 장소, 산수,
수수께끼, 문자해독, 문장이해</td></tr>
<tr><td>한국판 그림
지능검사</td><td>만 4세~7세</td><td colspan="2">어휘력, 수 계산능력, 지각적 조직능력,
기억력 및 추리력</td></tr>
</table>

준화된 검사의 결과인지, 구체적으로 어떠한 검사를 사용했는지에 대해서도 밝혀야 하며 지능검사 결과는 유아의 전반적인 발달 양상을 측정하기보다는 유아의 인지발달적인 측면만을 반영하는 것이라는 것을 분명히 전달하여 부모가 유아에게 지나친 기대를 한다든지 지나치게 실망하는 일이 없도록 해야 할 것이다.

유아용 성격검사의 경우 투사검사가 주로 이용된다. 대표적인 것으로는 김태련, 서봉연, 이은화와 홍숙기(1976)의 한국판 아동용 통각검사(Children's Apperception Test: CAT)가 있다. 〈그림 12-1〉에서 제시된 것과 같이, 검사자가 여러 가지 상황이 그려진 그림카드를 유아에게 제시하면 유아는 현재 어떤 일이 일어나고 있고 과거에는 어떤 일이 일어났으며 미래에는 어떤 일이 일어날 것인지에 대해 이야기한다. 유아의 응답 속에서 주제, 주인공, 등장인물에 대한 태도, 가족역할과 동일시, 소개된 사람이나 물건 혹은 외적 환경, 생략된 물건이나 사람, 불안의 본질, 유의미한 갈등, 죄에 대한 처벌, 마지막으로 처벌의 결과를 찾아낸다. 이러한 것을 토대로 유아가 갖는 욕구나 환경적인 압력 등과 같은 역동적인 심리구조를 파악할 수 있게 된다.

【도판 2】				
	① 자발적 진술			
	② 질문 후의 진술			
2. 주제		① 기술적 수준	② 해석적 수준	③ 진단적 수준
3. 주인공의 동일시				
4. 주인공의 주 욕구	① 주인공의 행동적 욕구			
	② 도입된 대상과 내포된 욕구			
	③ 간과된 대상과 내포된 욕구			
	④ 세부 강조와 내포된 욕구			
5. 주위 인물에 대한 지각	① 부모에 대한 지각			
	② 또래에 대한 지각			
	③ 어린 대상에 대한 지각			
	④ 큰 대상에 대한 지각			
6. 주요한 갈등				
7. 불안의 성질				
8. 주된 방어의 기제				
9. 초자아의 적성				
10. 자아의 강조				
11. 임상적 특징				

도판 1. 음식이 들어 있는 큰 쟁반이 놓인 밥상에 병아리들이 둘러앉아 있고 한쪽에는 윤곽이 뚜렷하지 않은 큰 닭이 서 있는 그림이다. 오른쪽에 있는 임상용 기록용지에 도판 1~9까지에 대한 유아의 이야기를 기록하여 이를 토대로 유아의 심리를 분석하게 된다.

〈그림 12-1〉 아동용 통각검사 카드의 예

출처: 김태련, 서봉연, 이은화, 홍숙기(1976). 한국판 아동용 통각검사. 이화여자대학교 인간발달연구소.

(4) 포트폴리오 평가

포트폴리오는 영유아가 일상생활이나 수업 중에 직접 활동한 자료를 수집하여 측정하는 것으로 영유아의 작품이나 쓰기 자료 등은 영유아의 발달 상황을 파악하는 데 도움이 된다. 하지만 포트폴리오 그 자체로서는 평가도구라고 보기는 어렵다. 교육과정의 분석 및 영유아의 발달에 대한 이론을 토대로 포트폴리오의 내용물을 신중하게 선별하고 이를 일정한 평가준거에 비추어 분석하고 해석한 후, 영유아에 대한 이해를 높이거나 교수 · 학습 방법 개선에 활용하게 될 때 포트폴리오 평가는 본래의 의미를 갖게 된다.

〈그림 12-2〉에서 보는 바와 같이 포트폴리오 평가에 포함되는 자료는 영유아가 그린 그림이나 지어낸 이야기 등과 같은 영유아의 작품만이 아니라 다양한 관찰법에 의해 얻어진 관찰기록, 영유아의 흥미도나 태도에 대한 평가, 표준화 검사의 결과, 공식적 · 비공식적 영유아면접의 결과, 공식적 · 비공식적 부모면담의 결과, 건강기록부, 가정환경조사서 등에 의한 자료, 다른 교사들에 의해 얻은 자료 등이 모

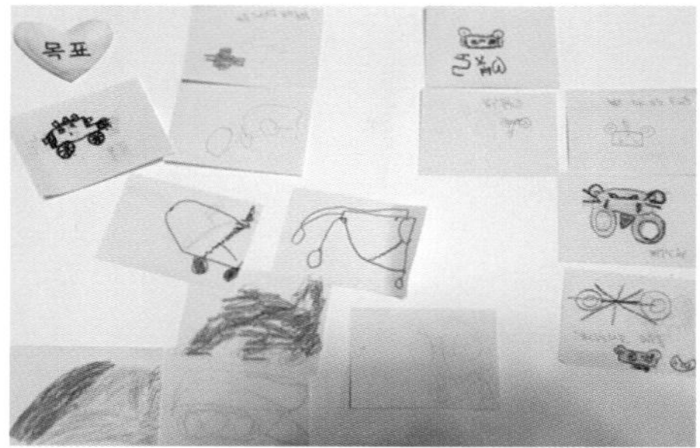

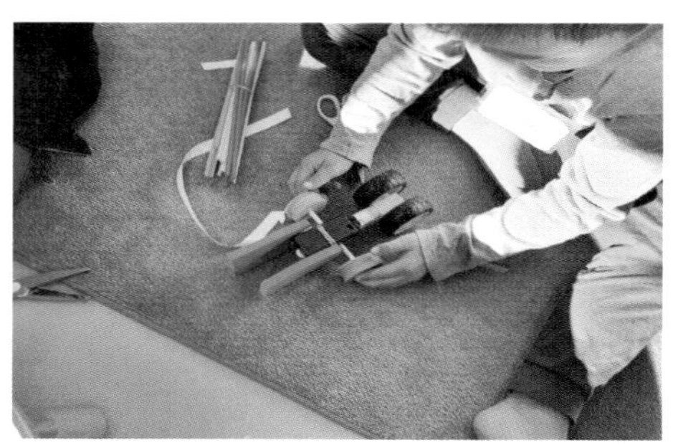

〈그림 12-2〉 다양한 포트폴리오의 예

포트폴리오에는 유아들의 활동에서 나온 작품들뿐 아니라 유아들의 활동에 대한 관찰자료나 활동사진 등 유아의 변화를 측정할 수 있는 다양한 자료가 포함되어야 한다.

두 포함된다(Gelfer & Perkins, 1992).

이처럼 포트폴리오 평가는 단편적 혹은 일회적으로 평가하지 않고 영유아 개개인의 변화 및 발달과정을 종합적으로 평가하는 방법으로(황해익, 2002), 영유아의 시간에 따른 변화를 측정할 수 있고 개별화된 측정이 가능하며 폭넓은 교육과정이 반영되어 있다. 또한 이를 통해 교사와 영유아의 교수·학습 과정 및 결과에 대해 반성할 수 있는 기회를 가지며 학부모 및 다양한 이해관계자들과 정보를 공유할 수 있다는 측면에서 많은 장점을 지닌다(Gullo, 1997).

하지만 포트폴리오 평가는 어떤 시기에 어떤 내용을 얼마나 포함해야 하는지에 대한 명료한 지침이나 기준이 없어 교사들이 현실적으로 실시하는 데 어려움을 호소하고 있다. 한 예로, 포트폴리오 평가를 하는 데 시간이 오래 걸리고 포트폴리오 작성에 익숙해질 때까지 활용하는 데 힘이 들며, 자료를 보관하고 관리하는 공간이 충분하지 못하다. 또 영유아들을 일관되게 포트폴리오 평가에 참여하도록 지도하는 것이 어렵고, 부모를 위한 포트폴리오의 성격과 활용방법에 대하여 안내가 부족하며, 일관된 평가체계를 갖추지 못한다는 단점이 있다(이진희, 2006).

그럼에도 불구하고 포트폴리오 평가의 경우, 관찰법이나 검사법 등과 같은 다른 평가들에 비해 영유아 스스로 반성하고 자기평가를 할 수 있는 기회를 가지게 됨으로써 평가에 능동적으로 참여할 수 있다. 교사 또한 영유아의 발달 및 학습 상태를 종합적으로 진단하여 영유아에게 필요한 교육과정을 개별적으로 조직할 수 있다. 이러한 점을 고려해 볼 때, 교사들의 포트폴리오 평가에 대한 지원 및 이해를 높여주어 실제에서 보다 쉽고 유용하게 사용할 수 있도록 격려해야 할 것이다.

2) 교사평가

교사는 유아의 성장과 발달에 중요한 영향을 미치며 프로그램의 질을 결정하는 데 있어 가장 중요한 요인으로 강조되고 있다(Katz, 1996). 아무리 우수한 보육 프로그램과 환경이 조성되어 있다고 할지라도 교사가 그것을 효율적으로 이용하지 못하면 유아에게 전혀 도움이 되지 못한다. 특히 보육과정의 운영에 있어 핵심적인 권한이 교사에게 가장 많이 부여되어 있기 때문에 보육교사의 전문적인 능력과 인성은 유아의 발달 및 학습에 상당한 영향을 미친다. 이러한 측면에서 볼 때 보육교사에 대한 평가의 필요성은 더욱 강조되어야 할 것이다. 즉, 보육교사평가는 교사로서의 역할을 수행하는 데 필요한 전문적인 능력 개발과 자질 향상을 위해서, 궁극적으로는 전반적인 보육의 질을 높이기 위해 반드시 필요하다. 유치원 교사의 학습 및 생활지도에 대한 전문성을 진단하고, 그 결과에 근거한 전문성을 높이기 위해 2017년부터 유치원교사를 대상으로 법적 근거에 따라 교원능력개발평가를 시행하고 있지만(서울특별시교육청, 2017), 보육교사에 대한 평가는 이루어지지 않고 있다.

이러한 교사평가를 통해 자신의 교수활동을 성찰해봄으로써 자신의 교수·학습방법을 개선할 수 있을 뿐 아니라 객관적인 평가과정이나 평가 결과를 토대로 자신의 전문성을 높일 수 있는 기회를 가지게 된다. 교사평가의 방법으로는 일반적으로 수업에 대한 교사의 자기평가, 동료나 외부관찰자 평가, 시험제도, 유아의 수행능력 측정, 전문가의 참관 또는 학부모 조사 등이 있다(Goddwin & Driscoll, 1980). 여러 방법 중 자기평가는 유아교사들이 가장 바람직한 방법으로 인식하는 것으로, 일정한 평가양식을 통해 자신의 강점과 약점을 파악함으로써 스스로의 수행을 발전시킬 수 있고, 또 그 결과를 다시 유아교육계획에 반영함으로써 유아교육과정의 운영이 보다 효율적으로 이루어지게 할 수 있다(황해익, 2002). 〈표 12-7〉에는 보육교사의 자기평가에 관한 척도의 예가 제시되어 있다. 이 같은 평가척도를 이용한 방법 외에도 최근 들어 교사평가를 위해 포트폴리오를 활용하거나 멀티미디어를 이용한 자기수업평가 등도 사용되고 있다(한상진, 2001).

〈표 12-7〉 보육교사의 자기평가척도의 예

이름: ______________________ 성별: ______________________
보육 경력: ______________________ 학력: ______________________
기관 종류: ______________________

평가 부문	문항	매우 낮다	낮다	보통이다	높다	매우 높다
신체	1. 신체적 건강					
	2. 활동성					
	3. 예의바른 태도					
	4. 바른 자세					
인성	1. 적극성					
	2. 정서적 안정감					
	3. 자제력					
	4. 협동심					
	5. 융통성					
	6. 성실성					
	7. 사려성					
	8. 긍정적인 인간관					
	9. 공정성					
	10. 정직성					

교양 및 지적 능력	1. 풍부한 지식					
	2. 순발력					
	3. 유창 · 명료한 언어 사용					
	4. 창의력					
교직에 대한 태도	1. 교직에 대한 사명감					
	2. 교육활동에 대한 열의					
	3. 전문성 신장을 위한 노력					
	4. 책임감					
	5. 교직에 대한 신념					
	6. 직업윤리					
	7. 보육과정 재구성능력					
교육 기술	1. 보육과정 실천능력					
	2. 부모와 전문가를 참여시키는 능력					
	3. 교육내용, 교육자료, 교수방법 및 유아의 발달에 대한 평가능력					
	4. 활동에 대한 적절한 자극 및 개입					
	5. 교재 · 교구제작 및 다양한 활용능력					
	6. 교육능력을 다양하고 균형 있게 제공하는 능력					
	7. 교육활동을 융통성 있게 운영하는 능력					
전문적 지식	1. 소속기관의 교육철학에 대한 이해					
	2. 보육과정에 대한 지식					
	3. 생활지도 및 상담 지식					
	4. 유아의 발달단계와 특성에 대한 지식					
	5. 교육활동을 위한 다양한 교수방법에 대한 지식					
	6. 실내외 환경구성에 대한 지식 정도					
	7. 평가에 대한 지식					

출처: 황해익, 최혜진, 김남희(2003). 유아교사의 자기평가척도 개발연구. 열린유아교육연구, 7(4), 69-93.

특히 보육교사의 경우 유아교사에 비해 자격기준이 다양하여 학력 및 배경에서 훨씬 다양한 집단으로 구성되어 있으므로 교사평가 결과에서 상당한 질적인 차이를 보이고 있다(최혜진, 황해익, 2005). 현실적으로도 보육교사를 평가할 수 있는 제도가 없어 보육을 담당하는 교사의 질을 높이기 위한 자기평가의 노력이 더욱더 필요하다. 이와 더불어 보육의 질을 높이기 위해 필요한 보육교사의 자질 및 전문성을 객관적으로 평가할 수 있는 평가도구도 지속적으로 개발되어야 할 것이다.

3) 보육 프로그램 및 어린이집 평가

보육 프로그램 평가는 현재 진행되고 있는 보육 프로그램이 유아의 발달 및 교육에 적합하게 구성되어 있는지를 살펴보고 평가를 통해 현 보육 프로그램의 효과를 살펴봄으로써 궁극적으로는 보육의 질을 높이기 위해 실시된다. 일반적으로 프로그램 평가는 보육 실제에 대한 이해를 높이고 보육의 문제점 등을 개선해나가기 위한 방법을 모색하거나 정책을 추진하는 데 있어 중요한 역할을 한다. 즉, 프로그램 평가란 일반화할 수 있는 지식의 축적이나 이론 형성을 주목적으로 하는 연구와는 달리 해당 프로그램 관계자들이 구체적인 의사결정이나 판단을 하도록 돕는다. 따라서 보육이나 교육의 실제를 개선하는 데 있어 매우 실제적이고 실용적인 역할을 할 수 있다(이진희, 2006).

우리나라의 경우, 어린이집의 질적 수준에 대한 부모들의 관심이 높아지고 보다 조직적이고 체계적인 기관평가에 대한 요구가 증가함에 따라 보육 프로그램 평가의 필요성 및 중요성이 강조되고 있다. 학계 및 현장에서 보육 프로그램에 대한 관심이 점차 증가함에 따라 유아교육 프로그램 평가척도(APECP), 유아교육 프로그램 질평가척도(PQA), 유아교육 환경평정척도(ECERS)나 미국유아교육협회의 평가인증 준거 등 외국에서 사용되는 여러 유아교육 프로그램 평가척도를 도입하거나 국내 실정에 맞게 평가준거를 개발하고 적용하고자 하는 노력이 이루어져 왔다. 일례로 이순형, 최일섭, 신영화와 이옥경(1998)은 보육대상의 연령에 따라 영아, 유아 및 방과후로 구분하여 어린이집 및 프로그램 평가척도를 개발하였다. 또한 이은해(2002)는 1~5세의 영유아를 보육하는 어린이집을 자체적으로 평가할 수 있는 어린이집 운영관리 평가척도, 어린이집 영아반 평가척도(1~2세용), 어린이집 유아반 평가척도(3~5세용), 외부관찰자나 전문가가 평가하는 어린이집 프로그램 관찰척도, 부모가 보육 프로그램이나 보육서비스에 대해 평가하는 부모용 평가설문지 등의 총 5개로 구성된 어린이집 프로그램 평가도구 세트를 개발하였다. 이와 더불어 2005년부터 시범적으로 실시된 어린이집 평가인증제는 더 많은 어린이집으로 확대되었고, 2018년 전국 모든 어린이집으로 확대된 어린이집 평가제를 통해 보육 프로그램 및 시설의 질을 규제하고 관리함으로써 유아에게 제공되는 보육의 질을 높이기 위한 노력이 이어지고 있다.

3. 어린이집 평가제

어린이집 평가제도는 보육서비스의 질적인 수준을 확보하기 위해 외부에서 결정된 규준에 따라 프로그램을 평가하는 것이다. 특히 우리나라의 경우 어린이집에 따른 질적인 차이가 크다는 점을 고려해 볼 때 보육 프로그램 및 어린이집의 질적 수준을 통제하고 향상시키기 위한 법적·행정적·제도적 규제와 관리가 필요하다. 따라서 보육 프로그램 및 어린이집 평가와 관련하여 이 부분에서는 정부에서 적극 권장·시행되고 있는 어린이집 평가제를 중심으로 살펴보고자 한다.

1) 우리나라의 어린이집 평가제

(1) 어린이집 평가제의 개념

2018년 12월 「영유아보육법」 개정안이 공포됨에 따라 2019년 6월부터 어린이집 평가제가 시행되었다. 평가제 시행은 기존 평가인증을 신청한 어린이집에만 이루어진 어린이집 질 관리가 전국 모든 어린이집으로 확대되었다는 점에서 의의가 있다. 어린이집 평가제는 보육·양육에 대한 사회적 책임 강화 실현 및 안심 보육환경 조성을 위해 국가 차원에서 모든 어린이집을 주기적으로 평가함으로써 보육서비스의 질을 확보하기 위한 제도이다(보건복지부, 한국보육진흥원, 2021).

(2) 어린이집 평가제의 목적 및 필요성

어린이집 평가제는 2005년부터 시행된 어린이집 평가인증제도에 기초를 둔다. 어린이집 평가인증제도는 어린이집의 질적 수준을 공정하게 평가함으로써, 보육

관련 일반 규정에 의해 제공되는 최소한의 질적인 수준과 모든 아동들이 누려야 할 권리로서의 질 높은 삶의 수준 간의 간격을 메우기 위한 것이다(Wangmann, 1992). 평가인증 과정을 통해 보육 프로그램이나 어린이집의 부족한 부분을 개선하여 유아에게 질 높은 프로그램을 제공함으로써 궁극적으로는 유아의 질 높은 삶을 추구하기 위한 것이다.

1995년부터 1997년까지 추진된 '어린이집 확충 3개년 계획' 사업으로 어린이집의 개소 수가 급격히 증가하였다. 그러나, 교육과정, 상호작용, 운영 · 관리, 보육교사 관리, 건강 · 위생 · 영양 및 안전 관리, 보육환경, 부모참여 및 지역사회 연계 등 프로그램 제공 수준은 어린이집 수만큼 격차가 컸다. 영유아에게 최상의 보육 및 교육서비스를 제공하는 어린이집도 많았지만, 영유아의 기본권을 지켜주지 못한 어린이집이 종종 언론에 보도되기도 했다.

이에 2002년 3월 6일 범정부 차원에서 종합적인 보육사업의 활성화 방안의 하나로 보육서비스의 질 제고를 통한 부모의 보육서비스 만족도 및 이동 편의도를 높이기 위해 어린이집에 대한 평가인증제도 도입을 발표하였고, 보건복지부는 어린이집 평가인증을 도입하여 2003년 '보육시설 평가인증제 모형'을 개발하고 2004년 1월 29일 「영유아보육법」 제30조에 '보육시설 평가인증'을 법제화하였으며(2005. 1. 30. 시행), 2004년 10월 여성가족부에서 '보육시설평가인증사무국'을 설치하여 2005년부터 시범운영하였다. 2006년부터는 여성가족부 '보육시설평가인증사무국'이 육아정책개발센터로 위탁 · 이관되었고 어린이집 평가인증제도가 전국으로 확대 시행되었다. 2010년부터는 평가인증사업이 한국보육진흥원으로 위탁되었고, 2013년부터는 상시 자체 점검 시스템을 도입하여 어린이집 상시 품질 관리 체계를 마련하였다. 이후 보육의 공공성을 더욱 강화하고 어린이집 품질 향상을 위한 국가 보육정책 강화의 필요성이 대두됨에 따라 평가인증제도를 개선하여 3차 평가지표를 개발하여 적용하였다(한국보육진흥원, 2018). 변화하는 현장의 수준을 반영하여 지표를 개정함으로써 어린이집에서 지향해야 할 보육서비스를 지속적으로 제시해 왔다.

이러한 어린이집 평가인증제를 도입함으로써 첫째, 보육서비스의 질적 수준을 향상시켜 영유아가 안전한 보육환경에서 건강하게 양육될 권리를 보장하고, 둘째, 어린이집이 보육서비스의 질적 수준을 높이기 위해 준비하고 노력하는 과정을 통해 원장과 보육교직원의 전문성이 증진되고 셋째, 부모들에게 보육서비스의 질적 수준에 대한 정보를 제공함으로써 부모들이 합리적으로 어린이집을 선택하며, 넷째, 보육정책의 주체인 정부가 보육현장을 효율적으로 지원하고 관리하는 체계를 확립하게 되었다(보건복지부, 한국보육진흥원, 2018). 실제로, 평가인증제도 실시 이후 평가인증 평균 점수는 지속적으로 상승하였고, 재인증 어린이집의 평균 점수가 신규인증 기관 점수보다 유의하게 높은 것으로 나타났는데, 이는 평가인증 과정이 어린이집 질 관리에 효과적임을 의미한다(보건복지부, 한국보육진흥원, 2021).

하지만, 이러한 평가인증제도가 어린이집의 자발적 신청에 의해 운영됨에 따라 미인증 어린이집의 질 관리에 대한 문제가 발생하였다. 또한 아동권리 보호, 아동학대 예방, 안전관리에 대한 사회적 요구가 증가함에 따라 전체 어린이집의 질 관리에 대한 필요성이 높아졌다. 이에 2018년 「영유아보육법」 개정을 통해 전체 어린이집을 대상으로 하는 의무 평가제의 법적 근거를 마련하였고, 2019년 6월부터 어린이집 평가제를 시행하였다.

어린이집 평가제 시행 목적은 크게 3가지로 구성된다. 첫째, 어린이집 질 관리 표준을 제시함으로써 어린이집 스스로 보육의 질적 수준을 높이게끔 한다. 둘째, 모든 어린이집에 대한 주기적 평가를 통해 보육서비스 품질관리의 사각지대를 해소하고 보육서비스 질을 지속적으로 관리함으로써 국가의 책무성을 강화하고자 한다. 셋째, 평가제를 통해 영유아의 안전과 건강, 조화로운 성장과 발달을 도모함으로써, 부모가 믿고 맡길 수 있는 안심 보육환경을 조성하고 보육교직원이 영유아 보육에 집중할 수 있는 여건을 조성한다(보건복지부, 한국보육진흥원, 2021).

(3) 어린이집 평가제의 특징 및 운영체계

어린이집 평가제가 도입됨으로써, 모든 어린이집은 의무적으로 평가에 참여해야 한다. 어린이집 평가제는 모든 어린이집에 대해 주기적으로 평가를 진행하고, 결과 등급에 따라 사후 관리하게 되어 있다. 평가대상, 평가절차, 평가결과, 평가주기, 결과공표, 사후관리 및 등급조정, 결과활용 측면에서 어린이집 평가제를 평가인증제와 비교한 내용이 〈표 12-8〉에 제시되어 있다.

어린이집 평가는 상시 자체평가를 통해 이루어지지만, 평가과정은 한국보육진흥원에서 정해진 주기에 따라 대상을 선정하여 해당 어린이집에 통보함으로써 시작된다(〈그림 12-3〉 참조). 대상 통보는 총 2회에 걸쳐 진행되는데, 선정통보는 현장평가 6개월 이전에, 확정통보는 현장평가 2개월 전에 통보된다. '기본사항 확인 및 자체점검 보고서 제출'단계에서 지자체는 평가가 확정통보된 어린이집에 대해 기

〈표 12-8〉 평가인증제와 평가제의 비교

구분	평가인증제	평가제
평가대상	• 평가인증 신청 어린이집	• 전체 어린이집
평가절차	• 어린이집 신청 → 기본사항 확인 → 자체점검 → 현장평가 → 종합평가(총 4개월) 신청 / 어린이집 → 기본사항 확인 / 지자체 → 자체점검 보고서 제출 / 어린이집 → 현장평가 / 현장 평가자 → 종합평가 · 결과통보 / 종합평가 위원회	• 평가대상 통보 → 기본사항 확인 및 자체점검 → 현장평가 → 종합평가(총 3개월) 대상통보 / 한국보육 진흥원 → 기본사항 확인 및 자체점검보고서 제출 / 지자체 → 현장평가 / 현장 평가자 → 종합평가 · 결과통보 / 종합평가 위원회
	• 참여수수료 어린이집 납부	• 참여수수료 전액 국가 부담
	• 기본사항: 필수항목 9개, 기본항목 –필수항목 미준수는 참여 제외, 기본항목 미준수는 차하위 등급 부여	• 기본사항: 사전점검사항 5개, 위반이력사항 –사전점검사항 미준수는 D등급 부여, 위반이력사항 발생 시 차하위 등급 부여
	• 소위원회와 종합평가위원회에서 심의, 등급 결정	• 소위원회와 종합평가위원회에서 심의, 등급 결정 ※ 필수지표 및 요소 미충족 시 A등급 불가
	• 재참여, 재평가 과정 운영	• 재참여, 재평가 과정 폐지
평가결과	• 4등급(A, B, C, D), D등급 불인증	• 4등급(A, B, C, D)
평가주기	• (유효기간) 3년(A등급 1년 연장 가능)	• A, B등급 3년 / C, D등급 2년
결과공표	• 평가받은 어린이집의 결과 공시 –평가인증 결과, 인증이력 등 공개	• 전체 어린이집의 결과 공시 –평가결과, 평가이력 등 공개
사후관리 및 등급조정	• 인증 어린이집 사후관리 –연차별 자체점검보고서 제출 –확인점검(무작위, 월 단위 시기 안내) –확인방문(배우자 및 직계존비속 또는 1년 이상 재직교사로 대표자 변경, 주소변경) –인증유효기간 종료 –법 위반 및 행정처분 발생 시 인증 취소	• 평가 후 관리 –연차별 자체점검보고서 제출(A, B등급) –사후방문지원(C, D등급 의무 실시) –확인점검(평가 관련 민원발생, 법 위반 및 행정처분, 정보공시 부실어린이집 등에 대하여 불시점검) –평가 등급 조정 및 관리 –법 위반 및 행정처분 발생 시 최하위 등급 조정
결과활용	• 인증어린이집에 대한 행 · 재정적 지원	• 평가 등급별 행 · 재정적 지원 등 • 지도점검 연계(2회 연속 D등급 어린이집)

출처: 보건복지부, 한국보육진흥원(2021). 2021 어린이집 평가 매뉴얼.

본사항을 확인하고, 어린이집은 자체점검보고서를 작성하여 한국보육진흥원에 제출한다.

'현장평가' 단계에서는 어린이집 1개소당 2인(정원 99인 이하) 또는 3인(정원 100인 이상 어린이집)의 현장평가자가 방문하여 어린이집의 질적 수준에 대한 평가가 이루어진다. '종합평가' 단계에서는 기본사항확인서, 자체점검보고서, 현장평가보고서 등을 토대로 어린이집에 대한 종합평가가 이루어진다. 이후 어린이집에 결과가 통보되고 통합정보공시 홈페이지에 평가결과가 공시된다. 평가등급의 기준 및 평가주기는 〈표 12-9〉에 제시되어 있다. 평가 결과 A, B등급 어린이집의 경우 평가주기 동안 자체점검위원회를 구성하여 연차별 자체점검보고서를 작성하여 제출하게 한다. 반면 C, D등급 어린이집의 경우 의무적으로 사후방문지원에 참여해야 한다. 평가 후 어린이집이 평가주기 동안 일정 수준 이상의 보육서비스 수준을 유지하고 지속적으로 향상시켜 나갈 수 있도록 관리하고 지원해 준다. 어린이집 평가 운영체계

〈표 12-9〉 평가등급의 기준 및 평가주기

등급	등급구분 (정의)	등급 부여기준	평가주기
A	국가 평가에서 제시하고 있는 기준을 모든 영역에서 충족함	4개 영역 모두 '우수'인 경우(필수 지표 및 요소 충족)	3년
B	국가 평가에서 제시하고 있는 기준을 대부분 충족함	'우수' 영역이 3개 이하이며 '개선 필요' 영역이 없는 경우	
C	국가 평가에서 제시하고 있는 기준 대비 부분적으로 개선이 필요함	'개선 필요' 영역이 1개 있는 경우	2년
D	국가 평가에서 제시하고 있는 기준 대비 상당한 개선이 필요함	'개선 필요' 영역이 2개 이상인 경우	

출처: 보건복지부(2021c). **어린이집 평가제**. https://www.mohw.go.kr/react/policy/index.jsp?PAR_MENU_ID=06&MENU_ID=06400304&PAGE=4&topTitle=

〈그림 12-3〉 어린이집 평가운영체계

출처: 보건복지부, 한국보육진흥원(2021). 2021 어린이집 평가 매뉴얼.

는 〈그림 12-3〉과 같다.

(4) 어린이집 평가제 평가지표

어린이집 평가제 평가지표는 제3차 평가인증에서 적용했던 통합지표를 기반으로 하였다. 평가제 지표의 특징을 살펴보면, 첫째 평가인증 지표를 21개에서 18개 지표로, 79개 항목에서 59항목으로 축소하였고, 지표별 평가항목 수를 평균 3~4개로 균형 있게 배치하였다. 둘째, 영유아 중심의 안심 보육환경을 조성하기 위해 '영유아 권리존중(1-1)' 지표를 필수지표로 지정하였고 놀이중심 보육과정의 운영을 강화하였다. 또한 '급간식 위생' '등하원 안전' '안전교육과 사고예방' 지표에 영유아 안전 확보에 필요한 필수요소(8개)를 지정하여, 필수지표를 충족해야 최상위 등급을 받을 수 있게 하였다. 셋째, 교사가 보육에 집중할 수 있는 환경을 마련하기 위해

〈표 12-10〉 평가인증지표와 평가지표 비교

구분	평가인증제		평가제	
영역(4)	지표(21)	항목(79)	지표(18)	항목(59)
Ⅰ. 보육과정 및 상호작용 (31 → 18)	1-1. 보육계획 수립 및 실행	4	1-1. 영유아 권리 존중 필수	2
	1-2. 일과 운영	5	1-2. 보육계획 수립 및 실행	6
	1-3. 교수-학습방법 및 놀이 지원	6		
	1-4. 교사-영유아 상호작용	6	1-3. 놀이 및 활동 지원	3
	1-5. 영유아 간 상호작용 시 교사 역할	4		
	1-6. 평가	4	1-4. 영유아 간 상호작용 지원	4
	1-7. 일상생활	2	1-5. 보육과정 평가	3
	소계	31	소계	18

II. 보육환경 및 운영관리 (19 → 14)	2-1. 실내 공간 구성	5	2-1. 실내 공간 구성 및 운영	4
	2-2. 실외 공간 구성	3	2-2. 실외 공간 구성 및 운영	3
	2-3. 기관 운영	4	2-3. 기관 운영	4
	2-4. 가정 및 지역사회와의 연계	5	2-4. 가정 및 지역사회와의 연계	3
	2-5. 어린이집 이용 보장	2		
	소계	19	소계	14
III. 건강 · 안전 (15 → 15)	3-1. 실내외 공간의 청결 및 안전	4	3-1. 실내외 공간의 청결 및 안전	3
	3-2. 급 · 간식	3	3-2. 급 · 간식	3
	3-3. 건강증진을 위한 교육 및 관리	3	3-3. 건강증진을 위한 교육 및 관리	3
	3-4. 등 · 하원의 안전	2	3-4. 등 · 하원의 안전	3
	3-5. 안전교육 및 사고 대책	3	3-5. 안전교육과 사고예방	3
	소계	15	소계	15
IV. 교직원 (14 → 12)	4-1. 원장의 리더십	4	4-1. 원장의 리더십	3
	4-2. 보육교직원의 근무환경	3	4-2. 보육교직원의 근무환경	3
	4-3. 보육교직원의 처우와 복지	3	4-3. 보육교직원의 처우와 복지	3
	4-4. 보육교직원의 전문성 제고	4	4-4. 보육교직원의 전문성 제고	3
	소계	14	소계	12

* 3-2, 3-4, 3-5 지표 내 필수요소 8개 포함.

출처: 보건복지부, 한국보육진흥원(2021). 2021 어린이집 평가 매뉴얼.

보육교직원의 처우, 스트레스 관리 관련 지표를 강조하고, 직무역량을 높이기 위한 항목을 강화하였다(〈표 12-10〉 참조).

이와 더불어 2020년에는 2019 개정 누리과정 및 제4차 표준보육과정 시행 등에 따라 변화된 보육정책을 반영하여 평가항목을 일부 개선하였고, 2021년에는 영유아의 건강 · 안전 관리 강화에 대한 사회적 요구를 반영하여 급 · 간식의 보존식 보관, 부모 대상 아동학대 예방 교육, 차량 동승보호자 교육 등의 내용이 추가되었다. 〈표 12-11〉에 어린이집 평가제 지표 영역별 평가항목이 제시되어 있다.

〈표 12-11〉 어린이집 평가제 영역별 평가항목

		평가항목	평가방법		
			관찰	기록	면담
1영역 보육과정 및 상호작용	1-1 영유아 권리존중 (필수)	1-1-1 교사는 영유아를 존중한다.	○		
		1-1-2 교사는 영유아를 차별 없이 대한다.	○		
	1-2 보육계획 수립 및 실행	1-2-1 표준보육과정을 바탕으로 어린이집의 철학을 반영한 보육계획을 수립한다.		○	○
		1-2-2 영유아가 편안한 분위기에서 일상경험을 할수 있도록 운영한다.	○	○	
		1-2-3 하루 일과에서 영유아의 놀이가 충분히 이루어지도록 한다.	○	○	
		1-2-4 바깥놀이 시간을 매일 충분히 배정하여 운영한다.	○	○	○
		1-2-5 특별활동은 운영 지침에 따라 운영한다.	○	○	
		1-2-6 장애영유아를 위한 관련 서비스(치료지원 포함)를 일과 중에 통합적으로 제공한다.		○	
	1-3 놀이 및 활동지원	1-3-1 교사는 놀이와 활동이 영유아의 자발적 선택에 의해 주도적으로 이루어지도록 격려한다.	○		
		1-3-2 교사는 영유아의 놀이 상황을 관찰하면서 놀이와 관련된 상호작용을 한다.	○		
		1-3-3 영유아의 다양한 놀이와 활동에 필요한 자료를 제공한다.	○		○
	1-4 영유아 간 상호작용 지원	1-4-1 교사는 영유아의 감정에 공감하고 스스로의 감정을 다룰 수 있도록 돕는다.	○		
		1-4-2 교사는 영유아가일상에서 자신의 의견, 생각 등을 또래와 나눌 수 있도록 격려한다.	○		
		1-4-3 교사는 영유아가 적절한 약속과 규칙을 지키도록 격려한다.	○		○
		1-4-4 교사는 영유아 간 다툼이나 문제가 발생할 경우 다양한 해결방식을 사용한다.	○		

	1-5 보육과정 평가	1-5-1 반별 보육일지에 하루 일과 및 놀이 실행에 대한 기록이 있고 필요한 경우 그 내용을 다음 놀이 지원 및 활동 계획에 반영한다.		○	
		1-5-2 영유아의 일상생활, 실내외 놀이 및 활동에 대한 관찰 내용을 기록하고 영유아의 발달특성과 변화를 평가한다.	○	○	○
		1-5-3 원장은 각 반별 보육과정 운영에 대한 평가를 통해 어린이집 전체 보육과정 운영을 파악하고 있다.			○
2영역 보육환경 및 운영관리	2-1 실내공간 구성 및 운영	2-1-1 보육실 내 놀이영역은 영유아의 연령, 발달특성 및 놀이를 반영하여 구성한다.	○		
		2-1-2 실내 시설 및 설비가 영유아의 발달수준에 적합하다.	○		
		2-1-3 영유아의 요구를 충족하는 보육실 이외의 별도의 공간을 마련하고 있다.	○		
		2-1-4 비품과 활동자료를 보관하는 별도의 공간이 있고 체계적으로 정리하고 있다.	○		
	2-2 실외공간 구성 및 운영	2-2-1 옥외놀이터 등을 구비하고 있다.	○		
		2-2-2 영유아의 발달을 지원하는 다양한 놀이 및 활동자료가 준비되어 있다.	○		○
		2-2-3 영유아의 발달에 적합한 다양한 바깥놀이 및 활동이 이루어진다.	○		○
	2-3 기관운영	2-3-1 모든 반을 편성 규정에 맞게 운영하고 있다.	○	○	
		2-3-2 어린이집 운영계획을 수립하여 부모에게 안내한다.		○	
		2-3-3 신규 보육교직원에게 오리엔테이션을 실시하고 있다.		○	
		2-3-4 신입 영유아 적응을 위한 지원을 하고 있다.		○	○
	2-4 가정 및 지역 사회와의 연계	2-4-1 어린이집을 개방하여 다양한 부모참여와 교육이 이루어진다.		○	○
		2-4-2 평소 가정과 다양한 방법으로 소통하고 정기적인 개별면담을 통해 가족을 지원한다.		○	○
		2-4-3 지역사회와 연계한 다양한 활동을 실시하고 있다.		○	
3영역 건강안전	3-1 실내외 공간의 청결 및 안전	3-1-1 실내외 공간을 청결하고 쾌적하게 관리한다.	○	○	○
		3-1-2 실내외 공간과 설비를 위험요인 없이 안전하게 관리한다.	○		
		3-1-3 실내외 공간의 놀잇감 및 활동자료와 위험한 물건을 안전하게 관리한다.	○		

	3-2 급식관리	3-2-1 영아의 균형을 고려한 급 · 간식을 제공하고 있다.	○	○	○
		3-2-2 식자재의 구입 · 보관 및 조리공간을 위생적으로 관리하고 있다.	○		○
		3-2-3 조리 및 배식과정을 청결하고 위생적으로 관리하고 있다.	○		○
	3-3 건강증진을 위한 교육 및 관리	3-3-1 손 씻기, 양치질 등 청결한 위생습관을 실천한다.	○		
		3-3-2 교사는 영유아의 건강상태를 살펴보고 적절하게 지원한다.	○	○	○
		3-3-3 영유아의 보육교직원의 건강증진을 위한 예방관리와 교육을 실시한다.	○	○	○
	3-4 등 · 하원의 안전	3-4-1 교사는 영유아의 출석을 확인하며 인계규정에 따라 귀가지도를 한다.	○	○	○
		3-4-2 영유아는 등원부터 하원까지 성인의 보호 하에 있다.	○		○
		3-4-3 등 · 하원용 차량을 운행할 경우 안전요건을 갖추어 관리한다.	○	○	○
	3-5 안전교육과 사고예방	3-5-1 영유아를 대상으로 안전교육을 지속적으로 실시하고 있다.	○	○	○
		3-5-2 보육교직원은 안전교육을 받고 영유아 학대 예방 지침을 준수한다.	○	○	○
		3-5-3 안전설비를 비상시 효율적으로 사용할 수 있도록 관리하고 있다.	○		○
4영역 교직원	4-1 원장의 리더십	4-1-1 원장은 자신의 전문성 향상을 통해 어린이집 발전에 기여한다.		○	○
		4-1-2 원장은 보육교직원을 존중한다.	○		○
		4-1-3 원장은 건전한 조직문화 조성을 위해 노력한다.		○	○
	4-2 보육 교직원의 근무환경	4-2-1 교사를 위한 별도 공간을 마련하고 있다.	○		
		4-2-2 교사를 위한 개인사물함과 업무지원 설비를 마련하고 있다.	○		
		4-2-3 성인용 화장실을 영유아용과 별도로 설치하여 사용하고 있다.	○		

	4-3 보육 교직원의 처우와 복지	4-3-1 보육교직원의 복무와 보수에 대한 규정이 있으며 이를 준수하고 있다.		○	○
		4-3-2 교사의 직무스트레스를 예방하고 관리할 수 있는 서비스를 안내 및 제공한다.			○
		4-3-3 보육교직원을 위한 복지제도를 운영하고 있다.		○	○
	4-4 보육 교직원의 전문성 제고	4-4-1 보육교직원의 전문성 제고를 위한 다양한 교육 기회를 부여하고 있다.		○	○
		4-4-2 교사의 상호작용에 대한 관찰과 지원을 실시하고 있다.		○	○
		4-4-3 교사에 대한 근무평가를 실시하고 있다.		○	○

출처: 한국보육진흥원(2021). **2021 어린이집 평가 지표교육 자료**. https://www.kcpi.or.kr/kcpi/cyberpr/childcarecentaccred3/detail.do?colContentsSeq=63545

2) 외국의 어린이집 평가인증제: 미국, 호주, 영국을 중심으로

미국의 민간단체인 미국유아교육협회(NAEYC)가 주축이 되어 시행하고 있는 평가인증제는 평가의 목적을 교육의 질적인 향상과 전문성 향상에 두고 있으며 자발적인 평가인증의 성격을 지닌다(NAEYC, 2007a). NAEYC 평가인증의 목적은 첫째, 유아에게 제공되는 보육과 교육 프로그램의 질을 지속적으로 향상시키고자 하는 보육관계자들을 도와주고, 둘째, 우수한 질의 프로그램을 인증해줌으로써 프로그램의 질적인 수준을 평가하고 전문성을 인정해주기 위해서이다. 이에 NAEYC 평가인증제의 특성은 자발성과 포괄성으로 표현할 수 있다. 즉, 자발성이란 강요가 아닌 유아교육기관의 선택에 의해 평가인증 과정에 참여하게 되며, 인증과정에서 프로그램의 질적 성장을 위하여 각 유아교육기관이 자체적으로 개선하기 위한 노력을 하며 이때 필요한 재원은 대부분 신청기관의 재정으로 충당된다는 것을 의미한다. 또한 포괄성이란 평가인증제가 미국 내에 존재하는 다양한 유형의 유아교육기관(예: 반일제, 종일제, 공립, 사립, 종교단체 내의 기관, 학교에서 운영하는 기관, 지역사회 지부에서 운영하는 기관 등)을 모두 포함하고 있음을 의미한다.

NAEYC의 평가인증 기준은 광범위한 문헌분석을 토대로 1981년부터 개발되었고 1985년부터 평가인증을 실시하였으며 보육과 관련된 환경의 변화에 따라 1991년과 1998년, 2006년 세 차례에 걸쳐 개정되었다. 1998년 개정에서는 10영역 193개의 지표로 구성되었으나 2006년 개정된 평가인증은 모두 10 기준(Standard) 413지표로 구성되어 있으며 영역별 하위 내용은 관계, 교육과정, 교수, 아동평가, 건강, 교사, 가족, 지역사회와의 연계, 물리적 환경, 리더십과 운영을 포함한다. 개정 이전의 인증제는 기준과 지표로 제시되었으나 2006년 개정 후에는 지표를 주제 영역으로 분리하고 각각의 주제 영역에 대한 하위 지표들을 제시하고 있어 세부적인 문항이 매우 구체적으로 제시되고 있다(NAEYC, 2007b). 2006년 개정된 인증제에서는 인증유효기간을 3년에서 5년으로 연장하였으며 매년 연차보고서를 작성하게 하여 보다 지속적인 점검과 평가가 이루어지게 하였다. 2006년 지표 완성 후 지속적으로 일부 지표가 개정되고 있으며, 2022년 현재 10기준(standard), 50주제(topics areas)하에 항목들이 조금씩 수정되고 있다(〈표 12-12〉 참조). 인증이 결정되

사진 설명 미국의 NAEYC 평가인증서

〈표 12-12〉 미국 NAEYC의 평가인증지표

기준	주제
관계	1-A. 교사와 가족 간 긍정적 관계 형성하기 1-B. 교사와 어린이 간 긍정적 관계 형성하기 1-C. 어린이들이 친구 사귀는 것을 도와주기 1-D. 예측할 수 있고, 일관성 있는 조화로운 교실 만들기 1-E. 도전적인 행동을 다루기 1-F. 자기조절 증진하기
교육과정	2-A. 필수적 특성 2-B. 사회-정서 발달 2-C. 신체 발달 2-D. 언어 발달 2-E. 초기 문해 2-F. 초기 수학 2-G. 과학 2-H. 기술 2-J. 예술의 창의적 표현과 감상 2-K. 건강과 안전 2-L. 사회

교수	3-A. 질 높은 학습 환경 디자인하기 3-B. 학습을 위한 돌봄 공동체 만들기 3-C. 아동 감독하기 3-D. 학습목표를 달성하기 위해 시간, 집단 구성, 일과 이용하기 3-E. 아동의 흥미와 욕구에 반응하기 3-F. 모든 아동들을 위한 의미 있는 학습 만들기 3-G. 아동의 이해를 심화하고, 기술과 지식을 확립하기 위한 수업 활용하기
아동 발달평가	4-A. 평가 계획 만들기 4-B. 적절한 평가 방법 사용하기 4-C. 어린이들의 흥미와 욕구 확인하고, 아동의 발달을 기술하기 4-D. 교육과정을 적용하기, 교수 개별화하기, 프로그램 개발 정보 제공 4-E. 평가 과정에서 가족과 의사소통하고, 가족 참여시키기
건강	5-A. 어린이들의 건강을 증진하고 보호하기, 전염성 질병 통제하기 5-B. 어린이들의 건강한 영양 상태 보장하기 5-C. 건강한 환경 유지하기
교사	6-A. 지지적인 근무 환경 6-B. 전문적 정체성과 인식 6-C. 교사와 교직원의 질 6-D. 지속적인 전문성 개발
가족	7-A. 프로그램에 속한 어린이의 가족을 이해하고 알기 7-B. 교직원과 가족 간 정보 공유하기 7-C. 아동의 지지자로 가족을 양성하기
지역사회	8-A. 지역사회와의 연결 8-B. 지역사회 자원에 접근하기 8-C. 이웃과 유아 커뮤니티에서 시민으로서 행동하기
물리적 환경	9-A. 실내 및 실외 설비, 자료 및 가구 9-B. 실외환경 설계 9-C. 건물과 물리적 설계 9-D. 환경 보건
리더십과 운영	10-A. 리더십 10-B. 운영 규정과 절차 10-C. 재정책무 규정과 절차 10-D. 건강, 영양, 안전 규정과 절차 10-E. 인사 규정 10-F. 프로그램 평가, 책임과 지속적 개선

출처: NAEYC (2022). NAEYC early learning program accreditation standards and assessment Items. https://www.naeyc.org/sites/default/files/globally-hared/downloads/PDFs/accreditation/early-learning/2022elpstandardsandassessmentitems-compressed.pdf 2022년 3월 7일 인출.

면 인증서와 함께 인증 사실을 홍보하는 포스터, 로고, 학부모용 브로슈어 등을 제공하며 NAEYC 홈페이지에 인증 프로그램으로 등록된다.

호주에서는 1993년 국립보육인증위원회(National Care Accreditation Council)가 설립되어 1994년부터 종일제 어린이집에 대한 질 관리 및 인증제도를 실시하였다. 2012년 1월부터 전국의 영유아 교육 · 보육을 전면적으로 개편하는 영아 보육교육 국가 품질 체계(The National Quality Framework: NQF)를 구축하여 시행함과 동시에 그간의 보육시설 평가인증 체제도 개편하여 교육 · 보육 서비스 평가 제도로 전환하고 담당 기관도 국가 조직으로 개편하였다. 이에 연방과 주 정부가 공동으로 관여하는 새로운 조직인 호주 아동 보육 · 교육 품질관리원(the Australian Children's Education and Care Quality Authority: ACECQA)을 설립하였다. 새로운 국가 품질 체계는 교육 및 보육 서비스 수준의 향상을 도모하고, 부모에게 영유아 보육 · 교육기관에 대한 투명하고 포괄적인 정보를 제공함으로써 영유아를 위한 최상의 서비스를 선택할 수 있게 하는 데 초점을 둔다(서문희, 이혜민, 2013). 영유아 보육 · 교육의 질과 관련된 국가 품질 기준의 지표는 7개로, 교육 프로그램 및 실천, 영유아의 건강 및 안전, 물리적 환경, 교직원, 영유아와의 관계, 가족 및 지역사회와의 협력적 파트너십, 리더십 및 서비스 관리 등으로 구성되어 있다(Australian Children's Education & Care Quality Authority, 2022). 호주의 어린이집 인증제도는 정부의 강력한 지원을 받으며 성공적으로 실시되고 있어 이러한 측면에서 볼 때 어린이집의 질적 향상 및 보장시스템을 발달시킨 세계 최초의 국가라고 할 수 있다(Taylor, 2000). 호주는 의무적으로 모든 어린이집에 인증제도를 시행함으로써 지속적인 평가를 통해 보육 · 교육 서비스 품질을 유지하고 향상시키고 있다.

사진 설명 호주의 아동 보육 · 교육 품질관리원(ACECQA)

영국에서는 유아교육기관에 국가수준의 교육과정을 제시하고 그에 따른 학습목표의 달성여부를 평가하기 위해 1993년부터 평가인증이 시행되었다. OFSTED(Office for Standard in Education)의 평가목적은 기관이 제공하는

사진 설명 영국의 평가인증기관

교육의 질을 향상시켜 5세 아동들이 의무교육을 시작할 때 갖추어야 하는 기본학습 능력의 수준을 높이고 국가수준의 교육과정을 달성할 수 있는지의 여부를 평가하기 위한 것이다. 평가과정은 평가 전 단계, 방문 평가 단계, 최종 평가 단계의 세 과정으로 이루어지고 만족스러운 결과를 받은 기관은 유아교육기관으로 최종자격이 부여되고 만족스럽지 못한 결과를 받은 기관은 OFSTED로부터 특별조치를 받는다.

〈표 12-13〉 국가별 평가인증제도 비교

	한국	미국	호주	영국
목적	보육서비스의 질적 수준을 향상시키고 어린이집의 질적인 향상을 도모	유아에게 제공되는 보육과 교육 프로그램의 질을 지속적으로 개선시키고자 하는 보육관계자를 돕고, 프로그램의 질에 대한 인증을 함으로써 프로그램의 질적 수준을 평가하고 전문성 인정	보육서비스의 질적 수준을 향상시키고 어린이집의 질적인 향상을 도모	유아교육기관에 국가수준의 교육과정을 제시하고 그에 따른 학습목표의 달성여부를 평가
평가인증기관	한국보육진흥원	NAEYC	Australian Children's Education and Care Quality Authority	Office for Standard in Education
평가인증절차	1) 신청 2) 참여확정 3) 현장관찰 4) 심의	1) 자체평가 2) 신청 3) 외부평가자 현장방문 4) 인증 결정	1) 등록 2) 자체평가 3) 외부평가 4) 조정 5) 인증 결정	1) 평가 전 단계 2) 방문 평가 단계 3) 최종 평가 단계
평가인증지표	4개 영역, 21개 지표 1) 보육과정 및 상호작용 2) 보육환경 및 운영관리 3) 건강·안전 4) 교직원	10기준 50주제 1) 관계 2) 교육과정 3) 교수 4) 아동발달평가 5) 건강 6) 교사 7) 가족 8) 지역사회와의 연계 9) 물리적 환경 10) 리더십과 운영	7개 영역(quality area), 40개 요소(element) 1) 교육프로그램과 실제 2) 유아의 건강과 안전 3) 물리적 환경 4) 교직원 관리 배치 5) 유아와의 관계 6) 가족과 지역사회와의 협력적인 파트너십 7) 리더십과 기관운영	1) 교육의 질 2) 교직원과 부모 간의 협력 3) 기관의 특성 4) 다음 평가대비를 위한 대책 수립 및 노력해야 할 점

〈표 12-13〉에 이상에서 살펴본 한국, 미국, 호주와 영국 평가인증제도의 목적, 평가인증기관, 평가인증절차와 평가인증지표를 요약하여 제시하였다.

3) 어린이집 평가인증의 효과

어린이집에 대한 평가가 어린이집의 질적 수준을 평가하는 데서 끝난다면 평가의 의미가 약해진다. Ball(1975)은 프로그램의 평가가 총괄적(summative) 평가에 의존하는 것을 비판하며 유아교육에서는 형성적(formative) 평가가 보다 많이 이루어져 프로그램의 실제를 보다 정확하게 이해하고 프로그램에 기반한 이론을 정립해야 한다고 주장하였다. 평가만을 위한 평가가 아니라 지속적인 평가를 통해 어린이집의 질적인 향상을 도모해야 한다.

평가인증을 통한 어린이집의 변화를 살펴보면, 미국의 경우 평가인증을 받은 원장을 대상으로 평가인증에 대한 인식을 조사해본 결과 원장의 대부분이 인증제 결과 시설의 질적인 향상이 이루어졌다고 보고하였다. 특히 평가인증 결과, 보육과정, 운영, 건강과 안전, 물리적 환경 순으로 질적인 향상이 많이 이루어졌지만 이에 비해 상호작용이나 보육인력 영역의 질적인 향상 정도는 낮다고 보고하였다(Herr, Johnson, & Zimmerman, 1993). 우리나라의 경우도 평가인증 이후 과반수 이상의 원장들이 어린이집 평가인증 이후 시설의 전반적인 질이 향상되고 체계가 생겼으며 원장으로서의 자긍심과 전문성을 가지게 되었다고 하였다(오민수, 2007). 호주의 경우 평가인증의 효과에 대해 대다수의 어린이집들이 의무적으로 평가인증에 참여함으로써 보육의 질이 상당히 높아졌다고 여기고 있다(Bryce, 1996). 전반적으로 어린이집 평가 이후 보육의 질이 향상되었다고 보고하는 것을 확인할 수 있다.

보육교사의 측면에서 살펴보면, 보육교사의 효능감은 어린이집 평가인증을 받은 어린이집의 보육교사가 평가인증을 준비하거나 평가인증을 받지 않은 어린이집의 보육교사보다 높은 것으로 나타났고(우연희, 2007; 조미환, 성은영, 2012) 평가인증에 참여한 어린이집의 보육교사가 평가인증에 참여하지 않은 보육교사보다 교수활동지원에 대한 만족과 전반적인 직무만족도가 높은 것으로 나타났다(조미환, 성은영, 2012). 또한 보육교사를 대상으로 어린이집 평가인증을 통해 보육서비스의 질이 어느 정도 좋아지길 원하는지에 대한 기대수준과 평가인증 참여 후 실행수준을 알아본 결과, 평가인증 참여 전 기대수준보다 평가인증 참여 후 실행수준이 높은 것으

사진 설명 어린이집 평가제를 통해 영유아의 흥미를 유발할 수 있는 놀이 환경을 구성한다.

로 나타나 보육서비스의 질이 향상된 것을 알 수 있다(채영란, 2012). Loane(1997)은 평가인증을 받은 어린이집의 경우 보육교사의 이직률이 낮아지고 교사의 전문성이 향상되는 경향이 있다고 하였다. 보육교사의 이직률은 보육교사의 만족도와 반비례함을 고려해볼 때 평가인증을 받은 어린이집의 보육교사들이 그렇지 않은 어린이집의 교사에 비해 더 만족하고 있음을 추론해볼 수 있다.

그럼에도 불구하고 어린이집 평가인증을 받은 어린이집의 교사와 평가인증을 준비 중인 어린이집의 보육교사는 평가인증에서 가장 어려운 부분을 '상호작용'이라고 하는 반면, 평가인증을 받지 않은 어린이집의 보육교사는 '보육환경'이라고 하였다(우연희, 2007). 이러한 결과는 평가인증에서 가장 개선하기 힘들고 개선기간이 길었던 영역으로 '상호작용'이라고 한 결과(오민수, 2007; Herr, Johnson, & Zimmerman, 1993)와 일치한다. 이는 물리적인 환경개선은 눈에 보이는 것이고 보다 즉각적인 반응이 나타나지만 상호작용은 지속적인 관계개선을 요하는 부분이기 때문이다. 특히 3차 지표 실행에 따른 교사의 반응을 살펴본 결과, 지표 영역 중 교사들은 보육활동과 상호작용이 가장 어렵다고 인식하고 있었고 교사 스스로 지표에 맞게 제대로 상호작용을 하고 있는가에 대해 의문점을 갖고 있는 것으로 보고되었다(정진희, 이대균, 2017). 상호작용이란 유아와 교사 간의 관계의 질을 의미하는 것으로, 유아와 교사 간

사진 설명 유아와 교사 간의 긍정적인 상호작용은 건강한 유아발달의 초석이 된다.

에 원활한 상호작용이 이루어지기 위해서는 유아의 발달적인 요구와 개별적인 요구에 민감하게 반응하기 위한 교사의 전문적인 능력과 자질이 필수적이다(사진 참조). 따라서 교사는 지속적인 자기평가를 통해 스스로에 대한 전문성을 높이고 유아평가를 통해 유아의 요구를 제대로 파악함으로써 유아와 긍정적인 관계를 형성하기 위한 지속적인 노력을 해야 한다. 또한 어린이집의 자발적 참여를 통해 어린이집 및 운영상의 부족한 점을 개선하려는 노력도 필요하다. 이러한 과정 속에서 보육의 질은 한층 높아질 것이다.

4. 평가의 활용

앞서 보육평가를 크게 유아평가, 교사평가, 보육 프로그램 평가 및 어린이집평가로 나누어 살펴보았고, 특히 어린이집의 질을 높이기 위해 실시하고 있는 어린이집 평가제에 대해 구체적으로 살펴보았다. 이러한 평가의 결과는 여러 측면에서 효과적으로 활용될 수 있다. 무엇보다 평가를 통해 수집된 정보는 유아의 성장 및 발달을 극대화시키는 데 활용되어야 한다. 즉, 평가 결과를 토대로 보육교사가 실시했던 보육 프로그램이나 활동 및 교수 · 학습 방법에 대해 반성해 보는 기회를 가짐으로써 적절치 못했던 부분을 개선하는 기초자료로 활용할 수 있다. 또한 유아평가 결과는 유아의 성장과 발달에 대한 준거자료로서 각 유아의 발달 및 수준에 적합한 개별지도를 실시하기 위한 참고자료로 활용할 수 있다. 그리고 어린이집에서는 유아의 발달 및 학습활동에 관한 효과적인 의사전달 수단으로 활용될 수 있다. 어린이집에서의 유아활동에 대한 정보를 보다 체계적으로 부모에게 전달함으로써 유아에 대한 이해를 높일 수 있을 뿐 아니라 이를 통해 보육 및 유아교육에 대한 부모참여를 유도할 수도 있다. 또한 교사의 자율적인 자기평가는 보다 나은 지도계획의 수립에 기초가 되며 교사 개인의 자기개발과 전문성 신장을 위한 계속적인 동기를 유발하는 데 도움이 된다.

하지만 실제 보육평가에 대한 연구를 살펴보면, 보육평가의 주담당자라고 할 수 있는 교사들의 평가에 대한 인식 및 전문성이 부족할 뿐 아니라 평가에 대한 계획성과 체계성도 부족하다. 또한 대부분의 평가가 주로 구두언어로만 이루어져 문서로 기록되지 않고 있어, 교사는 평가자료를 분석하거나 활용하는 데 여전히 어려움을 호소하는 것으로 나타났다(이순자, 2004; Schickedanz, York, Stewart, & White, 1990). 이러한 측면을 고려해볼 때 보육교사들에게 평가의 중요성에 대해 재인식시켜주고 지속적이고 종합적인 평가가 이루어질 수 있도록 격려해주어야 할 것이다. 무엇보다 교사들에게 보육평가와 관련된 연수나 워크숍을 통해 현장에서 유용하게 사용할 수 있는 평가에 대한 전문적인 지식을 제공해주고 더불어 교사들이 쉽고 편하게 사용할 수 있는 객관적인 다양한 평가자료를 개발하고 이를 지원해줄 필요가 있다.

제13장 부모교육과 지역사회 협력

가족의 형태가 다양해지고 맞벌이 부부가 증가하며 변화의 속도가 빨라지고 있는 현대사회에서는 과거사회보다 영유아를 바람직하게 양육하기 위한 노력이 더 많이 요구된다. 빠른 변화와 정보의 홍수 속에 살고 있는 현대 사회의 부모들에게는 자녀를 어떻게 양육하는 것이 미래 사회에 잘 적응할 수 있는 영유아로 키우는 것인지, 어떻게 하는 것이 바람직한 부모역할을 수행하는 것인지 등 나아가야 할 좌표점을 찾는 것조차 쉬운 일이 아니다. 이러한 부모들에게 자녀를 이해하고 영유아발달에 관한 지식을 높이며 더 나아가서는 자녀와 긍정적인 상호작용을 할 수 있는 방법을 제시해줌으로써 바람직한 부모역할을 수행할 수 있도록 돕는 것은 매우 의미 있는 일이다. 그러나 영유아의 발달은 가정에서만의 노력으로 이루어지는 것은 아니다. 영유아는 가정뿐만 아니라 사회의 구성원이며, 사회의 가치관과 흐름에 영향을 받는 존재이다. 따라서 바람직한 영유아발달을 위해서는 가정과 사회 모두의 노력이 필요하다. 일정한 시간 동안 부모역할을 대신 수행하고 있는 어린이집은 지역사회와 연계되는 프로그램을 개발하고 보급할 수 있는 좋은 자원이다. 지역사회도 영유아의 문제행동 예방 등을 포함하여 어린이집과 가정에서의 질적인 보육을 지원해 줄 수 있는 훌륭한 자원이다. 이 장에서는 부모교육의 개념과 필요성, 어린이집에서 실시되고 있는 부모교육 유형, 지역사회와의 협력 내용과 이를 활성화하기 위한 방안에 관하여 살펴보고자 한다.

1. 부모교육

인간의 발달 중 부모의 영향이 가장 큰 시기는 영유아기이다. 어린이집에서의 부모교육은 부모와 어린이집과의 긴밀하고 상호 존중의 관계 속에서, 영유아의 발달적 특징이나 어린이집에서의 보육활동에 대한 이해를 높여 부모가 영유아의 바람직한 발달을 유도하도록 돕는 데 그 목적이 있다. 대부분의 부모들은 자녀양육의 과업을 성공적으로 완수하고자 노력하며 부모역할 수행에도 최선을 다하고자 노력한다. 그러나 이들 가운데는 바람직한 부모에 대한 정의를 포함한 가치관의 혼란과 역할수행 방법의 미숙으로 인하여 많은 갈등과 어려움을 경험하기도 한다. 부모와의 직·간접적인 협력을 바탕으로 한 상호 존중의 관계 속에서 자녀에 대한 이해를 증진시키고 자녀와의 긍정적인 상호작용에 도움을 주는 정보를 제공해줌으로써 부모의 역할을 더 바람직하게 수행할 수 있도록 도와주는 것이 어린이집에서의 부모교육이 나아가야 할 방향이다.

1) 부모교육의 개념

부모교육이란 대체로 영유아발달에 도움이 되는 지식과 기술을 제공해줌으로써 부모로서의 임무를 성공적으로, 더 나아가서는 효율적으로 수행할 수 있도록 도와주는 것을 목표로 하는 교육활동을 의미한다. 부모교육은 프로그램의 목적에 따라 대상과 내용, 방법이 달라진다. 발달상 문제가 있는 영유아의 부모들에게 영유아문제와 관련된 지식과 기술을 가르치고자 하는 프로그램에서는 영유아 문제의 종류와 정도에 따라 특성화된 교육을 실시한다. 예방을 목적으로 하는 부모교육 프로그램에서는 일반 영유아 집단의 부모들을 대상으로 보편적인 이론과 원리에 근거한 양육 방법을 교육시킨다. 어린이집에서의 부모교육 프로그램은 주로 어린이집에 등원하고 있는 유아기 자녀의 부모를 대상으로 실시되며, 자녀의 바람직한 발달을 위하여 자녀양육에 필요한 지식, 기술, 어린이집 운영 참여 및 이해 등에 관한 정보를 제공한다.

부모교육이라는 용어는 부모참여, 부모치료, 부모역할하기 등의 용어들과 혼용되어 왔다. 부모참여란 아동의 바람직한 발달과 성공적인 부모역할 수행을 위해 부모가 자녀들의 발달에 영향을 주는 프로그램 구성 및 운영에 참여하는 것을 의미한다. 일반적으로 부모들은 어린이집이나 교육기관에서 운영 및 결정자, 프로그램 선정자, 교사 보조자, 자원봉사자 등의 형태로 참여하며 어린이집과의 긴밀한 유대를 통해 보육의 질을 높이는 데에 기여한다. 부모치료는 부모의 잘못된 태도와 행동을 수정하는 데에 중점을 둔다. 부모의 사적인 문제에 관여하며 아동의 문제행동 수정, 부모역할 수행에 필요한 지식과 기술습득에 초점을 두는 경향이 있다. 부모역할하기는 자녀를 양육하고 보호하며 지도하는 과정에서 나타나는 것으로 부모는 자녀 사이의 지속적인 상호작용을 통해 부모 자신과 자녀를 변화시키는 데 기여한다(유안진, 김연진, 2005).

어린이집에서의 부모교육은 일반적인 부모교육만이 아니라 부모참여 및 부모역할하기, 때로는 부모치료의 개념을 모두 통합함으로써 궁극적으로 부모와의 협력을 통해 바람직한 영유아발달을 추구하는 방향성을 가진다. 어린이집은 부모교육을 통해 부모에게 영유아를 이해하기 위한 지식 및 양육 기술, 어린이집 운영에 관한 정보를 제공하고 부모 참여를 독려하여 가정과 어린이집의 상호협력을 도모함으로써 바람직한 부모역할 수행과 영유아발달을 지원하고 있다.

2) 부모교육의 필요성

급변하는 사회환경 속에서 자녀를 양육하기란 쉬운 일이 아니기 때문에 부모들은 부모로서의 능력에 대한 확신을 잃어가고 있다(최형성, 2005). 사회가 더욱 다양해지는 현실 속에서 부모역할에 대한 가치관이 혼란해짐에 따라 양육효능감은 더욱 약화되어 가고 있다. 또한 정보화 사회 속에서 수없이 쏟아지는 양육 관련 정보 중 내 아이의 양육에 가장 도움이 되는 지식과 기술을 선택하는 것도 매우 어려운 일이다.

부모는 영유아발달에 매우 지대한 영향을 미치는 사람이다. 부모는 영유아의 모든 발달 영역에 관여하며 성인이 된 이후의 삶의 질에도 영향을 미치는 존재이다. 또한 자녀 양육과 보호를 위한 일차적인 책임과 권리를 가지고 있다. 부모는 자녀의 바람직한 발

달을 위해 자녀에게 가장 적합하다고 판단되는 프로그램을 선택할 수 있는 권리가 있으며, 자녀를 양육해야 하고 보호해야 할 의무도 지니고 있다. 그러나 부모역할 수행을 위한 명확한 지침도 없고, 전통적인 양육모델을 따르기에는 사회의 변화가 너무 급격하며, 중도에 부모역할 수행 과업을 그만두고 싶다고 하여도 그만둘 수 없는 것이 부모역할이다(이재연, 김경희, 1997).

부모역할 수행은 다른 성인의 역할수행과 다른 다음과 같은 특성들을 가지고 있다(Hamner & Turner, 1996). 첫째, 여성들은 남성에 비해 부모역할에 대한 더 많은 문화적인 압력을 받는다. 여아들은 어린 시절부터 이미 어머니됨을 위한 사회화를 경험하는 반면, 남아들은 아버지됨에 대한 사회화 대신 직업을 위한 사회화를 경험한다. 둘째, 부모역할은 다른 성인기 역할과 달리 언제나 자발적인 특성을 갖는 것은 아니다. 직업, 배우자 등은 어느 정도 자유롭게 선택할 수 있지만, 종교, 도덕적인 이유 등으로 인해 피임을 하지 못해 선택의 여지없이 부모가 되는 경우도 있다. 셋째, 부모의 역할은 되돌릴 수가 없는 것이다. 일단 임신이 되고 출산하고 나면 부모의 역할수행을 멈출 수가 없다. 넷째, 부모됨에 대한 준비는 다른 역할 준비에 비해 미약하다. 교육체계 전반에 걸쳐 살펴볼 때, 부모됨에 대한 교육은 다른 교육에 비해 매우 빈약한 상황이다. 다섯째, 영유아가 발달하면서 부모도 발달하는 등 부모됨은 시간의 흐름에 따라 그 역할수행도 변화 · 발달하여야 한다. 영유아가 성장함에 따라 부모도 영유아를 돌보는 기술과 방식을 그에 맞게 점차 바꾸어야 한다.

이러한 부모역할 수행의 특수성을 고려해 볼 때 부모역할에 대한 가치관과 양육기술의 습득, 영유아에 대한 이해를 돕는 부모교육은 매우 필요한 교육이다. 특히 어린이집에서의 부모교육은 부모와 어린이집이 연계하여 상호존중의 유기적인 관계 속에서 바람직한 영유아 발달을 추구한다는 점에서 매우 중요한 활동이라 할 수 있다.

3) 어린이집에서의 부모교육의 유형

어린이집에서 실시되는 부모교육은 그 대상이 분명하다. 부모들이 대부분 동일한 지역사회에 거주하고 있으므로 시간과 공간적 접촉이 용이하다. 즉, 지역사회의 물리적 · 인적 환경이 비슷하고 지역사회의 정보를 공유하고 있다는 장점을 가지고 있다. 일정시간 동안 부모의 역할을 대신하는 어린이집은 운영방침을 결정하기 위해 부모의 의견을 반영할 필요가 있고 시설의 운영 방향을 부모에게 알림으로써 상호 유기적인 관계를 유지할 필요가 있다. 어린이집은 부모와의 협력과 신뢰 하에 영유아 발달에 관한 지식 및 양육 기술 제공, 어린이집 운영에 관한 정보 제공, 부모참여 독려 등의 부모교육을 실시하고 있다. 어린이집에서 실시되고 있는 부모교육을 유형별로 분류해 보면 다음과 같다.

(1) 부모 오리엔테이션

어린이집의 보육철학과 어린이집의 운영방침 등을 입학 전에 전달함으로써 입학 후 영유아가 어린이집에 빠르게 적응할 수 있도록 도와주고 가정과 어린이집 간의 유기적인 협력관계 구축을 도모한다. 주요 전달 내용으로는 보육교직원 소개, 보육시간, 어린이집 환경, 보육프로그램 및 보육과정, 어린이집의 개방원칙, 등하원 절차 및 안전지침 등이 있다. 〈표 13-1〉은 부모 오리엔테이션 안내문의 예이다.

〈표 13-1〉 부모 오리엔테이션 안내문의 예

20○○년 부모 오리엔테이션 안내

부모님 안녕하십니까?

○○○○○○ 어린이집 가족이 되신 것을 진심으로 환영하며 소중한 자녀를 믿고 맡겨 주심에 다시 한 번 감사드립니다. 입소를 앞두고 서로 만나 인사를 나누고 운영에 대해 안내드리는 시간을 갖고자 아래와 같이 부모 오리엔테이션을 실시합니다. 소중한 씨앗이 멋진 꿈나무가 되기까지 가정과 어린이집에서 함께 첫 단추를 끼우는 시간이니 바쁘시지만 일정을 확인하시어 꼭 참석하여 주시기 바랍니다.

구 분	재원생 부모 오리엔테이션	신입생 부모 오리엔테이션
일시	20 년 월 일(요일), 오후 시	20 년 월 일(요일), 오전 시
장소	공동놀이실 및 반별 보육실	공동놀이실 및 반별 보육실
소요시간	시간	시간 분

내 용	**1부** 운영방침 보육과정 및 프로그램 안내 일과운영 및 각종 행사 안내 영유아 건강 · 영양 · 위생 · 안전 부모프로그램 안내 교직원 구성 및 반별 담임교사 소개 질의응답 **2부** 담임교사와의 만남 반별 운영안내	**1부** 운영방침 및 시설개요 신입적응 프로그램 안내 보육과정 및 프로그램 안내 일과운영 및 각종 행사 안내 영유아 건강 · 영양 · 위생 · 안전 부모프로그램 안내 교직원 구성 및 반별 담임교사 소개 질의응답 **2부** 담임교사와의 만남 반별 운영안내
준비물	배부된 재원생 제출서류 영유아 건강검진 결과서	배부된 신입생 제출서류 영유아 건강검진 결과서

□ 지켜주세요

-오리엔테이션은 부모님만 참석하며, 두 분 중 한분만 참석하셔도 됩니다.
-본 어린이집은 입학식이 따로 없으며, 신입원아는 적응절차에 따라 적응기간을 가집니다.
-시작 시간 5분 전까지 입장하여 주시기 부탁드립니다.
-부득이하게 오리엔테이션에 참석하시지 못하시는 경우 어린이집으로 미리 연락주시기 부탁드립니다.

출처: 부산휴메트로어린이집.

(2) 어린이집운영위원회

어린이집 운영을 위한 의사결정 과정에 부모들을 참여시킴으로써 부모와 교사들의 요구사항과 어린이집의 상황을 전달하고 상호 간의 이해와 바람직한 영유아보육을 위한 의사결정에 기여한다. 가장 진보적인 부모참여의 형태로 협동어린이집을 제외한 모든 어린이집은 어린이집의 장, 보육교사 대표, 학부모 대표와 지역사회 인사(직장어린이집의 경우에는 해당 직장의 어린이집 업무담당자)를 포함하여 어린이집의 규모에 따라 5인 이상 15인 이내의 어린이집운영위원회를 구성하여야 하며(100인 미만 어린이집의 경우 5인 이상 10인 이내, 100인 이상 어린이집의 경우 11인 이상 15인 이내)

〈표 13-2〉 어린이집 운영위원회 안내문의 예

운영위원회 회의 개최 안내

부모님 안녕하십니까?

만물이 소생하는 계절을 맞이하여 부모님의 가정에 만복이 깃드시기를 바라며 분기 운영위원회 개최를 안내해 드립니다. 본 어린이집은 운영위원회를 통해 어린이집 운영 전반에 관한 여러 안건들에 대해서 협의하고 심의하여, 어린이집의 긍정적인 발전을 도모하고 있습니다. 월 주 발송된 안내문을 바탕으로 한 부모님들의 적극적인 참여로 부모 운영위원 명(반별 각 명)이 위촉되었습니다.

□ 20 년 운영위원 명단

구성	성명	성별	비고
원장	○○○	여	어린이집 원장
보육교사 위원	○○○	여	주임교사
부모위원	○○○	여	○○반 ○○○ 어머니
부모위원	○○○	여	○○반 ○○○ 어머니
부모위원	○○○	여	○○반 ○○○ 어머니
부모위원	○○○	남	○○반 ○○○ 아버지
부모위원	○○○	남	○○반 ○○○ 아버지
직장대표	○○○	남	○○○처 어린이집 담당과장
지역사회인사 위원	○○○	여	○○대학교 아동교육연구지원센터장

□ 20 년 차 운영위원회 회의 개최 안내

- 회의일시: 20 년 월 일 오전 시
- 회의장소: 어린이집 교사실
- 회의안건: 1. 운영위원 위촉장 수여, 운영위원장 선출, 회칙안내
  2. 20 년 결산 및 20 년 예산 계획 심의 및 의결
  3. 상반기 운영안내(영유아, 교직원, 부모, 시설) 및 의견 나눔
  4. 반별 안건 및 기타 안건

⊙ 반별 안건이나, 기타 어린이집 운영에 의견이 있으신 부모님께서는 선출된 운영위원께 의견 전달해 주셔서 활발하게 운영회의가 이루어질 수 있도록 해 주시기 바랍니다. 아울러 운영위원으로 위촉되어 한 해 동안 어린이집을 위해 봉사해 주실 부모 위원들께 감사의 인사를 드립니다.

출처: 부산휴메트로어린이집.

학부모 대표는 최대한 영유아 연령을 대표할 수 있도록 구성되어야 하고 이들의 수는 운영위원회 정수의 2분의 1이상이 되어야 한다(보건복지부, 2021a). 다만, 20인 이상 소규모 어린이집의 경우 지역사회 인사는 제외할 수 있으며 운영위원회는 분기별 1회 이상 개최하고 전체 학부모를 대상으로 공개하는 것을 원칙으로 하며 회의록을 작성 및 보관해야 한다(보건복지부, 2021a). 〈표 13-2〉는 어린이집 운영위원회 안내문의 예이다.

(3) 일일교사

부모의 1일 보육활동 참여를 통해 프로그램 운영에 대한 이해, 영유아발달에 관한 이해, 어린이집의 인적 · 물리적 환경에 대한 이해 등을 도울 수 있다.

(4) 부모참여

어린이집의 행사나 보육활동 참여를 통해 부모가 어린이집에서의 자녀의 활동을 공유하게 함으로써 보육활동에 대한 이해, 부모와 자녀 간의 관계 향상, 부모와 어린이집과의 유대 강화 등을 도모한다. 어린이집은 다양한 방식으로 부모의 의견을 조사하여 운영에 반영하고 어린이집 행사를 통해 보육활동에 대한 이해 및 참여를 유도한다. 〈표 13-3〉은 부모참여활동을 위한 수요 조사서의 예이고, 〈표 13-4〉는 부모참여수업의 행사계획 및 평가서의 예이다.

〈표 13-3〉 부모참여활동을 위한 수요 조사서의 예

열린어린이집 관련 부모참여활동 수요 조사서

○○○○○○ 어린이집 부모님께.

안녕하십니까? 항상 어린이집을 믿고 맡겨주시는 부모님께 감사드리며, 저희 어린이집은 가정과 어린이집이 적극적으로 협력하는 열린어린이집이 되고자 노력하고 있습니다. '열린'이란 영유아의 가족, 특히 부모님의 참여가 활발히 이루어질 수 있도록 어린이집의 개방성을 증진한다는 의미입니다. 우리 아이들의 행복과 건강을 위해서는 가장 친근하고 중요한 환경인 가정과 어린이집의 신뢰와 소통이 필수적이기 때문입니다. 이를 위하여 올 한 해 동안 진행할 부모참여프로그램에 대한 수요조사를 실시하고자 합니다. 수요조사 후 세부계획을 수립하여 추후 상세한 안내를 해드릴 예정입니다. 많은 관심과 의견 부탁드립니다.

※ 다음 중 참여하고 싶은 항목에 대해 내용, 시기, 주기, 방법 등에 기록 및 체크해 주시기 바랍니다. 아래 예시를 참고하시고 예시에 없는 내용도 기록해 주셔도 됩니다.

예시	① 일일교사(재능기부) ② 청소 ③ 산책 ④ 견학 도우미 ⑤ 아나바다장터활동 ⑥ 동화 들려주기 ⑦ 급식모니터링 ⑧ 가족운동회 ⑨ 가족 걷기대회 등

구분	내용 (번호를 적어 주세요)	시기	주기		방법	시간
부모 참여 프로 그램		월	□ 분기별 □ 연1회	□ 매월 □ 반기별 □ 수시	□ 개별 □ 소모임 □ 전체	□ 평일 저녁 □ 토요일
		월	□ 분기별 □ 연1회	□ 매월 □ 반기별 □ 수시	□ 개별 □ 소모임 □ 전체	□ 평일 저녁 □ 토요일

※ 열린어린이집 운영에 대한 의견을 자유롭게 적어주세요.

__________ 반 (원아) __________ (부모) __________ (명)

20 년 월 일

○○○○○ 어린이집

출처: 감천파랑새어린이집 부모참여활동을 위한 수요 조사서 중 일부 수정.

〈표 13-4〉 부모참여수업의 행사계획 및 평가서의 예

<table>
<tr><td>행사명</td><td colspan="2">숲체험 학부모 참여수업</td><td>장소</td><td>○○산 유아숲터</td></tr>
<tr><td>일시</td><td colspan="2">20 년 월 일(요일) 시간</td><td>대상</td><td>○○반 유아, 학부모</td></tr>
<tr><td rowspan="9">행사 계획</td><td>시간</td><td colspan="3">일정</td></tr>
<tr><td>11:50~12:00</td><td colspan="3">어린이집 앞 집합 및 차량 탑승</td></tr>
<tr><td>12:00~12:20</td><td colspan="3">출발 및 이동</td></tr>
<tr><td>12:20~13:00</td><td colspan="3">점심식사(40분) – 유아/학부모 점심식사(어린이집 제공)
개별 돗자리 사용(거리두기)</td></tr>
<tr><td>13:00~13:40</td><td colspan="3">숲터 자유놀이(40분) – 자연물 탐색 및 관찰, 대근육 놀이</td></tr>
<tr><td>13:40~14:20</td><td colspan="3">○○산 산책(40분) – 숲터 주변 등산</td></tr>
<tr><td>14:20~14:40</td><td colspan="3">마무리 및 휴식</td></tr>
<tr><td>14:40~15:00</td><td colspan="3">도착 및 정리</td></tr>
<tr><td></td><td colspan="3"></td></tr>
<tr><td>준비물</td><td colspan="4">편안한 복장, 마실 물과 간단한 간식, 돗자리, 점심식사(어린이집 제공), 구급약품, 물티슈, 개별연락처, 손소독제</td></tr>
<tr><td>업무 분장</td><td colspan="4">–총괄: ○○○ 교사
–진행: ○○○ 교사, ○○○ 교사
–촬영: ○○○ 교사
–도우미: ○○○ 교사</td></tr>
<tr><td>평가</td><td colspan="4">지난 ○월부터 실시했던 숲체험 프로그램에 학부모를 초대하여 부모참여 수업 형태로 진행하였음. 매주 사진으로만 접하던 장소에 와 아이들이 놀이하는 모습을 직접 보고, 숲에서 함께 하는 시간을 가짐으로써 교사-부모-유아가 소통할 수 있는 시간이 되었음. 평소와 달리 점심 식사 시간을 마련하여 자연스러운 분위기를 형성할 수 있었으며, 마치 소풍처럼 즐기는 등 유아의 흥미가 매우 높았음.</td></tr>
</table>

출처: 부산검찰어린이집.

(5) 부모강연회

자녀양육에 관해 도움이 되거나, 부모의 자아실현을 위해 도움이 되는 강사를 초빙하여 부모들에게 필요한 정보와 기술을 제공한다. 어린이집에서 진행되는 부모교육 프로그램 중 가장 전통적인 부모교육의 형태를 띤다. 〈표 13-5〉는 부모교육 행사계획서의 예이다.

〈표 13-5〉 부모교육 행사계획서의 예

<table>
<tr><td>행사명</td><td colspan="2">20 건강하고 행복한 워킹 대디
육아 프로그램 (1회기)</td><td>장소</td><td>○○○ 방</td></tr>
<tr><td>일시</td><td colspan="2">20 년 월 일(요일) 시간</td><td>대상</td><td>○○○○ 어린이집
영유아 아버지</td></tr>
<tr><td rowspan="3">행사
계획</td><td>시 간</td><td colspan="2">일 정</td><td>세부준비사항</td></tr>
<tr><td>11:20~11:30

11:30~12:10

12:10~12:20
12:20~13:00</td><td colspan="2">• 맞이하기
−명단 확인 및 이름표 부착
−강의자료 배부
• 강의
−강사: ○○○ 교사
−강의내용: 마음아 놀자
(우리 아이 자존감 높이기)
• 정리 및 식사 준비
• 점심 식사 및 폐회
−부추된장비빔밥, 들깨무채국, 일미채무침, 요구르트, 배추김치</td><td>〈사전준비사항〉
−가정통신문 배부 후 참석자 접수
−교육 장소 세팅
−교육 제목 게시

〈준비물〉
−강의자료
−볼펜, 파일
−참석자 이름표
−명단
−음료
−점심 식사</td></tr>
<tr><td colspan="3">부모 좌석
빔
강사 좌석</td><td>소요 비용

• 식사
• 음료</td></tr>
<tr><td>업무
분장</td><td colspan="4">−강사: ○○○ 교사
−장소 세팅: ○○○ 교사
−사진촬영: ○○○ 교사</td></tr>
</table>

출처: 부산검찰어린이집.

(6) 부모면담

부모와 교사가 개별적 또는 집단적으로 만나서 영유아의 발달과 생활에 관한 정보를 교환하고 의견을 제시함으로써 가정과 어린이집 부모 간에 영유아의 바람직한 발달을 위한 지도방안을 모색한다. 어린이집에서는 영유아에게 특별한 문제가 없는 경우에도 연 2회 이상 면대면의 부모 개별면담을 실시하여 개별 영유아에 대한 평가결과를 토대로 영유아의 발달변화와 지원방안에 대해 부모와 공유하는 것이 바람직하다. 〈표 13-6〉은 부모 면담일지의 예이다.

〈표 13-6〉 부모 면담일지의 예

반 명	○○반	유아명	○○○	보호자	○○○(모)
상담 일시	20 . . (요일) 시간 [장소]	생년월일		상담자	○○○
어린이집 생활	① 기본생활 (자조력, 건강, 행동특성 등) ② 의사소통 (듣기, 말하기) ③ 사회관계 (나의인식, 또래나 선생님과의 관계 등) ④ 예술경험 (음악, 미술, 상상놀이 등) ⑤ 자연탐구 (호기심, 관찰, 수량인식 등)				
상담 내용	• 부모님께서 원하는 상담내용 • 교사가 원하는 상담내용				
평가					

출처: 신라대학교어린이집.

(7) 워크숍

영유아와 대화하는 기법, 역할극, 간단한 교구 제작, 게임, 놀이 등에 대한 경험을 통해 영유아양육에 필요한 지식과 기술을 습득할 수 있도록 지도한다. 양육 및 교육 관련 기술 습득을 강조하는 부모교육의 일환이다.

(8) 알림장(일일보고서, 대화수첩, 스마트 알림장)

부모와 교사가 영유아에 대한 정보를 매일 교환함으로써 영유아의 상황에 대한 이해를 높이는 방법 중 하나이다. 교사는 하루 일과를 마치기 전에 영유아가 오늘 하루 동안 하였던 활동, 식사량, 또래관계, 대소변 등에 관한 정보를 부모에게 전달하고, 부모는 아침 식사량, 수면, 건강, 심리상태 등에 대한 정보를 교사에게 전달한다.

(9) 통신문

어린이집과 가정 간 정보를 교환하는 한 가지 방법으로서 보육계획안, 어린이집 내・외 행사, 전염병 발생에 대한 정보, 준비물 등 어린이집에서 진행되는 사항과 보육 관련 정보를 정기적・비정기적 공지사항으로 전달한다. 〈표 13-7〉은 비대면 부모교육을 안내하는 가정통신문의 예이다.

〈표 13-7〉 가정통신문의 예

	○○○○ 어린이집 **부모교육**	제 - 호 발행: 20 년 월 일 전화: 팩스:
흔히 자녀에게 '부모는 세상'이라고 합니다. 부모가 만들어주는 세상 안에서 아이들이 건강하게 잘 자라는 건 모두의 바람이기에 부모는 아이에게 더 좋은 세상을 만들어주려 전전긍긍합니다. 그러나 완벽한 사람은 드물고 또 부모가 되었다고 우리가 바로 완전해지는 건 아니기에 생각만큼, 뜻대로 자녀를 위한 세상 만들기는 쉽지가 않습니다. ○○시 육아종합지원센터에서 제작한 '육아는 어렵지만 좋은 부모가 되고 싶어'란 부모를 위한 좋은 자료가 있어 **월 한 달 동안 한 편씩 키즈노트로 안내**드리고자 합니다. 수많은 육아서에 쓰인 대로 노력하지만 맘대로 되지 않아 지치고 힘들 때 이 자료가 조금이라도 도움이 되셨음 좋겠습니다^^		

	내용	일시
완벽하지 않아도 괜찮아	엄마! 아빠! 나 성장하고 있어요	/ (월)
	마음이 통해야 건강한 훈육을 할 수 있습니다	/ (화)
	모든 것은 다 부모에게 달려있다고요?	/ (목)
	안정감이 정서회로를 발달하게 합니다	/ (금)
	가짜 놀이가 아닌 진짜 놀이를 해 주세요	/ (월)
	"~했구나"라고만 말하면 될까요?	/ (화)
	양육은 아빠와 함께!	/ (수)
	부모의 뇌가 권력에 빠지지 않도록 조심하세요	/ (목)
	아이에게는 건강한 성장동기가 있습니다	/ (금)
화내지 않고, 상처주지 않기	훈육의 오해와 진실	/ (월)
	연령에 맞는 훈육을 하세요	/ (화)
	화를 내는 것은 훈육이 아니에요	/ (목)
	조건적 사랑으로 훈육하지 마세요	/ (금)
	방임은 훈육이 아니에요	/ (월)
	틀이 중요해요	/ (화)
	일관성이 중요해요	/ (수)
	올바른 훈육으로 조절능력 UP	/ (목)

○○○○ 어린이집 원장

출처: 부산검찰어린이집.

(10) 양육 관련 검사

양육효능감 또는 양육행동 등 양육과 관련된 각종 검사 도구를 활용하여 자신의 양육에 대해 돌아보게 하고 양육의 방향 설정 및 방향 전환에 기여한다.

(11) 부모상담

직접 만나서 이루어지는 면대면 집단상담, 인터넷을 통한 상담 등을 통해 양육환경에 잘 대처할 수 있도록 도와준다.

4) 연간부모교육계획안

앞에서 살펴본 부모교육의 유형을 토대로 다양한 연간계획을 세울 수 있다. 가능하면 영유아보육계획안의 주제와 비슷한 시기에 비슷한 주제로 이루어질 수 있는 부모교육을 계획하는 것이 영유아와 부모, 어린이집 간의 유기적인 상호작용을 유도할 수 있다는 측면에서 바람직하다. 가정과 어린이집 간 협력의 중요성은 보건복지부에서 실시하고 있는 어린이집 평가인증지표를 통해서도 잘 나타나 있다. 〈표 13-8〉은 평가인증지표에서 제시하고 있는 가정과의 협력 내용이고, 〈표 13-9〉는 연간부모교육계획안의 예이다.

〈표 13-8〉 가정과의 협력 평가인증지표

평가영역	평가지표	평가항목
2. 보육환경 및 운영관리	2-4. 가정 및 지역사회와의 연계	1. 어린이집을 개방하여 다양한 부모 참여와 교육이 이루어진다.
		2. 평소 가정과 다양한 방법으로 소통하고 정기적인 개별면담을 통해 가족을 지원한다.

출처: 보건복지부, 한국보육진흥원(2021). 2021 어린이집 평가 매뉴얼.

〈표 13-9〉 연간부모교육계획안의 예

월	형 태	계 획	월	형 태	계 획
2월	집합	재원학부모 오리엔테이션 및 간담회	8월	집합	④ 소그룹 부모교육 (아버지 대상)
				개별	배식 도우미 (열린 어린이집의 날)
		신입학부모 오리엔테이션		배부/게시	건강 및 양육 관련 자료
		아동학대 및 성폭력 예방교육	9월	개별	배식 도우미 (열린 어린이집의 날)
3월	집합	함께하는 식사 (열린 어린이집의 날)		배부/게시	건강 및 양육 관련 자료
	배부/게시	건강 및 양육 관련 자료	10월	개별	배식 도우미 (열린 어린이집의 날)

월	유형	내용	월	유형	내용
4월	개별	개별 영유아 학부모 면담		집합	유아반 참여수업 (열린 어린이집의 날)
	개별	부모 참여 활동 수요조사		집합	영아반 현장학습
	배부/게시	건강 및 양육 관련 자료		배부/게시	건강 및 양육 관련 자료
5월	행사	랄랄라 장터 (열린 어린이집의 날)	11월	개별	배식 도우미 (열린 어린이집의 날)
	집합	① 소그룹 부모교육 (아버지 대상)		집합	음악회 (열린 어린이집의 날)
	배부/게시	건강 및 양육 관련 자료		개별	개별 영유아 학부모 면담
6월	집합	② 소그룹 부모교육 (아버지 대상)		배부/게시	건강 및 양육 관련 자료
	배부/게시	건강 및 양육 관련 자료	12월	배부/게시	건강 및 양육 관련 자료
7월	개별	배식 도우미 (열린 어린이집의 날)	1월	배부/게시	건강 및 양육 관련 자료
	집합	③ 소그룹 부모교육	2월	집합	재원 학부모 오리엔테이션
	배부/게시	건강 및 양육 관련 자료			신입 학부모 오리엔테이션
					아동학대 및 성폭력 예방 교육
				배부/게시	건강 및 양육 관련 자료

출처: 부산검찰어린이집.

2. 지역사회와의 협력

대부분 부모교육의 목표는 가족구성원들에게 영유아와 양육에 대한 지식을 제공해줌으로써 지속적으로 자녀를 바람직하게 양육하고 교육하며, 더 나아가서는 영유아의 발달, 교육, 학교에서의 성취를 지원하는 것이다(Estes, 2004). 그러나 영유아의 바람직한 발달은 가정이나 어린이집만의 노력으로 이루어질 수 있는 것이 아니며 영유아가 속해 있는 사회체계 모두의 노력을 필요로 하는 것이다. 영유아는 가족과 어린이집뿐만 아니라 이웃, 지역사회, 국가 등 다양한 환경 속에서 살아가고 있으며 이러한 다양한 환경은 영유아발달에 영향을 미치는 요인인 것이다.

이러한 측면에서 살펴볼 때 지역사회는 효율적인 보육을 지원해 줄 수 있는 하나의 자원이다. 지역사회는 자원봉사자와 인근 의료기관뿐 아니라, 초등학교, 대학교, 지방자치단체, 경찰서, 소방서, 어린이도서관, 지역주민센터 등의 관공서, 민간단체 등을 통해 어린이집을 지원해 줄 수 있다. 어린이집은 지역사회와 연계될 수 있는 프로그램, 예를 들면 영유아가 건강하고 경제적으로 안정된 가정에서 성장할 수 있도록 직업 관련 기술교육, 취미교실 등을 개발하여 부모에게 제공해 줄 수 있다.

또한 어린이집과 지역사회와의 협력은 지역사회의 위험요소들을 변화시킬 수 있다. 예를 들면, 사고 발생 위험지역의 사고율을 감소시킬 수도 있고, 영유아의 문제행동 예방 및 치료를 통해 청소년 비행 예방 및 발생률 감소에 기여할 수 있다. 뿐만 아니라 가정과 어린이집, 지역사회와의 연계 프로그램을 통해 건강한 아동발달과 지역사회에 대한 이해 증진, 공동체의식 고취 등을 이룰 수 있다.

1) 지역사회와의 협력 내용

영유아의 부모뿐만 아니라 어린이집과 지역사회가 서로 협력하여 각자의 역할수행에 최선을 다할 때 영유아의 바람직한 발달과 보육효과의 증진을 도모할 수 있다. 보육이란 영유아를 돌보아주는 탁아의 개념을 넘어 보호와 교육을 통합하는 개념이다. 따라서 보육은 식사와 간식 제공, 돌봄 등을 강조하는 것에서 더 나아가 발달된 보육 프로그램 개발뿐만 아니라 가정과 지역사회복지 증진을 포함하는 포괄적인 보육서비스의 차원에서 진행되어야 한다. 지역사회는 영유아의 부모와 어린이집과 협력할 수 있으며, 영유아의 부모는 어린이집과 협력할 수 있다. 영유아의 부모와 어린이집과의 협력은 앞서 살펴본 부모참여 프로그램과 관련되므로 이 절에서는 어린이집과 지역사회와의 협력, 영유아의 부모와 지역사회의 협력을 중점적으로 살펴보고자 한다.

(1) 지역주민의 보육활동 참여

어린이집은 지역주민들의 자원봉사활동과 같은 보육참여 활동을 통해 지역주민들과 유기적인 관계를 유지할 수 있다. 예를 들어, 지역주민들은 일일교사, 교구제작 보조, 견학활동을 위한 차량 제공, 보육보조자 등의 역할을 자원봉사자의 형식으로 수행할 수 있다. 영유아들은 지역사회 자원봉사자의 활동을 통해 다양한 대인과의 접촉 기회를 갖게 되므로 인간관계에 대한 이해를 도모할 수 있다. 지역주민들도 자원봉사의 경험을 통해 영유아와 어린이집에 대한 이해를 높일 수 있으며, 지역주민으로서 영유아발달에 기여할 수 있는 바에 대해 생각해 볼 수 있는 기회를 얻게 된다.

전통 문화 계승 프로그램을 위해 지역주민이 참여하는 것도 지역주민 보육활동 참여의 한 예라 할 수 있다. 우리나라의 전통 문화에 익숙한 노인들이 전통 놀이인 실뜨기, 강강수월래, 윷놀이, 전통 의복과 관련된 경험을 위한 감물 또는 황토물 들이기, 전통 음식인 쑥범벅, 화전, 열무김치, 빈대떡 만들기 등에 참여하게 되면 교사 경력이나 연령이 낮은 교사와 영유아들에게 많은 도움을 줄 수 있을 것이다. 또한 다문화 이해 프로그램을 위해 지역주민인 결혼이민자가 자국의 언어, 문화, 음식 등을 소개하는 활동에 참여하는 것, 한국어가 능숙한 결혼이민자가 부모를 위해 통역 서비스에 참여하는 것 등도 지역주민의 보육활동 참여의 한 예라 할 수 있다.

(2) 지역사회기관 및 시설 이용

지역사회는 어린이집에 지역의 병원, 경찰서, 도서관, 지역주민센터, 소방서 등을 견학할 수 있는 기회를 제공하고, 어린이집은 지역사회의 요구에 따라 지역사회기관 직원의 방문 및 기관 활동에 대한 홍보 등의 기회를 제공함으로써 상호 간의 이해와 우호적인 관계를 유지할 수 있다. 영유아는 지역사회의 기관이나 시설을 이용함으로써 지역사회를 이해하게 되고 공동체의식을 갖게 된다. 예를 들어, 어린이집은 시설이 위치한 지역의 도서관을 방문하여 영유아들에게 도서관에서 할 수 있는 일에 대한 이해, 공공시설을 이용하기 위한 예의범절 습득, 영유아들을 위한 서적에 대한 관심 함양, 도서관과 관련 직업 종류에 대한 이해 등을 꾀할 수 있다. 지역 도서관 역시 이러한 교류를 통해 영유아가 도서관을 이용하는 대상이라는 점을 인식하고 영유아들을 위한 많은 자료를 수집하고 부모와 영유아에게 제공해야 한다는 의식, 영유아들의 안전을 고려한 구조 및 안전 배치에 대한 의식 등을 갖게 된다.

(3) 지역의 자연환경 이용

어린이집은 지역의 유적지, 공원, 인근 산, 논, 밭, 들, 과수원, 하천, 바다 등을 활용하여 영유아들에게 무한한 자연체험에 대한 기회 제공과 환경보호에 대한 인식을 고취시킬 수 있다. 또한 영유아들은 자연스럽게 지역의 역사와 문화유산에 대해 이해할 수 있으며, 관련된 직업의 종류, 그곳에서 생산되는 생산물에 대해 이해하게 된다. 예를 들어, 어린이집 가까이에 있는 과수원은 영유아들에게 계절의 변화와 열매의 성장, 과실수를 기르는 요령, 과실수를 가꾸기 위한 땀의 신성함, 농업 종사자들에 대한 고마움, 수확의 기쁨, 직접 가꾼 과실수에서 수확한 과일을 먹는 즐거움 등을 제공해 줄 수 있다. 또한 영유아들에게 환경보호와 농업의 중요성, 농산물에 대한 애정, 공동 작업의 즐거움 등을 고취시킬 수 있다.

(4) 지역사회 전문가의 보육참여

어린이집은 영유아가 처한 다양한 문제 및 환경에 도움을 제공하기 위해 지역사회의 전문가들과 협조체계를 구축할 수 있다. 영유아에게 의학적인 진단 및 치료가 필요할 경우 전담할 수 있는 의료인, 심리적인 상담이나 치료가 필요한 경우 도움을 줄 수 있는 상담 및 치료사, 안전한 보육환경을 위한 소방관, 경찰관, 보건소 직원 등과의 협력체계 구축은 영유아보육을 용이하게 한다. 지역사회 전문가들도 바람직한 지역사회 보육을 위해 전문적인 지식과 기술을 제공함으로써 공동체의식을 높이고 안정적인 지역 환경 개선에 기여할 수 있다.

최근 지역사회의 전문가들, 예를 들면 보건소 직원, 경찰관, 소방관, 의사 등의 경우 보육현장에 직접 찾아와 위생과 건강을 위한 홍보, 성폭력과 유괴로부터의 안전, 교통안전, 화재 시의 대처 요령에 대한 정보를 제공해 주는 경우가 늘어나고 있다. 또한 다문화 가정 자녀 수 증가에 따라 한국건강가정진흥원 및 다문화가족지원센터와 같이 다문화 가족을 지원해 주는 기관에서는 다문화가정 자녀의 언어발달을 위한 자문 사업을 실시하고 있으며, 필요에 따라 상담사나 치료사와 같은 전문가가 어린이집을 방문하여 다문화 가정 자녀를 위한 치료 및 상담을 실시하기도 한다.

(5) 어린이집 인적 자원의 지역사회 참여

보육교직원과 영유아, 부모들은 인적 자원으로서 지역사회의 발전에 기여할 수 있다. 환경보호를 위한 분리수거 실시에서부터 지역발전을 위한 정보 교환, 지역의 소외된 주민들을 위한 공연활동, 경제적으로 어려운 이웃을 위한 물품 수집 및 자금 마련을 위한 알뜰 시장 개최, 환경오염을 줄이기 위한 걷기 운동 동참, 지역사회의 축제 참여 및 자원봉사 등이 그 예라 할 수 있다. 이러한 활동은 어린이집과 영유아 및 부모들에게 지역에 대한 애정을 고취시킬 수 있으며, 나눔의 미덕을 깨달을 수 있게 하고, 더 나아가서는 영유아들을 지역사회에 헌신할 수 있는 인적 자원으로 키워나갈 수 있게 한다는 장점을 가지고 있다.

(6) 어린이집에 대한 지역사회의 물질적 지원

어린이집은 보육 프로그램 진행에 필요한 다양한 물품 및 비용 등을 지역사회로부터 지원받을 수 있다. 어린이집은 질적인 보육운영을 위한 경제적 지원뿐만 아니라 프로그램 운영에 필요한 물품, 예를 들면 미술용품, 종이상자, 다양한 질감의 작은 나무 조각, 장난감 등을 지원 및 기부 받을 수 있다. 이러한 지원 및 기부는 어린이집의 다양하고 풍부한 활동에 기여한다. 지역사회는 지원 및 기부를 통해 홍보 효과와 재활용의 활성화를 꾀할 수 있다. 어린이집과 지역사회는 지역사회의 지원 및 기부문화를 활성화시키기 위해 노력하여야 한다.

(7) 영유아 부모와 지역사회의 연계

영유아의 부모들과 지역사회는 바람직한 영유아의 발달과 보육을 위해 상호협력할 필요가 있다. 과도한 조기교육의 열기를 부모와 지역사회가 공동으로 잠재우기 위해 노력하며, 영유아의 안전과 위생, 건강을 위한 공동작업도 할 수 있다. 또한 지역사회는 부모가 부모역할에 충실할 수 있도록 부모의 작업환경 및 근무조건 개선, 직장보육 실시, 취업을 위한 직업교육 등을 제공하기 위하여 노력할 수 있다. 예를 들어, 직장보육은 부모로 하여금 직장 근무에 최선을 다하게 하는 요인이 된다. 영유아의 건강 및 발달 상태에 따라 근무시간을 다소 조절할 수 있다면 부모역할 수행에 많은 도움이 될 것이다. 또한 법정 출산휴가 및 양육휴가에 대한 인식을 확고히 하여 부모의 영유아보육을 위한 휴가 사용에 어려움이 없도록 지원할 수 있다.

지역사회와 어린이집 간 협력의 중요성은 보건복지부에서 실시하고 있는 어린이집 평가인증지표를 통해서도 잘 나타나 있다. 〈표 13-10〉은 평가인증지표에서 제시하고 있는 지역사회와의 협력 내용이다.

〈표 13-10〉 지역사회와의 협력 평가인증지표

평가영역	평가지표	평가항목
2. 보육환경 및 운영관리	2-4. 가정 및 지역사회와의 연계	3. 지역사회와 연계한 다양한 활동을 실시하고 있다.

어린이집은 앞에서 살펴본 바와 같은 지역사회와의 협력 내용에 근거하고 시설의 설정에 맞는 연간 지역사회 협력 프로그램을 작성할 수 있다. 〈표 13-11〉은 연간 지역사회 협력 프로그램의 한 예이고, 〈표 13-12〉는 지역사회 협력 프로그램 계획 및 평가안의 예이다.

〈표 13-11〉 연간 지역사회 협력 프로그램의 예

시기	유관기관	활동명	내용	인적 자원	비고
매월	○○ 근린공원	산책	• 자연친화생태교육	• 숲해설가/공원관리요원 • 학부모도우미	매월1회
	○○우체국	경제 체험활동	• 저축하는 습관기르기 • 기부활동참여	• 우체국 직원 • 학부모도우미	매월1회
3월	○○ 작은도서관	도서관견학	• 도서관 이용방법과 태도 알기 • 책읽기에 대한 관심과 태도 기르기	• 도서관 사서 • 학부모 도우미	가정연계
4월	○○경찰서	현장학습	• 경찰서의 역할이해 • 경찰관 아저씨들께 감사의 마음전하기	• 경찰관	
5월	○○텔레콤	스마트교육	• 스마트폰 과의존 예방교육	• ○○텔레콤 관계직원	가정연계
	○○천	○○천 나들이	• 자연친화생태교육	• 숲해설가/학부모도우미	
6월	○○토마토 농장	농장견학	• 지역사회 축제참여 • 지역사회 사람들과 어울림	• 축제진행자 • 농장주인 • 학부모도우미	요리활동 연계
7월	○○구 보건소	음주흡연 예방교육	• 음주와 흡연의 해로움에 대해 알기	• 보건소 직원	가정연계
8월	○○ 근린공원	물놀이터 놀이	• 물놀이터 시설 이용	• 학부모 도우미	물놀이 주간
9월	○○5일장	장터 이용하기	• 재래시장의 모습 견학 • 돈의 사용알기	• 시장 상인들 • 학부모 도우미	
10월	○○구 육아종합 지원센터	놀이실이용	• 안전한 놀이시설 이용 • 여러 가지 놀잇감활용	• 센터 직원 • 놀이실 직원	연2회 이용
11월	○○소방서	현장학습	• 소방서의 역할이해 • 화재예방 및 소방대피훈련	• 소방관 • 이동소방서 교육팀	비상대응 훈련연계

12월	○○○○ 아파트 관리사무소	사랑을 나누어요	• 지역사회 사람들과 온정나누기	• 관리사무소 직원	세시풍속 '동지'와 연계
	붕어빵가게	붕어빵가게 방문	• 계절성 간식 먹어보기 • 지역 내 가게방문	• 붕어빵가게 사장님	
익년 1월	○○동 소아과	병원 방문하기	• 소아과 검진 및 위생교육	• 소아과 의사선생님 • 간호사님/ 약사 선생님	주치의 제도연계
익년 2월	○○경로당	세배인사	• 조부모님들과 함께하는 전통예절 알아보기 • 존경하는 마음 표현하기	• 경로당 어르신	가정연계

출처: 국공립 지사어린이집.

〈표 13-12〉 지역사회 협력 프로그램 계획 및 평가안의 예

협력기관	○○○○		
방문날짜	20 년 월 일(요일) 1시간	참가인원	명
협력기관 방문사진			
내용	▶ 대상: 유아와 부모 ▶ 사전준비(유아대상) –빔 설치 및 노트북 연결 –인형극 관람 좌석 준비 ▶ 사전준비(부모대상) –부모 성교육 안내 및 신청받기 –신청명단 확인 및 ZOOM주소 전송 –빔 설치 및 노트북 연결 –교육 만족도 조사 설문지 준비 ▶ 인형극 관람 –인형극 시작 5분 전 좌석에 전반 착석 –교실에서 미리 인형극 관람 시 예절에 관련한 이야기 나누기 –관람 시 방해되는 행동을 하는 유아 지속적으로 관리	업무 분장	–진행: ○○○○ –빔 설치 및 관람좌석 준비: ○○○ 교사, ○○○ 교사 –필요 기자재 준비: ○○○ 교사 –인형극 관람 후 정리정돈: ○○○ 교사, ○○○ 교사
평가			
비고			

출처: 부산세관어린이집.

2) 지역사회와의 협력 활성화방안

지금까지의 보육은 어린이집과 어린이집을 이용하고 있는 가정의 문제로만 여겨져 왔다. 그러나 영유아는 가정이나 어린이집 내에서만이 아니라 지역사회 속에서 성장 · 발달하며 장차 지역사회의 일원으로서의 역할을 담당해야 하는 존재이다. 바람직한 영유아발달은 가정과 어린이집, 지역사회가 함께 참여하여 이루어야 할 사회구성원 모두의 과업인 것이다. 이를 위해 어린이집과 지역사회와의 협력을 활성화시키기 위한 다양한 방안이 마련되어야 하는데 그 방안은 다음과 같은 관점에서 이루어져야 한다.

첫째, 부모와 어린이집, 지역사회와의 상호존중의 관계 속에서 부모교육 프로그램의 확대 및 확산을 위한 노력이 필요하다. 건강한 가정에서 건강한 영유아가 성장, 발달할 수 있다는 이념 아래 자녀양육뿐만 아니라 부부관계 개선 및 유지, 직업기술 습득 및 취업 기회 제공, 취미생활 유지의 기회 제공 등을 포함한 다양한 프로그램이 개발되어야 한다. 또한 그 대상도 어린이집을 이용하고 있는 부모들뿐만 아니라 지역에 거주하고 있는 모든 부모들을 위한 프로그램과 장차 부모가 될 예비부모들, 예를 들면 청소년, 대학생, 미혼 직장인들을 대상으로 하는 예비부모교육 프로그램들이 개발 및 실시되어야 할 것이다. 이를 위하여 각 프로그램들은 평등과 상호 협력의 관계 속에서 부모의 성장과 변화를 위해 노력해야 한다.

둘째, 지역사회 전문가들의 적극적인 참여를 유도할 수 있는 방안 마련을 위해 노력하여야 할 것이다. 보육교사뿐 아니라 지역 전문가들이 보육 프로그램과 환경 개선에 참여한다면, 더 안전하고 바람직한 보육이 이루어질 수 있을 것이다. 또한 다양한 영유아와 가족의 욕구에 맞는 전문가의 지식과 기술을 제공할 수 있는 체계를 구축하는 것도 바람직하다. 이와 같은 지역사회의 전문가들과 어린이집 그리고 가정과의 긴밀한 협력 관계를 위하여 서로의 의견을 경청하고 논의할 수 있는 대화의 창구가 마련되어야 할 것이다.

셋째, 질적으로 우수한 보육 프로그램 개발과 바람직한 영유아발달을 위해 지역사회의 보육전문가와의 협력이 필요하다. 지역 대학과 연구소에서 근무하고 있는 보육전문가들과의 협력을 통해 지역에 적합한 각종 보육 프로그램을 개발함으로써 보육의 질적 수준을 높이는 데에 기여할 수 있다. 요즈음 각 대학들도 지역사회의 발전에 기여하기 위한 방안을 마련하기 위해 노력하고 있는 현실을 고려해 볼 때 이와 같은 협력체계는 가능한 일이고 그 성과물들은 영유아발달과 보육을 위해 매우 중요한 자원이 될 것이다.

넷째, 보육과 관련된 지역사회의 인적 · 물리적 자원을 개발 및 확보하기 위해 지역주민들을 대상으로 보육서비스와 보육의 중요성에 대한 지속적인 홍보 및 체계적인 훈련을 실시하여야 한다. 어린이집운영위원회에 원장과 교사, 학부모, 보육에 관심이 많은 지역주민들이 함께 참여한다면 부모와 시설과 지역사회가 긴밀하게 협력하여 보육의 효과를 최대로 거둘 수 있을 것이다. 영유아발달은 우리 사회 모두가 함께 노력할 때 바람직한 방향으로 이루어질 수 있다.

다섯째, 지역주민들의 자원봉사의식을 고취시켜야 할 것이다. 자원봉사활동이 보육활동을 얼마나 풍요롭게 할 수 있는지를 홍보하고, 어린이집은 시설을 개방함으로써 지역사회와 유기적인 관계를 맺고 지역주민들의 자원봉사활동 참여를 촉구하여야 한다. 미국의 경우처럼 자원봉사활동의 시간에 따라 어린이집에 보육을 위한 비용을 지원해 주는 것도 자원봉사 참여를 높일 수 있는 방안 중 하나일 것이다.

제14장 보육의 과제와 전망

우리나라에서 보육은 빈곤 가정의 자녀를 위한 복지적 측면에서 이루어지기 시작하였고 1991년 「영유아보육법」이 제정될 당시에도 보육에 대한 이러한 인식은 크게 개선되지 못하였다. 어린이집은 저소득층의 자녀들이 다니는 보호 위주의 기관이라는 인식이 보편적이었다. 그러나 최근 사회적 여건의 변화에 따라 보육은 아동들을 보호하며 교육하는 통합적 서비스를 제공하는 것으로, 어린이집은 영유아가 속한 가정의 계층에 관계없이 필요할 때 자녀를 맡기는 기관으로 인식되고 있다. 이러한 인식의 변화에 따라 보육사업은 양적, 질적으로 크게 성장해 왔다.

이 장에서는 우리가 당면하고 있는 보육의 과제를 살펴보고 앞으로의 전망에 대해 논의하고자 한다.

1. 보육의 과제

보육의 양적 · 질적 차원의 성장에도 불구하고 현재 우리나라의 보육제도는 여러 가지 과제를 안고 있다. 여기서는 보육의 과제를 보육대상, 보육교직원, 보육환경, 보육 프로그램, 보육과정, 보육정책, 부모참여 및 지역사회와의 협력 측면에서 살펴보고자 한다.

1) 보육대상

우리나라의 보육사업은 근로나 질병 등의 이유로 가정에서 키울 수 없는 아동을 국가가 대신 맡아 키우는 복지사업의 차원에서 시작되었기 때문에 생활이 어려운 저소득층 아동을 주된 수혜대상으로 하였다. 그러나 여성취업률이 증가하고 대부분의 가정에서 자녀들을 보육기관에 맡겨야 하는 상황으로 바뀌게 되면서 모든 영유아를 대상으로 적절한 수준의 보육서비스를 제공하는 보편주의적 관점으로 방향이 전환되었다. 2007년에 개정된 「영유아보육법」 제1조에는 보육서비스를 모든 영유아를 대상으로 하는 보편적 서비스로 규정하고 있는데, 이는 바로 보육에 대한 사회적 요구를 반영한 것이다.

선별주의가 보육대상을 빈곤층 취업모의 아동으로 제한하는 것이라면 보편주의는 아동이나 부모의 성, 연령, 종교, 사회적 지위, 재산, 장애 및 출신지역 등에 따른 차별 없이 보육서비스를 제공하는 것을 의미한다. 즉, 보편주의에 따르면 아동은 가족형태나 계층, 부모의 취업유무에 관계없이 보육을 받을 수 있는 권리를 갖게 된다.

모든 영유아들을 대상으로 하는 보편주의적 보육은 영유아보육에서의 평등의 원칙에 근거한 것이다. 모든 아이들에게 보육서비스를 제공하는 것에 목표를 두는 보편주의적 관점은 기회의 균등 면에서는 보다 바람직한 것으로 간주할 수 있다. 그러나 이로 인해 보육서비스가 우선적으로 제공되어야 할(「영유아보육법」 제26조, 제28조) 영아보육, 장애아보육 등 취약보육, 한부모가족지원법에 따라 보호대상자로 선정된 영유아 및 다문화가정의 영유아, 국민기초생활보장법에 따른 차상위계층의 영유아에 대한 보육이 상대적으로 보호를 받지 못하게 된다는 사실은 문제점으로 지적될 수 있다. 장애영유아에 대한 보육도 특수교육 중심의 제한적인 역통합이 아니라 일반 영유아보육 주도로 총체적이고 구체적인 통합이 이루어질 수 있는 보육방안이 제시될 필요가 있다(김유정, 정정희, 2003).

보육사업의 궁극적인 목적은 보육욕구를 지닌 대상자를 만족시키는 것이다. 따라서 보육사업을 공급자 중심에서 수요자 중심으로 전환하고, 시설 이용의 편의성, 접근의 용이성, 서비스 만족도 등을 개선해 나가야 한다.

2) 보육교직원

1991년 「영유아보육법」의 제정과 1995년 정부의 '보육시설확충 3개년 계획'의 실시를 분기점으로 우리나라의 보육교직원 수는 급격하게 증가하였다. 그러나 정부 주도적인 보육사업의 급성장으로 인해 어린이집이 양적으로는 확장되었으나 상대적으로 보육교직원의 질은 이에 상응하지 못하고 있다.

보육의 질은 보육교직원에 의해 결정된다고 해도 과언이 아니다. 아동이 보다 질 높은 보육서비스를 받기 위해서는 보육교직원의 자질이 우수하여야 하며, 그 교직원들이 전문직에 상응하는 수준의 처우를 받아 만족도가 높아질 때, 서비스 수요자가 보다 안정되고 높은 수준의 서비스를 제공받을 수 있을 것이다. 그럼에도 불구하고 보육서비스의 질을 결정하는 가장 중요한 요소인 보육교직원의 자격기준 및 보수교육체계가 아직도 미비하다.

이러한 보육교사의 질적인 문제는 보육교사의 근무여건이나 처우와 관련이 있다. 현재 보육교사와 원장에 대한 근무여건 및 처우는 매우 열악하여 전문직에서 요구하는 조건을 거의 갖추지 못하고 있고, 이 때문에 사회적으로도 전문가로 인식되지 않고 있다고 느끼기도 한다(김길숙 외, 2015). 초기의 보육경험이 이후의 영유아 발달에 미치는 영향에 비추어볼 때 보육교직원의 근무환경과 처우개선을 위한 노력은 계속되어야 한다.

특히 보육서비스를 직접적으로 실행하는 보육교사는 영유아에 대한 교육과 지도 방법을 구성하고 선택하며 적용해야 하기 때문에 보육교사를 전문인으로 양성하는 것이 중요하다. 이런 측면에서 보육교사를 재교육하는 것이 보육의 질을 유지하는데 중요하며 지속적인 재교육을 통해 전문성을 확보하도록 해야 할 것이다.

보육교사와 원장뿐만 아니라 영유아들의 건강과 영양을 담당하는 영양사, 간호사, 취사부, 통학차량 운전자 등의 종사자도 전문화되어야 한다. 어린이집이 그 역할을 수행하기 위해서는 이를 운용하는 보육교직원이 역량을 갖추지 않고는 소기의 목적을 달성할 수 없다. 또한 모든 보육교직원들이 서로 유기적인 관계를 맺고 협력할 때 보육이 효과적으로 이루어질 수 있다.

아동학대 신고 의무자로서의 책임도 있다. 「아동학대범죄의 처벌 등에 대한 특례법」 제10조의 규정에 의하면, 어린이집 보육교직원은 직무상 아동학대를 알게 된 경우 및 의심되는 경우 신고 의무자로서 즉시 아동전문기관 또는 수사기관에 신고

하여야 한다(법무부, 2021).

3) 보육환경

영유아기는 어느 때보다 주변 환경의 영향을 많이 받는 시기이다. 특히 어린이집에서 교사와의 상호작용이나 어린이집의 물리적인 환경은 보육의 질을 구성하는 중요한 요인이다.

(1) 보육교사와 영유아의 긍정적인 상호작용

지난 20년 동안 영유아기의 보육경험이 아동의 인지 · 정서 · 사회성발달에 미치는 영향에 관한 연구결과에 따르면 양질의 보육경험은 아동발달에 긍정적인 영향을 미친다고 한다. 특히 보육교사와 영유아의 긍정적인 상호작용이 발달에 매우 중요하다는 연구결과들이 제시되고 있다(이정수, 이경옥, 2012; Howes & Smith, 1995). 영아의 신뢰감은 지속적으로 일정한 교사나 양육자에 의해 개별적인 보살핌을 받을 때 형성된다. 믿을 수 있는 보육환경에서 교사로부터 지속적인 안정성과 반응성을 경험할 때 영아는 교사와 애착을 형성하게 된다.

최근 더 어린 나이부터 더 오랜 시간을 가정이 아닌 장소에서 보내게 되면서, 질적 상호작용에 대한 욕구는 더 커지고 있다. 어린이집 평가인증에서 상호작용이 '보육과정 및 상호작용' 영역으로 '보육환경 및 운영관리' '건강 · 안전' '교직원'과 함께 평가지표 최상위 4개 영역 중 하나로 설정되어 있는 것도 이를 반영한다(한국보육진흥원, 2022).

현재 우리나라의 「영유아보육법」에서는 1세 미만의 영유아는 영유아 대 보육교사의 비율이 3:1, 1세 이상부터 2세 미만의 영유아는 5:1, 2세 이상부터 3세 미만의 영유아는 7:1, 3세 이상부터 4세 미만의 영유아는 15:1, 4세 이상부터 미취학 영유아는 20:1의 비율을 원칙으로 하고 있다(보건복지부, 2022h). 「영유아보육법」에 명시되어 있는 교사 대 아동의 비율은 보육서비스의 질을 높이기 위한 최소한의 안전장치이며 원활한 상호작용을 위해서는 보육교사 대 영유아의 비율을 더 낮출 필요가 있고 시설의 총 영유아 수를 일정 수 이하로 권장할 필요가 있다(장미경, 이상희, 윤미원, 정민정, 손금옥, 신현정, 2006). 그럼에도 불구하고 현행 보육제도에서는 제시된 최소한의 기준을 지키는 수준이다.

(2) 물리적 환경

영유아기는 성장과 발달이 빠르게 이루어지고 이러한 발달에는 환경이 영향을 미친다. 그러므로 영유아들이 안정감을 느끼고 자신들의 요구를 충족시키며 상호작용할 수 있는 환경을 조직하고 구성하는 것은 보육의 질을 향상시키는 데 매우 중요하다. 어린 시기일수록 환경의 영향이 크고, 많은 시간을 시설에서 보내므로 어린이집의 환경은 중요하다. 영유아가 쉬고 싶거나 혼자 있고 싶을 때에는 언제든지 시간이나 장소, 주변 사람에게 방해받지 않는 공간을 사용할 수 있어야 한다.

잠자고 놀이할 공간으로 영유아당 4.29m^2 정도의 최소 면적이 「영유아보육법」에 의해 규정(보건복지부, 2022a)되고 있다. 실내외 놀잇감과 재료의 이용 및 활동의 배열이 교사중심이며 이로 인해 영유아의 움직임은 특정한 영역 이내로 제한되고 있다. 실내외 환경이 구성되고 활용되는 방법에 따라 영유아의 놀이참여 정도 및 놀이확대 수준은 달라진다(이순형, 1996). 또한 놀이공간이 충분하고 놀잇감의 숫자가 적절할 때, 소그룹의 상호작용을 위한 적절한 공간이 있을 때, 영유아들의 또래와의 상호작용이 증가한다(조선숙, 2005)는 연구 결과를 보더라도 공간은 영유아의 욕구를 중심으로 구성되어야 한다.

어린이집의 물리적 환경은 단순히 활동하는 공간적 의미에서 벗어나 영유아의 발달에 영향을 주는 중요한 역할을 하므로 공간 구성에 대한 세심한 계획이 이루어져야 한다.

4) 보육 프로그램

영유아보육 프로그램이란 영유아를 단순히 보호하는 차원을 넘어 질 높은 교육과 보육을 제공하는 것을 의미한다. 보육의 질에 대한 관심의 확대와 함께 영유아보육 프로그램의 개발과 운영에 대한 관심도 높아졌다. 현재 영유아를 위한 보육 프로그램이 다양하게 계속적으로 실험, 개발되고 있다고 볼 수 있으나 아직까지 체계화된 보육 프로그램이 자리를 잡지 못하고 있는 실정이다.

5) 보육과정

한 국가의 보육과정은 그 나라 보육의 방향을 규정하고 나아가 미래의 경쟁력인 국가구성원을 길러내는 기반이 되기 때문에 선진국들은 국가수준의 보육과정 개발과 개선에 노력을 기울이고 있다(여성가족부, 2006). 이에 우리나라에서도 0세에서 5세까지의 다양한 연령에 맞는 표준보육과정이 개발, 보급되었다. 표준보육과정은 기본생활, 신체운동, 사회관계, 의사소통, 자연탐구, 예술경험 등의 영역으로 구성되었으며, 이는 영유아로 하여금 필요한 지식 및 기술과 태도를 갖추게 함으로써 영유아의 전인발달과 보호를 목적으로 하였다. 나아가 2012년부터는 5세 영유아를 3~4세와 분리하고, 이전까지 이원화되어 있던 표준보육과정과 유치원 교육과정을 신체운동과 건강, 의사소통, 사회관계, 예술경험, 자연탐구의 5개 영역으로 구성된 5세 누리과정으로 일원화하였다. 2013년부터는 5세 누리과정을 3~5세 누리과정으로 확대 시행함으로써 보다 많은 영유아들에게 국가가 관리하는 보다 양질의 보육 및 교육 서비스를 제공하고자 노력하고 있다.

최근에는 2019년 누리과정 개정과 2020년 표준보육과정의 개정으로 국가 수준의 보육과정을 교실 현장에서 자율적으로 실행하여 영유아와 교사가 함께 보육과정을 만들어갈 수 있게 하였다. 영유아가 주도하는 놀이는 미리 계획하여 운영하기 어렵기 때문에 영유아가 놀이에서 경험한 내용을 중심으로 계획을 수립하여 운영하게 된다(보건복지부, 한국보육진흥원, 2020).

보육대상의 특성, 어린이집의 지역적 특수성, 보육수요자들의 요구에 따라 영유아보육과정이 융통성 있게 운영되어야 하고 이 과정에서 영역별 경험이나 활동이 균형 있게 제공되어야 한다. 그러나 표준적인 일과구성에 맞추느라 보육과정을 영유아가 자율적으로 즐기지 못하고, 신속하고 효율적으로 정해진 절차에 따라서만 진행된다면 영유아 개인의 상황 및 욕구와 기대는 종종 거부되거나 무시되기 쉽다.

영유아기의 학습에서 끊임없이 논의되는 것은 아이들에게 무엇이 좋고 나쁜가 혹은 무엇이 아이들에게 가장 좋은가 하는 문제이다. 아이들이 '반드시' 무엇을, 어떻게 배워야 하는지, 언제 그리고 어떻게 평가되어야 하는지 등은 아직도 논쟁의 초점이다.

Nutbrown(2006)은 아동의 권리에 대한 연구에서 위험으로부터 아이들을 보호하겠다는 어른들의 배려 때문에 아이들의 참여가 어른들에 의해 무시되고 제한되었으며, 공원에서 친구들과 함께 놀고자 하는 아이들의 기본적인 자유가 어떻게 거부되었는지를 강조하였다.

보육과정과 교수법에서 아동의 권리가 가장 기본적이며 원칙이 되는 사례는 다양하다. 아동의 권리에 대한 유엔 협약에 조인한 것은 정부라고 할지라도 어린이 권리의 실제를 현실로 옮기는 것은 아동과 그 가족들을 위한 서비스와 관련 분야에서 일하는 개개인에게 달려 있는 것이다.

6) 보육정책

최근 몇 년간 영유아보육 욕구에 따른 보육정책은 빠르게 변화하고 있다. 보육을 관장하는 부서가 보건복지부에서 여성가족부로, 다시 보건복지가족부(현 보건복지부)로 이관되면서 보육의 확대에 많은 힘을 기울이고 있다. 그러나 아직까지 우리나라의 어린이집은 민간주도가 많다는 점과 다양한 어린이집이 부족하다는 점이 지적되고 있으므로, 정부의 계속적인 지원이 요구된다.

(1) 민간주도의 어린이집

여성의 경제활동 참여가 확대됨에 따라 영유아보육에 대한 요구도 증가하였다. 이에 1991년 「영유아보육법」이 제정되고, 1995년부터 보육시설확충 3개년계획이 추진되면서 어린이집은 양적 측면에서 빠르게 성장하였다. 그러나 어린이집의 양적 증가가 민간어린이집에 의해 주도되어 온 현상은 여러 가지 문제를 야기하였다. 국공립어린이집은 국가와 지방자치단체가 설치 · 운영하는 시설로 정부보조와 수요자의 경제적 수준에 따라 지불하는 수업료에 의해 운영된다. 따라서 보육료가 비교적 저렴하고 프로그램, 교사, 교사와 영유아 비율 등을 기준에 맞추도록 정부가 지도, 감독하여 보육의 질이 보장되므로 학부모들이 선호하는 보육유형이다. 그러므로 국공립어린이집이 일정 비율 이상이 되면 지역 민간어린이집에도 좋은 영향을 미치게 된다. 그러나 민간어린이집의 비중이 커지면 보육정책의 의사결정에 시장원리가 지나치게 작용할 위험이 있다. 이와 아울러 보육 지원이 법인어린이집에 편중되는 우리의 정책 현실에서 민간어린이집의 재정상 어려움은 필연적이며 결국 서비스의 수준을 낮추게 되는 결과를 초래하게 된다.

국공립어린이집은 신뢰도가 높아 선호되지만(김은설 외, 2015) 그 수도 적을 뿐 아니라 저소득층 밀집 지역이나 농어촌 지역 등 취약 지역과 어린이집이 부족한 지역에 설치되고 영세민과 한부모 가정 및 저소득층, 맞벌이 부부의 자녀들을 우선적으로 입소시킨다. 2018년 보육실태조사에 따르면 국공립어린이집 중 입소대기 영유아가 있는 어린이집 비율은 94.7%, 평균 대기 영유아 수는 106.75명이다. 전체 어린이집 중 입소 대기 영유아가 있는 어린이집이 79.5%, 평균 대기 영유아 수는 23.34명인 것과 비교하면 높은 수치다(보건복지부, 육아정책연구소, 2018). 국공립어린이집의 지속적인 확대가 필요하다.

(2) 다양한 어린이집의 부족

보육수요자의 다양한 요구에 부합하는 어린이집이 크게 부족하다. 영아를 위한 어린이집이나 24시간보육, 휴일보육, 야간보육, 시간제보육, 장애아보육 등 다양한 수요에 맞는 어린이집이 부족하다는 것이다. 특히 12개월 미만의 영아를 보육하는 어린이집이 부족하다. 실제로 영아기 자녀를 둔 여성의 상당 비율이 자녀를 안심하고 맡길 곳이 없어서 출산이나 자녀 수를 조절한 것으로 나타났다. 우리나라 여성의 고용률은 자녀의 연령이 어릴수록 낮은 경향을 보이며, 육아로 인한 경력 단절 비율이 증가하는 추세이다(통계청, 2019).

0~2세 미만의 영아를 대상으로 한 어린이집이 증가하고 있는 것은 사실이지만 이 연령층의 실질적 보육수요에 비해 아직도 부족하다. 따라서 자녀를 양육하면서 취업이 가능할 수 있도록 다양한 연령대를 대상으로 한 다양한 어린이집이 더욱 필요하다. 특히 사회적인 수요와 관심이 급증하고 있는 영아전담어린이집의 확충이 시급하다.

다른 한편으로 최근 가족의 불안정성이 증가하면서 가정폭력, 부모의 학대 및 위기를 경험하는 영유아가 늘어나고 있다. 이에 맞추어 가정폭력 및 부모의 학대로부터 격리가 필요한 영유아를 보호하고 심리치료, 일상생활 지도, 피해 영유아의 가족치료 등을 통해 영유아가 가정으로 복귀할 수 있도록 돕는 위기시설이 필요하다. 2018년부터 5개년 계획으로 시행되고 있는 제3차 중장기 보육기본계획(2018-2022)은 '영유아의 행복한 성장을 위해 함께하는 사회'를 비전으로 하고 있는데 계속적인 관심이 요구된다.

7) 부모참여 및 지역사회와의 협력

어린이집은 보육과정의 목표와 내용을 부모와 지역사회에 다양한 방법으로 알리고 보육과정 운영 시 부모가 적극적으로 참여할 기회를 제공함으로써 가정과 지역사회의 긴밀한 협조를 얻을 수 있다. 보육의 효과를 높이기 위해서는 부모가 보육보조자 또는 의사결정자로서 참여하고 부모교육에 참여함으로써 어린이집의 조직과 목표, 철학 등을 공유할 필요가 있다. 부모는 영유아의 가장 중요한 보육자이다. 영유아를 위한 보육의 질을 높이기 위해서는 무엇보다도 부모들이 어린이집과 긴밀한 연계성을 유지할 수 있어야 한다.

보육의 효율성 측면에서, 어린이집과 가정이라는 두 세계를 경험하는 영유아에게 부모와 어린이집의 긴밀한 연계성은 영유아의 발달에 필수적이며 부모와 어린이집에서 제공받는 경험이 유사할수록 영유아의 발달은 더 촉진된다(강숙현, 2000). 영유아가 어린이집에서 질 높은 보육을 받고 교사와 친밀한 관계를 유지하여도 친밀한 부모자녀관계를 형성하지 못하면 보육의 효과를 거두기 어렵다. 부모들은 자녀의 경험에 대해 알 필요가 있으므로, 상호 대화, 상담 및 정보 공유가 필요하다. 보육교직원들은 부모들과 긍정적인 관계를 발달시킬 필요가 있고, 그 긍정적인 관계는 아이들 삶에 있어서 중요한 역할을 한다.

또한 「영유아보육법」 제25조의2에 의하면 지역사회는 보육환경을 모니터링하고 개선을 위한 컨설팅을 하기 위하여 부모모니터링단을 구성·운영할 수 있다.

한편, 영유아들은 지역사회의 자원을 구체적으로 경험할 때 의미 있는 지식을 얻을 수 있으므로 지역사회에 있는 공통된 자원뿐 아니라 그 지역만의 독특한 자원을 이용할 필요가 있다.

2. 보육의 전망

이상과 같은 보육의 과제를 근거로 하여 앞으로의 보육의 전망 및 정책적 제언을 구체적으로 제시해보면 다음과 같다.

1) 보육대상

보육의 목표를 아동의 행복추구권의 보장과 미래 세대에 대한 인적 자본의 투자라는 공공성에 둔다면 현재의 사보육 중심의 보육은 공보육 중심으로 전환되어야 한다. 과거 아동양육의 주 책임을 가정에 맡기고 국가는 단지 현실적으로 아동양육을 담당할 수 없는 저소득층이나 취업모 가정의 자녀만을 책임지던 소극적 자세에서 벗어나 국가적 차원에서 다양한 모든 아동들이 최소한의 부담으로 안전하게 보호받고 교육받도록 하는 적극적인 보육으로 바뀌어야 한다. 이와 동시에 집중적으로 보육의 도움이 필요한 계층이나 영유아에 대한 보육이 더욱 강화되어야 할 것이다.

슈어스타트(Sure Start)는 모두를 위한 영유아보육을 위해 1996년 영국 정부에 의해 시작된 프로그램으로, 우리가 지향해야 할 보육대상에 대한 개념을 잘 제시해주고 있다. 부모들이 보육을 감당할 수 있도록 재정적 지원 기반을 마련함으로써 낙후된 영역에서의 서비스를 발전시키고, 보육의 접근과 운용 원칙을 아동과 부모를 위한 모든 서비스로 확대하도록 제시하고 있다. 다음은 현재도 유효하고 핵심적인, 슈어스타트의 토대가 되는 일곱 가지 원칙(Nutbrown, 2006)이다.

(1) 부모와 영유아가 함께하기

모든 가족들의 욕구를 충족시키고 영유아와 부모 모두에게 좋은 결과를 가져다줄 수 있는 보육서비스에서 우선적으로 고려해야 할 점은 부모와 영유아가 함께하는 시간을 제공해주는 것이다.

(2) 모두를 위한 다양한 서비스

가족에 따라 요구가 상이하며, 동일한 가족이라 하더라도 시간과 처한 상황에 따라 요구가 상이하다. 그러므로 모든 가족에게 동일한 보육서비스를 제공하는 것이 아니라 다양한 요구를 인식하고 이에 부응하는 서비스를 제공하도록 해야 한다.

(3) 보육서비스 제공 시점의 유동성

모든 보육서비스는 접근이 용이하도록 계획되어야 한다. 예를 들면, 보육서비스는 개시 시간, 서비스 위치, 교통문제 그리고 해당 영유아의 가족들이 다른 자녀를 돌보는 문제 등을 고려해야 한다는 것이다.

(4) 조기에 시작하기

영유아와 부모들을 위한 서비스는 반드시 출산 전 방문에서부터 시작되어야 한다. 이것은 임신 중의 건강에 대한 조언만을 뜻하는 것이 아니라 부모가 될 준비, 출산 후 직장으로 돌아가는 것에 대한 결정(혹은 일을 시작하는 것에 대한 결정), 보육선택, 가능한 지원서비스에 대한 조언까지를 포함한다.

(5) 정중하고 투명한 보육

보육서비스가 무료이든 아니든 서비스는 고객 중심이어야 하며, 정중하고 투명하게 이루어져야 한다.

(6) 지역 중심의 보육

영유아보육 교직원과 전문가들은 부모들과의 상담을 통해서 보육내용이나 보육방법에서 우선순위를 조정해야 한다.

(7) 결과 중심적인 보육

영유아와 부모를 위한 모든 서비스는 영유아에게 보다 나은 성취를 이루는 데 관심을 두고 제공되어야 한다.

2) 보육교직원

인간의 발달은 어린 시절 경험에 의해 많은 영향을 받기 때문에 보육교직원들은 영유아의 성장, 발달에서 매우 중요한 역할을 한다. 그러므로 보육교직원은 이러한 전문적인 역할의 중요성을 인식하면서 임무를 수행할 수 있어야 하며 높은 직업윤리를 유지해야 할 뿐 아니라 지속적으로 연구하고 그 지식을 공유하며 아동의 권리 옹호자로서 봉사해야 한다. 보육에서 성공하기 위해서는 단순히 영유아를 사랑하는 것 이상의 더 많은 것이 필요하다. 영유아를 돌보는 것은 전문적인 책무이고, 전문성의 구성요소는 다음과 같은 네 가지 관점에서 설명할 수 있다.

(1) 전문적인 지식과 기술 향상시키기

영유아기가 인간의 발달에서 얼마나 중요한가에 대한 인식이 높아짐과 동시에 취업모들의 질 높은 보육에 대한 요구가 커짐에 따라 보육교사에 대한 인식은 달라지고 있다. 따라서 모든 보육교사들은 스스로 성장하기 위해 노력할 의무가 있다. 질 높은 보육은 잘 훈련되고 능력을 갖춘 보육교사로부터 비롯된다. 그러므로 모든 보육교사들은 새로운 지식을 탐구하고 기술을 향상시켜나가도록 노력해야 한다.

(2) 영유아와 가족들의 옹호자로서 봉사하기

보육교사들은 자신들의 지식을 부모들 및 어린이집 관리자들과 공유하기에 좋은 위치에 있으므로 아이들의 옹호자가 될 수 있다. 교사들은 공청회나 집회, 정책입안자와의 만남 등의 활동을 통하여 영유아와 가족원들의 지지자 역할을 맡도록 노력하여야 한다.

이러한 지지를 제공하기 위해서는 우선 교사 자신의 정서적 능력 수준이 높아야 한다. 교사의 정서적 능력도 일반적으로 경력과 교육수준, 결혼과 육아경험과 관련이 있으므로 교육현장에서 이러한 경력을 쌓아가며 능력을 발휘할 수 있도록 하는 여건이 필요하다(방은정, 2014).

(3) 영유아 전문가로서의 윤리의식 지키기

자기 영역에서 윤리의식을 지키는 것은 전문가가 되기 위한 필수적인 조건이다. 어떤 사람의 비밀을 말하거나, 근무시간 기록지를 허위로 작성하거나 한 부모에게 다른 부모의 문제에 대해 이야기하는 것은 비윤리적이다.

(4) 전문적인 지원시스템 구축하기

영유아를 가르치고 돌보는 사람들은 상당 수준의 책임감, 기술과 훈련, 창의력과 지성 그리고 에너지를 필요로 한다. 전문적인 영유아 보육교직원들은 영유아기의 발달이론과 실제 성장과정에 대한 탄탄한 지식을 가지고 있어야 한다. 따라서 보육교직원들이 지속적으로 발전하는 이러한 지식기반을 공유하도록 지원시스템을 구축할 필요가 있다.

3) 보육환경

교사와 영유아 간에 긍정적인 상호관계를 유지하는 것은 영유아의 건강한 사회정서발달에 결정적이며, 교사의 음성과 태도에서 아이들은 자신의 가치에 대한 메시지를 전달받는다. 민감하고 반응적인 교사는 아동에게 안전하고 정서적인 환경을 제공해줌으로써 자율감의 발달을 돕고 만족감과 행복감을 준다. 반면, 교사와 영유아 간의 갈등적 관계는 영유아의 행동문제로 이어지는 등의 부정적 효과를 발생시키는 것으로 나타났다(최선희, 황혜정, 2012). 이처럼 교사와 아동의 상호작용이 긍정적으로 되기 위해서는 교사 대 아동 비율을 낮추는 것이 중요하다.

또한 어린이집의 환경을 개선하여 영유아의 건강과 영양관리 및 안전관리가 강화되어야 한다. 신뢰감을 주는 환경, 주변의 가구나 사물들이 항상 정해진 곳에 비치되어 있어 예측 가능한 환경, 교사와의 질적인 상호작용의 기회를 주는 환경 등은 특히 영아에게 필요한 물리적 환경조건이다. 또한 감각운동적 탐색을 통해 자율감 및 주도성을 증진시키고, 놀이를 통해 학습의 기회를 제공하며, 건강과 안전을 유지할 수 있는 환경이 되도록 배려해야 한다. 잘 준비된 물리적 환경은 영유아의 발달과 학습을 촉진하며 교사를 돕는 기능을 할 수 있다.

실외환경은 영유아의 자연학습 장소로 유용하며 휴식과 즐거움을 제공하는 장소이다. 또한 실외놀이에서는 영유아들이 여러 가지 신체활동을 자유롭게 해볼 수 있으며 모래놀이, 물놀이 등 다양한 감각놀이도 할 수 있게 된다. 우리나라 어린이집 설치기준에 의하면 실외놀이 영역은 영유아 50인 이상인 어린이집은 실외놀이터를 의무적으로 설치하도록 하고 있고 「영유아보육법」에 명시된 실외놀이터에 대한 규정은 영유아 1인당 3.5m^2 이상이다(보건복지부, 2022a). 점차 이 규정을 강화하여 영유아 1인당 실외놀이터 공간을 넓히도록 하는 것이 영유아의 발달을 고려할 때 꼭 필요한 과제이다. 그 외에 안전사고의 위험에 더욱 관심을 두어야 하고 어린이집을 벗어나 현장견학을 갈 때에는 장애물이나 위험요소가 없는지 사전에 철저한 준비를 해야 한다.

4) 보육 프로그램

보육 프로그램은 영유아의 연령과 발달, 지역적 특성, 문화적 배경, 개인적 특성을 존중하여 시행되어야 하고 동시에 양질의 표준보육 프로그램의 개발과 보급이 지속적으로 이루어져야 할 것이다.

프로그램이란 특정한 이론이나 철학적 입장에 근거하고 있거나, 특정 영유아 혹은 기관 및 지역사회의 특성이나 요구를 반영하고 있거나 그 실시방법이 상당히 구조화되어 있는 것을 말한다(Robison & Schwartz, 1982). 영유아보육 프로그램의 구성과 운영의 문제점은 우선 영유아보육의 대상이 매우 포괄적이라는 것이다. 다양한 연령과 발달수준, 발달특성, 장애를 가진 영유아와 일반영유아를 포괄하는 보육과정이 되어야 할 뿐 아니라 다양한 보육욕구를 가진 보육수요자를 고려해야 한다는 것이다. 보육 프로그램은 보육개념이 보육 및 교육의 통합에 기초하여 영유아의 발달 원리에 적합할 때, 그리고 보편성과 다양성의 원리를 충족시킬 때 보육의 질에 기여할 수 있으므로 균형 잡힌 프로그램이 운영되도록 하는 것이 중요한 과제이다.

최근에 와서 세계화의 추세로 다양한 인종과 문화를 접할 수 있는 기회가 많아지고 있다(사진 참조). 영유아가 종교, 문화, 가족, 인종 등에 대하여 고정관념 없이 다양한 경험을 할 수 있는 환경을 구성하는 보육 프로그램의 개발이 필요하다. 영유아의 권리옹호를 위해서는 차이와 다양성을 존중하고 수용하는 반편견교육을 고려할 필요가 있다. 반편견교육은 다문화 이해교육, 장애아 이해교육, 양성평등교육, 반편견 입양교육을 포괄하는 개념으로 끊임없이 이루어지고 있는 불평등의 사회를 변화시킬 수 있도록 준비시키는 것이다(Ramsey & Nieto, 2004). 흔히 다른 나라나 인종의 문화, 다른 가족 유형 등 다양한 차이에 대해 배우기만 하면 된다고 잘못 생각하기도 하는데, 기존의 선입견, 고정관념 및 편견에 도전하는 태도까지를 포함하여 긍정적인 태도를 갖도록 하는 좀 더 적극적이고 능동적인 접근이 필요하다. 이는 제도적으로 성, 인종, 장애에 대한 차별이 지속되는 사회에서 편견을 방관하는 것은 옳지 못하며, 영유아기부터 적극적으로 교육할 필요가 있다는 데 근거한다.

5) 보육과정

최적의 발달을 위해 보육과정에서 고려해야 할 가장 중요한 구성요소는 질적인 측면이다. '질'에 대한 논의는 무엇이 영유아들에게 제공되며, 어디에 제공되고, 누구에 의해서 제공되며, 무엇에 영향을 끼치는지 등의 문제를 포괄하고 있다. 질이 '높고' '좋음'에 대한 개념 그리고 영유아보육에서 그러한 질을 어떻게 성취하느냐에 대한 생각은 보육의 여러 요소에 큰 영향을 미친다. 이를테면 영유아들과 일하는 직원의 자격, 핵심 설비, 물리적 환경과 시설, 핵심 커리큘럼, 교육학적 실제 등을 결정한다. 질은 단순하지만 많은 측면을 포괄하는 면을 가진 개념이며 특히 문화적으로 결정되는 개념이다. 영유아보육에 있어 질에 대한 한 가지 청사진만을 가지고 보육현장에 적용하는 것은 불가능하며 바람직하지도 않다. 욕구, 기회, 우선권과 개인의 선택은 다양하다.

미국에서는 아동보육의 질을 전반적으로 향상시키기 위한 노력의 일환으로 국가적 차원에서의 'Quality 2000 Initiatives' 정책이 채택되었다. 이 정책에는 보육 프로그램의 질뿐만 아니라 가족의 적극적인 참여, 교사의 교육과 자격증, 교사들의 재교육 등이 포함되어 있다. 무엇보다도 국가적 차원에서의 모든 보육기관의 인준제도가 강조되고 있다. 이에 따르면 국공립어린이집뿐만 아니라 민간·가정 어린이집 등 모든 보육기관의 질을 국가가 관리하고 운영해야 한다는 것이다.

우리나라에서도 개정 「영유아보육법」에 보육서비스 자체의 질적 향상을 위한 구체적인 사항이 포함되었다. 어린이집의 설치를 신고제에서 인가제로 전환하였고, 보육교사 자격증 제도와 어린이집에 대한 평가인증제의 도입으로 보육의 질을 개선하는 데 개입하게 하였다. 또한 5세 누리과정에 이어 3~5세 연령별 누리과정의 도입으로 보다 양질의 보육서비스를 제공하게 되었다.

6) 보육정책

보육정책은 기본적으로 영유아에 대한 보호와 교육 등 영유아의 삶의 질과 관련되어 있고 여성의 사회활동 참여와도 깊이 관련되어 있다. OECD에 속한 국가 대부분은 여성의 경제활동 참가율을 높이고, 가족의 일과 가정생활을 지원하고, 저출산·고령화 문제를 예방하고 대처하며, 저소득층 영유아에 대한 차별을 금지하고, 모든 영유아들의 건강과 영양, 안전을 보호하기 위해서 국가가 영유아 보육에 투자를 늘려 왔다(OECD, 2017).

우리나라 보육정책의 방향은 보육에 대한 국가의 책임확대를 통해 보육서비스의 공공성, 보편성, 전문성, 효율성을 성취하는 것이다. 국가의 근간이 되는 인적 자원 육성의 면에서 인간발달의 기초가 결정되는 영유아기에 적절한 보호와 교육이 제공되어야 한다. 또한 여성의 경제활동참여를 높이고 저출산 문제 해결을 위해 보육서비스가 중요하다. 2013년 「영유아보육법」 개정을 통해 종전의 '보육정보센터'가 '육아종합지원센터'로 명칭을 변경하고 기존 어린이집 지원 기능에 더하여 부모교육·상담과 일시보육서비스 제공 등 가정양육을 지원하도록 한 것은 그러한 움직임 중 하나로 주목할 만하다(보건복지부, 2022a).

최근 몇 년간 영유아보육욕구에 따른 보육정책은 빠르게 변화하고 있다. 2004년에 이루어진 「영유아보육법」의 개정으로 보육정책에 대한 국가재정이 확대될 가능성이 커졌으며 소득수준별 가구 특성이나 욕구를 고려한 보육 지원 등을 통해 보육에 있어서 분배의 형평성이 증가되었다. 또한 취약보육에 대한 지원을 통해 보육서비스의 질적 향상이 가능할 것으로 전망된다. 국공립어린이집 확충, 보육비용 지원 확대, 다양한 보육서비스 제공, 전달체계 조성 등의 측면은 보육정책의 핵심이 되어야 할 것이다.

7) 부모참여 및 지역사회와의 협력

최근 부모참여를 포함하는 포괄적 보육서비스에 대한 관심이 높아지고 있다. 포괄적 보육서비스란 영유아 개인의 발달에 따른 욕구를 충족시키는 보육을 위해서는 영유아만을 대상으로 여기는 것이 아니라 영유아의 가족과 여러 환경까지 고려해야 한다는 적극적인 개념의 보육이다. 이는 영유아 개인과 부모, 가족, 보육교직원, 지역사회, 다른 보육기관의 협력을 통해 효과적인 보육 프로그램을 제공하고자 하는 것이다. 현재 대부분의 영유아 활동은 단일 건물에 국한되어 전체 지역사회의 자원을 충분히 활용하지 못하고 있다. 이러한 문제점을 보완하기 위해 어린이집 평가인증지표의 운영관리 영역에는 지역사회와의 협력, 영유아와 가족의 문제에 대한 이해와 지원을 명시하고 있다.

국가는 아동이 출생 환경과 상관없이 개인의 잠재능력을 개발하면서 행복하게 자랄 수 있도록, 여성이 출산과 육아로 인해 모성 갈등이나 사회 참여 욕구가 침해받는 경험을 겪지 않고 사회 생활을 계속할 수 있도록, 국민이 최선의 상태에서 자신의 역할을 담당할 수 있도록 해야 한다. 지금까지의 보육은 공식적인 제도로서 교육의 모습을 담고 있고 그 체제의 발전과정에서 어떻게 보호받고 교육받아야 하는지에 대한 영유아의 목소리보다 제도와 정책의 목소리가 우선적으로 고려된 측면이 있다. 영유아의 목소리, 돌봄을 받아야 할 권리 등이 왜 주요한 이슈가 되어야 하는지에 대해 고민하여야 하고 제도화된 보육이 가져올 수 있는 모순과 폐해에 대해서도 대처해나가야 할 것이다.

참고문헌

강금녀(2015). 어린이집 영·유아 급식 실태 및 부모 만족도 조사. 인천대학교 교육대학원 석사학위 청구논문.

강민경(2002). 보육교사의 직무실태와 후생복지에 관한 연구. 단국대학교 대학원 석사학위 청구논문.

강숙현(2000). '발달에 적합한 실제'에 대한 유아교사의 신념과 교육 실제의 질적 수준과의 관계. 이화여자대학교 대학원 박사학위 청구논문.

고려대학교 안암병원 어린이집(2008). 호롱이 이야기.

곽덕영(1992). **탁아교육론**. 서울: 학문사.

곽은복(2000). 유아의 안전 능력 향상을 위한 교육과정 모색. **유아교육학논집**, 4(2), 53-70.

곽은복(2005). 방과 후 아동보육 프로그램의 모형 설계. **아동교육**, 4(2), 5-18.

교육과학기술부(2019). 개정 유치원교육과정 고시문 2019-189호.

교육부, 국제연합교육과학문화기구, 유네스코한국위원회, 한국연구재단(2021). **한국의 SDG4 이행과 교육 회복 국제포럼 자료집**. 유네스코한국위원회.

교육부, 보건복지부(2019a). **2019 개정 누리과정 놀이실행 자료**.

교육부, 보건복지부(2019b). **2019 개정 누리과정 놀이이해 자료**.

교육부, 보건복지부(2019c). **2019 개정 누리과정 해설서**.

권은주(1998). **불교아동학 개론**. 서울: 양서원.

김길숙, 문무경, 이민경(2015). 유치원·어린이집 교사 권익 보호 실태 및 증진 방안. 육아정책연구소 연구보고 2015-06.

김동일, 고은영, 이기정, 최종근, 홍성두(2017). **특수교육·심리진단과 평가**. 서울: 학지사.

김선자, 김찬동(2005). 민간보육시설의 서비스 수준향상 방안연구. 서울: 서울시정개발원 연구보고서.

김영선(2000). **몬테소리 유아교육론**. 서울: 학지사.

김옥희(2007). 어린이집 교사의 근무실태, 교사 복지 및 재정운영에 관한 시설장과 교사의 인식. 창원대학교 대학원 석사학위 청구논문.

김유정, 정정희(2003). 통합과 분리학급 장애유아의 놀이 유형에 관한 연구. **아동학회지**, 24(2), 51-62.

김윤경(2004). 치료놀이를 적용한 영아보육 모형. **아동복지연구**, 2(2), 17-37.

김은설(2016). 농어촌 유치원·어린이집 실태와 개선안. 육아정책연구소.

김은설, 박수연(2010). 보육 시설장·교사 윤리강령 개발 연구. 한국보육시설연합회·육아정책연구소 수탁보고.

김은설, 유해미, 최은영, 최효미, 배윤진, 양미선, 김정민(2015). 전국보육실태조사-가구조사보고. 육아정책연구소.

김은영, 장혜진, 조혜주(2013). 영유아교사 복지 실태와 개선 방안·연구보고 2013-3. 서울: 육아정책연구소.

김일성, 이광원, 이재철, 정동옥(2005). **영양과 건강**. 서울: 신광문화사.

김종의(2000). **마음으로 읽는 동양의 정신세계**. 서울: 신지서원.

김지민, 서영숙(2009). 보육교사의 교직윤리 인식에 관한 연구. **아동연구**, 22(1), 47-62.

김진숙(2004). 양성기관별 보육교사의 전문성에 대한 보육시설장의 인식. 숙명여자대학교 대학원 석사학위 청구논문.

김진이(2000). 포괄적 보육프로그램의 모형 개발. 한국영유아보육학, 22, 113-136.

김태련, 서봉연, 이은화, 홍숙기(1976). 한국판 아동용 통각검사. 이화여자대학교 인간발달연구소.

김형식, 우주형, 권오용, 유경민, 권순지, 박규영(2019). 유엔 장애인 권리협약 해설-복지에서 인권으로. 서울: 어가.

노용오(2007). 최신 영유아보육학개론. 서울: 도서출판 구상.

문수백, 변창진(1997). 한국판 K-ABC. 서울: 학지사.

박경애, 이지현(2001). 영유아 영양에 대한 어린이집 교사들의 지식. 열린유아교육연구, 5(3), 51-65.

박선영(1983). 불교와 교육사상. 서울: 보림사.

박은혜, 김혜금, 남궁선혜(2005). 영 · 유아의 건강 및 안전보호. 보육시설 운영 매뉴얼 및 영 · 유아 보육프로그램 개발 (2).

박창현, 김근진, 김경희, 정유나(2021). 장애아동 관련 실태조사 및 종합적 지원체계 구축방안 연구. 육아정책연구소.

박혜원, 곽금주, 박광배(1996). 한국 웩슬러 유아 지능검사 지침서. 서울: 도서출판 특수교육.

방은정(2014). 유치원 교사의 교수행동이 유아의 학교준비도에 미치는 영향. 고려대학교 대학원 박사학위 청구논문.

백혜리, 노은호, 황성원, 조미환, 박종옥, 이순영, 곽혜경, 최효영(2006). 보육과정. 서울: 창지사.

법무부(2021). 아동학대범죄의 처벌 등에 관한 특례법 제10조 제2항. 법제처 국가법령정보센터. https://www.law.go.kr/%EB%B2%95%EB%A0%B9/%EC%95%84%EB%8F%99%ED%95%99%EB%8C%80%EB%B2%94%EC%A3%84%EC%9D%98%EC%B2%98%EB%B2%8C%EB%93%B1%EC%97%90%EA%B4%80%ED%95%9C%ED%8A%B9%EB%A1%80%EB%B2%95 2022년 4월 12일 인출.

보건복지부(1997). 보육사업 지침.

보건복지부(1998). 영유아 보육시설의 영양관리 시범사업 결과보고서.

보건복지부(2001). 보육사업 지침.

보건복지부(2002). 보육사업 지침.

보건복지부(2006). 저출산 실태조사 및 종합대책 연구.

보건복지부(2012a). 생애주기별 식생활지침 개정안 발표.

보건복지부(2012b). 제2차 표준보육과정의 구체적 보육내용 및 교사지침.

보건복지부(2014). 취약보육 Ⅲ 장애아 보육프로그램 1. 보건복지부 인구정책실 보육정책관 보육기반과.

보건복지부(2015). 2015년도 보육사업 안내.

보건복지부(2017). 제3차 중장기 보육계획(2018-2022).

보건복지부(2018a). 2018년도 보육사업 안내.

보건복지부(2018b). 2018년도 제3차 어린이집 평가인증통합지표.

보건복지부(2018c). 영유아보육법 시행령.

보건복지부(2020a). 제4차 어린이집 표준보육과정 해설서.

보건복지부(2020b). 제4차 표준보육과정 고시문 2020-75호.

보건복지부(2020c). 보육통계.

보건복지부(2021a). 2021년도 보육사업 안내.

보건복지부(2021b). 2021년도 보육사업 안내(하반기 개정본) http://www.mohw.go.kr/react/jb/sjb0406vw.jsp?PAR_MENU_ID=03&MENU_ID=030406&page=1&CONT_SEQ=363107

보건복지부(2021c). 어린이집 평가제. https://www.mohw.go.kr/react/policy/index.jsp?PAR_MENU_ID=06&MENU_ID=06400304& PAGE=4&topTitle=

보건복지부(2021d). 영유아보육법 시행규칙 제9조 [별표 1] (개정 2021. 6. 30.)

보건복지부(2021e). 2020년 아동학대 연차보고서.

보건복지부(2022a). 2022년도 보육사업 안내.

보건복지부(2022b). 영유아보육법 시행규칙 제5조. 법제처 국가법령정보센터 https://www.law.go.kr/LSW//lsSc.do?section=&menuId=1&subMenuId=15&tabMenuId=81&eventGubun=060101&query=%EC%98%81%EC%9C%A0%EC%95%84%EB%B3%B4%EC%9C%A1%EB%B2%95#liBgcolor0 2022년 4월 7일 인출.

보건복지부(2022c). 영유아보육법 시행규칙 제9조[별표 1]. 법제처 국가법령정보센터 https://www.law.go.kr/LSW//lsSc.do?section=&menuId=1&subMenuId=15&tabMenuId=81&eventGubun=060101&query=%EC%98

%81%EC%9C%A0%EC%95%84%EB%B3%B4%EC%9C%A1%EB%B2%95#liBgcolor0 2022년 4월 7일 인출.

보건복지부(2022d). 영유아보육법 시행규칙 제23조[별표 8]. 법제처 국가법령정보센터 https://www.law.go.kr/LSW//lsSc.do?section=&menuId=1&subMenuId=15&tabMenuId=81&eventGubun=060101&query=%EC%98%81%EC%9C%A0%EC%95%84%EB%B3%B4%EC%9C%A1%EB%B2%95#liBgcolor0 2022년 4월 7일 인출.

보건복지부(2022e). 사회복지법인 및 사회복지시설 재무 · 회계규칙 제10조 제3항 제2호[별표 7]. 법제처 국가법령정보센터 https://www.law.go.kr/LSW//lsSc.do?section=&menuId=1&subMenuId=15&tabMenuId=81&eventGubun=060101&query=%EC%98%81%EC%9C%A0%EC%95%84%EB%B3%B4%EC%9C%A1%EB%B2%95#undefined 2022년 4월 7일 인출.

보건복지부(2022f). 사회복지법인 및 사회복지시설 재무 · 회계규칙 제10조 제3항 제2호[별표 8]. 법제처 국가법령정보센터 https://www.law.go.kr/LSW//lsSc.do?section=&menuId=1&subMenuId=15&tabMenuId=81&eventGubun=060101&query=%EC%98%81%EC%9C%A0%EC%95%84%EB%B3%B4%EC%9C%A1%EB%B2%95#undefined 2022년 4월 7일 인출.

보건복지부(2022g). 사회복지법인 및 사회복지시설 재무 · 회계규칙 제19조. 법제처 국가법령정보센터 https://www.law.go.kr/LSW//lsSc.do?section=&menuId=1&subMenuId=15&tabMenuId=81&eventGubun=060101&query=%EC%98%81%EC%9C%A0%EC%95%84%EB%B3%B4%EC%9C%A1%EB%B2%95#undefined 2022년 4월 7일 인출.

보건복지부(2022h). 영유아보육법 시행규칙 제10조[별표2]. 법제처 국가법령정보센터. https://www.law.go.kr/%EB%B2%95%EB%A0%B9/%EC%98%81%EC%9C%A0%EC%95%84%EB%B3%B4%EC%9C%A1%EB%B2%95%EC%8B%9C%ED%96%89%EA%B7%9C%EC%B9%99 2022년 4월 12일 인출.

보건복지부(2022i). 주택건설기준 등에 관한 규정 제9조의2. 법제처 국가법령정보센터. https://www.law.go.kr/%EB%B2%95%EB%A0%B9/%EC%A3%BC%ED%83%9D%EA%B1%B4%EC%84%A4%EA%B8%B0%EC%A4%80%EB%93%B1%EC%97%90%EA%B4%80%ED%95%9C%EA%B7%9C%EC%A0%95 2022년 5월 2일 인출.

보건복지부, 육아정책연구소(2018). **2018년 전국보육실태조사-어린이집조사보고.**

보건복지부, 중앙육아종합지원센터(2014). 제3차 어린이집 표준보육과정에 기초한 연령별 보육프로그램의 활용. 2014-표준-002.

보건복지부, 중앙육아종합지원센터(2020). 「2019 개정 누리과정」 보육일지 개선방향 및 일지 양식 예시. http://central.childcare.go.kr/ccef/community/notice/NoticeSl.jsp?flag= Sl&BBSGB=47&BID=163609

보건복지부, 한국보육진흥원(2014). 보육교직원 자격기준 변경사항 안내 리플렛.

보건복지부, 한국보육진흥원(2017). 제3차 어린이집 평가인증 설명회-통합지표 및 운영체계.

보건복지부, 한국보육진흥원(2018). 제3차 어린이집 평가인증 안내-통합지표.

보건복지부, 한국보육진흥원(2020). 2020 공공형 어린이집 교사연수 심화과정: 영유아의 놀이를 이해하고 지원하는 교사.

보건복지부, 한국보육진흥원(2021). **2021 어린이집 평가매뉴얼.**

보건복지부, 한국영양학회(2015). **한국인 영양소 섭취기준.**

보육시설평가인증사무국(2006). **보육시설 평가인증 지침서.**

서문희, 백선희(2004). 보육제도 개선을 위한 정책과제 대안 연구. 여성가족부: 한국보건사회연구원.

서문희, 이미화, 구미진(2006). 보육시설 종사자 직무 및 근로환경 실태 분석. 여성가족부 연구보고서.

서문희, 이혜민(2013). 호주 영유아 보육 · 교육 국가 품질 체계. **육아정책포럼**, 38, 26-33.

서봉연, 정보인, 최옥순(1985). **유아 · 아동용 그림 지능검사.** 서울: 중앙적성출판사.

서영숙, 김경혜(2006). **보육학개론.** 경기: 양서원.

서울시육아종합지원센터(2016). **어린이집 영상경보처리기기의 열람 및 관리안내서.**

서울시육아종합지원센터(2021). 제4차 표준보육과정 개정에 따른 장애 영유아 놀이 지원 교육.
서울특별시(2005). 보육시설 운영매뉴얼 및 영유아 보육 프로그램 개발 4권-유아 보육프로그램.
서울특별시교육청(2017). 유치원 교원 전문성 제고를 위한 2017년 교원능력개발평가제 시행 계획.
송경섭(2007). 직장보육시설 보육교사의 생활문화 탐구. 중앙대학교 대학원 박사학위 청구논문.
송준식, 사재명(2006). 유아교육의 역사와 사상. 서울: 학지사.
신양재(1995). 조선시대 교훈서에 나타난 아동 연령 기대에 관한 연구. 아동학회지, 26(1), 183-195.
신화식(2003). 몬테소리 유아교육과정. 경기: 양서원.
신희연(2004). 영아보육교사의 근무환경과 직무스트레스에 관한 연구. 연세대학교 교육대학원 석사학위 청구논문.
심정선(2011). 보육교사의 교직윤리인식과 영·유아 권리존중과의 관계. 윤리연구, 83, 283-305.
안경식(1999). 소파 방정환의 아동교육운동과 사상. 서울: 학지사.
안경식(2005). 한국 전통 아동교육사상(개정판). 서울: 학지사.
양옥승(2000). 유아교육. 보육기관 평가인증제 개발연구. 아동학회지, 27(4), 177-196.
여성가족부(2005a). 보육시설 실태조사 보고.
여성가족부(2005b). 2004년도 보육교육 실태조사.
여성가족부(2006). 표준보육과정.
오경석, 박화윤, 조도현(2012). 보육시설장의 리더십 유형과 보육시설운영 관리와의 관계. 열린유아교육연구, 17(1), 21-41.
오민수(2007). 보육시설 평가인증을 받은 보육시설 시설장의 평가인증에 대한 인식과 만족도. 이화여자대학교 대학원 석사학위 청구논문.
우연희(2007). 보유시설 평가인증 여부가 보육교사의 교사효능감에 미치는 영향. 대구가톨릭대학교 교육대학원 석사학위 청구논문.
유네스코한국위원회(2016). 교육 2030 인천선언과 실행계획. 유네스코한국위원회 교육팀.
유안진, 김연진(2005). 부모교육의 이론과 실제. 서울: 동문사.
유희숙(2005). 사무관리론. 서울: 대영문화사.
육아정책연구소(2013). 3~5세 연령별 누리과정 운영을 위한 교사연수 자료집.
윤재석(2006). 보육교사 보수교육 활성화 방안에 관한 연구. 서강대학교 공공정책대학원 석사학위 청구논문.
윤정진, 정옥분(1997). 아동이 지각한 사회적 능력. 아동학회지, 18(2), 311-331.
이기숙(1999). 유아교육과정(개정판). 서울: 교문사.
이기숙(2002). 유아교육기관 인정제의 개발 배경. 영유아 교육기관의 인정제: 한국·일본·영국·호주. 이화여자대학교 BK 핵심사업 제10회 국제학술대회 자료집, 39-55.
이순자(2004). 유치원의 유아평가에 관한 사례연구. 유아교육연구, 24(5), 225-268.
이순형(1996). 영유아 보육프로그램의 실효성 검토 및 모형개발 발표 논문집. 한국영유아보육학회 96추계학술대회 자료집, 73-98.
이순형, 이성옥, 이완정, 권혜진, 황혜신, 이혜승, 이영미, 정윤주, 성미영, 권기남(2005). 영유아 보육·교육 프로그램의 이해. 서울: 학지사.
이순형, 최일섭, 신영화, 이옥경(1998). 보육시설의 환경운영관리 및 프로그램 평가. 보육시설확충 3개년 계획 평가에 관한 연구, 403-546. 보건사회연구원.
이영미, 이민준(2005). 영양교육. 서울: 신광출판사.
이영석(1998). 유아교육론. 서울: 형설출판사.
이옥(2002). 보육시설평가인증제와 보육의 질. 보육시설 평가인증제와 보육정책. 2002년 한국보육학회 추계학술대회 자료집, 9-22.
이옥(2004). 영유아보육법 개정과 아동학 전공자의 역할. 2004 한국아동학회 춘계학술대회자료집, 95-117. 한국아동학회.
이원영(1989). 유아교육과 교사교육, 유아교육의 본질과 방향. 한국교육학회: 유아교육연구회.
이원영, 이영자, 주영희(1991). 유아교육 원리. 서울: 대한교과서주식회사.
이윤미(2003). 소파를 통하여 보는 교육사-소파 방정환 교육론의 교육사적 의미. 교육비평, 12, 274-307.
이은해(2002). 보육시설 프로그램 평가도구의 개발과 타당화. 이화여자대학교 BK21 핵심사업팀.

이인실, 최민수, 한국선(2006). 아동안전관리. 서울: 형설출판사.

이재연, 김경희(1997). 부모교육. 서울: 양서원.

이정수, 이경옥(2012). 유아 및 교사 변인이 유아의 정서조절 전략에 미치는 영향. 유아교육연구, 32(2), 287-305.

이진희(2006). 유아 포트폴리오 평가의 수집과정과 활용: 한 미국 유아교육 프로그램을 통한 사례연구. 유아교육연구, 15(2), 229-239.

이혜숙(2001). 포괄적 보육서비스의 구성요소에 관한 연구. 숭실대학교 대학원 박사학위논문.

이화여자대학교 사범대학 부속 이화유치원(2002). 이화유치원 교육과정. 경기: 교문사.

임규혁, 임웅(2009). 교육심리학(2판). 서울: 학지사.

임재택(1992). 유치원 운영관리. 서울: 창지사.

임재택(2002). 아이들의 삶과 생태유아교육. 한국생태유아교육학회 추계학술 대회 자료집, 5-32.

임재택(2005). 생태유아교육개론. 경기: 양서원.

임재택, 하정연(2004). 한국유아교육현장의 정체성 확립을 위한 노력: 구두발표. 한국유아 교육기관의 프로그램: 부산대학교 부설 어린이집 프로그램-생태유아교육 프로그램.

장미경, 이상희, 윤미원, 정민정, 손금옥, 신현정(2006). 보육학개론. 서울: 태영출판사.

장수연(2012). 유아의 장애수용증진 프로그램 개발 및 효과검증. 고려대학교 일반대학원 박사학위논문.

장수연(2021). 유아통합교육의 실제. 서울: 창지사.

장휘숙, 한건환(2004). 아동연구방법. 서울: 창지사.

전용신(1970). 고대-비네검사 요강. 서울: 고려대학교 행동과학연구소.

전인옥(1999). 프로젝트를 통한 교사교육 프로그램 개발. 한국방송통신대학교 논문집, 27, 585-612.

정옥분(2015). 전생애 인간발달의 이론(3판). 서울: 학지사.

정옥분, 정순화(2019). 부모교육(3판). 서울: 학지사.

정진희, 이대균(2017). 어린이집 평가인증 3차 지표 실행에 따른 교사의 성장과정. 열린유아교육연구, 22(5), 131-161.

조명한(1982). 한국 아동의 언어획득 연구. 서울: 서울대학교 출판부.

조미숙(1998). 영유아 보육시설의 급식운영실태조사: 영양사의 배치에 따른 영향. 한국식생활문화학회지, 13(1), 47-58.

조미환, 성은영(2012). 어린이집 평가인증 참여에 따른 평가인증에 대한 보육교사의 인식, 교사효능감 및 직무만족: 강원도 보육교사를 중심으로. 보육지원학회지, 20(2), 101-119.

조선비즈 · 한국노동연구원(2012). OECD 최저 韓여성 고용률 · 출산율… '애도 안 낳고 일도 안한다?' http://biz.chosun.com/site/data/html_dir/2014/10/02/2014100202556.html

조선숙(2005). 통합학급의 효율적인 지원을 위한 특수교육보조원제 개선방안. 가야대학교 교육대학원 석사학위 청구논문.

조성윤(1992). 한국 유아의 언어습득과 그 발달 과정에 대한 고찰. 단국대학교 교육대학원 석사학위 청구논문.

조옥희, 권영자(1998). 3 · 4 · 5세를 위한 몬테소리 유아교육. 서울: 중앙출판사.

조윤경, 김수진(2020). 유아교사를 위한 특수아동의 이해(제2판). 서울: 학지사.

조필수(2008). 보육교사의 교직윤리의식에 관한 연구. 연세대학교 행정대학원 석사학위 청구논문.

조해연, 유선영, 박선혜(2014). 유아교육기관 평가 지표 분석: 한국(유치원 평가, 어린이집 평가인증), 미국(NAEYC), 호주(ACECQA)의 상호작용 영역 평가 지표 비교를 중심으로. 한국영유아교원교육학회, 18(6), 139-163.

주간동아(2013. 6. 7.). 두 토끼 잡는 여성 경제활동. http://weekly.donga.com/docs/ magazine/weekly/2013/06/07/201306070500010/ 201306070500010_1.html.

중앙대학교 사범대학 부속유치원(1999). 활동중심 통합교육자료집. 서울: 양서원.

중앙육아종합지원센터(2018). 2017년 보육통계.

중앙육아종합지원센터(2021). 제4차 표준보육과정 연수 해설서 교육자료.

중앙일보(2006. 3. 31.). "똑바로 눕혀 아기 재우세요" 미국, 돌연사 방지 계몽.

채영란(2012). 어린이집평가인증 전후에 따른 보육서비스 질에 대한 교사의 기대수준과 실행수준. **한국교육문제연구, 30**(4), 1-31.

천지일보(2021. 10. 4.). 국내 대 · 중소 기업 간 대졸초임 연봉 차이 '1.5배'.

최보가, 전귀연, 김수영, 정정희(2005). 포괄적인 장애아 통합보육 서비스 모형 개발. *Family and Environment Research, 43*(4), 79-95.

최선희, 황혜정(2012). 교사-유아 간 상호작용과 유아의 부적응 행동과의 관계. **어린이미디어연구, 10**(3), 1-18.

최정윤(2014). 2015 세계교육포럼의 의의와 성공적인 개최를 위한 과제. **대학교육 이슈진단 및 분석**, 72-76.

최형성(2005). 남녀아 어머니의 양육 효능감과 사회적 지원, 스트레스 및 아동의 기질. **아동학회지, 26**(1), 317-328.

최혜미, 김정희, 김초일, 장경자, 민혜선, 임경숙, 변기원, 이홍미, 김경원, 김희선, 김현아(2006). **21세기 영양학 원리**. 경기: 교문사.

최혜진, 황해익(2005). 유치원교사와 보육교사의 자기평가에 대한 비교연구. **열린유아교육연구, 10**(1), 187-208.

통계청(2018a). **2017년 출생사망통계**.

통계청(2018b). **2017년 혼인 · 이혼 통계**.

통계청(2019). 2019 일 · 가정 양립 지표. http://kostat.go.kr/portal/korea/kor_nw/1/1/index.board?bmode=read&bSeq=&aSeq=379366&pageNo=1&rowNum=10&navCount=10&currPg=&searchInfo=&sTarget=title&sTxt=

통계청(2020). **인구총조사**.

통계청(2022). **2021년 출생 · 사망통계**.

한국경제연구원(2019). 15-64세 여성 연령대별 고용률 변화(2018). OECD Stat. https://m.newspim.com/news/view/20191020000101

한국노동연구원(2014). **월간노동리뷰**, 9월호, 75-77.

한국대학신문(2013. 3. 8.). 대졸초임 1위 5400만원 기업은 어디? http://news.unn.net/news/articleView.html?idxno=121385

한국보육시설연합회(2002). **영유아보육업무 길라잡이**.

한국보육진흥원(2018). **평가인증 관련통계**. http://www.kcpi.or.kr/site/hp3/contents/data_n/reference04_2.jsp.

한국보육진흥원(2021). 2021 **어린이집 평가 지표교육 자료**. https://www.kcpi.or.kr/kcpi/ cyberpr/childcarecentaccred3/detail.do?col ContentsSeq=63545

한국보육진흥원(2022). **2022 어린이집 평가 교육자료**. https://www.kcpi.or.kr/kce/front/edudata/29?sch_category=%EC%9D%BC%EB%B0%98%EC%9E%90%EB%A3%8C&sch_key=&sch_val=&cPage= 2022년 4월 12일 인출.

한국소비자원(2018). 2017년 어린이 안전사고 동향 분석.

한국소비자원(2021). 2020년 어린이 안전사고 동향 분석.

한국영양학회(2010). **한국인 영양섭취기준**.

한국영양학회(2020). **한국인 영양섭취기준**(개정본).

한상진(2001). 유아 교사 포트폴리오 평가 모형 개발을 위한 기초연구. 부산대학교 대학원 석사학위 청구논문.

홍순명, 유리나, 최석영(2013). **건강과 영양의 이해**. 울산: 울산대학교출판부.

황해익(2002). **유아교육평가**. 경기: 양서원.

황해익, 최해진, 김남희(2003). 유아교사의 자기평가척도 개발연구. **열린유아교육연구, 7**(4), 69-93.

Abraham, M., Morris, L., & Wald, P. (1993). *Inclusive early childhood education-A model classroom*. Tucson, AZ: Communication Skill Builders.

Ackerman-Ross, S., & Khanna, P. (1989). The relationship of higher quality day care to middle-class three-year-olds' language performance. *Early Childhood Research Quarterly, 4*, 97-116.

Aslin, R. N., & Lathrop, A. L. (2008). Visual perception. In M. M. Haith & J. B. Benson (Eds.), *Encyclopedia of infant and early childhood development*. Oxford, UK: Elsevier.

Aslin, R. N., Pisoni, D. B., & Jusczyk, P. W. (1983).

Auditory development and speech perception in infancy. In M. M. Haith & J. J. Campos (Eds.), *Handbook of child psychology* (Vol. 2). Infancy and developmental psychobiology. New York: Wiley.

Australian Children's Education & Care Quality Authority (2022). Early childhood qualification assessment. https://www.acecqa.gov.au/nqf/about 2022년 1월 7일 인출.

Ball, J. W., Bindler, R. C., & Cowen, K. J. (2014). *Child health nursing* (3rd ed.). Upper Saddle River, NJ: Pearson.

Ball, S. (1975). Problems in evaluating early education programs. In R. A. Weiberg & S. G. Moore (Eds.), *Evaluation of educational programs for young children: The Minnesota round table on early childhood education II* (pp. 47-52). Washington, DC: The Child Development Associate Consortium.

Banks, M. S., & Salapatek, P. (1983). Infant visual perception. In M. M. Haith & J. J. Campos (Eds.), *Handbook of child psychology: Vol. 2. Infancy and developmental psychobiology*. New York: Wiley.

Baydar, N., & Brooks-Gunn, J. (1991). Effects of maternal employment and child care arrangements on preschoolers' cognitive and behavioral outcomes: Evidence from the children of the national longitudinal survey of youth. *Developmental Psychology, 27*, 932-945.

Beatty, B. (1995). *Preschool education in America: The culture of young children from the colonial era to the present*. New Haven, Conn: Yale University Press.

Beauchamp, G. K., Cowart, B. J., Mennella, J. A., & Marsh, R. R. (1994). Infant salt taste: Developmental, methodological, and contextual factors. *Developmental Psychobiology, 27*, 353-365.

Bell, M. A., & Cuevas, K. (2014). Psychobiology of executive function in early development. In J. A. Griffin, L. S. Freund, & P. McCardle (Eds.), *Executive function in preschool children*. Washington, DC: American Psychological Association.

Belsky, J. (1986). Infant day care: A cause for concern? *Zero to Three, 6*, 1-6.

Belsky, J. (1988). The 'effects' of infant day care reconsidered. *Early Childhood Research Quarterly, 3*, 235-272.

Belsky, J. (1994, September). *The effects of infant day care: 1986-1994*. Invited plenary address to the British Psychological Association Division of Developmental Psychology, University of Portsmouth.

Belsky, J. (1999). Quantity of nonmaternal care and boys' problem behavior/ adjustment at 3 and 5: Exploring the mediating role of parenting. *Psychiatry: Interpersonal and Biological Processes, 62*, 1-21.

Belsky, J. (2001). Developmental risks (still) associated with early child care. *Journal of Child Psychology and Psychiatry, 42*, 845-859.

Belsky, J., & Eggebeen, D. (1991). Early and extensive maternal employment and young children's socioemotional development: Children of the National Longitudinal Survey of Youth. *Journal of Marriage and Family, 53*, 1083-1110.

Belsky, J., & Rovine, M. J. (1988). Non-maternal care in the first year of life and the security of infant-parent attachment. *Child Development, 59*, 157-167.

Berger, K. S. (1991). *The developing person through childhood and adolescence* (3rd ed.). Worth publishers.

Berk, L. E. (1996). *Infants, children, and adolescents* (2nd ed.). Needham Heights, MA: Allyn & Bacon.

Berliner, L. (1987). Ways of thinking about students and classrooms by more and less experienced teachers. In J. Calderhead (Ed.), *Exploring teacher's thinking* (pp. 60-83). London: Cassell.

Bower, T. G. R. (1979). *Human development*. San

Francisco: Freeman.

Bowlby, J. (1951). *Maternal care and mental health.* World Health Organization Monograph (Serial No. 2).

Bowlby, J. (1969). *Attachment and Loss* (Vol. Ⅰ). *Attachment.* London: Hogarth Press.

Bowlby, J. (1973). *Attachment and Loss* (Vol. Ⅱ). *Separation.* New York: Basic Books.

Bowlby, J. (1980). *Attachment and Loss* (Vol. Ⅲ). *Loss.* London: Basic Books.

Brazelton, T. B. (1986). Issues for working parents. *American Journal of Orthopsychiatry, 56*, 14-25.

Bredekamp, S. (1987). *Developmentally appropriate practice in early childhood programs serving children from birth through age 8.* Washington, DC: National Association for the Education of young Children.

Bredekamp, S., & Copple, C. (Eds.). (1997). *Developmentally appropriate practice in early childhood programs.* Washington, DC: National Association for the Education of Young Children.

Breiner, S. J. (1990). *Slaughter of the innocents: Child abuse through the ages.* New York: Plenum.

Bretherton, I. (2000). The origin of attachment theory. In S. Goldberg, R. Muir, & J. Kerr (Eds.), *Attachment theory.* Hillsdale, NJ: The Analytic Press.

Bretherton, I. (2012). Afterword. In K. H. Brisch (Ed.), *Treating attachment disorders* (2nd ed.). New York: Guilford.

Bridges, K. M. B. (1930). Genetic theory of emotions. *Journal of Genetic Psychology, 37*, 514-527.

Broberg, A., Wessels, H., Lamb, M., & Hwang, P. (1997). Effects of day care on the cognitive abilities in 8-year-olds. *Developmental Psychology, 33*, 62-69.

Bronfenbrenner, U. (1979). *The ecology of human development.* Cambridge, MA: Harvard University Press.

Brown, J. L., & Marcotte, L. P. (2002). Nutrition and cognitive development in young children. *Early Childhood News, 14*(6), 15-18, 20-21.

Bryce, Q. (1996). Assessing and improving quality. In A. Smith & N. Taylor (Eds.). *Assessing and improving quality in early childhood Centers.* National Seminar Proceedings. Dunedin, New Zealand: Children's Issues Center.

Burchinal, M. R., Campbell, F. A., Bryant, D. M., Wasik, B. H., & Ramey, C. T. (1997). Early intervention and mediating processes in cognitive performance of children of low-income African-American families. *Child Development, 68*, 935-954.

Caughy, M., DiPietro, J. A., & Strobino, D. M. (1994). Day care participation as a protective factor in the cognitive development of low-income children. *Child Development, 65*, 457-471.

Cavallini, A., Fazzi, E., & Viviani, V. (2002). Visual acuity in the first two years of life in healthy term newborns: An experience with the Teller Acuity Cards. *Functional Neurology: New Trends in Adaptive & Behavioral Disorders, 17*, 87-92.

Chao, R. K. (1994). Beyond parental control and authoritarian parenting style: Understanding Chinese parenting through the cultural notion of training. *Child Development, 65*, 1111-1119.

Cicchetti, D. (2013). Developmental psychopathology. In P. Zelazo (Ed.), *Oxford handbook of developmental psychology.* New York: Oxford University Press.

Cicchetti, D., & Banny, A. (2014). A developmental psychopathology perspective on child maltreatment. In M. Lewis & K. Rudolph (Eds.), *Handbook of developmental psychopathology.* New York: Springer.

Clarke-Stewart, A., Friedman, S., & Koch, J. (1985). *Child development.* New York: John Wiley & Sons.

Clarke-Stewart, K. A. (1986). Family day care: A home away from home? *Children's Environment*

Quarterly, 3, 34-46.

Clarke-Stewart, K. A., Gruber, C. P., & Fitzgerald, L. M. (1994). ***Children at home and in day care.*** Hillsdale, NJ: Erlbaum.

Clements, D. H. (1999). Geometric and spatial thinking in young children. In J. V. Copley (Ed.), *Mathematics in the early years* (pp. 66-79). Reston, VA: National Council of Teachers of Mathematics.

Click, P. M. (1996). *Administration of School for Young Children*. Albany, NY: Delmar.

Conant, J. B. (1963). *The education of American teacher.* Washington, DC: Mcgraw-Hill Book Co.

Conn-Powers, M., Cross, A. F., Traub, E. K., & Hutter-Pishgahi, L. (2006). The universal design of early education: Moving forward for all children. Beyond the journal: Young children on the web. Retrieved from http://docplayer.net/15653227-The-universal-design-of-early-education-moving-forward-for-all-children.html 2021년 12월 21일 인출.

Coplan, R. J., & Arbeau, K. A. (2009). Peer interactions and play in early childhood. In K. H. Rubin, W. M. Bukowski, & B. Laursen (Eds.), *Handbook of peer interactions, relationships, and groups*. New York: Guilford.

Corrow, S., Granrud, C. E., Mathison, J., & Yonas, A. (2012). Infants and adults use line junction information to perceive 3D shape. *Journal of Vision, 12*, 22-29.

Cratty, B. J. (1986). *Perceptual and motor development in infants and children* (3rd ed.). Englewood Cliffs, NJ: Prentice-Hall.

Crook, C. K. (1987). Taste and olfaction. In P. Salapatek & L. Cohen (Eds.), *Handbook of infant perception* (Vol. 1.): *From sensation to perception*. New York: Academic Press.

Desai, S. P., Chase-Lansdale, P. L., & Michael, R. T. (1989). Mother or market? Effects of maternal employment on the intellectual ability of 4-year-old children. *Demography, 26*, 545-561.

Dewey, J. (1987). 존 듀이: 민주주의와 교육(이홍우 역). 서울: 교육문화사. (원저 1916년 출판)

Diamond, A. (2013). Executive functions. *Annual Review of Psychology* (Vol. 64). Palo Alto, CA: Annual Reviews.

Dobson, V., & Teller, D. Y. (1978). Visual acuity in human infants: A review and comparison of behavioral and electrophysiological studies. *Vision Research, 18*, 1469-1483.

Dodge, D. T., Heroman, C., Berke, K., Bickart, T., Colker, L., Jones, C., Copley, J., & Dighe, J. (2010). *The creative curriculum for preschool* (5th ed.). Bethesda, MD: Teaching Strategies, Inc.

Dodge, K. A., Coie, J. D., Pettit, G. S., & Price, J. M. (1990). Peer status and aggression in boys' groups: Developmental and contextual analyses. *Child Development, 61*, 1289-1310.

Doty, R. L., & Shah, M. (2008). Taste and smell. In M. M. Haith & J. B. Benson (Eds.), *Encyclopedia of infant and early childhood development*. Oxford, UK: Elsevier.

Essa, E. L. (1996). *Introduction to early childhood education*. Albany, NY: Delmar Publishers.

Essa, E. L. (2003). *Introduction to early childhood education* (4th ed.). Thomas Learning, Inc.

Estes, L. S. (2004). *Essential of child care and early education*. Boston, MA: Pearson Education.

Feagans, L. V., Fendt, K., & Farran, D. C. (1995). The effects of day care intervention on teachers ratings of the elementary school discourse skills in disadvantaged children. *International Journal of Behavioral Development, 18*, 243-261.

Fox, N., & Fein, G. (1990). *Infant day-care: The current debate*. Norwood, NJ: Ablex.

Frankenburg, W. K., Dodds, J., Archer, P., Bresnick, B., Maschka, P., Edelman, N., & Shapiro, H. (1990). *Denver II technical menual*. Denver, CO: Denver

Developmental Materials. Inc.

Ganzewinkel, C. J., Anand, K. J., Kramer, B. W., & Andriessen, P. (2014). Chronic pain in the newborn: Toward a definition. *Clinical Journal of Pain, 30*(11), 970-977.

Gelfer, J., & Perkins, P. (1992). Constructing student portfolios: A process and product that fosters communication with families. *Day Care and Early Education, 20*(2), 9-13.

Gibson, E. J., & Walk, R. D. (1960). The "visual cliff." *Scientific American, 202*, 64-71.

Goddwin, W. L., & Driscoll, L. A. (1980). *Handbook of measurement and evaluation*. San Francisco, CA: Jossey-Bass.

Goldberg, M. (1999). *Accreditation of child care centers*. The Muttart Foundation.

Goldfield, B. A., & Reznick, J. S. (1990). Early lexical acquisition: Rate, content, and vocabulary spurt. *Journal of Child Language, 17*, 171-183.

Gullo, D. F. (1997). Assessing student learning through the analysis products. In B. Spodek & O. N. Saracho (Eds.), *Issues in early childhood educational assessment and evaluation* (pp. 129-148). New York: Teachers College Press.

Gunnar, M. R., Malone, S., & Fisch, R. O. (1987). The psychobiology of stress and coping in the human neonate: Studies of the adrenocortical activity in response to stress in the first week of life. In T. Field, P. McCabe, & N. Scheiderman (Eds.), *Stress and coping*. Hillsdale, NJ: Erlbaum.

Halliday, M. A. K. (1975). *Learning how to mean: Exploration in the development of language*. London: Arnold.

Hamner, T. J., & Turner, P. H. (1996). *Parenting in contemporary society*. Mass: Allyn & Bacon.

Harlow, H. F., & Zimmerman, R. R. (1959). Affectional response in the infant monkey. *Science, 130*, 421-432.

Harms, T., Clifford, R. M., & Cryer, D. (1998). *Early childhood environment rating scale*. New York: Teachers College Press.

Harris, G., Thomas, A., & Booth, D. A. (1990). Development of salt taste in infancy. *Developmental Psychology, 26*, 534-538.

Hayes, C. D., Palmer, J. L., & Zaslow, M. J. (Eds.). (1990). *Who cares for America's child care policy for the 1990's*. Washington, DC: National Academic Press.

Heckman, J. J. (2006). Skill formation and the economics of investing in disadvantaged children. *Science, 312*, 1900-1902.

Heckman, J. J. & Mosso, S. (2014). The economics of human development and social mobility. *Annual Review of Economics, 6*, 689-733.

Heckman, J. J., Pinto, R., & Savelyev, P. (2013). Understanding the mechanisms through which an influential early childhood program boosted adult outcomes. *American Economic Review, 103*(6), 2052-2086.

Hennessy, K. D., Robideau, G. J., Cicchetti, D., & Cummings, E. M. (1994). Responses of physically abused and nonabused children to different forms of interadult anger. *Child Development, 65*(3), 815-828.

Herr, J., Johnson, R. D., & Zimmerman, K. (1993). Benefits of accreditation: A study of directors' perception. *Young Children, 48*(4), 32-35.

Hertzberg, A., & Stone, E. F. (1971). *Schools are for children*. NY: Schocken Books.

Hilliard, L., & Liben, L. (2012, April). *No boys in ballet: Response to gender bias in mother-child conversations*. Paper presented at the Gender Development Research Conference, San Francisco.

Hills, T. W. (1993). Reaching potentials through appropriate assessment. In S. Bredekamp & T. Rosegrant (Eds.), *Reaching potentials: Appropriate curriculum and assessment for young children* (Vol. 1.) Washington, DC: National Association for the Education of Young Children.

Hirsh-Pasek, K., & Golinkoff, R. M. (2014). Early language and literacy: Six principles. In S. Gilford (Ed.), *Head Start teacher's guide*. New York: Teacher's College Press.

Honig, A. S. (2002). *Secure relationships: Nurturing infant/toddler attachment and early care settings*. Washington, DC: National Association for the Education of Young Children.

Honig, A. S., & Caldwell, B. M. (1981). *What are the issues on quality infant to older care*. Eric Document Reproduction Service, No. ED 217 970.

Horn, E. M. & Banerjee, R. (2009). Understanding curriculum modifications and embedded learning opportunities in the context of supporting all children's success. *Language Speech, and Hearing Services in School, 40,* 406-415. doi: 10.1044/016-1461(2009/08-0026)

Horn, E. M., Palmer, S. B., Butera, G. D., & Lieber, J. A. (2016). *Six steps to inclusive preschool curriculum: a UDL-based framework for children's school success*. Paul H. Brookes Publishing Co.

Howes, C., & Smith, E. (1995). Relation among child care quality, teacher behavior children's cognitive activity in child care. *Early Childhood Research Quality, 10*(4), 381-404.

Humphrey, T. (1978). Function of the nervous system during prenatal life. In U. Stave (Ed.), *Perinatal physiology* (pp. 651-683). New York: Plenum.

Izard, C. E. (1991). *The psychology of emotions*. New York: Plenum.

Izard, C. E. (1994). Innate and universal facial expressions: Evidence from developmental and cross-cultural research. *Psychological Bulletin, 115,* 288-299.

Izard, C. E., & Malatesta, C. Z. (1987). Perspectives on emotional development 1: Differential emotions theory of early emotional development. In J. D. Osofsky (Ed.), *Handbook of infant development* (pp. 494-555). New York: Wiley.

Jachova, Z., Kovačecić, J., & Hasanbegović, H. (2018). Individual education plan (IEP) foundation of a quality inclusive education. *Human Research in Rehabilitation The International Journal for interdisciplinary studies, 8*(2), 88-93.

Jalongo, M. R. (1986). What is happening to kindergarten. *Childhood Education, 62,* 155-160.

Jonson-Reid, M., Kohl, P. L., & Drake, B. (2012). Child and adolescent outcomes of chronic child maltreatment. *Pediatrics, 129,* 839-845.

Jorde-Bloom, P. (1989). *The Illinois director's study: A report to the Illinois department of children and family services*. Eric Document Reproduction Service, No. ED 305 167.

Karen, R. (1994). *Becoming attached*. New York: Warner Books.

Karger, J. (2005). *Access to the general curriculum for students with disabilities: A discussion of the interrelationship between IDEA '04 and NCLB*. Wakefield, MA: National Center on Accessing the General Curriculum. Retrieved [insert date] from http://www.cast.org/products-services/resources/2005/ncac-curriculum-access-idea04-nclb

Katz, L. G. (1995). *Talks with teachers of young children: A collection*. Norwood, NJ: Ablex.

Katz, L. G. (1996). Child development and teacher preparation. *Early Childhood and Research Quarterly, 11,* 135-146.

Katz, L. G., & Chard, C. S. (1989). 유아들의 마음 사로잡기 (이윤경, 석춘희 공역) 서울: 이화여자대학교 출판부.

Kellogg, R. (1970). *Understanding children's art: Readings in developmental psychology today*. Del Mar, CA: CRM.

Kilpatrick, J. W. (1925). *Foundation of methods:*

Informal talks on teaching. New York: The MacMilan Company.

Kohlberg, L., & Mayer, R. (1972). Development as the aim of education. *Harvard Educational Review*, *42*, 449-496.

Kostelnik, M. J., Rupiper, M. L., Soderman, A. K., & Whiren, A. P. (2014). *Developmentally appropriate curriculum in action*. Upper Saddle River, NJ: Pearson.

Kreichauf, S., Wildgruber, A., Krombholz, H., Gibson, E. L., Vögele, C., Nixon, C. A., Douthwaite, W., Moore, H. J., Manios, Y., & Summerbell, C. D. (2012). Critical narrative review to identify educational strategies promoting physical activity in preschool. *Obesity Reviews, 13*(1), 96-105.

Lamb, M. E. (1988). Social and emotional development in infancy. In M. H. Bornstein & M. E. Lamb (Eds.), *Social, emotional, and personality development* (pp. 359-411). Hillsdale, NJ: Erlbaum.

Lamb, M. E. (1997). *The role of the father in child development* (3rd ed.). New York: Wiley.

Lamb, M. E. (1998). Nonparental child care: Context, quality, correlates, and consequences. In W. Damon (Series Ed.) & I. E. Sigel & K. A. Renninger (Vol. Eds.), *Handbook of child psychology* (Vol. 4.): *Child psychology in practice* (5th ed., pp. 73-133). New York: Wiley.

Leaper, C. (2013). Gender development during childhood. In P. D. Zelazo (Ed.), *Oxford handbook of developmental psychology*. New York: Oxford University Press.

Lenroot, R. K., & Giedd, J. N. (2006). Brain development in children and adolescents: Insights from anatomical magnetic resonance imaging. *Neuroscience and Biobehavioral Reviews*, *30*, 718-729.

Lewis, M. (2008). The emergence of human emotions. In M. Lewis, J. M. Haviland-Jones, & L. Feldman Barrett (Eds.), *Handbook of emotions* (3rd ed.). New York, NY: Guilford.

Lewis, M. (2015). Emotional development and consciousness. In W. F. Overton & P. C. M. Molenaar (Vol. Eds.) & R. M. Lerner (Ed.), *Handbook of child psychology and developmental science: Vol 1. Theory and method* (pp. 407-451). Hoboken, NJ: Wiley.

Liben, L. S., Bigler, R. S., & Hilliard, L. J. (2014). Gender development: From universality to individuality. In E. T. Gershoff, R. S. Mistry, & D. A. Crosby (Eds.), *Societal contexts of child development*. New York: Oxford University Press.

Lind, K. K. (1996). *Exploring science in early childhood: A developmental approach*. Albany, NY: Delmar Publishers.

Loane, S. (1997). *Who care? guilt, hope and the child-care debate*. Reed International Books.

Lowrey, G. H. (1978). *Growth and learning disabilities*. Boston: Allyn & Bacon.

Mace, R. L., Hardie, G. L., & Place, J. P. (1996). *Accessible environments: Toward universal design*. Raleigh, NC: North Carolina State University.

MacFarlane, A. (1977). *The psychology of childbirth*. Cambridge, MA: Harvard University Press.

Marie, C., & Trainor, L. J. (2012). Development of simultaneous pitch encoding: Infants show a high voice superiority effect. *Cerebral Cortex*. bhs050.

Markant, J. C., & Thomas, K. M. (2013). Postnatal brain development. In P. D. Zelazo (Ed.), *Oxford handbook of developmental psychology*. New York: Oxford University Press.

Marris, P. (1991). The social construction of uncertainty. In C. M. Parkes, J. Stephenson-Hinde, & P. Marris (Eds.), *Attachment across the life cycle* (pp. 77-90). London: Routledge.

Mason, J. O. (1993). The dimensions of an epidemic of violence. *Public Health Reports*, *108*, 1-4.

Maxim, G. W. (1997). *The very young guiding children from infancy through the early years* (5th ed.). NJ: Prentice-Hall.

Mayesky, M. (1995). *Creative activities for young children* (5th ed.). Albany, NY: Delmar.

McCartney, K., & Rosenthal, R. (2000). Effect size, practical importance, and social policy for children. *Child Development, 71*, 173-180.

Mennella, J. A., & Bobowski, N. K. (2015). The sweetness and bitterness of childhood: Insights from basic research on taste preferences. *Physiology & Behavior, 152*, 502-507.

Miller, J. L., & Eimas, P. D. (1995). Speech perception: From signal to word. *Annual Review of Psychology, 46*, 467-492.

Miller, R. (1996). *The developmentally appropriate inclusive classroom in early education*. Albany: Delmar Publishers.

Moran, G. F., & Vinovskis, M. A. (1985). The great care of godly parents: Early childhood in Puritan New England. In A. B. Smuts & J. W. Hagen (Eds.), History and research in child development. *Monographs of the Society for Research in Child Development, 50*(4-5, Serial No. 211).

Moravcik, E., Nolte, S., & Feeney, S. (2013). *Meaningful curriculum for young children*. Upper Saddle River, NJ: Pearson.

Morgan, G. (1997). History views of leadership. In S. Kagan & B. Bowman (Eds.), *Leadership*. NAEYC: Washington, D.C.

Morrison, G. S. (1976). *Early childhood education today*. A Bell & Howell Company.

Morrison, G. S. (2004). *Early childhood education today* (9th ed.). NJ: Pearson Prentice-Hall.

Mounteer, C. A. (1987). Roman childhood, 200 B.C. to A.D. 600. *Journal of Psychohistory, 14*, 233-254.

Muzi, M. J. (2000). *Child development*. NJ: Prentice-Hall.

NAEYC (1991). Guidelines for appropriate curriculum content and assessment in programs serving children ages 3 through 8. *Young Children, 30*, 21-38.

NAEYC (1998). *Association for the education of young children*. Washington, D.C.

NAEYC (2005). *Naeyc code of ethical conduct and statement of commitment*. Washington, DC: Author.

NAEYC (2007a). http://www.naeyc.org/academy/ 2007년 8월 30일 인출.

NAEYC (2007b). http://www.naeyc.org/academy/accVpdate.asp/ 2007년 9월 15일 인출.

NAEYC (2022). NAEYC early learning program accreditation standards and assessment Items. https://www.naeyc.org/sites/default/files/globally-shared/downloads/PDFs/accreditation/early-learning/2022elpstandardsandassessmentitems-compressed.pdf 2022년 3월 7일 인출.

NAEYC & NAECS/SDE (1991). Guidelines for appropriate curriculum content and assessment in programs serving children ages 3 through 8. *Young Children, 46*(3), 21-38.

National Institute of Child Health and Human Development Early Child Care Research Network (1993). *The NICHD Study of Early Child Care: A comprehensive longitudinal study of young children's lives*. Eric Document Reproduction Service, No. ED 353 087.

National Institute of Child Health and Human Development Early Child Care Research Network (1997). The effects of infant child care on infant-mother attachment security: Results of the NICHD Study of Early child Care. *Child Development, 68*, 860-879.

National Institute of Child Health and Human Development Early Child Care Research Network (1998). Early child care and self-control, compliance, and problem behavior at 24 and 36 months. *Child Development, 69*, 1145-1170.

National Institute of Child Health and Human Development Early Child Care Research Network (1999). Child outcomes when child care center classes meet recommended standards for quality. *Journal of Public Health, 89*, 1072-1077.

National Institute of Child Health and Human Development Early Child Care Research Network (2000). The relation of child care to cognitive and language development. *Child Development, 71*, 960-980.

National Institute of Child Health and Human Development Early Child Care Research Network (2001). Early child care and children's peer interaction at 24 and 36 months. *Child Development, 72*, 1478-1500.

National Institute of Child Health and Human Development Early Child Care Research Network (2002). Early child care and children's development prior to school entry. *American Educational Research Journal, 39*, 133-164.

National Institute of Child Health and Human Development Early Child Care Research Network (2003a). Does amount of time spent in child care predict socioemotional adjustment during the transition to kindergarten? *Child Development, 74*, 976-1005.

National Institute of Child Health and Human Development Early Child Care Research Network (2003b). Does quality of child care affect child outcomes at age 4 1/2? *Developmental Psychology, 39*, 451-469.

National Institute of Child Health and Human Development Early Child Care Research Network (2005). *Child care and child development: Results from the NICHD study of early child care and youth development*. New York, NY: Guilford Publications, Inc.

Nutbrown, C. (2006). *Key concepts in early childhood education and care*. London: Sage.

OECD (2017). *Starting Strong 2017: Key OECD Indicators on Early Childhood Education and Care*, Starting Strong, OECD Publishing, Paris, https://doi.org/10.1787/9789264276116-en.

Opfer, J. E., & Gelman, S. A. (2011). Development of the animate-inanimate distinction. In U. Goswami (Ed.), *Wiley-Blackwell handbook of childhood cognitive development* (2nd ed.). New York: Wiley.

Phyfe-Perkins, E. (1980). Children's behavior in preschool settings: A review of research concerning the influence of the physical environment. In. L. G. Katz (ed.), *Current topics in early childhood education* (Vol. 3, pp. 91-125). Norwood, NY: Ablex.

Piaget, J. (1960). *Psychology of intelligence*. Paterson, NJ: Littlefield, Adams.

Piaget, J. (1962). *Play dreams, and imitation in childhood*. New York: Norton.

Pollock, L. (1987). *A lasting relationship: Parents and children over three centuries*. London: Fourth Estate.

Pomares, C. G., Schirrer, J., & Abadie, V. (2002). Analysis of the olfactory capacity of healthy children before language acquisition. *Journal of Developmental Behavior and Pediatrics, 23*, 203-207.

Prescott, E. (1987). The environment as organizer of intent in child-care setting. In C. S. Weinstein & T. G. David (Eds.), *Space for children: The built environment and child development*. New York: Plenum Press.

Project Zero & Reggio Children (2001). *Making learning visible: Children as individual and group learners*. Reggio Children srl.

Proshansky, H. M., & Fabian, A. K. (1987). The development of place identity in the child. In C. S. Weinstein & T. G. David (Eds.), *Spaces for children:*

The built environment and child development. New York: Plenum Press.

Rallison, M. L. (1986). *Growth disorders in infants, children, and adolescents*. New York: Wiley.

Ramsey, P. G., & Nieto, S. (2004). *Teaching and learning in a diverse world: Multicultural education for young children*. New York: Teachers College Press.

Rodkey, E. N., & Pillai Riddell, R. (2013). The infancy of infant pain research: the experimental origins of infant pain denial. *Journal of Pain, 14*(4), 338-350.

Rosenstein, D., & Oster, H. (1988). Differential facial responses to four basic tastes in newborns. *Child Development, 59*, 1555-1568.

Rothbart, M. K., & Bates, J. E. (1998). Temperament. In N. Eisenberg (Ed.), *Handbook of child psychology: Vol. 3. Social, emotional, and personality development* (5th ed., pp. 105-176). New York: Wiley.

Rubin, K. H., Fein, G., & Vandenberg, B. (1983). Play. In Paul H. Mussen (Ed.), *Handbook of child psychology: Vol. 4. Socialization, personality and social development*. New York: Wiley.

Sagi, A., Aviezer, O., Mayseless, O., Donnell, F., & Joels, T. (1991, April). *Infant-mother attachment in traditional and nontraditional kibbutzim*. Paper presented at the biennial meetings of the Society for Research in Child Development, Seattle.

Salzinger, S., Feldman, R. S., Hammer, M., & Rosario, M. (1993). The effects of physical abuse on children's social relationships. *Child Development, 64*, 169-187.

Sanders, E. (2008). Medical art and play therapy with accident survivors. In C. A. Malchiodi (Ed.), *Creative interventions with traumatized children*. New York: Guilford.

Santrock, J. W. (2004). *Educational psychology* (2nd ed.). Boston, MA: McGraw-Hill.

Saracho, O. N. (1988). A study of the roles of early childhood teacher. *Early Childhood Development and Care, 38*, 43-44.

Scarr, S. (1998). American child care today. *American Psychologist, 53*, 95-108.

Schickedanz, J. A., York, M. E., Stewart, I. S., & White, D. A. (1990). *Strategies for teaching young children*. Englewood Cliffs, NJ: Prentice-Hall.

Schwandt, T. A. (2003). Better living through evaluation? Images of progress shaping evaluation practice. *Evaluation Practice, 13*, 135-144.

Schweinhart, L. J., & Weikart, D. P. (1981). Effects of the Perry Preschool Program on youths through age 15. *Journal of Early Intervention, 4*(1), 29-39.

Schweinhart, L., Barnes, H., & Weikart, D. (2003). Significant benefits: The High/Scope Perry Preschool Study through age 27. *Monographs of the High/Scope Educational Research Foundation, 10*. Ypsilanti, MI: HighScope Press.

Schweinhart, L., Montie, J., Xiang, Z., Barnett, W. S., Belfield, C. R., & Nores, M. (2005). *Lifetime effects: The High/Scope Perry Preschool Study through age 40*. Ypsilanti, MI: High/Scope Press.

Segal, M., Bardige, B., Woika, M. J., & Leinfelder, J. (2006). *All about child care and early education: A comprehensive resource for child care professionals*. New York: Allyn & Bacon.

Simons, B. (1998). *Tips for preschool teachers: First aid for bad times with directors, parents, and difficult children*. Eric Document Reproduction Service, No. ED 432403.

Smith, P. K., & Pellegrini, A. (2013). Learning through play. In R. E. Tremblay & others (Eds.), *Encyclopedia on early childhood development*. Montreal: Centre of Excellence for Early Childhood Development.

Sommerville, J. (1982). *The rise and fall of childhood*. Beverly Hills, CA: Sage.

Sparks, D. L., Ramsey, P. G., & Edward, J. O.

(2005). *What if all the kids are white: Anti-bias multicultural educations with young children*. New York: Teachers College Press.

Spodek, B. (1975). Early childhood education and teacher education: A search for consistency. *Young Children, 30*, 69.

Spodek, B. (1994). The knowledge base for baccalaureate early childhood teacher education programs. In J. Johnson & J. B. McCracken (Eds.), *The early childhood career lattice: perspectives on professional development*. Washington, DC: National Association for the Education of Young Children.

Steiner, J. E. (1979). Human facial expressions in response to taste and smell stimulation. In H. W. Reese & L. P. Lipsitt (Eds.), *Advances in child behavior and development* (Vol. 13). New York: Academic Press.

Stiggins, R. (2002). Assessment crisis, the absence of assessment for learning. *Phi Delta Kappan, 83*(10), 276-296.

Sutton, M. J., Brown, J. D., Wilson, K. M., & Klein, J. D. (2002). Shaking the tree of knowledge for forbidden fruit: Where adolescents learn about sexuality and contraception. In J. D. Brown, J. R. Steele, & K. Walsh-Childers (Eds.), *Sexual teens, sexual media* (pp. 25-55). Mahwah, NJ: Lawrence Erlbaum.

Taddio, A. (2008). Circumcision. In M. M. Haith & J. B. Benson (Eds.), *Encyclopedia of infant and early childhood development*. Oxford, UK: Elsevier.

Taylor, N. (2000). *Quality systems in Australian children's services*. SCEED 2002년 제10회 국제학술대회.

Termine, N. T., & Izard, C. E. (1988). Infants' responses to their mothers' expressions of joy and sadness. *Developmental Psychology, 24*, 223-230.

Thomas, A., & Chess, S. (1977). *Temperament and development*. New York: Brunner/Mazel.

Thompson, R. A. (1998). Early sociopersonality development. In W. Damon & N. Eisenberg (Eds.), *Handbook of child psychology* (Vol. 3, 5th ed., pp. 25-104). New York: John Wiley & Sons.

Thompson, R. A. (2013). Attachment development: Precis and prospect. In P. Zelazo (Ed.), *Oxford handbook of developmental psychology*. New York: Oxford University Press.

Tincoff, R., & Jusczyk, P. W. (2012). Six-month-olds comprehend words that refer to parts of the body. *Infancy, 17*(4), 432-444.

Tomasello, M., Mantle, S., & Kruger, A. C. (1986). Linguistic environment of 1-to 2-year-old twins. *Developmental Psychology, 22*, 169-176.

Trexler, R. C. (1973). The foundlings of Florence, 1395-1455. *History of Childhood Quarterly, 1*, 259-284.

Trickett, P. K., & McBride-Chang, C. (1995). The development impact of different forms of child abuse and neglect. *Developmental Review, 15*, 311-337.

Trickett, P. K., Negriff, S., Ji, J., & Peckins, M. (2011). Child maltreatment and adolescent development. *Journal of Research on Adolescence, 21*, 3-20.

U.S. Department of Labor, Occupational Safety and Health Administration (OSHA). (1998). *Universal precautions? Blood-borne pathogens*. Washington, DC: Author.

U.S. Food and Drug Administration (FDA) & U.S. Department of Agriculture (USDA). (2002). *Healthy people 2010*. Washington, DC: U.S. Department of Health and Human Services.

UNESCO (1994). *The Salamanca statement and framework for action on special needs education*. UNESCO Special Education, Division of Basic Education.

Van IJzendoorn, M. H., Sagi, A., & Lambermon, M. W. E. (1992). The multiple caretaker paradox: Data from Holland and Israel. In R. C. Pianta (Ed.), *Beyond the parent* (pp. 5-24). San Francisco, CA: Jossey-Bass.

Vasta, R., Haith, M. M., & Miller, S. A. (1999). *Child*

psychology: The modern science (3rd ed.). New York: John Wiley & Sons.

von Hofsten, C. (1983). Catching skills in infancy. *Journal of Experimental Psychology: Human Perception and Performance, 9*, 75-85.

Wangmann, J. (1992). National accreditation of early childhood services: Confronting the issues. *Independent Education, 22*(1), 26-28.

Weber, C., Behl, D., & Summers, M. (1994). Watch them play, watch them learn. *Teaching Exceptional Children, 27*(1), 30-35.

Weinstein, C. S. (1987). Designing preschool classrooms to support development. In C. S. Weinstein & T. G. David (Eds.), *Spaces for children: The built environment and child development*. New York: Plenum Press.

Wekerle, C., Leung, E., Wall, A. M., MacMillan, H., Boyle, M., Trocme, N., & Waechter, R. (2009). The contribution of childhood emotional abuse to teen dating violence among child protective services-involved youth. *Child Abuse and Neglect, 33*(1), 45-58.

Widom, C. S. (1989). Does violence beget violence? A critical examination of the literature. *Psychological Bulletin, 106*, 3-28.

Williamson, M. L. (1997). Circumcision anesthesia: A study of nursing implications for dorsal penile nerve block. *Pediatric Nursing, 23*, 59-63.

Witherington, D. C., Campos, J. J., Harriger, J. A., Bryan, C., & Margett, T. E. (2010). Emotion and its development in infancy. In J. G. Bremner & T. D. Wachs (Eds.), *Wiley-Blackwell handbook of infant development* (2nd ed.). New York: Wiley.

Yanof, J. A. (2013). Play technique in psychodynamic psychotherapy. *Child and Adolescent Psychiatric Clinics of North America, 22*, 261-282.

〈웹사이트〉

경기북부육아종합지원센터 〈http://gyeon gginorth.childcare.go.kr/lgyeongginorth/ 30000/30069/d11_30070.jsp〉 2022년 1월 6일 인출.

고려대학교 안암병원 어린이집 〈http://cafe.daum.net/KoreaKids〉

대한소아과학회 〈http://www.pediatrics.or.kr〉

미국질병통제예방센터 〈http://www.cdc.gov〉

법제처 국가법령정보센터 〈https://www.law.go.kr/%EB%B2%95%EB%A0%B9/%EC%9E%A5%EC%95%A0%EC%9D%B8%EB%93%B1%EC%97%90%EB%8C%80%ED%95%9C%ED%8A%B9%EC%88%98%EA%B5%90%EC%9C%A1%EB%B2%95%EC%8B%9C%ED%96%89%EB%A0%B9〉 2021년 11월 5일 인출.

보건복지부 사전정보공표 〈https://www.mohw.go.kr/react/gm/sgm0704vw.jsp?PAR_MENU_ID=13&MENU_ID=13040801&page=1&CONT_SEQ=358238&PAR_CONT_SEQ=356091〉

신라대학교 어린이집 〈http://educare.silla.ac.kr〉

안산시 육아종합지원센터 〈https://www.ansanbo6.or.kr:47791/text/s2_2.php〉 2022년 1월 6일 인출.

중앙대학교 부속유치원 〈http://www.cau-kindergarten.or.kr〉

중앙육아종합지원센터 〈https://central.childcare.go.kr/lcentral/d1_30000/〉 2022년 1월 6일 인출.

중앙육아종합지원센터 보육과정 웹사이트 〈https://www.nccw.educare.or.kr/web/ncre/data/bord ContDetail.do?mode=W&brd_no=7& post_no= CEABCA6DF9A411EB8EA7D20DE23 51542〉

질병관리청 예방접종도우미 〈https://nip.kdca.go.kr〉

한국보육진흥원 〈www.kcpi.or.kr/main.do〉

한국영양학회 〈http://www.kns.or.kr〉

Bank Street College of Education 〈http://www.bankstreet.edu〉

http://www.montessoriami.org

찾아보기

인명

내용

저자 소개

정옥분(Chung, Ock Boon)
서울대학교 대학원 석사과정 졸업(아동학 석사)
미국 University of Maryland 박사과정 졸업(인간발달 전공 Ph. D.)
고려대학교 사범대학 교수
고려대학교 사회정서발달연구소 소장
현 고려대학교 사범대학 명예교수

권민균(Kwon, Myn Gyun)
고려대학교 대학원 석사과정 졸업(아동학 석사)
미국 U.C. Berkeley 박사과정 졸업(인간발달 전공 Ph. D.)
학교법인 계명대학교 계명유치원장
계명대학교 사범대학 학장
현 계명대학교 유아교육과 교수

김경은(Kim, Kyoung Eun)
고려대학교 대학원 박사과정 졸업(아동학 박사)
고려대학교 사회정서발달연구소 연구교수
현 남서울대학교 아동복지학과 교수

김미진(Kim, Mee Jean)
고려대학교 대학원 박사과정 졸업(아동학 박사)
고려대학교 의료원 안암병원 어린이집 원장
전 고려대학교 가정교육과 겸임교수

노성향(Rho, Sung Hyang)
고려대학교 대학원 박사과정 졸업(아동학 박사)
경기도 가족여성연구원 정책개발실 연구위원
고려대학교 안산병원 어린이집 원장
현 대구대학교 아동가정복지학과 교수

박연정(Park, Youn Jung)
고려대학교 대학원 박사과정 졸업(아동학 박사)
고려대학교 의료원 구로병원 어린이집 원장
현 경인여자대학교 유아교육과 교수

손화희(Sohn, Hwa Hee)
고려대학교 대학원 박사과정 졸업(아동학 박사)
연세대학교 대학원 사회복지학과 Post-Doctoral Researcher
현 숭의여자대학교 아동보육과 교수

엄세진(Eom, Se Jin)
고려대학교 대학원 박사과정 졸업(아동학 박사)
고려대학교 의료원 안암병원 어린이집 원장
현 부산디지털대학교 아동보육과 교수

윤정진(Youn, Jeong Jin)
고려대학교 대학원 박사과정 졸업(아동학 박사)
부산시 보육지원센터 육아상담위원
현 동명대학교 유아교육과 교수

이경희(Lee, Kyung-Hee)
고려대학교 대학원 박사과정 졸업(아동학 박사)
전 고려대학교 가정교육과 강사

임정하(Lim, JungHa)
고려대학교 대학원 박사과정 졸업(아동학 박사)
미국 New York 주립대학교 연구 조교수
현 고려대학교 가정교육과 교수

장수연(Chang, Su Youn)
고려대학교 대학원 박사과정 졸업(아동학 박사)
고려대학교 겸임교수
고려대학교 구로병원 어린이집 원장
현 숭의여자대학교 아동보육과 교수

정순화(Chung, Soon Hwa)
고려대학교 대학원 박사과정 졸업(아동학 박사)
동덕여자대학교 보육교사교육원 전임교수
전 고려대학교 가정교육과 전문교수

최형성(Choe, Hyung Sung)
고려대학교 대학원 박사과정 졸업(아동학 박사)
혜천대학교 아동컴퓨터보육과 교수
현 신라대학교 유아교육과 교수

황현주(Hwang, Hyun Joo)
고려대학교 대학원 박사과정 졸업(아동학 박사)
고려대학교 겸임 교수
고려대학교 안산병원 어린이집 원장
현 대전과학기술대학교 아동보육과 교수

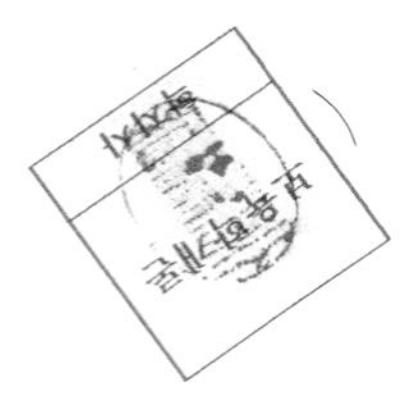

제4차 표준보육과정을 반영한
보육학개론 5판
Introduction to Child Care and Education, 5th ed.

2008년 6월 30일 1판 1쇄 발행
2012년 1월 20일 1판 6쇄 발행
2012년 8월 20일 2판 1쇄 발행
2015년 12월 20일 2판 5쇄 발행
2016년 3월 20일 3판 1쇄 발행
2018년 2월 20일 3판 3쇄 발행
2019년 1월 25일 4판 1쇄 발행
2020년 2월 20일 4판 2쇄 발행
2022년 7월 15일 5판 1쇄 발행

지은이 • 정옥분 · 권민균 · 김경은 · 김미진 · 노성향 · 박연정 · 손화희 · 엄세진
윤정진 · 이경희 · 임정하 · 장수연 · 정순화 · 최형성 · 황현주
펴낸이 • 김진환
펴낸곳 • ㈜ 학지사
04031 서울특별시 마포구 양화로 15길 20 마인드월드빌딩
대표전화 • 02-330-5114 팩스 • 02-324-2345
등록번호 • 제313-2006-000265호

홈페이지 • http://www.hakjisa.co.kr
페이스북 • https://www.facebook.com/hakjisabook

ISBN 978-89-997-2712-2 93370

정가 25,000원

파본은 구입처에서 교환해 드립니다.